U0652370

21世纪体育系列教材 • 西南区体育教材教法研究会教材编审委员会审订

篮 球
LAN QIU

朱国权 段立颖 张莉斌 祁光耀 等 编 著

北京师范大学出版集团
BEIJING NORMAL UNIVERSITY PUBLISHING GROUP
北京师范大学出版社

图书在版编目(CIP)数据

篮球 / 朱国权等编著. —北京：北京师范大学出版社，
2008.02 (2022.8 重印)

ISBN 978-7-303-09003-7

I. ①篮… II. ①朱… III. ①篮球运动－高等学校－教材 IV. ①G841

中国版本图书馆CIP数据核字（2008）第014894号

出版发行：北京师范大学出版社 www.bnupg.com
　　　　　北京市西城区新街口外大街12-3号
　　　　　邮政编码：100088
印　　刷：北京溢漾印刷有限公司
经　　销：全国新华书店
开　　本：730mm×980mm　1/16
印　　张：21.5
字　　数：400千字
版　　次：2012年6月第3版
印　　次：2022年8月第15次印刷
定　　价：35.00元

策划编辑：周光明　　　　　　责任编辑：周光明
美术编辑：高　霞　　　　　　装帧设计：华鲁印联
责任校对：李　菡　　　　　　责任印制：陈　涛

前言

　　篮球运动的演进，是与社会科技进步、时代发展，与劳动生产，与政治、经济、文化、科学技术、精神文明、身体文明意识的增长密不可分，并结合身体特征、健康水平、身体需要的特点，有步骤、有目的、有阶段、有层次地从低级逐步向高级发展形成的。篮球运动的形成是建立在辩证唯物主义的哲学理论基础上的攻防对抗统一的运动形式，在矛盾运动中发展是其最基本特点。它揭示了篮球运动内部与外部矛盾相联系的根本内容，它是以发展为目标的一项有益身心健康的体育运动。依据辩证唯物主义这一哲学观点思考并抓住篮球运动的内在矛盾，正确认识和处理好这些矛盾，求得相对统一，有助于深化对篮球运动现代基础的认识，确立正确的篮球观念、观点和指导思想，能对篮球运动演变规律有更深层次的重新认识，推动篮球运动技术科学向新时期、新理念和新高度不断冲击、不断创新、不断追求，最终达到完善综合素质教育的目标。

　　本教材着眼于新世纪培养体育专门人才的实际需要，在实践中坚持继承与创新，改进与发展；坚持实事求是，从实践中来再到实践中接受挑战，从篮球教学、训练的实际出发，突出教学性、针对性、实用性、科学性、时代性；力求从教学、教材体系和专业发展训练内容、教学手段训练方法等的掌握上进行改进、提炼、拓展，以使本书适应对象更宽泛、更符合未来社会发展的需要。

　　本书是 21 世纪体育系列规划教材，已经过四年的实践证明，得到业内的认可，是经过全国部分高校试用后进一步修改完善的丛书之一。在重新撰写过程中得到专家教授、同行的大力支持和指正，并提出了中肯的意见，在此我们表示衷心感谢，特别是北京师范大学出版社严谨的出版作风、科学的态度、高标准的要求以及全过程的跟踪指导，使本书在原基础上更为完善，更具有实用性。在教材体例结构、章节内容、论理观点上，拓宽了篮球运动的科技理念，重新确立了本书的核心内容，以教、学、练为主，从实战出发，适用于专业教学和基层的指导。

本教材编写人员有：朱国权、张莉斌、段立颖、祁光耀、喻强、林康、郭亚飞、周跃。

由于专业水平的不断发展，加之收集信息的滞后，本书还有很多不尽人意之处，编撰中仍有许多瑕疵，恳请广大读者批评指正，让我们共同为篮球事业做一些力所能及的贡献。

西南区体育教材教法研究会（篮球）编写组

2012 年 5 月

蓝 · 球

西南区体育教材教法研究会理事会成员名单

顾　　问　朱国权（云南民族大学）

理 事 长　姚　鑫（贵州师范大学）

副理事长　陈雪红（楚雄师范学院）
　　　　　梁　健（红河学院）
　　　　　文革西（西南民族大学）
　　　　　刘　炜（贵州大学）
　　　　　夏五四（贵州民族学院）
　　　　　郭　颂（贵州民族学院）
　　　　　孟　刚（贵州师范大学）
　　　　　张群力（昆明学院）
　　　　　郭立亚（西南大学）
　　　　　左庆生（遵义师范学院）

秘 书 长　周光明（北京师范大学出版社）

常务副秘书长　陈兴慧（北京师范大学出版社）

副秘书长　吕金江（曲靖师范学院）
　　　　　徐　明（西藏民族学院）
　　　　　鄢安庆（贵阳学院）
　　　　　王亚琼（黔南师范学院）
　　　　　朱智红（临沧师专）
　　　　　汪爱平（遵义医学院）

常务理事　刘　莉（曲靖师范学院）
　　　　　王洪祥（昆明学院）
　　　　　关　辉（楚雄师范学院）
　　　　　刘　云（楚雄师范学院）
　　　　　王　萍（文山师专）

于贵和（贵州大学）

邱　勇（贵州大学）

谭　黔（遵义师范学院）

李建荣（毕节学院）

雷　斌（贵州电子职院）

周　跃（云南昭通师专）

肖谋远（西南民族大学）

王　平（铜仁学院）

黄平波（凯里学院）

党云辉（思茅师专）

李　黔（六盘水师专）

张　龙（六盘水师专）

杨庆辞（保山师专）

薛　斌（云南师范大学商学院）

左文泉（云南师范大学）

余　斌（贵州财经学院）

张兴毅（兴义民族师范学院）

李　英（西藏民族学院）

何德超（遵义师范学院）

颜　庆（遵义师范学院）

教材编审委员会

主　任　孟　刚（兼）（贵州师范大学）

副主任　王洪祥（兼）（昆明学院）

郭　颂（兼）（贵州民族学院）

姚　鑫（兼）（贵州师范大学）

陈雪红（兼）（楚雄师范学院）

吕金江（兼）（曲靖师范学院）

于贵和（兼）（贵州大学）

梁　健（兼）（红河学院）

目录

Contents

篮

·

球

第一章　篮球运动概述

内 容 提 要

　　本章主要讲述篮球运动起源、演化的历史，阐述现代篮球运动特点及发展趋势，介绍国内外发展现状，并特别介绍了受大众喜爱的几项体育赛事的发生和发展情况。

学习目标：

(1)了解国内外篮球运动的发展历史、特点及发展趋势。

(2)了解和掌握国内外篮球运动的发展现状。

(3)认识篮球运动的发展规律。

学习重点：

(1)篮球运动起源。

(2)篮球运动的特点及发展趋势。

(3)世界篮球运动的发展现状。

第一节　篮球运动的起源及演化

　　篮球运动是一项集体性、综合性，围绕高空展开的立体型攻守对抗的活动性游戏。现代篮球运动已经逐步发展完善成为一项融科技、教育和技艺为一体的受大众欢迎的国际性竞技体育运动项目。它可通过电视观赏达到愉悦心灵的目的，也可以通过实践锻炼身体、增强体能，还可以培养一些使青少年终生受益的品质。现代篮球运动是在统一的国际篮球组织指导下，以严格、规范的比赛规则和特定的竞赛方式，通过追求更高、更快、更强的奥林匹克精神展开的强者间的对抗、竞争与拼搏，其竞赛活动过程充分显示出人类生命所具有的活力，突出了为民族争荣、自强不息的奋斗品格，篮球运动起源于人类生存劳动过程，是社会进步的反映。

　　篮球运动是由詹姆斯·奈史密斯博士(1891～1921)发明创造的，奈史密斯生于加拿大，后加入美国国籍，年轻时就读于麦吉尔大学，毕业后曾在堪萨斯大学执教体育课程，任教期间通过细心观察，专心思考，终于发明了当时称之为"体育游戏"的篮球运动。

一、篮球运动的起源

19世纪中叶以后，随着欧洲产业革命的发展引起了劳动技术的创新，推动了生产力的提高，这时期人们有了更多属于自己的余暇时间。渴望并追求新的生活方式成为时代发展的潮流，这些思潮也引起了一些有远见卓识的教育家、社会活动家的广泛关注和热心支持。于是许多属于现代体育活动范畴的健康文明的活动性游戏应运而生，并随之流行于世界各国。现代篮球运动也是在这样的社会背景下产生的。

当时美国的冬季需要一项适合在室内进行的体育活动。詹姆斯·奈史密斯先生在看见工人和儿童用桃核向"桃筐"做投准的游戏中得到启发而发明了"篮球游戏"。桃筐是工人用来运输鲜桃所准备的竹筐，而"桃筐"又叫"桃篮"，在游戏开始之初，是用足球代替桃核向筐内投掷，所以在此游戏正式实施以前，奈史密斯先生为之取名"篮球"。

最初的篮球游戏是在健身房两端的栏杆上各捆绑一只桃篮，离地10英尺（3.05米），用足球代替桃核向桃篮内做投准，投球入篮得1分，投多者为胜，人数不限。因为桃篮有底，每次投球入筐之后都需要架起梯子去拿球，做起来很麻烦，因此将篮底剪开，直到发展成现在使用的球篮。

二、篮球运动的演化

（一）篮球规则的演化

没有规矩不成方圆，规则是用来保护和限制篮球技、战术而实施的，而篮球技、战术的多变运用又推动着篮球规则的自我完善。篮球规则与篮球比赛同时产生，相辅相成，互相促进，反映了篮球运动从简单到复杂、从低级到高级、从古老到现代的发展过程。规则是从运动竞赛中抽象出来的定义、规定和罚则。规则的本质是提倡和限制。规则的目的，从狭义方面讲，是指队员如用不合理的动作，使对方队员处于不利的地位从而获得不正当的利益，即应受到处罚。从广义方面讲，规则肯定和保护正确的技术和战术；允许和宽容合理的接触和表现，否定和制裁错误的动作和行为；提倡公正比赛、文明比赛，鼓励积极进取、团结协作、遵守纪律的优良体育道德精神和作风；限制和反对野蛮的、粗暴的比赛和打法，规范人们的行为。篮球规则总是随着篮球运动发展中出现的情况和问题，既本着篮球初创时期提出来的基本宗旨、目的和精神，也着眼于现代和未来发展的设想和需要，做出及时的、合理的修改，从而保证和促进了篮球运动的良性发展和提高。

1892年，奈史密斯编写了《青年会篮球规则》，主要规则有竞赛中只允许用手接触球，不准拿球走和跑，争抢中不能有粗野的身体冲撞动作等；篮筐高度10英尺（3.05 米），仍然以足球作为竞赛工具，场地大小及参加人数多少不限，投进一球得 1 分；后来将竞赛分为两个 15 分钟进行，出现裁判员。1893～1897 年，进一步充实了规则，简化了竞赛程序；开始使用带网的铁质篮筐、木质篮板和结带球；将场地规定为 100×50 英尺、90×45 英尺和 70×35 英尺 3 种，出现 9 人 3 区制和 5 人 2 区制场地；场地上增划了分区线、中圈、限制区和罚球线；规定由中圈跳球开始比赛，增加犯规罚球，投中一球得 2 分，罚中一球得 1 分；场上队员位置出现锋、卫分工。1932 年，增订 3 秒、5 秒、10 秒和球回后场的规则；增划中场线和进攻限制区；确定了球场面积为 26×14 米；规定比赛时间为 20 分钟一节，比赛共分两节。1936 年以后，正式确定每队上场比赛人数为 5 人；取消投中后在中圈跳球的规定，改由对方在端线外发球继续比赛。进入 20 世纪 40 年代后，将进攻限制区（即后来的罚球区）扩大为 3.6×5.8 米；规定队员 4 次犯规将取消比赛资格。随着高大队员的出现，1956 年以后，将罚球区扩大为 5.8×3.6 米的梯形并取消中线；增加一次进攻限 30 秒和持球队员在前场被严密防守 5 秒应判争球的规定。20 世纪 70 年代以后，增加球回后场、控制球队犯规和全队 10 次犯规的规则；并规定对投篮队员犯规，投中有效再追加一次罚球，如未投中则实行"三代二"罚球。至 20 世纪 80 年代，又将"垂直原则"、"合法防守位置"等身体接触的原则正式列入规则。1984 年，扩大球场面积为 28×15 米，规定球场上空高度为 7.5 米以上，设立三分投篮区，增加全队每半小时 7 次犯规后执行 1+1 罚球的规则。

（二）篮球规则与技术

篮球竞赛规则不断修改、完善，对篮球技术的发展起着指导和促进作用。篮球规则的增订与修改，其目的是肯定合理的、正确的技、战术的存在，并促使其向前发展，否定不合理、不正确的技、战术的存在，限制其发展。正式的篮球规则，只在每隔 4 年的国际篮球联合会（FIBA）世界代表大会上才能做出修改。每次规则的修改，都大大推动了篮球运动技术的发展与提高；反之，技术的发展与提高，又促使篮球规则不断修改、补充和完善，推动了篮球运动的发展。不同时期篮球规则的修改与技术的发展变化情况如下。

1894 年，比赛开始与中篮后，即都在场地中间跳球这一时期，篮球运动员的单手大抡臂和双手抛传球技术出现并得到发展。

1897 年，改"9 人制"比赛为"5 人制"，取消原规则锋、卫不能越区攻防的规定，致使运动员的活动区域扩大，促使运动员掌握能攻、能守的全面技术。

1908 年，规定运球队员可以投篮，增加"5 次犯规取消比赛资格"的规定，使运球技术有了较大幅度的提高，变向运球、换手运球出现，进一步发展到运球转身、背后运球。

1929 年，明确"持球移动"概念及要求使持球突破技术在规则的制约下朝着合理和正确的方向发展，变速、弧形、迂回等切入技术出现并发展。

1930年，提出"防球太甚"和"防人太甚"的概念，增订带球撞人的规定，使防守者得到合法保护，而同时也提出防守技术要求"垂直面"，促进防守技术向正确方向发展。

1932年，增加"10秒"规则、"3秒"规则，提出"带球跑"的概念，确定中枢脚的辨认。促进快速运球技术大发展，中、远投受到重视，要求高大队员技术全面发展。

1936年，"投中、罚中都在端线掷界外球继续比赛"使攻守对抗激烈，素质与技术紧密结合，高大队员的扣篮技术出现。

1940年，投篮队员被侵犯，投中加罚一次，未中罚球两次，以鼓励篮下队员勇敢投篮，这一规则也促使篮下勾手、空中转体单手等投篮技术出现，防守技术要求更高，冲撞防守队员的投篮动作出现。

1948年，女子篮球规则的修改与男子相同，限制区的底部宽从1.80米扩大到3.60米。促进女子技术动作"男子化"，跳投技术得到发展，中、远投技术受到普遍重视。

1952年，限制区的底部宽从3.80米扩大到6米，用以限制高大队员密集篮下的死抗硬打，促进高大队员掌握全面技术，以应对更加激烈的比赛。

1956年，增加"30秒"规则，限制区形状改为梯形，加快了比赛进程。突、分、传、投等技术与速度紧密结合，一切技术都要求在高速中进行。

1960年，最后5分钟和决胜期的犯规都罚球两次，促进攻守技术朝着合理、正确的方向发展。

1972年，恢复中线，增加球回后场的规定，增加"10次"犯规及罚则，此次规则修改最大的好处在于有利于防守技术的发展，制止粗野动作的蔓延，"抢断球"技术运用普遍。

1976年，增加"追加罚球"和"三代二"罚球规定，促进各种投篮技术发展，对"封盖"投篮技术要求提高。

1980年，增加"5秒"违例规则，"10次"犯规罚则改为"8次"，对投篮队员的犯规区分为投篮前和投篮后的犯规，使比赛向着快速、多变方式发展，促进防守技术多样化，平步、攻击步、碎步、追近步等攻击性防守技术出现，促进防守技术提高。

1984年，场地扩大（28×15米），增加"3分投篮区"和"30秒累积"计算规定，增加"1+1"罚则。"8次"犯规罚则改为"7次"。促使攻方外线有球和无球队员的突分和空切技术的发展，个人防守能力、突破技术、运球技术等得到很大发展，抢篮板球（远投后的篮板球）技术和意识有了新的变化和认识，投篮准确性要求更高。

1990年，给予裁判员以更加公平合理的执法地位。掷界外球时，裁判员必须将球直接递交给掷界外球队员，允许裁判员纠正罚球和得分判罚的失误，促进技术的全面发展，抢断球技术提高，攻守对抗更加激烈。

1994 年，队员可以将球传到篮圈水平面的上方给同队队员接球投篮，第 7 次犯规后的"1＋1"改为两次罚球。这一规则提高了投篮的命中率，促进队员身高、弹跳所形成的高空优势发展。

1998 年，手被视为球的一部分，最后 2 分钟中篮后停止比赛计时钟。促进对抗强度的增加，鼓励积极的攻击性防守技术，如打球、盖帽的运用和发展。

（三）篮球规则与战术

篮球战术是篮球比赛中队员运用攻守方法的总称，是队员个人技术的合理运用和队员之间相互协同配合的组织形式。任何战术的目的都是为了更好的发挥本队队员的技术特长，制约对方，力争掌握比赛主动权，争取比赛的胜利。

篮球运动诞生初期，作为篮球游戏的这项运动根本无战术可言，从场地大小到上场人数多少都没有限制，也没有明确的规则，比赛中推人、拉人、撞人等粗野动作时有发生。

1892 年，奈史密斯制定了 13 条规则。

1893 年，将上场队员规定为 5 人，并把 5 人分为左右前锋、中锋和左右后卫。后来，随着规则的进一步改进与完善，队员之间的分工配合愈加合理，才逐渐出现了简单的战术配合。原始的进攻战术主要是围绕中锋跳球制定的所谓"快攻"战术，由于当时技术水平、战术能力较低，比赛时首先考虑的是本方如何得到球、中锋跳球时把球打给谁比较有利等。原始的防守战术主要采用单纯的人盯人形式，防守队员首先在中线排成一线，按进攻人越过中线的先后，依次盯住自己的对手，也被称为"一线落位防守"。

19 世纪末到 20 世纪 30 年代，这一时期属于联合防守队员之间以联合组阵的方式进行防守，5 人一线、5 人两线、区域联防。进攻属于站立式固定配合，受原始规则第 3 条不准带球跑规定及位置上的分工限制，技术比较单一，绝大部分技术动作都在原地进行。阵地进攻配合基本上是独立式的固定配合、策应配合、中锋定位掩护，以及沉低运球进攻、人在球前等配合。

20 世纪 30～60 年代，处于积极防守阶段，防守队员采用人盯人防守和紧逼防守，即半场盯人、全场盯人。进攻开始行进间固定配合，出现运球技术及单手跳起投篮技术，运动员运用跳投可以在行进中突然跳起得分，使进攻战术从原地向跑动方向发展。"8"字进攻战术出现，由于跳投技术的运用，提高了"8"字进攻战术的攻击力，出现轮式进攻配合。换位进攻阶段，通过队员不停顿的移动换位，在快速移动中不断地变换配合方式，以创造有利的进攻机会，保持了阵地进攻的连续性，增加了进攻点，扩大了进攻面积。换位进攻战术得以普遍运用。

20 世纪 60～80 年代，全面防守技、战术迅速发展，防守形式采用按区域紧逼盯人的防守，全场区域紧逼、3/4 场区域紧逼、半场区域紧逼。

20世纪80～90年代，整体防守被各队采用。他们把防守过程作为一个整体，综合运用各种防守战术。移动进攻阶段，运动员遵循有目的、有配合的人、球连续移动与转移的原则，灵活运用各种攻防基础配合，产生了介于固定配合与自由打法之间的移动进攻战术。

第二节　现代篮球运动的特点及发展趋势

篮球运动自1891年被发明到现在一百多年来，经历了由低级到高级、由简单到复杂的发展过程。今天，展现在我们面前的是一项具有现代化特点的攻守激烈对抗的竞技体育，其特点表现在以下几个方面。

一、高

(1)运动员的身高优势。自1952年美国队在第15届奥运会上出现2米以上的高大队员，并且全队平均身高达1.945米以后，世界各队都非常重视巩固本队队员的身高优势。目前，世界强队中男队各队平均身高稳定在2.03米左右，中锋身高为2.10～2.20米。

(2)弹跳高度。原华盛顿"子弹"队队员斯帕特·韦伯，是1986年全美扣篮冠军，身高只有1.70米，原地纵跳高度1.04米，助跑纵跳高度1.22米。身高在1.90米以上的男篮队员基本上都可以扣篮。女子队员中美国女篮20世纪80年代中期优秀选手米勒·谢里尔，身高1.91米，她可以扣篮。身高在1.80米以上的女队员，相当多的人都可以摸到3.05米的篮圈。

(3)抢篮板球高度。目前世界优秀男队争夺篮板球的高度在3.50米左右，平均在3.30米。世界优秀女篮争夺篮板球的高度在2.95米左右。

二、快

(1)各队打快的意识和打快的能力非常强。只要有打快的机会，绝不放过。

(2)过去只是认为比赛是由进攻和防守组成，进攻后变防守，防守后变进攻。现在，大家深刻认识到攻、守转换这个环节也是比赛结构的重要组成部分。各队越来越重视快速的攻转守、守转攻。

(3)技术、战术间的衔接速度快。在篮球比赛中，技术与战术间的衔接速度非常快，如急停跳投，不论运球急停跳投还是接球急停跳投，急停后的跳投非常突然，使对方防不胜防。

三、巧

(1)非常熟练的运球、传球，连续的胯下变向，连续的背后变向运球，转身运球中运用假动作摆脱，使防守队员很难掌握对手的进攻意图。

(2)篮下跳起后的各种换手投篮、变换角度的投篮，投篮前结合各种跨步、转身技术摆脱防守或结合假动作摆脱防守，常常使人眼花缭乱，防不胜防。

（3）空中转身投篮、跳起空中接球后的直接扣篮或妙传经常出现在比赛中，扣篮已经是一些队和队员的常规得分方式，这也增强了篮球比赛的观赏性。

四、强

（1）超强的技术。20 世纪 60 年代以前，运动员只要掌握一招一式就可以在篮球队中打主力，在比赛中发挥作用。而当代高水平的篮球比赛，各队中的优秀运动员，个个都是能攻善守、能投能抢的全面选手，个个都有自己的技术特长和绝招技术。

（2）强大的明星阵容。明星队员在比赛的关键时刻能起到稳定军心的作用，有的明星队员在困难阶段，依然勇往直前、毫不手软，敢于杀出一条血路来，为本队的胜利立下汗马功劳，而有些球队正是因为缺少明星队员挑大梁而导致比赛失败或得不到理想的战绩。

（3）强大的攻、防阵容。从 NBA 比赛和世界一些强队比赛中可以看到，在比赛过程中队员战术套路运用熟练、配合默契，特别是全队整体战术配合纯熟。

第三节　中国篮球运动的发展与现状

法国人来会里于 1895 年 9 月来华以后，把近代篮球带到天津，所以天津是中国近代篮球运动的摇篮。1908 年，保定同仁学堂就是在空地两端的树上各挂一个竹篓做筐子来组织中国最早的"篮球游戏"。华北地区开展篮球运动较早的学校还有北京的清华学校、汇文中学、高等师范学校和通县协和书院等。华北地区内的其他省、市学校篮球活动是于 1914 年在北京召开华北运动会以后，相继开展起来的。1949 年 8 月 14 日至 28 日，第 10 届世界大学生夏季运动会在匈牙利首都布达佩斯举行，中华人民共和国（还没有成立时于解放区）派出了中国第一支大学生男子篮球队，参加了篮球比赛。1950 年 8 月 14 日至 23 日，世界大学生第二次代表大会体育比赛在捷克斯洛伐克首都布拉格举行。刚刚成立不久的中华人民共和国派大学生男子篮球队参加了比赛，参加这次篮球比赛的有匈牙利、中国、波兰、罗马尼亚、捷克斯洛伐克、苏联 6 个国家的代表队，中国获得第四名。1953 年 8 月 7 日至 13 日，第 1 届国际青年友谊运动会在罗马尼亚首都布加勒举行。参加篮球比赛的共有 17 个国家和地区的代表队，中国也派出男子篮球队参加比赛。1974 年 9 月 1 日至 16 日，中国男、女篮球队同时参加了在伊朗首都德黑兰举行的第 7 届亚洲运动会篮球比赛。中国男子组获第 3 名。1975 年 11 月 15 日至 26 日，第 8 届亚洲男子篮球锦标赛在泰国曼谷举行。中国男子篮球队第一次参加了亚洲男子篮球锦标赛。中国男篮经过预、决赛共 9 场比赛，保持不败战绩，取得冠军，并取得了代表亚洲地区参加 1976 年在加拿大蒙特尔举行的第 21 届奥运会篮球赛的资格。中国男子篮球队获得亚洲冠军是具有历史意义的，它表明中国男子篮球队已冲出亚洲，开始走向世界。1976年11月2日至12日，中国女子篮球队参加了在香港举行的第6届亚洲女子篮球锦标赛。1983年是中国现代篮球运动腾飞的一年。中国男、女篮球队相继在亚洲比赛中获得好成绩之后，中国女子篮球队在第9届世界女子篮球锦标赛上获得第三名。中国男篮也于1986年举行的第10届世界男子篮球锦标赛上，在有24个世界强队的比赛中，打败多个欧美强队，荣获第九名。这是中国现代篮球历史性的突破。1983年7月24日至8月6日，第9届世界女子篮球锦标赛在巴西的圣保罗举行。中国女篮首次参赛，女篮姑娘们经过艰苦奋战，最终战胜加拿大等世界强队进入半决赛，在半决赛与世界最强的美国队相遇，鏖战40分钟不分胜负，加时赛时失去了决赛的机会，这是中国篮球运动向世界先进水平挺进迈出的重要一步。1984年7月29日，第23届奥运会篮球比赛在美国的洛杉矶举行。1988年中国男、女篮参加第24届奥运会，女子获得第6名，男子获得第11名。1989年中国男篮在北京举行的第15届亚洲篮球锦标赛上获冠军，女篮在第13届亚洲锦标赛上获冠军。1990年新中国大学生篮球协会成立。1990年中国男、女篮分别参加了第11届世界篮球锦标赛，男子获第14名，女子获第9名；同年在第11届亚运会上男子获冠军，女子获亚军。1990年国际业余篮球联合会更名为国际篮球联合会，同年取消对职业篮球运动员参加国际篮球大赛的限制。1994年在第12届世界锦标赛上我国女篮又获亚军，男篮在同年世界锦标赛上获得第8名，中国男、女篮进入辉煌时期。1997年我国篮球运动分成CBA甲A、甲B和乙级队3个层次的比赛，每个级别的最后两名降入下一个层次，甲B和乙级前两名升入上一个层次。1998年中国大学生体育协会举办的CU-BA篮球联赛正式开赛。1999年我国女篮在亚洲篮球锦标赛上失利获得第4名，跌入50年来的最低谷，引起全国篮球界的关注；我国男子篮球队在日本亚锦赛上获冠军，取得2000年悉尼奥运会的入场券。1999年至2000年CBA赛季中"八一"队获五连冠。2000年10月，我国组建新中国成立以来实力最强、水平最高、条件最好的男篮队伍参加在澳大利亚悉尼举行的第27届奥运会，获得第10名。

一、CBA

中国篮球协会成立于1956年6月，简称"中国篮协"，英文名称为"Chinese Basketball Association"，缩写为"CBA"。中国篮球协会是具有独立法人资格的全国性群众体育组织，是由各省、自治区、直辖市篮球协会，各行业篮球协会及解放军相应的运动组织为团体会员组成的全国性、非营利性的联合组织，是中华全国体育总会的团体会员，是中国奥林匹克委员会承认的奥运项目组织，是代表中国参加国际篮球联合会和亚洲篮球联合会的唯一合法组织。1997年11月24日，国家体育总局实行体育管理体制改革和运行机制转变，成立了国家体育总局篮球运动管理中心。国家体育总局篮球运动管理中心是具有篮球项目行政管理职能的事业单位，又是中国篮球协会的办事机构。篮球运动管理中心下设综合部、竞赛部、国家队管理部、训练科研部、开发部、社会发展部，对全国篮球的协会建设、外事、财务、各级竞赛、各俱乐部、运动员、教练员、裁判员注册、培训、产业开发、青少年后备人才培养和群众性篮球运动的开展实行全面的管理。中国篮球协会是中华全国体育总会领导下的单项运动协会之一，是全国性的群众组织，是国际篮球协会会员，也是亚洲篮球联合会会员。它的任务是：大力开展群众性篮球活动；举办篮球竞赛和教练员学习班，提高篮球技术水平；加强与国际篮联、亚洲篮联及所属机构的联系，参加国际篮球竞赛与训练等活动；领导和检查全国篮球竞赛、训练、科研等活动；选拔代表国家的篮球运动员、教练员，评定等级称号；修订篮球规则及裁判法；组织全国性裁判员训练班，组织国家级裁判员的考试工作。

篮球俱乐部的章程是俱乐部的法律性文件，对其管理、经营和其他各项工作都有重要意义。俱乐部的各项工作必须在章程的规定下按章办事，因此我国篮球俱乐部章程对篮球俱乐部的性质、组建形式、必备条件、会员制度、申请审批程序、权利与义务、运动员和教练员资格、参赛办法、处罚制度以及经费等问题都做了明确的规定。具体内容包括以下几方面。

（1）总则：

①宗旨、经营范围；

②投资总额和注册资金；

③董事会；

④经营管理机构；

⑤收益分配、盈亏风险；

⑥财务制度；

⑦成员、劳动管理；

⑧工会组织；

⑨终止、清算；

⑩规章制度。

（2）中国篮球俱乐部的管理条例：篮球俱乐部的管理条例是依据《中国篮球协会俱乐部章程》制定的规章制度，作为对章程的具体实施的补充和完善，方便工作人员依章行事。

（3）各类人员的责任制。如总经理、部门经理、总教练、医生、后勤工作人员等都有明确的责任范围，包括以下几个方面：

①各部门的经营职责和工作程序；

②各类人员的工资制度；

③各类人员的考核、升降和奖惩制度；

④各项财务制度;

⑤各类人员福利制度;

⑥俱乐部解散时的清算程序;

⑦其他必须的规章制度。

二、CUBA

CUBA 中国大学生篮球联赛。1996 年 6 月 6 日,中国大学生篮球协会召开媒体座谈会,正式宣布将与杭州恒华集团合作,发起创办中国大学生篮球联赛,并联合教育界、篮球界、新闻界知名人士成立联赛筹备小组。1997 年,经教育部体卫司、中国大学生体育协会审核批准,并在国家体育总局篮球运动管理中心备案,确定了联赛的名称、竞赛方案及徽记、旗帜、吉祥物等,同年 12 月,CUBA 联赛组委会正式成立。1998 年 3 月,首届 CUBA 联赛开幕式晚会在中央电视台 3 号演播厅隆重举行。

(一)CUBA 的现实意义

CUBA 建立了一个面向全国高校,纵贯整个学年的赛制;根治长期困扰高校体育界的公平竞赛问题;推动"教体结合"进程和新型篮球人才培养体系的建立;开创学校体育走社会化、产业化发展道路的先河,这"四大创举"是对 CUBA 的现实意义的概括。

一个赛事的竞赛制度的合理性在很大程度上影响到赛事水平的高低,以及赛事是否能健康、持续发展。CUBA 创立之初,在借鉴 NCAA 赛制的基础上,结合我国高校篮球的实际情况,建立了最初的赛制,在发展的过程中又对一些意见反映比较集中的问题进行针对性的赛制变革,一个符合我国高校篮球发展需要,面向全国高校,纵贯整个学年的科学、合理的赛制才得以建立起来。

1.CUBA 联赛顺应发展的赛制变革

(1)1998 年,首届 CUBA 采取分级赛制,即以原国家教委〔1995〕7 号文件为依据,凡属该文件确定试办高水平运动队的院校组队参加 A 级联赛,非试点院校参加 B 级联赛。其中 A 级联赛集中在一所承办院校进行,符合报名条件的队伍直接参加比赛;B 级联赛以长江为界,分成南、北两个赛区,赛制与 CUBA 现行赛制相近,即先进行预选赛,然后进行分区赛(南、北两区),南区冠军和北区冠军进行 B 级总决赛。最后由 A 级联赛冠军和 B 级联赛冠军进行一场争霸赛。

(2)1999 年,举办首届 CUBA 男八强、女四强赛,同年 CUBA 联赛组委会做出决定,取消联赛分级制度,A 级联赛改为试点院校邀请赛,不再列入 CUBA 竞赛规程。在原 B 级联赛竞赛方案的基础上,将南、北分区改为东南、西南、西北、东北 4 个分区,增加男八强、女四强赛,赛程分布由自然年度改为学年度,改革后的竞赛方案从第 2 届 CUBA 联赛开始施行。

(3)2000 年 5 月,CUBA 联赛组委会颁布并下发了《CUBA 联赛竞赛规程》。

提出"不变的参赛条件、固定的比赛时间、有利于促进大学生篮球运动普及和运动技术水平不断提高的赛制",规定除需进一步修订和补充,不再每年下发竞赛规程。此举标志着CUBA的赛制框架基本确定。

(4)2003年年底,CUBA联赛组委会决定从第6届CUBA联赛开始,分区赛由每年11月15日开赛延后至次年3月,男子八强赛改为主客场两回合淘汰制(此前为先单场淘汰决出两支参赛队进入总决赛,总决赛采取主客场两回合制),女子四强赛扩大为女子八强赛,主客场比赛引入罚球决胜制(此前为主客场两回合打平后进行五分钟加时赛)。

(5)2004年6月,CUBA联赛组委会决定从第7届CUBA联赛开始,对主客场罚球决胜办法进行修改完善,由原来主客场打平直接进入罚球决胜期改为先计算两场比赛总分分差,分差少于8分才进行罚球决胜,并制定了《关于主客场二赛制罚球决胜的具体执行办法》,纳入竞赛规程。

(6)2006年1月,CUBA联赛组委会决定从第8届CUBA联赛开始,各分区由原来的男、女各8支队伍扩充到男、女各10支队伍,制定机动名额分配原则,并对分区交叉淘汰赛、8强赛参赛队的排列定位方法进行修改,引入抽签制。

关于高校组队参赛资格的要求:截止到2005年5月,除我国港、澳、台地区外,我国共有1794所普通高等院校(含专科院校),其中包括部属、省(区、市)属高校1545所,民办普通高校249所。CUBA联赛组委会规定除体育院校、民办高校之外的普通高校均可组队参加CUBA联赛基层预选赛。

经过多年的创新发展,CUBA联赛的影响力已覆盖全国。CUBA联赛独特的赛制(如建立顺位补缺机制、取消总决赛、5分钟决胜期等)充分体现了联赛的业余性和开放性,广泛性和代表性的有机统一,符合高校篮球运动发展的规律和篮球人才成长的规律,对推动篮球运动在高校的普及和发展,提高联赛的激烈程度和精彩程度,维护体育竞赛的公平精神有积极的推动作用。

CUBA十余年的发展,建立了一个符合中国国情和篮球发展需要的,面向全国高校,纵贯整个学年的赛制,为CUBA联赛今后科学、有序地发展提供了有力的保障,根治了长期困扰高校体育界的公平竞赛问题。

为了使CUBA联赛的赛制更符合客观规律和实际情况,适应不断发展的新形势,在联赛推行过程中,组委会不断组织专门调研和论证,对赛制中不合时宜、存在漏洞、引起争议的部分进行修改、补充和完善,确保联赛始终向科学化、规范化的轨道发展,建立合理、可行的赛制,从而保障赛事的公平性、公正性。

为防范和打击运动员资格不符、裁判员执法不公、球迷聚众滋事等各类赛风、赛纪问题,CUBA联赛组委会制定了严格的资格审查制度、赛场管理制度和相应的处罚条例,并确保严格执行。CUBA组委会对参赛队伍的审查,要求每个队员必须三证齐全,对不符合要求的队员将不允许上场参加比赛,同时严格要求队员的装束和外在形象，严格杜绝不符合条件的队员的加入，保证赛事在公平、公正的氛围中进行。

在裁判员队伍管理方面，组委会坚持培养和任用责任感、事业心强的年轻裁判，强调组织纪律观念，狠抓作风建设和职业道德建设，并通过有计划、有组织的培训，加强业务能力的培养。CUBA联赛组委会每年举办裁判员培训班，采取自愿报名方式，组织高校青年体育教师和有兴趣的在校大学生参加篮球裁判员业务学习和考核，通过严格的体能测试、理论考试和临场考评，选拔综合素质和业务能力突出者，进行重点培养。同时CUBA还单独设立了裁判工作评委，做到了"每一声哨都要有鉴定"，使裁判工作进一步透明化，既有力地支持了裁判工作，减少各方面的压力和干扰，同时又建立起有效的监督检查机制，防止出现"黑哨"现象。

CUBA组委会不允许在篮协注册过的运动员参加，保证大学篮球的纯洁性；使用自己培养的裁判，保证了哨声的公平性。对裁判、运动员严格把关，真正地规范了赛场秩序，从根本上保证了比赛的公正，也维护了CUBA校园篮球的纯净。

2. 推动了"教体结合"进程和新型篮球人才培养体系的建立

2006年年初，由中国篮球协会和CUBA联赛组委会共同主办的首届CBA—CUBA青年篮球四强对抗赛在武汉举行。这是自1995年中国篮球职业化改革以来，体工队、俱乐部二线专业队伍和高校业余运动队之间的一次最大规模、最高层次的比赛交流，在同全国青年联赛前四名队伍的交锋中，"学生军"在体能、作风和技、战术方面不落下风，男、女队均创佳绩，在篮球界引起较大反响。新华社、人民日报、中央电视台等新闻单位对此次比赛进行了全面、深入的报道，并发表评论指出这次比赛在推动"教体结合"进程中具有里程碑式的意义。同时，在CUBA联赛的带动下，教、体两大系统之间的人才交流也日益活跃。越来越多的高校聘请和引进专业教练，队伍训练水平有了大幅度提高。据统计，自1998年CUBA联赛创立至今，先后有43位专业教练投身高校篮球事业，其中绝大多数是从体工队、俱乐部退役的优秀球员及拥有国家队、甲A联赛执教经历的资深教练。

很多家长希望自己有体育特长的孩子不要选择专业队，而把目光纷纷转向大学。这种趋势对培养大学体育人才奠定了可靠的基础，在大学里培养既有文化又有篮球特长的人才，既与国际体育发展大趋势相吻合，又能为国家培养出有文化的篮球人才，消除了运动员的后顾之忧。CUBA联赛的开展无疑开创了中国篮球人才的另一条成长之路。

目前，我国的篮球人才模式为锥子形，高水平的高中、大学运动员数量和质量都不足。为了使大量的优秀篮球苗子能够及早被发现，并在中学阶段接受正规、系统的训练，打下扎实的文化基础，为进入大学做好充分准备，CUBA联赛组委会自1998年起，着手在全国范围内依托篮球训练和文化学习条件较为优越的中学建立篮球人才培训基地，至今正式挂牌的已达到41所，为各高校代表队输送了大批优秀选手，为国家培养和输送了大批高水平运动员。

同时，为进一步扩大高校选材范围，使更多有篮球天赋的青少年能够实现上大学的梦想，CUBA还推出了一年一度的选秀夏令营，为高校教练和优秀中学生篮球运动员提供了一个双向交流的机会。通过这两项措施，CUBA在辐射和带动中、小学篮球建立人才储备方面取得显著效果。

3. 开创了学校体育走社会化、产业化发展道路的先河

CUBA的成功创建树立了高校体育社会化的典范，开创了高校体育社会化、产业化的先河。

中国大学篮球联赛的起步是置身于我国社会主义初级阶段这个宏观大背景下的，由于大学篮球根基薄弱，大学生体育协会只能采取产业化、商业化运作模式来发展大学篮球运动，从实践来看，起到了很好的作用，CUBA已成为了影响力最大的大学品牌联赛。

CUBA在没有政府的投入下，大胆尝试将联赛推向社会，利用社会筹集联赛运作资金，特别是将主要赞助商恒华国际集团吸纳为组织者，解决了比赛所需的大部分资金。随着CUBA联赛影响力的不断扩大，关注人群的不断壮大，更多的商家积极投资，CUBA联赛的社会化、产业化进程和幅度将进一步加快、加大。

CUBA的成功运作，开拓了高校体育赛事的新视野，同时，也开创了我国高校体育社会化、产业化的先河。

(二)CUBA参赛宗旨

CUBA联赛的办赛宗旨是发展高校篮球，培养篮球人才，包括以下几个方面：

(1) 大力推动中国大学生篮球运动的普及和运动技术水平的提高；

(2) 建立和完善小学—中学—大学"金字塔"型篮球人才培养体系，培养高水平篮球运动员；为职业俱乐部输送优秀后备人才；

(3) 促进高校校际交流；

(4) 推动高校校园文化建设；

(5) 承载素质教育理念，培养大学生良好的意志品质和团队精神；

(6) 开发高校体育竞赛市场，扩大项目的社会影响，建立市场化运作机制。

CUBA坚持"竞技体育不能脱离教育，素质教育不能脱离体育"，从学校体育的功能出发，提出培养"五种篮球人才"的目标和计划，即高水平的运动员、教练员、裁判员、从事与篮球相关工作的人员和高素质球迷。

(三)CUBA的特点

经过7年5届的快速发展，CUBA联赛呈现出以下四个特点。

1. 普及范围更广

越来越多的高校认识到 CUBA 联赛在提升学校知名度、促进校际体育文化交流、推动校园文化建设和素质教育实施等方面所发挥的积极作用。在代表队建设方面提高了重视程度，加大了投入力度，基层比赛的规模、影响力、队伍质量和运作水平持续提高。以第 6 届 CUBA 联赛各省、自治区、直辖市预选赛为例，参赛队总数达到了 700 余支，比赛总场次达 2700 多场，现场观众达 190 万人次，其中河南省预选赛参赛队覆盖了全省 17 个地级市中的 14 个，河南电视台对部分场次进行了实况转播；浙江省预选赛参赛队数达到 50 余支，平均每场比赛观众人数达 1000 多人；安徽省选拔赛有 34 支队伍参加，规模创历届之最。总体来看，大部分地区的 CUBA 预选赛得到了当地教育、体育行政部门的有力支持，高校体育组织的大力协助和广大院校的积极响应，并在赛事包装、新闻宣传、活动推广、市场运作等方面进行了有益的尝试。

2. 运动技术水平显著提高

表现在运动员的身体素质和基本技术、球队的战术运用和配合质量、比赛的对抗程度和精彩程度都有大幅度的改善和提高。水平较高的球队已经形成相对固定的打法风格。经高校多年的培养和 CUBA 联赛多场次的锤炼，部分拔尖球员已经具备了进入体工队或职业俱乐部的实力。以第 5 届 CUBA 男八强、女四强赛为例，男队平均身高 1.92 米，最高达到 2.04 米，女队平均身高 1.80 米，最高达到 1.89 米，各队之间的实力差距明显缩小，80% 的场次分差在 10 分之内。从技术统计情况来看，全队得分和投篮命中率明显上升、犯规和失误次数有所减少，一些难度较高的攻防技术如扣篮和盖帽得到了更多的运用。总体来看，CUBA 男子八强队已经全面达到或超过了青年队的水平，如华侨大学、电子科技大学两队在与本省青年队的正式比赛中能够胜出 20 分以上，武汉理工队多次战胜乙级联赛的中游球队湖北男篮，女子冠亚军队已经达到准专业队水平，如天津财经大学女篮曾在正式比赛中以十几分的优势战胜了乙级联赛前五名的黑龙江女篮。此外，在 2003 年第 5 届全国城市运动会上，湖南大学男篮和青海师范大学女篮分别代表长沙和西宁参加了篮球项目的比赛，其中未能进入第 5 届 CUBA 八强的湖大男篮先后战胜 3 支专业队，在 12 支参赛队中名列第六。经高校多年的培养和 CUBA 联赛多场次的锤炼，部分拔尖球员已经具备了进入体工队或职业俱乐部的实力，如武汉理工男篮队员王晶 2003 年正式加盟广东新世纪男篮。

3. 社会化程度不断提高

除了在校大、中学生，各个年龄段和知识背景的人群对赛事表现出了越来越浓厚的兴趣，CUBA 联赛的影响力已经辐射到各个社会领域，其积极健康的社会形象和与时俱进的发展理念更加深入人心。

4. 产业化运作初见成效

经过多年的品牌建设和市场运作，CUBA 先后吸引了摩托罗拉、万事达卡、一汽—大众、中国电信、铁通、达盛电子、CECT 手机、FILA、李宁、康威、双星、红牛、南华利生、WILSON、兰华、飞鹿、洪都、康恩贝、正大福瑞达等公司的加盟合作，成为一个社会团体和民营企业联手打造的知名赛事品牌。从第 5 届 CUBA 联赛开始，联赛组织者开始把无形资产开发列为主攻方向，力争"把蛋糕做大"。目前正在推行的市场拓展计划主要有两个内容：一是和国内体育用品业"龙头"之一安踏公司建立合作伙伴关系，以品牌联盟的方式推广 CUBA 联赛，开发系列标志产品，全面进军篮球市场；二是开通"CUBA 短信乐园"，以网络为平台，发展无线增值业务，提高产业化运作水平。从"小打小闹"到"大蹦大跳"，CUBA 联赛正在逐步加大市场开发力度。

(四)CUBA 的赛制结构

1. 基层预选赛

每年 9 月至 11 月，各省、自治区、直辖市、特别行政区在当地教育行政部门、大学生体育协会、大学生篮球协会的领导下，以学校为单位组织预选赛。各地区预选赛男、女组冠军队自动获得分区赛参赛资格，目前全国共有 29 个省级行政区定期组织 CUBA 预选赛。由各省、自治区、直辖市、特别行政区 CUBA 联赛预选赛组委会确定赛制，有条件的地区，应采取主客场制。

2. 分区赛

次年 3 月至 4 月，顺次进行东南、西南、西北、东北四个分区的比赛，各分区对应的参赛地域如下。

东南区：上海、江苏、浙江、安徽、江西、福建、广东、海南。

西南区：湖北、湖南、广西、贵州、云南、四川、重庆、西藏。

西北区：陕西、山西、甘肃、新疆、青海、宁夏、内蒙古、河南、香港。

东北区：北京、天津、黑龙江、吉林、辽宁、河北、山东、澳门。

每一分区男、女组各有 10 支参赛队，除基层预选赛冠军队之外的报名空额为机动名额外，各分区男、女组冠亚军队晋级八强赛。采取先小组循环、后交叉淘汰的赛制，以男子组为例，10 支参赛队分成两组，先进行小组单循环比赛，然后两组前四名进行交叉淘汰赛，小组赛积分居首的两支球队进行抽签，决定淘汰赛首轮对阵，各分区决出 1～4 名。

3. 八强赛

次年 4 月至 6 月，分别进行女子八强赛和男子八强赛。女子八强赛先通过单场淘汰决出两支球队进入冠亚军决赛，冠亚军采取主客场两回合制，其中第一回合比赛在八强赛承办院校代表队进入总决赛，第二回合比赛在对方主场进行，如承办院校代表队未能进入总决赛，则两支参赛队抽签决定由谁来承办第二回合比赛。

（五）CUBA 的吉祥物、会徽、主题歌

CUBA 联赛的会徽是以篮球为背景的"CUBA"四个英文字母和横向排列的五颗黄色五星组成的。

CUBA 联赛的会歌是由著名歌唱家刘欢作词、作曲的《CUBA 之歌》，它那富有活力的旋律，清新明快的节奏，加上刘欢那浑厚而不失欢快的声音更让人陶醉、让人痴狂。

CUBA 主题歌——《CUBA 精彩无限》、《我们在一起》。歌曲融合了多种音乐元素，风格或清新或奔放，旋律或舒缓或激昂，充分展现出当代大学生的精神面貌。

CUBA 联赛的吉祥物——"聪聪"。具有卡通形象的篮球小"聪聪"那活泼、健康、可爱的样子一经推出就深受广大同学的喜爱。

（六）CUBA 选秀夏令营

暑假期间，即每年 7 月底至 8 月期间，活动时间一般为两周。

大学选秀分两个阶段进行，第一阶段为分区初选，全国共设 10 个分区，符合条件的中学生就近报名，并参加身体素质、基本技术和实战能力三项测试，测试成绩优异者发给 CUBA 选秀夏令营入营证；第二阶段为现场选秀，持有入营证的中学生方可参加，总人数控制在 200 人以内，采取分队比赛的形式，高校教练员现场观看或担任营队教练员，主办方提供每位营员的测试成绩和个人信息，营员和高校教练员可随时进行双向交流。与高校达成报考和招生意向的中学生，如高考成绩达到学校录取分数线，且无任何资格问题，入学后即可代表所在高校参加 CUBA 联赛。参加大学选秀的青少年，应当为篮球特长突出的高中一、二年级学生，男生身高 1 米 95 以上、女生身高 1 米 85 以上可直接获得入营证，不须参加初选。拥有二级以上篮球裁判员技术等级证件的在校大学生可以参加 CUBA 夏令营。裁判员培训班包括一级裁判员考试班、CUBA 联赛裁判员注册班和 CUBA 联赛骨干裁判员提高班。从近年来的统计看，参加一级裁判员考试班的营员中，在校大学生占 60％以上。夏令营的建立能促进中、小学篮球运动的开展，不断提高 CUBA 联赛的竞技水平，加快培养高水平篮球后备人才，形成小学—中学—大学的"金字塔"型篮球人才培养体系。

（七）CUBA 与大超联赛的区别

CUBA 和大超联赛都是大学生体育协会主办的赛事。用大体协秘书长杨立国的话说，大超联赛与 CUBA 是"同一个系统中两个不同层次的联赛"。

CUBA 和大超联赛的本质区别在于，前者不允许在中国篮协注册的专业运动员参赛，始终把维护业余体育的纯洁性放在第一位，参赛队员必须是通过国家正规考试的全日制在校大学生；大超联赛则首次向在中国篮协注册的专业队员敞开了大门，各高校在引进专业运动员上有了较大的运作空间，与赛季时间没有冲突的 CBA 球员、青年队球员只要入学手续完备、年龄适合并能提供"在校在读"的证明就可以参赛。

CUBA 已经举办了 10 届，参加预赛的球队达到 700 多支，有力地推动了大学生篮球运动的广泛开展，培养了一批自己的篮球裁判员和教练员队伍。另外。CUBA 还"双脚走路"，建立了几十个培训基地，一大批有培养前途的高中生接受培训并通过夏令营选秀的形式进入大学。就规模而言，刚刚诞生的、只有 16 支参赛队伍的大超联赛还远不及 CUBA。但 CUBA 由于是从中学选拔队员，大多没有接受过专项训练，因此影响了联赛的整体水平，而大超联赛由于专业队员的加入，"竞技水平应该高于 CUBA"，大体协秘书长杨立国说。

搞清楚了大超联赛与 CUBA 的不同，我们再回到大超联赛。专业运动员进入大学的确有它的意义，一方面，从大学生篮球联赛的角度来讲，专业选手的加盟可以带动大学篮球整体水平的发展，提高联赛的观赏性；另一方面，从运动员的角度来讲，他们能够在大学里接受教育，提高文化素质，如果将来进入职业篮坛，有利于中国篮球水平的提高，即使不走职业篮球运动员的道路，也可以有更广泛的就业机会。从理论上来讲，建立大超联赛的出发点是合理的、无可厚非的，但在实际操作中恐怕仍然会有许多问题值得商榷。将来要把青年队都放到大学去打大超联赛，以取代目前的青年联赛。而且从大超联赛的赛程看，密度也在向职业篮球靠拢，但大超球员的学习与训练比赛如何协调侧重点在哪一方面，现在看来还是一个值得关注的问题。

第四节 世界篮球运动的现状

一、奥运会

奥林匹克运动会篮球赛是奥运会的重要比赛项目之一，每 4 年举行一次，包括男篮和女篮比赛。

由于篮球运动创始于 1891 年，在现代奥运会成立之初，根本就没有篮球这个项目。到 1904 年，在美国举行的第 3 届奥运会上，篮球运动还只是表演项目。直到 1936 年第 11 届奥运会，男子篮球才被列为奥运会的正式比赛项目，而女子篮球直到 1976 年第 21 届奥运会也才被列为正式比赛项目。

奥运会男子篮球比赛从第 11 届至 28 届共举行了 16 届，在这 16 届奥运会篮球比赛中，美国队获得 12 次奥运会男子篮球比赛的冠军。在美国奥运会篮球比赛历史上已经有过 6 支"梦之队"。"梦之一队"到"梦之三队"都取得了全胜的战绩，但其他各国篮球队的水平也与其越来越接近。"梦之四队"到"梦之六队"成绩则很一般，受到世界各篮球强国的挑战，且都有败绩。中国队在奥运会男子篮球比赛中获得的最好成绩是在第 26 届和第 28 届奥运会上，均取得第 8 名。

奥运会女子篮球比赛从第 21 届奥运会至今已举行了 7 届。中国女篮参加了第

23 届至 25 届的奥运会篮球比赛，最好成绩是在第 25 届奥运会上取得了亚军。

二、世界篮球锦标赛

男子从 1950 年开始，女子从 1953 年开始，男、女比赛分别举行。每届比赛间隔时间不定，一般是 4 年一届，历届世界篮球锦标赛的参加办法不完全相同，到 1978 年第 8 届时，参加办法是：上届奥运会前 3 名，上届锦标赛前 3 名，欧、美、亚、非、大洋洲锦标赛冠军队和主办国，被邀请国（按规程规定，主办国可邀请 1～2 个国家的球队参加比赛），共 14 个队分 3 组进行预赛，各取前两名，加上上届冠军和本届主办国队，共 8 个队采用单循环制决赛。

(1)世界篮球锦标赛共有 6 个世界锦标赛，都是每 4 年举办一次。

世界男子篮球锦标赛：有 16 支球队参加。

世界女子篮球锦标赛：有 16 支球队参加。

世界青少年篮球锦标赛：有 16 支球队参加，年龄为 18 岁以下。

22 岁及以下年龄组比赛：这是一个新设的竞赛，是为青少年球员在参加成年组比赛之前提供转变期的比赛。

世界男子轮椅篮球锦标赛：于 1973 年首次举办。

世界女子轮椅篮球锦标赛：于 1990 年首次举办。

(2)FIBA（国际篮联）男篮世锦赛是声望最高的国际篮球赛事，此项赛事将会决出世界上属于国际篮联的 212 个国家和地区篮球队的冠军队伍。首届男篮世锦标赛于 1950 年在阿根廷的布宜诺斯艾利斯市举办，该项赛事在每两届奥运会举办的间隙组织举办，每 4 年举办一次，赛事的重要性使得各个国家和地区均派出实力最强的队伍参赛，因此比赛显得异常精彩、紧张而又刺激。

我国男子篮球队最早参加世界篮球锦标赛是 1978 年 10 月在菲律宾马尼拉举行的第 8 届世界男子篮球赛(注：我国台北男篮参加了 1954 年 10 月在巴西举行的第 2 届男篮锦标赛)。我国女子篮球队最早一次参加世界篮球锦标赛是 1983 年 7 月在巴西举行的第 9 届世界女子篮球赛，并取得了第 3 名，使鲜艳的五星红旗第一次在世界篮坛升起。

1986 年 7 月 20 日，在中国篮球的历史上是值得庆贺的日子，这一天，中国男篮在西班牙巴塞罗那举行的世界第 10 届篮球锦标赛上，在有 24 个世界强队的比赛中，获得第 9 名的好成绩，被报界称颂为"世界篮坛的东方曙光：国际篮坛普遍重视中国男篮的表现，认为这是中国队在世界篮球大赛中具有历史性的突破"。1986 年年初，中国男篮在第 13 届亚洲锦标赛上，连续输给菲律宾队和韩国队，仅获第三名。但是，他们并没有消极对待，而是从失败中吸取经验教训，勇敢地面对现实，投入更为紧张的赛前训练和具有针对性的热身赛中。终于，他们没有辜负全国人民的重望，经过顽强的拼搏，进入世界十强的行列。

从 2006 年开始，参加世界锦标赛的球队由原来的 16 支增加到 24 支（世锦赛举办国、上届奥运会冠军、五大洲的冠军将自动获得参加世锦赛的资格）。国际篮联做出世锦赛参赛队伍扩军的决定旨在提升世界篮球运动整体水平并且营造更好的国际篮球氛围，因为篮球现在已经成了国际上最为流行的室内运动项目。FIBA世界男篮锦标赛的影响力必将越来越大，将会成为世界上最有吸引力的体育赛事之一。

三、NBA

由美国全国篮球协会NBA（National Basketball Association）举办的美国职业篮球联赛，是世界公认水平最高、最受欢迎的篮球联赛，29支参赛队伍参与角逐，各场赛事争夺激烈，深受全球各地球迷注目，为每年一度的体坛盛事。

NBA早在1946年成立，当时其名称为BAA全美篮球联盟，1949年BAA与NBL美国篮球联盟合并，成为日后NBA的雏形。1971年至1972年球季，NBA把该球季球赛扩展为4个赛区比赛（太平洋区、大西洋区、中央区、中西区），即现今的赛区形式。1976年，NBA与当时规模次之的ABA全国篮球协会合并。最初的NBA共有11支球队，在1955年至1961年是NBA发展中的低潮阶段，仅有8支球队，到了20世纪80年代，洛杉矶湖人队的魔术师约翰逊、天钩贾巴尔等一批球星把NBA推向一个高潮。1992年巴塞罗那奥运会，美国篮球协会派出历年来最强的梦幻组合出战，一群顶级球星以压倒性篮球技术夺得奥运会金牌，NBA旋风风靡全世界。20世纪90年代在"梦之队"高温热潮下，NBA不单在美国国内威胁到美式足球及棒球的地位，在世界各地亦掀起一股NBA狂潮，NBA这个名字已成为篮球的最高象征。

NBA在受到全球瞩目的同时，它的商业气息也越来越浓厚，各国的转播权、品牌代言人等，使得NBA已不再仅仅是单纯意义上的体育运动比赛项目，而是代表了一种体育文化，让我们去欣赏和学习。

在进入21世纪之后，随着NBA向全世界进一步敞开大门，有越来越多的国际球员出现在了NBA赛场上，而且国际球员占据越来越重要的地位，成为NBA近年来的一大发展趋势。自从姚明在2002年成为第一位真正意义上的外籍状元秀之后，博格特和巴尼亚尼这两名国际球员又在2005年和2006年先后被状元签选中。国际球员除了在比赛中发挥出巨大作用之外，国际球员在赛场外也变得越来越容易融入美国生活。

（一）NBA选秀

为了使NBA比赛的各队水平不致太悬殊，增加比赛的精彩和激烈程度，NBA在每年度的总决赛之后，大概在6月下旬就举行一年一次的"新人选秀"大会。参加"选秀"的新人一般是全美各大学的学生，均为NCAA全美大学生篮球联赛上的佼佼者和世界各地优秀的适龄篮球选手。

NBA选秀分为两轮，各支球队挑选球员依据一些预定的规则进行。最靠前的选秀权属于 14 支上个赛季没有进入季后赛的球队，这些球队将要参加一次抽签，以决定每支球队的选秀顺序，通常情况下上个赛季战绩最为糟糕的球队抽到位置靠前选秀签的几率就越大。接下来的 16 个顺位则留给那些杀入季后赛的球队，这 16 支球队的抽签顺序则依据它们在常规赛的战绩来定，成绩越差的球队选秀顺位越靠前，因此上个赛季常规赛战绩最好的球队的选秀位置就最为靠前。

1984 年 6 月，NBA 董事会在盐湖城召开会议，通过投票确定了在非季后赛球队中通过抽签的形式决定第一轮选秀顺序的体系，并从 1985 年开始实施。从 1966 年至 1984 年间，东、西联盟成绩最差的球队是通过抛硬币的方式来决定第一选秀权的。在抽签仪式新的体系中首先依次抽出的 4 个乒乓球组成一组数字，事先分到这组数字组合的球队就得到了第一选秀权。然后将 4 个乒乓球再放回混摇器，随后同样的方法抽出第二和第三选秀权。抽签体系的发明是为了防止球队为了得到第一选秀权而故意输球。

(二)中国的 NBA 选秀

(1)1987 年，宋涛在第二轮第 67 顺位被亚特兰大老鹰摘走，但由于宋涛此后接连受重伤，与 NBA 不得不擦肩而过。

(2)1999 年，王治郅在第二轮第 36 顺位被达拉斯小牛选中。

(3)2002 年，姚明成了状元秀。

(4)2003 年，薛玉洋甚至还未在 CBA 证明自己，就在第二轮第 57 顺位被小牛摘下，并随即交换到丹佛掘金，但薛玉洋至今仍没有机会踏足美利坚。

(5)2007 年，易建联以第 6 顺位被密尔沃基雄鹿队摘走。同样优秀的孙悦则在第二轮第 40 顺位被湖人选中，从此改写了中国后卫不进 NBA 的历史。

四、街球

"街头篮球"最初起源于 20 世纪初的美国首都华盛顿和纽约市贫民区街边的篮球场，并因此而得名。由于早期参与"街头篮球"的都是黑人，所以"街头篮球"又被称做"黑人篮球"。最早的街球组织有"华盛顿学生体育协会"和"黑人篮球联盟"等组织。19 世纪 50 年代，纽约人在纽约市曼哈顿的哈林区举行了第 1 届街头篮球的正式比赛。哈林区也因为其在街头篮球历史的特殊意义，被许多当今著名的街头篮球队伍用在球队名称上，其中最著名的荣称"世界上最受欢迎的篮球队"是美国的哈林男子篮球队，该队成立于 1926 年，创始人是阿贝·塞波斯丁。哈林篮球队成立初期主要在国内进行比赛表演，1945 年后该队开始了环球旅行的生活，访问过 115 个国家和地区，观众已超过一亿多人，曾多次来中国访问表演，给观众们留下深刻的印象。

2001 年，著名鞋类品牌"AND Ⅰ"举行了第一次每年一度的夏季街头篮球巡回比赛。据说"AND Ⅰ"品牌源于一个篮球规则术语，意思是："投篮进攻得分对方犯规加罚一球。""AND Ⅰ"的标志是一个没有五官的 The player，"他"既象征无种族的篮球意向，又传达着一种个人自信与尊严，所以大家都认为"AND I"是一个纯正的街头篮球品牌。

街头篮球继承了传统篮球的运球、假动作、配合等技、战术，但街头篮球与传统篮球相比又有很多的不同之处。

（一）规则和场地人数

传统篮球比赛规定队员要求在长 28 米、宽 15 米的比赛场地内跑动，比赛开始每队出场 5 名队员，在比赛中，如果某队在场上准备比赛的队员少于 5 名，则判罚该队由于缺少队员使比赛告负。而街球比赛并不需要在正式的篮球场上进行，只要在城市广场或街边开阔地划出半个篮球场(14 ×15 米)大小的平坦硬地，树立一个篮球架，就可以进行比赛，人数上可以是 3 对 3，也可以是 1 对 1。街球的最大自由在于不受天气的限制。另外街球与传统篮球在规则上的最大不同之处就是在街球比赛中，有些明显的走步和两次运球都可以忽略不算，只要动作连贯、优美。而对于传统的篮球比赛而言，这两项动作是被严格禁止的，一旦出现其中一项就会被判罚违例，球权就要归属对方。

（二）战术

传统篮球强调集体配合意识，要求场上的 5 名队员互相联络、协同配合，街球在战术配合上却认为这不是主要的，街球更多表现的是场上队员特立独行的风格，随心所欲的技巧和自我张扬的个性。

（三）理念

传统篮球是在统一的国际性篮球组织领导下，以严格的比赛规则和特定的竞赛方式，追求更高、更快、更强的奥林匹克精神。而街球，自由是街球的生命，街头篮球的精神就在于自由和展现，它追求轻松自在的心情，别具一格的装饰，匪夷所思的绝活，伴随着青春的节拍，街头篮球除了球技的较量，更多了一份玩的心情和酷的感觉。街球追求升华、超越、创新。

（四）着装

传统篮球比赛要求队员穿利索的背心短裤，背心的衣角也要求掖到短裤里面，不准佩带任何饰物以免在激烈的比赛中使对方队员或自己受伤。街球与传统篮球在着装上出现了完全相反的格调，街球首选"AND I"品牌，腰身很大的 T-shirt，衣服大得要能放得进一个篮球还有富余的就是最好，裤子也要"肥大"的牛仔七分裤或是运动裤，如果配顶大头帽或者裹块头巾，那球友就会把你当成知己了，在饰物上也可以挂上一跟粗粗的金项链或银项链。让自己在与球共舞中更加飞扬绚丽。

美国的花式篮球是在 20 世纪 90 年代末传入中国的，它张扬的个性、不羁的思想，让追求激情、自由的青少年朋友大为喜欢。有些人甚至写文章引导人们正确评价街球，有些热爱街球运动的青年朋友已将其作为自己职业发展的方向。

街球带给我们的不仅仅是它的花哨和自我风格的演绎，在现今升学压力大、就业竞争激烈的社会，街球无疑为青少年朋友释放心理压力引领出了一条可行途径。它引导青年朋友在锻炼技艺、身体的同时锻炼心性，街球的观赏性又使得它开始走上大众化、娱乐化的发展趋势。

时尚与传统并不矛盾也不相悖，时尚源于传统，超越传统的同时又保留着一些传统的痕迹，它将以传统为基础，摆脱束缚，通过篮球运动领悟人生。

本章小结

篮球运动是奥运会主要的运动项目之一，拥有自己独立而规范的竞赛组织，明确的竞赛规则，畅通的媒体传播途径和精彩的啦啦队助威。

篮球运动自1891年由美国的奈史密斯博士发明以来，受到了世界各国人们的欢迎。人们利用篮球运动锻炼身体，增强体质，通过观看篮球表演或比赛，获得视觉和心灵的享受。

今天篮球已经远远超越了体育运动项目的一般意义，它已经成为了一种文化和时尚。

练习与思考

1. 篮球运动起源于哪年？
2. 篮球运动的特点有哪些？
3. 篮球运动的发展趋势是什么？
4. 街球能否作为一种职业去进行个人发展？

第二章　篮球训练与比赛

内 容 提 要

　　介绍篮球运动员选材的概念与重要意义；归纳篮球比赛与训练，以及训练计划、比赛礼仪、训练总结所涉及的内容；全面阐述篮球训练与比赛的意义、特点、方法，为提高训练与比赛质量服务。

学习目标：

(1)掌握篮球运动员选材的工作步骤与方法。

(2)科学预测，提高预测效果。

学习重点：

(1)制订篮球训练计划。

(2)教练员指挥要素。

第一节　篮球运动员的选材

一、选材的概念与重要意义

　　所谓篮球运动员选材，是把先天条件优越、适合从事篮球运动的人才，从小选拔出来，进行系统的、有目的的培养，以便取得优异的运动成绩。科学预测是选材的核心，而选择稳定、可靠、有效的测试指标，又是提高预测效果的基础。

　　在今天，选材问题受到人们越来越重视的原因是：运动员出成绩的年龄提前了，因此，必须从孩提时代就选拔有培养前途的好苗子对其进行系统、科学的训练。目前各国采用的训练方法、手段的差异日趋缩小。国际比赛频繁，国际体育信息畅通，一种新技术、新训练法的出现，很快就会传播出去，要想在技术上保密并长久领先已不可能，因此，运动员个人先天条件的重要性就更加突出了。培养一名世界水平的篮球运动员，将要花费大量人、财、物，因此各国都很重视提高成才率，减少淘汰率。

　　我国业余训练的方针是："选好苗子，打好基础，系统训练，积极提高。"其中，"选好苗子"是首位。不经常考虑选材问题，训练工作将是徒劳无益的。选好苗子就等于成功了一半。

第二章＼篮球训练与比赛

23

二、选材的理论基础

(一)人体遗传与变异原理

目前,从遗传角度进行科学选材已引起广泛重视。格拉拇指出:"在运动能力的遗传中,具有卓越运动才能的亲代,只要不是极端个体,其子代中有50%的人会具有优秀的运动才能,而且还有可能超越亲代个体,亲缘越远,这种可能性越大。"运动能力的家族化倾向,已为大量运动实践所证实。在遗传的同时也存在变异。有的父母都是优秀运动员,却生不出具备运动才能的子代;有的父母不具备运动才能,却生出一个具有运动天才的后代。遗传与变异两者辩证统一。在选材中,不仅要了解其亲代的运动能力,而且更要观察子代在生长发育过程中,在环境与训练作用下所表现出来的运动能力。

所谓遗传度,是指某一特定性状在变异中遗传因素占多大比例,环境因素占多大比例(用%表示),受环境因素影响越大,遗传度越低,反之遗传度越高。人体各种竞技能力都有不同程度的遗传力。凡是遗传度高的性状,并且是篮球运动的主要因素时(如身高),选材时必须从严挑选,在训练中要利用其"敏感期"着重抢先诱导发展;对遗传度低的性状,在选材时可适当从宽,但在该性状发展的"敏感期",也应适当从严。

遗传疾病是指遗传物质发生变化所引起的疾病,目前已知的有2000多种。选材时,应在家系调查与体格检查中及早发现并排除。

(二)青少年生长发育规律

科学选材研究的又一重要问题是认识与掌握篮球运动员在生长发育过程中身体形态、生理机能、身体素质、心理特征、运动成绩等在不同生长发育阶段的变化规律。

从婴儿到成年,人体生长发育不是等速增长,而是时快时慢呈波浪式向前发展的。有两次突增期,第一次突增期在两岁之前;第二次突增期出现在青春期。在这两次突增期中,身体各部分发育的速度各不相同:在第一次突增期中,大脑优先发育,这种先头后尾的规律称为"头尾律";在第二次突增期中,下肢迅速发育,再向上至躯干,头部变化不变,这种规律称为"向心律"。此外,各器官及系统的发育也不平衡,神经系统优先发育。6~7岁时脑重达成年人脑重的90%,此后主要是结构机能的不断改善。生殖系统在出生后前10年毫无动静,进入青春期后才迅速发育。淋巴系统在出生后前12年中发育迅速,12岁时达到成人的200%,以后逐渐退缩,其他心血管、呼吸、消化、肌肉、骨骼等系统,均随两次突增期而成熟完善起来,只是在最后成熟时间上存在差异。

三、选材的内容

(一)身体形态

要求在合理条件下形成篮球运动员特有的体型。由于各种形态指标均属多基因遗传，且遗传度都较高（如身高遗传度为男 75％、女 92％），故在选材时必须重视。

篮球运动员以选择身材高大、身体匀称、腿长、躯干短，特别是小腿长、手臂长、指距大于身高、手大、五指长且能分得开，脚大、脚弓隆起、肩宽、胸廓大、腰细、臀部小且上翘、肌肉线条清楚、皮下脂肪少、体重—身高指数大、跟腱长而清晰、踝关节细的为好。

身高，在篮球运动中有特殊意义，因为篮圈高 3.05 米，有了身高就有一定的空中优势。预测青少年未来身高是篮球运动员选材十分重要的环节。

预测身高，可采用从父母身高预测其子女身高法、从个人当年身高预测未来身高法、从身体各环节的发育（如足长、头型等）估计未来身高法、利用青春期预测少年未来身高法等。为了提高预测的准确性，应采用综合测算与连续测算，调整误差。

（二）生理机能

运动实践表明，人体生理机能水平发展最终所能达到的高度，将直接关系到运动素质的发展和运动水平的最终表现。在选材中，与篮球运动最有关的生理、生化机能水平的测定与评价，是判断以后能否成为优秀篮球运动员的关键之一，生理机能指标的遗传度很高，在选材时必须重视。

神经系统选材指标为神经类型与反应时。

循环系统选材指标为心率、血压、心功指数与血红蛋白。

呼吸系统选材指标为呼吸频率、肺活量与最大摄氧量。

骨骼系统可按 CHN 标准或 C—P 标准进行评价。

肌肉系统可按生长发育过程中的特点与规律进行评价。

内分泌系统选材指标为性激素水平，尤其是睾酮水平。

感官功能选材指标为视力、视野与听力。

（三）运动素质

运动素质是指人体在运动过程中所表现出来的速度、力量、耐力、灵敏、柔韧等能力，它是掌握篮球技、战术的基础，也能间接地反映与该素质密切相关的机能水平，是选材的一项重要内容。

力量素质按用力性质可分为静力肌力与动力肌力，爆发力是动力肌力的一种，篮球运动中的起动、起跳、出手等主要取决于爆发力，其简易测定法为纵跳摸高和立定跳远。

速度素质的表现形式为反应速度、动作速度和周期性运动中的位移速度（包括加速度与最高速度），其选材指标为 30 米或 100 米跑。研究表明，步频不随年龄增长而变化，步频又是跑速的因素，因此，要优先选择天生高步频的青少年。

耐力素质除测定最大摄氧量外，常用的简易测试法有定距离计时跑（如 1500

米)、定时计距离跑(如12分钟跑)和负荷测定(如库尔克法)。

灵敏是一种综合素质，指在各种突然变换条件下，迅速、准确、协调地改变身体运动的能力，它对篮球运动甚为重要。测试方法有十字辨向折返跑、俯卧撑、十字跳等。

柔韧素质的测试法有踝关节屈伸、体前后屈、俯卧肩臂上抬等。

(四)心理素质

人体有生理与心理两种机能，两者密不可分。篮球运动既是生理活动也是心理活动，而心理活动则起着调节、控制的主导作用。运动技能的学习与掌握、运动水平的发挥与比赛成绩的取得，都与运动员的心理素质密切相关。心理训练已是现代科学训练不可缺少的内容，而心理素质也成了篮球运动员选材的重要条件。心理素质有很大遗传度，后天改变难度较大，故初选时尤其应重视。

心理素质选材应从心理过程与个性心理特征两方面考虑。心理过程包括感知觉能力、记忆力、注意力、思维能力、情感、意志等，个性心理特征包括兴趣、性格、气质等。选材时既要考虑体育运动的一般心理素质，又要考虑篮球运动专项的心理素质。常用的选材指标为反应时(包括声、光反应时，被动和综合反应时，时空反应时)、神经类型(用808表测定)、个性(用16PF量表测定)。

(五)智力因素

智力是指人合理运用大脑解决问题的能力，篮球比赛不仅是体力的较量，而且也是智力的较量，忽略运动员的智力水平，对将来成才会带来困难。

智力选材要按照篮球运动特点，以动作智能为主，而不只是看运动员在校文化学习的成绩和基本技术的熟练程度。具体可分两步进行：第一步，选择一般智力较优者，方法可用我国修订的韦氏智力量表，求出智商；也可用数字复述法、图形排列拼凑法、朗读和提问法等了解少年儿童的记忆力、操作智能及语言思维能力；第二步，测试篮球专项智力水平，如球感、模仿、接受能力、技术运用能力和战术意识等。

四、选材的工作步骤与方法

优秀篮球运动员的成长，具有周期长、层次多的特点，因此，选材是个长期复杂的过程，一般采用在初选基础上进行训练，多年跟踪观察，多次筛选培育成才的方法。我国篮球运动员选材是通过体育与教育两大系统的多级训练网进行的。

第一阶段：从小学一、二年级学生中进行观察与简单测量，组织具有一定条件的适龄儿童进行课余训练，以建立雄厚的选材基础。

第二阶段：选拔部分条件合格的儿童，到一般业余体校篮球班或篮球传统项目学校进行全面基础训练，观其发展，并注意搜集有关的选材资料。

第三阶段：根据选材标准综合测试，选择其中条件好、进步速度快、有发展前途的少年，进入体育运动学校或重点业余体校及篮球试点学校进行系统的"发展性训练"，进一步观察其篮球运动才能和发展潜力。

第四阶段：通过长期系统训练，多次参加省和全国年龄组比赛，按选材标准全面测试，综合评定，挑选技、战术水平拔尖，形态、机能、素质、心理、智力水平超群，并且有发展潜力的少年，向青年队或篮球高水平大学队输送。

上述四个阶段是相对的，对特殊人才可个别物色，跳级上拔，重点培养。

第二节　制订篮球训练计划

篮球训练计划是指训练过程中的各种工作计划，它是用来控制、指导、实施和检查训练工作的重要依据。

篮球训练计划包括全年训练计划、阶段训练计划、赛季制训练竞赛计划、周训练计划、课训练计划。正确制订各种训练计划是顺利进行训练工作的保证。

一、全年训练计划

全年训练计划是多年训练安排的组成部分。安排全年训练，是以分期理论和训练原则为基础，以重大比赛期间达到最佳竞技状态为出发点而制订的计划。首先要确定本年度参加的主要比赛及其目标，根据应达到的目标提出训练任务及技术、战术、各种素质、专项能力应达到的具体训练指标与要求，总体的运动负荷要求，全年中的最大负荷、最大数量、最大强度出现的大体时间，以及全年运动负荷的曲线。有了全年总体任务与要求，再具体落实到各个时期、各个阶段去逐步完成(表 2-1)。

表 2-1　按照阶段和周期划分的全年训练计划示例

训练阶段	年训练计划						
	准备阶段			比赛阶段			休整阶段
初级阶段	一般准备阶段		专项准备阶段	赛前阶段	比赛阶段		休整阶段
大周期							
小周期							

（一）全年训练计划类型

1. 单周期训练计划

全年训练按一个完整的大周期组织实施，称为单周期计划。包含一个准备期、一个比赛期和一个过渡期。由于只有一个比赛阶段，所以运动员只为一次重大比赛实现一次竞技状态高峰。

2. 双周期计划

全年训练按两个完整的大周期组织实施，称为双周期计划。双周期实际上是由两个连接在一起的短一些单周期组成，中间有一个不长的减量和准备阶段。在现代竞技运动训练中，双周期安排是一种重要的年度安排模式。运动员可用两三个月的时间做准备，使总体竞技能力或竞技能力的某一个方面发生明显的改变，并在一个半月至两个月的时间内，参加一系列的比赛，把已具有的竞技能力充分地表现出来，再加上半个月至一个月的减量或短时间的准备阶段，总共大约5～7个月的时间完成一个大周期的训练过程。因此，一年便可以安排两个训练大周期。

3. 多周期计划

按三个以上训练周期组织全年训练的过程的计划称为多周期训练计划。多周期训练目标要求运动员能在三个月左右时间内，有效地提高竞技能力，并在比赛中充分表现出来。这就要求有更为科学的训练方法，更为有效的恢复手段。在制定三周期训练计划时，三次比赛中最重要的一次应出现在最后一个周期。在三个准备阶段中，第一个应当最长。这一阶段所打下的身体准备的基础将一直影响到以后的两个周期。

(二)全年训练计划格式范例

全年训练计划的总体安排，涉及的内容较多，因此，必须从系统的观点出发，使整个安排科学合理，要提出一些定量指标，并使各方面的指标相关协调和系统连贯(表2-2)。

二、阶段训练计划

阶段训练计划是指全年训练中特定时间范围内的训练，它有两种类型，第一种是作为完整的全年训练过程中的一个有机组成部分；第二种则是指中短期临时性集训。

(一)大周期的阶段训练计划

1. 准备期的训练计划

准备期对于全年的训练有着极为重要的意义，在这一阶段中，运动员为比赛阶段做好了身体、技术、战术及心理等方面的全面准备。

准备期还可以分为两个阶段，即一般准备阶段和专项准备阶段。一般准备阶段的目的是完成一般身体准备，改善技术和基本战术，主要是提高身体能力。专项准备阶段是向赛季的过渡。这一阶段的训练更为专项化，主要是提高专项竞技能力与水平。

2. 比赛期的训练计划

比赛期的主要任务是完善所有的训练要素，形成最佳竞技状态，参加重大比赛。比赛期可以分为两个基本阶段，即赛前阶段和重大比赛阶段。赛前阶段是在正式进入赛季和准备参加重大比赛前，从准备期进入到比赛期的衔接阶段，在这一阶段，运动员在体能、技术、战术和心理等方面进行专门训练，为参加大赛做准备。比赛阶段是指进入正式比赛的这段时间，主要任务是保持最高竞技状态，

表 2-2　全年训练计划示例

项目＿＿＿＿运动员（队）＿＿＿＿性别＿＿＿＿年龄＿＿＿＿训练年限＿＿＿＿

年度主要任务＿＿＿＿＿＿＿＿＿＿＿＿＿＿＿＿＿＿＿＿＿

类别		运动员现实状态分析	年度训练的目标状态
运动成绩			
机能			
素质			
技术			
战术			
形态			
心理			
智能			
负荷	课次		

时期	准备期	比赛期	过渡期
阶段			
时间			
主要任务			
比赛安排			
负荷变化的总趋向			
主要手段及负荷要求			
恢复措施			
检查评定的内容、时间			

注：负荷栏的空栏内填写负荷的主要指标，如果安排双周期，则分为六格。

争取优异成绩。

3. 过渡期的训练计划

过渡期是指从比赛结束到下一周期开始训练的这段时间，它的主要任务是防止出现过度疲劳，防止机体延续耗竭的可能性，以及借助于积极性的休息与恢复，保证前面两个训练大周期之间的衔接。

（二）赛前中、短期集训的阶段训练计划

为准备某些特定的比赛，要组织赛前集训。这种赛前的中、短期集训，通常为几周至两三个月。赛前中、短期集训的内容和计划，具有较为鲜明的特点。

1. 赛前中、短期阶段集训计划的结构及负荷特点

在大多数情况下，可将中、短期阶段集训看做是若干个周训练的组合。这些周训练过程，既有各自明显的特点，又彼此连接，共同组成一个统一的阶段训练过程。

2. 赛前中、短期集训中的区别对待

对集训前一直坚持系统训练的运动员，中、短期集训应该被看做是系统的全年训练的一个组成部分。对那些没有经过系统训练的队员，在制订训练计划时，应以中等强度的运动负荷为主，只有在能够保证有足够的时间得到必须恢复体能的条件下，才可以安排带有强化性质的运动负荷。对一些长期间断训练的老运动员，应以适应性及诱导性的训练为主，注意负荷安排的循序渐进，使其身体机能尽快地适应一定强度的负荷。根据篮球运动项目的特点，中、短期集训应主要抓好全队的协调配合，通过集体配合来提高全队的战斗力和弥补个别队员在某些方面的不足，努力创造更高的集体竞技能力。

三、赛季制训练竞赛计划

赛季制是"赛平型竞赛制度"的简称，它是我国男子篮球甲级联赛所实行的一种新的竞赛制度，其命名是根据竞赛的时间安排、竞赛方式和竞赛办法来确定的。赛季制的特点是竞赛期跨度长，比赛场次多，各场比赛之间间隔均匀分布，并采用主客场的方式。这种竞赛制度最明显的特点是训练与竞赛频繁交替，每次训练时间只有 3～6 天。因此，赛季中的训练基本是一个小周期的连续。

（一）赛季制竞技状态的变化

主客场赛制具有准备期和过渡朗（调整期）较短、竞赛期较长的特点。在这种情况下，教练员可以小周期（3 天型和 4 天型）比赛成绩为训练目标，以三四天为单位的小周期来安排运动训练，以适应主客场赛制的特点。根据竞技状态发展变化的特点与规律，可把主客场制竞赛的状态分为几种不同的类型。

1. 状态发展的稳定型

这种类型的竞技状态，表现为在整个主客场的比赛过程中，其进攻得分都比较稳定，基本上保持在一定范围之内。

2. 状态发展的锯齿形

这种类型的竞技状态，表现为在整个主客场比赛过程中其进攻得分忽高忽低而呈锯齿形。这种状态类型的特点是，在整个赛季过程的竞争中，其状态时好时

坏，呈连续的锯齿形。造成这种状态的主要原因是心理因素，即由于主客场制竞赛的心理影响所致。

3. 状态发展的波浪形

这种类型的竞技状态，表现为在整个主客场的比赛过程中，其比赛的效率指数是由低—高—低，或者是低—稳定—低这样一个发展过程。这一类型的状态在竞赛中反映比较普遍。这种状态类型的共同特点是在赛季的开始和最后阶段，未能进入或保持良好的竞技状态，再就是中间的稳定阶段其比赛效率指数明显高于两端的起伏段。产生这种状态类型的原因，一是赛前的训练安排存在问题，不能使队伍在赛季一开始就进入良好的竞技状态。二是在赛季的最后阶段，竞争越来越激烈，在这种激烈的竞争中，有三个方面的问题可能解决不好：其一，训练、竞赛过程中的安排不合理，造成运动员体力下降；其二，心理压力增大，心理调整不够；其三，主客场因素的影响。

（二）不同状态类型的训练竞赛安排

1. 稳定型及其训练竞赛安排

稳定型的发展状态，说明在整个赛季中，能比较充分地发挥自己已有的竞技水平。这种稳定，根据各队的实力，可以表现出高、中、低 3 种不同的层次。实力强的队，表现出的是一种高水平的稳定状态。根据竞技状态形成的规律，结合训练、竞赛安排，科学、合理地进行训练，是这种类型的特点。

2. 锯齿形及其训练竞赛安排

锯齿形的发展状态，造成的原因主要是心理因素影响，其次是训练竞赛综合因素安排不尽合理。因此，应加强对客场作战抗干扰能力的心理训练及实战模拟脱敏训练和加强主场作战的心理放松训练，还应根据竞赛目标与对手，调整好训练、竞赛的负荷安排，使生理、心理均处于良好的状态。

3. 波浪形及其训练竞赛安排

波浪形的发展状态，表现为赛季的前、后两个阶段的比赛效率指数偏低，状态不甚理想，在安排上存在问题。因此，必须根据不同队的不同目标、不同的主要竞争对手，在整个赛季的训练、竞赛安排上应采取有针对性的不同的周期类型和负荷安排，并注意加强心理上的调整，积极采取措施改变这种在赛季前、后阶段的起伏现象。

（三）运动负荷安排的基本要求

更合理、科学地安排好主客场制赛季中的运动负荷，并在不同阶段与不同的对手竞赛时，保持良好的竞技状态。应该明确本赛季的目标和达到这一目标所必须战胜的最主要的对手，根据目标和主要对手比赛的时间，选择不同的赛季负荷安排模式。根据主客场竞赛状态发展的特点看，在整个赛季中，至少有 2～3 个竞技状态的形成与发展过程，因此，在这个过程中，必须注意：

（1）状态与状态之间的过渡与衔接，必须通过边调整、边训练、边竞赛来进行；

（2）把过渡与衔接之间的竞赛，当做一种强度训练，并纳入到小周期或中周期的计划与安排中；

（3）注意过渡与衔接阶段运动训练量与强度的合理安排及心理调整。

四、周训练计划

周训练计划是指以一周中的一系列训练课为基本单位安排的训练。周计划是保证阶段和年度训练计划实施的最基本环节，也是教练员十分重视的一种训练计划，尤其是现代训练中由于周训练课次和负荷增加，使得周训练安排的科学性更具有重要意义。

（一）周训练计划的基本内容及格式

1. 基本内容

（1）每周训练的总任务与每天、每次课的任务与要求。

（2）一周训练的日数、周总课次数和每天的课次数，以及每次训练的具体时间及安排。

（3）每日和每次课的主要训练内容。

（4）每日负荷及每周负荷节奏。

（5）每日的恢复措施。

（6）测验、比赛的安排。

2. 周训练计划格式

周训练计划采用表格形式便于执行(表2-3)。根据周训练计划的任务和要求，把主要训练内容及负荷安排在每次训练课中。

表2-3 周训练计划示例

_____年____月____日至_____年____月____日 训练阶段第____周

主要任务 _____

星期	课次	主要训练内容	主要训练方法与手段	负荷
一		上午：快攻、投篮、半场区域联防	快攻：分解练习为主 区域联防：对抗下完整练习为主	中
		下午：力量、柔韧		
二		上午：速度、投篮	速度：间隙法 投篮：无对抗下自投	大
		下午：投篮、全场区域紧逼防守	投篮：对抗与无对抗相结合 区域紧逼：分解与完整相结合	

（续）

星期	课次	主要训练内容	主要训练方法与手段	负荷
三		上午：速度耐力、投篮		小
		下午：快攻、分组比赛	快攻：松动与强对抗下进行 比赛：队内分组	
四		上午：投篮	对抗与无对抗下多点投篮	中
		下午：个人防守、区域联防	区域联防：中等对抗下完整练习	
五		上午：投篮		大
		下午：教学比赛	与外单位球队	
六		上午：个人攻防、快攻		小
		下午：力量、投篮		
日		休息		

（二）周训练计划的不同类型

周训练的持续时间一般为3～7天，但随着现代篮球训练的发展，在一些特定条件下，尤其临近比赛时经常打破7天的固定型小周期训练，以适应比赛安排的需要，如联赛主客场制就有三天型和四天型小周期。根据竞技状态的发展过程，可把小周期分为引入性小周期、准备性小周期、比赛性小周期和恢复性小周期。

（1）引入性小周期：主要任务是将运动员的机体引入即将开始的紧张的基本训练，常安排在准备期第一阶段的开始。引入性小周期的安排能促使运动员机体尽快地进入工作状态。

（2）准备性小周期：主要任务是为做好比赛的一般与专门准备，因此，又分为一般准备小周期和专门准备小周期。一般准备小周期的任务是发展运动员的一般体能，形成竞技状态所需要的各种身体条件。专门准备小周期的任务是发展专项体能和技能，提高运动员机体对比赛的训练适应性，为过渡到比赛期训练打下良好的基础，完成向专项化训练的转化。

（3）比赛性小周期：最主要的任务是使运动员在比赛日的比赛中表现出最佳的竞技状态。比赛性小周期分为赛前诱导小周期和比赛小周期两种类型。赛前诱导小周期主要用于比赛期的重大比赛前的专门准备性训练，其主要任务是力求使运动员的机体适应比赛的要求和条件，把长期训练过程中获得的各种竞技能力集中到篮球竞赛上。比赛小周期是指即将参加的主要比赛的小周期，其主要任务是使运动员在各方面进行最后的调控，使其在比赛中达到最佳竞技状态。比赛小周期的安排，是根据竞赛的规程确定的。

（4）恢复性小周期：主要任务是通过降低负荷和采取各种恢复措施，消除运动员机体由于比赛期或准备期中因大负荷训练而产生的疲劳，以求尽快地实现能量物质的再生，促进超量恢复的出现。恢复周的安排多在紧张、激烈比赛后的过渡期和大负荷训练周后，而且多为两个大负荷之间安排一个恢复性小周期，这种安排可称之为"练二调一"的训练模式。

（三）确定周训练计划结构的依据

（1）依据实现训练任务的需要选择训练的内容。小周期训练内容必须与小周期训练所要完成的任务相吻合。

（2）不同的训练形式会产生不同的生理效应，负荷后所需要的恢复时间也是不同的。在一次训练后，人体有些系统会产生深度的疲劳；而另一些系统则只产生中度或轻度的疲劳。因此，在设计周训练计划的结构时，必须对不同负荷后所必需的恢复时间予以考虑。

（3）发展身体素质、技术、战术等不同的竞技能力的训练，对运动员机体的状态有着不同的要求。运动员只有在神经系统处于适度兴奋的状态下，才能有效地学习和掌握篮球的技术、战术。运动员只有在体力充沛时，才能有效地发展弹跳力和最大速度。而对于发展篮球运动员的速度耐力及培养顽强拼搏的精神和疲劳情况下仍能较好地发挥技术、战术水平的能力，则应在运动员略感疲劳的情况下进行，这样才能取得理想的训练效果。

五、课训练计划

训练课是训练过程最基本的组织形式，是保证各个训练过程的计划实现的基础。不论是周训练计划还是多年训练计划，都必须通过一次次训练课来予以贯彻和实施。要解决训练中的各种特定任务，必须在训练课中运用各种发展身体、掌握技术和战术、进行心理训练，以及培养专门意志的手段和方法，使训练达到预期的目的，获得良好的训练效果。

（一）篮球训练课的任务和特点

1. 训练课的任务

（1）发展运动员的身体素质，提高机能能力。

（2）掌握和提高运动技术和战术，并达到运用自如的程度。

（3）掌握篮球训练和比赛所需要的知识和方法，培养运动员的能力。

（4）培养运动员具有篮球比赛所必需的心理素质。

（5）培养运动员优良的道德品质、勇敢顽强的拼搏精神。

上述任务是有机联系在一起的，但每次训练课都应有所侧重。训练中，教练员应发挥主导作用，善于激发运动员的自觉积极性，把教与练融为一体，才能更好地完成训练任务。

2. 训练课的特点

（1）篮球运动是集体对抗项目，根据这一特点，要重视集体的成队训练，同时重视几个人的分区、分位、局部性和个人的训练。因此，训练手段、运动负荷、作业方式和方法条件要不断变化，针对性要强。

（2）训练课可采取多种类型，以求更好地解决不同要求的任务。

（3）训练课的负荷可呈波浪形，以适应篮球比赛的强度起伏性变化。

（4）训练课持续时间较长，教练员要合理组织训练内容，掌握负荷与间歇的合理安排，并采用有效的恢复手段，不间断地进行训练。

（二）训练课的结构及构成原理

1. 训练课的结构

篮球训练课通常与教学课相似，由准备部分、基本部分和结束部分三部分组成。

（1）准备部分的任务是使机体逐步进入工作状态，从心理和生理两个方面做好承受训练课负荷的准备。

（2）基本部分应按照训练任务及内容安排练习顺序。所选择的练习手段可以多样，练习的组织可以采取成队的、小组的和个人的练习交替进行。

（3）结束部分的安排可有两种情况，一种情况是根据运动员机能活动性的自然下降进行安排；另一种情况是人为地在机能活动性处于稳定状态时降低工作强度，或在机能活动疲劳过程中急剧降低工作强度，使有机体机能活动性加速下降。结束部分的安排主要是为课后的迅速恢复创造有利条件。

2. 训练课结构的构成原理

运动员在运动过程中机能活动性表现出的变化规律是训练课结构的生物学基础。这种变化规律表现为三个阶段，即进入工作阶段、稳定阶段和疲劳阶段。

在进入工作阶段之前，中枢神经系统和植物性机能活动随着机体有意识完成某种工作时的准备，已经进入了工作前的兴奋时期。在进入工作时期后，通过安排适当的练习，对即将完成的技术、战术等做准备。在进入工作阶段后，随着运动性和植物性机能活动进一步协调，有机体工作能力达到相当稳定的水平，进入稳定阶段。在工作能力处于相对稳定的水平时，训练课的主要练习使有机体机能系统的紧张性得到增长，有机体能量储备有所消耗，与此同时疲劳过程也就随之逐渐发展，机能活动性的第三个发展阶段即随之而来。疲劳过程实际上存在着两个部分：第一个部分是潜伏性（补偿性）的疲劳过程，这时完成练习的效率并没有下降，疲劳的程度处于"可克服"的状态；紧接着的第二个部分则是明显的疲劳过程，此时练习动作的生物力学结构、战术配合的流畅性被疲劳逐步破坏，完成技术、战术的动作发生困难，最终表现为工作能力大幅度降低。

将运动员有机体机能活动性变化的三个阶段规律与人为控制的教育学过程相对应，就可以把训练课划分为准备部分、基本部分和结束部分。

（三）训练课的类型

根据训练的主要任务和内容，可以把训练课划分为五种类型。

1. 身体训练课

通常分为一般和专项身体训练，大都安排在训练的准备时期。主要是通过多种训练方法和手段，发展运动员的一般和专项运动素质，提高和保持身体训练水平，负荷相对较大。

2. 技术、战术训练课

安排在训练的准备期和比赛期，主要进行技术、战术训练。训练课的负荷视任务的不同而异，如学习与掌握技术、战术时负荷较小，而量较大；为适应比赛的需要，巩固与提高技术、战术水平，则负荷强度较大，并安排适当的训练量。

3. 测验课与比赛训练课

大都安排在准备期后半段和比赛训练中，在一个阶段结束时，也大都安排测验课，以检查训练效果，为下阶段的训练课安排提供依据。比赛训练课负荷强度要大，甚至达到或超过比赛强度。

4. 综合性训练课

综合性训练课是包括上述 3 种类型课中两种以上内容的课。这种课在训练过程中安排得比较多。在课上通常将不同的内容交替安排进行，以促进各项运动素质与运动技能的积极转移。

5. 调整性训练课

调整性训练课通常是安排在训练的过渡时期，在一个阶段大负荷训练和激烈比赛后也穿插安排。这类训练课的负荷较小，主要采用某些技术、战术练习或其他运动项目作为训练的恢复手段，消除运动员的疲劳。

(四)训练课的组织

训练课的组织主要有运动员的组织、作业组织、课的时间和负荷安排四个方面。

运动员的组织有两种形式，即集体训练形式(成队、成小组)和个人训练形式。在实践中常常将两种形式结合在一起进行。在一次课中既有集体练习，又有个人训练。作业的组织是指训练课作业进行的程序及作业内容的组织，一般是先进行基本技术练习，后进行战术配合、全队战术练习和比赛训练。根据练习程序及内容，采取个人、小组、全队的组织形式进行训练。

合理安排训练课的运动负荷，对训练课的效果具有重要作用。在制订某一次训练课计划时，要力争做到以下两点：第一，训练内容要有足够的难度与要求，使之能成为促进运动员运动机能提高的有效刺激因素；第二，要使训练计划与运动员的训练水平和机能状态相适应。同时还必须注意两点：一是必须保障在疲劳逐渐发展情况下的训练达到一定的训练量，只有这样才能在达到极限负荷量的同时达到需要的应激性和较高的训练效果；二是在出现明显疲劳状态下，训练活动的持续时间不应太长，以免对运动员的技术训练水平和心理状态产生不良影响。

（五）训练课计划的格式

训练课计划的制订，要求更为具体和详细。不仅要讲究训练手段，提出负荷要求，而且还要考虑场地器材、组织形式及制订现场恢复的措施，考虑如何记录、评价训练课的进行和计划执行情况。计划格式如表 2-4 所示。

表 2-4　课训练计划

课的任务 _____　负荷要求 _____

阶段	训练手段	时间	负荷量强度要求	技、战术要求	组织形式	场地器材
准备活动						
基本练习						
生理活动						
恢复措施						

小结：_____

第三节　带队参加比赛（赛场基本礼节）

一、教练员指挥要素

篮球比赛的临场指挥体现了深刻的战略、战术内涵，所以提高教练员的谋划与决策能力必须重视有关知识与理论的学习。

（一）必胜信念

必胜信念是指必须树立竞技体育的争胜观念，有坚决取胜的信心和理念。现代高水平篮球比赛各队实力逐渐接近，全队的努力和把握机遇（战机和运气）对获胜起着极其重要的作用。努力拼争的思想和心理基础是勇气、信心和决心，也就是要敢于战斗，夺取胜利。首先，要充分调动全队的主观能动性、创造性，力争发挥和超水平发挥；其次，机遇总是垂青于有准备的人，只有有必胜的信念才能更机敏、果敢地把握机遇。所以说不示弱、不服输，把本次失败作为经验教训，力争下一次获胜的信心是指挥球队走向成功的基本经验。

（二）知己知彼

多谋善算、定计决策的基本前提是真正了解对方情况，这是掌握比赛指挥规律，赢得胜利的关键。问题是许多人明于知彼，暗于知己，往往对自己估计过高，对对方分析不透，造成判断失误。要善于花大力气使用逆向思维方式，分别站在彼、我方立场上客观观察，周密思索，包括对对方教练员的性格、习惯思维方式和处理问题的方法等进行深入了解，才能算真正做到知己知彼。

(三)谋略与决策

谋略与决策就是发挥球队的集体智谋和韬略，决定战略任务、指导思想和战术运用的对策。计划和决策是由指挥者确定和把握的，但是高水平队的队员已经具有较高的分析能力和实战体验，通过群体讨论，集思广益，可以使战术布置联系到每个位置和每个人，使战略指导思想和预见性更接近实际，更好地取得共识，调动全队的积极性，这是提高教练员决策能力和指挥水平的重要途径。

(四)全局战略

全局战略是指教练员在比赛前根据彼、我双方综合条件分析，从把握比赛全局出发，确定策略原则和战术运用，处理好局部和全局的关系。比如以小打大的全局观念，是以高速度和高强度使对方不适应，这就要求在各个方面体现总体策略思想。每个人、每个阶段、一时的成败及双方攻守战术表现都应纳入全局分析决断，这是调动对方、掌握主动的关键。除非局部对全局有致命影响，否则必须从全局出发来指挥比赛。

(五)沉着冷静与灵活应变

在瞬息万变的激烈争夺中，指挥者的沉着冷静是必备的心理品质。如果感情激动，坐立不安，不时喊叫与指责，就很难对复杂情况进行客观地分析，对态势发展做出正确的判断，所以急躁是指挥者的大忌。

根据实际情况灵活应变是临场指挥比赛的基本原则和运用战术的灵魂。比赛计划是在平静状态下按照一般规律所作的预测和理性化安排，而现场情况千变万化，机械地执行原定决策显然不可取，所以改变原计划是正常的、绝对的。灵活应变是对赛势进展所作的追踪性观察与随机决策，根据时间、比分和双方技、战术效果等信息，充分运用自己的知识、经验和逻辑分析力，迅速拿出办法，果断布置执行，以争取主动。然后再观察对方的变化，继续深化认识，准备下一步动作，灵活机动地运用战略、战术，达到获胜的目的。

只有沉着冷静才能敏锐地观察分析、正确决策，达到灵活应变的目的；只有应变能力强才能遇惊不乱，沉着镇静，二者相辅相成，这是指挥素质与能力的重要体现。

二、参赛前的准备工作

(一)信息时代知识和信息就是战略资源和竞争力

积极运用先进的科技方法和手段，了解各队信息，汇集整理，鉴别分析，筛选归类，作为研究对策和制订作战方案的依据。

1. 队伍状态的综合实力

了解彼、我双方的近期状态，包括战绩和技术统计资料，弄清技术优、劣势和重点队员的竞技状态，经过综合分析，得出双方实力对比结果。

2. 战绩资料汇总

在平时积累的基础上，力争获得参赛各队的全套技术资料（尤其是近期资料），建立完整的资料汇编制度，对指导本队训练和参赛有重要作用。

3. 竞技状态

竞技状态是临战前必须密切关注的问题。实力相当的队，谁处于竞技状态的高峰，谁就将赢得胜利。知己知彼，一方面，本队训练安排要保证最佳竞技状态；另一方面，要掌握对方的竞技状态，为我所用。

4. 阵容、替补及其新变化

掌握对方的新变化，包括主力阵容及其组合配备，重点与关键人物以及替补队员的技术特点，要分析到每个人，注意赛前准备情况，以便决定相应对策。

5. 伤病减员情况

许多战例证明，主力队员伤病困扰是影响实力和比赛成绩的重要因素。首先要以各种措施使本队减少伤病，保证全员战斗，同时要了解对方的伤病情况及阵容的组合变化，以己之长克彼之短。

6. 直接观察分析

现场观看参赛队的比赛，布置队员观察相应对手的技术特点、战术配合，抓住关键环节，还要较系统地观看录像、电影及图片等资料。这样印象深刻，便于集体分析研究，各抒己见，群策群力制订切实可行的作战方案，这是调动全队积极性和发挥球队实力的有效措施。同时在分析和讨论中也能发现队员对待比赛的心理状态（轻敌或恐惧等），以便正确引导，统一思想，鼓舞士气，集中落实策略打法。

（二）方案制订

全国以上的大型比赛，制订作战方案既要从整体又要从阶段分析考虑，纵观前后，抓住重点阶段和关键场次，逐一解决。指挥意图要始终贯彻本队的指导思想和风格特点。

1. 确定策略

对不同对手应有不同的策略打法，但必须从本队的实际出发确定每场比赛策略。首先要考虑防守，包括战术运用时机、防区大小、强弱位置选定及重点人的防守；同时要确定进攻战术的运用，选择对方的突破口（弱点），捕捉战机（漏洞），打出高潮。

2. 扬长避短

扬长避短是制订比赛方案的基本原则之一，是确定战略指导思想和灵活运用战术的出发点。要求充分发挥我队优势，集中力量攻击对方的弱点（区、人）和短处，或放弃对手的短处，协助同伴防守其强处，例如以快、准制慢、高，以缩小防区控制对方的突破；放弃不善远投的对手去补防或抢断等。如一个队高而较慢，则必须掌握好节奏，组织阵地进攻，发挥内线强攻和二次篮板球优势，提高成功率。总之，一切技、战术的选择和运用都应体现"以我所长，攻彼所短；抑彼之长，避我之短"的基本原则。

3. 阵容组织与应变

当代篮球运动仅靠5个人打球肯定应付不了立体争夺的需要。战术运用的限制与反限制效果关键在于阵容组织和队员搭配的多变性。针对几个不同类型的队组织不同的阵容，一场比赛几种搭配巧妙运用，会产生意想不到的效果，这是高水平强队提高应变能力的关键。

4. 准备困境时的打法

对方全面开花，我方出现低潮，换人也不见效时怎么办？第一要树立冲出低谷的信心；第二要改变战术打法（简练、明确、具体），控制对方的速度，打成功率，要明确攻击点，集中力量强攻，并创造3分球投抢配合时机；第三是采取全场攻击性、破坏性强的防守，猛打猛冲，不惜犯规和混战，从心理和士气上占上风。这时要拿出自己最有把握的固定配合变换运用，如能连续打两三个漂亮球就很可能会扭转局面。

5. 出奇制胜的招数

除了一种战术多种配合、一场比赛多种战术有准备的出奇制胜以外，在必要时也要有埋伏神投（突）手、佯内攻实外投（突）的办法；内线外打，外线里打；出"黑马"、放"冷箭"或突然采用打"蘑菇"球诱而骗之的招数（也要防备对手出奇招）。

6. 关键时刻的特殊打法

高水平比赛经常是最后几秒钟决定胜负。每个队必须在决胜的关键时刻，根据情况和篮球比赛制胜规律与规则的特殊规定，打破常规，使用一些平常很少用的非规范化机动配合方法，达到出奇制胜的目的，如造成对方关键人物犯规被罚下、声东击西地远投或内线强攻配合，以及动用犯规战术等。

（三）模拟训练

1. 敌强我弱的模拟训练

建立以弱胜强的策略指导思想，不畏强手，敢打敢拼。在研究分析掌握了对方的打法以后，针对其技术特点、重点技术和习惯配合，同时要抓准对方的局部薄弱环节，逐一模拟训练。首先要降低其快攻得分率，分段堵截，影响推进速度，制造困难及心理矛盾；其次是防内线强攻，采取缩小防区、迅速伸缩对策，埋伏在传球点（区）上积极干扰，最大限度地减少内线得球机会，一旦对方得球则及时防守并制造其强攻犯规。进攻时要运用自己最熟练的配合，打成功率，咬住比分，紧紧抓住攻守转换和有利战机打出高潮，趁对方急躁和盲目之际，扩大战果，取而胜之。

2. 势均力敌的模拟训练

实力相当又很熟悉，首先要保证本队实力的正常发挥；其次要认清以往交锋时我队所遇困难，在整体战术或某些局部配合上主动变化（改进、完善、创新），如区域、位置和人员的局部调换，这会使对方很不适应，从而赢得全局主动；最后要控制难点，对关键人物的防守要细致研究，换人防守或几个人轮流对付，限制其重点发挥。

3. 我强彼弱的模拟训练

"骄兵必败"，一定要警惕轻敌、麻痹思想，预见其变化，全力以赴，认真完成模拟训练。在熟悉对方指导思想、战术方法和阵容配备的基础上，强化防守意识。针对对方进攻配合的关键和细节，部署具体人员负责解决（还应有二、三梯队）。在加强我队进攻杀伤力的同时，对对方的凶猛犯规和我主力队员受伤等意外情况都要有思想准备。

4. 遭遇战的模拟训练

遭遇战是过去没有交过锋的比赛。需尽量查询有关资料或录像，掌握其特点，设计模拟型和陪练队，先初步建立对方打法的概念。在演练中，要抓住重点，反复对照资料，评价模拟效果，确定作战方案，方案要留有更改余地，多准备几套打法，尽量多了解对手的情况及时修正。战术运用要"以我为主"，先发制人。有时用主力队员后出场策略，待摸清现场情况后，集中优势兵力，展开猛烈攻击夺取胜利。

三、比赛中的几个重点阶段

（一）重视开局

开局指跳球后几分钟，双方几个回合接触，先声夺人争夺主动权的拼搏。打好开局，比分领先，士气高涨，会给对方很大的心理压力，迫使他动摇准备方案的思路，更改原定打法，采取应急措施。如果应变乏术，有时会导致全场失败，所以开局是整场比赛极其重要的阶段。开局实际上是检验预定方案的决策是否符合比赛情况的试探性阶段。争取开局主动除赛前充分准备以外，临场观察分析、抓住苗头果断采取对策尤为重要。应当肯定，开局时全场紧逼打出一个小高潮是主动，而按既定方案打有时会暂时失利，如果摸清了对方底细，拿出了有力的对策，就足以扭转战局；相反，开局比分暂时领先，而缺乏应变措施，也会逐渐失去主动，所以重视开局还要正确对待暂时的顺利和失利。

（二）相持（拉锯）阶段

依现代篮球攻守速度来看，几次篮板球反击后会出现高潮，而两个低潮就可能输掉一场球，所以必须重视和提高长时间相持的能力。双方比分接近，交错上升，在体力和精力上消耗极大，增强全队信心和顽强斗志，不惧怕拼几个回合是前提。打破相持僵局的制胜方法是：在拼防守、拼篮板抑制对手成功率的基础上，找准突破口，抓住战机，调整人员和战术配合，果断发起反击，注意减少失误，提高成功率。弱队延长相持时间对强队有极大威胁，一旦有机可乘便有获胜机会。所以强队对拉锯态势切不可掉以轻心，要果断决策，提早决战，扭转不利局面。

（三）第二节时结束前的打法

如本队领先较多，对手已垮，应严格要求，警惕队员松懈，要乘胜追击，奠定胜局；对手在落后不多的情况下，极易采取全场紧逼，加快进攻节奏，组织投3分篮。这时一定要以强防守制约对手，不失误，不急于得分，赢得时间等于赢得胜利。双方比分接近，如果没有改变局面的把握，不必冒险，可以做最后努力，但不可出大漏洞，一旦失策，比分拉开容易被动。如果比分落后，要调整战术和人员结构，力争挽回局面或缩小差距。一是不能继续输分；二是特殊配合投3分篮；三是保证主力队员不犯规过多，以利于第二半时再战。

（四）第三节时进入高潮的争夺

中场休息总结经验教训，做出新的布置。第三节开局双方有备而来，立即进入高潮争夺，因此，前5分钟极其重要。如果胜方轻敌，负方大举反攻，一旦胜方心理不适应极易由胜转负；如果两队比分接近，第三节时战术必须有新的变化，不要怕冒险，要敢于冲击，提早进入高潮，但必须以强有力的防守做后盾。指挥员要时刻注意比分和时间的关系，利用对方的弱点和漏洞，捕捉战机，抓住不放。关键是提高成功率和减少失误，否则每一回合进攻不成或每一次失误都可能导致比赛失败。

（五）决战阶段的应变

场上情况千变万化，应变是指挥员的基本功。应变要具有敏锐的洞察力、对态势了如指掌和高度的预见性，善于抓发展苗头和对方的致命弱点。关键时刻的决策主要是捕捉战机和敢下决心，事关胜负，必须勇敢负责。指挥者的智慧加勇敢必须建立在早有准备和对本队成员实力、战术素养及特殊打法充分信任的基础上，一旦付诸实施就会使对方始料不及，回天无力。

（六）最后三分钟的掌握

最后三分钟是高水平队比赛决定胜负的关键时刻，要特别重视对它的研究与掌握。指挥者必须精确掌握比分和时间的关系，计算还剩几分、几秒，双方可能有几次进攻，各队的犯规次数和暂停次数，根据场上主力（明星）队员的状态，替补队员的水平，以及裁判因素等实际情况决定战术打法。必须强调加强防守和控制篮板球，运用本队最有把握的默契配合，统一行动，减少失误，提高成功率。

如果本队领先6分左右，需要耐心（不是保守）组织配合，充分利用24秒规则，消磨时间，动摇对方的取胜信心；若比分落后，则要果断采取攻击性防守，提高转化速度，增加攻守回合，充分发挥快攻和个人的创造性攻击能力，争取反败为胜。

四、观赛常识

(一)懂篮球比赛才能懂礼仪

篮球比赛既简单又综合多变;既有对抗性又有游戏成分;既给予了运动员个人发挥的空间又强调集体协同配合,深受世界各国人民的喜爱。

篮球是一项全年龄段人群都可以参加的运动项目。观看一场高水平篮球比赛,不仅可以体味对抗带来的快感,比赛本身淋漓尽致的过程对观看者而言也是一种享受。突破、妙传、远投、扣篮,所有这一切,甚至包括大牌球星在场上的一个表情、一个动作都可能引爆全场观众的激情。动感的音乐、花哨的动作、夸张的装扮,在竞技之外,篮球比赛也是活力与时尚的最佳代言。

(二)先学规则后看球

看球要懂"规则",我们常说"内行看门道,外行看热闹"。看篮球比赛前首先应该给自己扫盲一下,明白什么是走步、什么动作是带球撞人、什么是篮板;弄懂合理进攻与犯规动作之间的界限,这样就不会在球员出现犯规动作被裁判员吹哨时,你却因为感觉这是个好球而纳闷了。

若是你非常懂行,你就知道什么时候该欢呼,什么时候该保持安静,在什么情况下要对参赛的运动员给予鼓励,什么情况下要对他们的优异表现给予掌声。

篮球比赛,观众是赛场的重要组成部分。没有观众,比赛就失去了意义。观众在看比赛时主要是看以下 4 个方面。

一看技术。既要看运动员优美的动作,也要看他们运用技术的时机和巧妙之处;既要欣赏运动员精湛的球艺,也要体察他们在球场上的灵感和智慧。观众应该为双方运动员的精彩表现加油喝彩。

二看战术。既要看球队的战术形式,也要看战术运用的合理性与针对性。既要看战术配合的效果,更应该体察队员间的默契和教练员的胆识。这其中可以发现教练的作用,战略的部署,应变的能力,暂停、换人是否得当和及时。要想增加刺激性,最佳方法莫过于去做某一队的忠实球迷,例如国家队的球迷。这样的球迷会为他支持的球队进的每一个球而叫好。但要注意,倾向性不能取代文明举止。

三看球风。既要欣赏运动员高超的技艺,也要感受他们的球风和内在品质。既要领略球星们的风采,也要体察球队的集体风格。在奥运会这种高水平篮球比赛中,明星的作用是重要的,明星的举动要特别注意,要善于发现主力队员的作用及特点,这样精彩的动作才不至于放过。但是对于一些球星出现的不理智、不文明的行为,观众不要跟着叫喊起哄,要保持赛场的秩序。

四看输赢,看两队间斗智斗勇的较量。既要看比赛的胜负,也要看各队水平的发挥情况。在为胜利的一方鼓掌的同时,对那些虽然失败但是有上佳表现的球员也应该表达敬意。

（三）篮球比赛的观赛礼仪

每一位进场观看比赛的观众的一言一行、一举一动，都代表着我们国家和民族的形象。注重观赛礼仪，与比赛和谐互动是每位观众应遵守的基本准则。

观赛礼仪主要包含两个方面：一是充分体现我们的传统文化背景和特色，文明观赛，禁止粗俗的言行与举止；二是要求观众的呼应要符合篮球项目特点。要做到既热烈又不狂躁，既充满激情又有分寸。

具体应注意以下几点。

（1）观众进、出场地要有序，一般要提前到达场地，这是对运动员、教练员和裁判员最起码的尊重。玻璃瓶、易拉罐饮料不允许带进赛场，只能带软包装饮料进入球场，但垃圾要用方便袋或者纸袋自行带出。观众最好在比赛的节与节之间或者上、下半时结束后如厕或者买饮料；观看比赛时请不要坐在通道的台阶上。

（2）观众的衣着要整洁、大方，不能太随便，进入体育馆后，不要吸烟。在比赛中，不要随意走动；手机要关机或设置在振动、静音状态。不能随意使用闪光灯，尤其在队员执行罚球时。

（3）在比赛入场仪式上，当现场主持在逐一介绍双方比赛队员时，观众要为每一位球员鼓掌。在升参赛国国旗、奏参赛国国歌时，观众应该起立行注目礼。比赛结束后，还可能会进行颁奖仪式，观众应等场内所有仪式全部结束后再离场。

（4）比赛中，东道国的球队占尽天时、地利、人和，要注意在为己方球队加油助威时，不要使用带有侵犯对方球队的语言。要为双方的精彩表现鼓掌，不要利用嘘声影响比赛、打压对手；不要冲着啦啦队队员指手画脚，也不要使用带有挑衅性的肢体语言。

（5）良好的互动是篮球场上必不可少的，它可以激起运动员的热情，使其更好地投入比赛。观赛过程中，可以随现场 DJ、体育馆内强烈节奏的背景音乐（如 Defense、Offense）为双方的运动员加油呐喊。

（6）爱护场内公共设施。

总之，篮球比赛项目是有自己的规则和特点的，观众应该根据具体项目来文明欣赏和参与比赛，重要的在提高对于篮球项目专业素质的同时提高文明素质。

第四节　训练总结的写作方法

一、训练总结的概念

训练总结是对过去某一时期或某项训练工作的情况（包括成绩、经验和存在的问题）的总的回顾、评价和结论。

训练总结要围绕着全年训练计划、阶段训练计划、赛季制训练竞赛计划、周训练计划、课训练计划的贯彻和落实进行，达到检查各个不同时期训练任务完成情况的目的。对取得的成绩要进行经验交流，对存在的不足要进行不断总结，从而提高训练效率与质量，为比赛取得优越成绩奠定基础。

二、训练总结的作用

训练总结是完成训练工作必不可少的一个重要环节，其作用是：

(一)训练总结是推动训练工作顺利按要求完成的重要环节

不同阶段的训练工作，不管是个人或群体去进行，都需要多次反复操作、辛勤劳动才能完成。每一次具体实践，都有成绩与失误、经验与教训，及时总结就会及时取得经验教训，提高认识和掌握技术、技能。通过不断实践，不断总结，人们对客观事物的认识也就越来越深刻，知识越来越广，智慧越来越高，对所进行的事业通过总结才会不断发展、完善、前进。

(二)训练总结是寻找训练规律的重要手段

任何一种事物、一项训练工作，都存在内在联系、外部制约，都有它自身的发展、运动规律。遵循这些客观规律办事就能顺利达到预期的目的，否则就会受到违背规律的惩罚而导致失败。而要找寻、发现客观规律，就需要通过及时的总结才能获得。

(三)训练总结是培养、提高训练水平和实践能力的重要途径

一个人的实践能力是指他承担某项训练工作、执行某项业务、任务的能力。具体表现有两方面，一是他的专业知识水平；二是他解决、处理训练中出现问题的实际工作能力。在实践中两者常常糅合在一起，相得益彰。而运用所学知识处理实际训练工作的能力主要是通过实践培养起来的，绝不是天生的，因此，总结是提高训练水平和实践能力的重要途径。

(四)训练总结是团结群体争取领导支持的好渠道

不同时期的训练工作，在一项任务完成之后都必须进行总结。在总结中全面、深入地回顾、检查、找出成绩的突破点与存在的缺点，实事求是地做出正确的评价，使大家统一认识。这样的总结会让人心服口服，能把整个群体最大限度地团结起来。同时，通过总结把成绩、经验、问题和今后的努力方向等向领导汇报，引起领导的重视，争取领导的支持、指导。

三、训练总结的分类

训练总结大体可以分为：全面总结、专题总结、个人总结三类。

四、训练总结的结构

训练总结的结构一般分为：标题、主送机关、正文、署名四部分。

(一)标题

标题一般是根据中心内容、目的要求、总结方向来定。同一事物因总结方向的侧重点不同，其标题也就各有差异。总结标题有单标题，也有双标题。标题字

迹要醒目。

1. 单标题就是只有一个题目

单标题就是只有一个题目，如《云南省篮球训练管理制度改革的一次成功尝试》。一般来说，总结的标题由总结的单位名称、总结的时间、总结的内容或种类三部分组成，如："××市2005年中学生篮球年度比赛总结"、"××市××中学2005年度比赛总结"，也可以省略其中一部分，如："××杯篮球比赛总结"，省略了单位名称。毛泽东的《关于打退第二次反共高潮的总结》，其标题不仅省略了总结的单位名称，也省略了时间。

2. 双标题就是分正、副标题

正标题往往是揭示主题，即所需总结提炼的东西，副标题往往指明总结的内容、单位、时间等。例如：

　　辛勤拼搏结硕果
　　　　——××大学男子篮球队2006年参加省大学生运动会比赛总结

（二）前言

前言即写在前面的话，是总结起始的段落，其作用在于用简练的文字概括交待总结的问题；或者说明所要总结的问题、时间、地点、背景、事情的大致经过；或者将总结的中心内容如主要经验、成绩与效果等做概括的提示；或者将工作的过程、基本情况、突出的成绩做简洁的介绍，其目的在于让读者对总结的全貌有一个概括的了解，为阅读、理解全篇总结打下基础。

（三）正文

正文是总结的主体，一篇总结是否抓住了事情的本质，实事求是地反映出了成绩与问题，科学地总结出了经验与教训，文章是否中心突出、重点明确、阐述透彻、逻辑性强、使人相信，全部依赖于主体部分的写作水平与质量。因此，一定要花大力气把主体部分的材料安排好、写好。

正文的基本内容是做法和体会、成绩和缺点、经验和教训。

1. 成绩和经验

成绩和经验是总结的目的，是正文的关键部分，这部分材料如何安排很重要，一般写法有两种。一是写出做法、成绩之后再写经验，即表述成绩、做法之后再分析成功的原因及从主、客观条件中得出经验教益；二是写做法、成绩的同时写出经验，"寓经验于做法之中"。也有在做法、成绩之后用"心得体会"的方式来介绍经验，这实际是前一种写法。成绩和经验是总结的中心和重点，是构成总结正文的支柱。

所谓成绩是工作实践过程中所得到的物质成果和精神成果。所谓经验是指在工作中取得的优良成绩和成功的原因。在总结中，成绩表现为物质成果，一般运用一些准确的数字表现出来。精神成果则要用前后对比的典型事例来说明思想觉悟的提高和精神境界的高尚，使精神成果在总结中看得见、摸得着，才有感染力和说服力。

2.存在的问题和教训

存在的问题和教训一般放在成绩与经验之后写。存在的问题虽不在每一篇总结中都写，但思想上一定要有个正确的认识。每篇总结都要坚持辩证法，坚持一分为二的两点论，既看到成绩又看到存在的问题，分清主流和枝节。这样才能发扬成绩、纠正错误、虚心谨慎、继续前进。写存在的问题与教训要中肯、恰当、实事求是。

（四）结尾

一般写今后努力的方向，或者写今后的打算，这部分要精练、简洁。

（五）署名和日期

署名写在结尾的右下方，在署名下边写上总结的年、月、日，如为了突出单位，把单位名称写在标题下边，结尾落上日期即可。

示例一：

2004～2005 学年度篮球队年度训练总结

本年度队员都能顽强拼搏，形成团结互助、共同提高的良好风气。以技术训练为重点，同时抓战术配合意识及运用到实战当中去，树立新的队伍形象，取得较好的成绩，在县团委组织的中学生三人篮球赛中获冠军。

一、本年度主要工作措施

（1）根据学生的实际情况制订训练计划，注重挖掘学生的潜力。

（2）训练工作中狠抓思想作风，注意调整学生的心理状态。

（3）狠抓基本技术训练，使学生熟练掌握基本技术，为今后继续提高打下扎实的技术基础。

（4）有目的、有针对性地提高运动员的技术、战术能力（身体、战术、思想、心理和智力等方面的能力）。

（5）每天的训练时间为 1 小时。

（6）全队战术训练的过程中，重视个人战术训练以及全队的默契配合。

二、主要工作重点

（1）加强运动员的思想品德教育，形成良好的队风、队纪。

（2）针对运动员动作不规范，基本功不扎实等问题，着重基本技术训练。

（3）全面提高运动员的身体素质，提高对抗性。

三、主要工作内容

重新选拔吸收队员，新成立篮球队。

（1）通过各级老师的推荐选拔队员。

（2）根据上学期开展的级组篮球赛等把物色到的队员吸入到队伍中来。

（3）通过同学间的了解选出球队队员。

（4）通过体育老师在体育课堂上观察到的优秀选手。

四、开展有计划、有步骤的科学训练

（1）加大身体素质的体能训练，包括上下肢、腰腹的力量，移动速度，移动耐力，弹跳能力等的素质。目的是提高各个队员的素质水平和在场上综合素质的整体发挥水平，为技术、战术的正常运用奠定坚实的基础。

（2）在加强综合素质的同时，注重队员个人的技术动作训练。目的是使技术动作更娴熟，能在比赛中自由灵活发挥，达到熟练运用，为战术默契配合铺路，主要是通过对队员的各种运球、急停急起、突破、投篮、抢篮板球、传球等技术的学习，并对所有技术灵活、连贯运用。

（3）战术的有针对性学习，加强队员的合作精神训练。通过对战术中的徒手移动练习、无对抗性的配合练习，到攻防对抗或模拟比赛条件下的配合练习等，使队员达到一个较高的进攻和防守水平。包括个人防守、进攻配合（传切配合、突分配合、策应配合、掩护配合）、防守配合（挤过配合、穿过配合、绕过配合、交换防守配合、关门配合、夹击配合、补防配合）。

（4）全队进攻战术和全队防守战术的训练，包括快攻与防守快攻、半场人盯人防守和进攻半场人盯人防守、区域联防与进攻区域联防、混合防守与进攻混合防守以及攻守转换和阵地进攻战术的设计运用。

（5）重视心理、临场水平发挥等训练。通过模拟训练、自我暗示训练、注意力集中训练和放松训练等，主要解决队员的意志品质问题和个人情绪问题，包括坚定的目的性、顽强性、果断性、主动性、自制力和勇敢精神。

华侨中学篮球队

2005 年 6 月

示例二：

第三届"治兴杯"篮球比赛工作总结

为丰富治安系广大同学的校园文化生活，全面提高我系体育竞技水平，强化体育与健康教育，在队建制下加强系内、队内以及区队之间的团结协作精神，增强同学之间的集体荣誉感，我系于 4 月 11 日举行了第 3 届云南警官学院治安系"治兴杯"篮球比赛和拔河比赛。比赛历时一个半月，回顾此次活动的前前后后，有许多欣慰也有许多懊恼，但不管是经验还是教训，都值得我们认真总结。

一、目的明确

此次活动主要是为了丰富我系同学的课余文化生活，打造浓厚的校园文化活动氛围，促进各队、各区队之间的交流和学习。同时，大大提高了区队的凝聚力。比赛采用分组淘汰和循环赛制。篮球比赛的参赛对象是治安系的 23 个区队的男生队(2005 专升本在外实习，不参加比赛)和 8 个队的女生队参赛队伍组成。在比赛过程中，各赛队的选手都在场上奋力拼搏，展现出当代大学生的朝气，赛出了水平，赛出了风格。场下的啦啦队更是欢呼雀跃，使场下的气氛尤为活跃。经过激烈的角逐，最后评出了篮球男队的冠、亚、季军和女队的冠、亚军奖项。

二、赛程日志

时间：周一至周四的 17：30～18：30

地点：山顶篮球场和警体馆

具体安排如下：

(1)按照策划安排，4 月 11 日正式开始比赛前，在治安系领导的支持以及学生会各部门的支持配合下，完成了前期的工作。比赛按照第三届云南警官学院"治兴杯"策划进行。

(2)4 月 11 日至 4 月 30 日，进行第一、第二轮的淘汰赛。

(3)5 月 1 日至 5 月 7 日，"五一"黄金周期间，4 个小组全部停赛，各个球队自行安排。

(4)5 月 8 日至 5 月 12 日，进行半决赛，依然实行淘汰赛制。

(5)5 月 13 日至 5 月 28 日，进行决赛，实行循环赛制。

三、比赛结果

(1)男生组

第一名：2004 交本区队

第二名：2004 治专三区队

第三名：2005 治本三区队

第四名：2003 治本区队、2004 治本三区队、2006 治专一区队

(2)女生组

第一名：四队

第二名：八队

四、创新之处

(1)参赛前，要求区队队长在认真阅读《参赛承诺书》后，在上面签字。再由区队队长向区队成员传达其内容。这样做十分有效地防止了参赛队员之间、啦啦队之间的冲突。

(2)在比赛过程中各个赛队之间没有发生明显冲突，顺利进行和结束了"治兴杯"的各比赛项目。

(3)此次"治兴杯"对篮球赛的赛制进行了变化，不再是像以前一样进行小组循

环赛，而是进行小组淘汰赛，且取得了很大成功。这不仅避开了学院开展的第二课堂，而且缩短了比赛的进程，节省了人力、物力和财力。

五、经验总结

在系部领导的指导以及学生会各部门的积极配合支持下，我们的工作开展得十分顺利。这次篮球赛总结了前几届的经验，对赛程、赛制进行了很大的改革，使我们系的这项赛事在观赏性和比赛的可行性上有了很大的提高。周密的赛前策划工作和组织工作，同学们高涨的热情，系领导老师的关怀以及系学生会各部门的不懈努力使这次赛事取得了极大的成功。经过此次比赛，使体育部的每个成员提高了团结协作的精神，加强了部门的凝聚力。

(1)前期的准备工作较为充分。系学生会体育部于3月初就开始了这次活动的组织策划工作。考虑到是系部的重大活动，要求组织和策划工作越仔细越好，大家齐心协力考虑活动中可能遇到的一切问题及解决方法。

(2)各部门的协作能力较好，分工明确。虽然这次的赛事主要由体育部来负责，但也是各个部门的极力配合才取得圆满成功的，是各个部门共同努力的结果。

(3)协调工作做得比较好。这里的协调主要包括各队、各区队的参赛的协调，还有裁判的到场及场地的协调安排。在大家的共同努力之下，这些方面都没有出现失误，比赛过程也很顺利。

(4)在每天的比赛结束后，都认真回收、清点比赛用的器材，使器材不至于遗失。同时，每天都进行小结，总结出当天出现的问题以及做得好的方面。

(5)在体育部例会上认真总结，使以后的赛事更好地进行。

六、不足之处

虽然此次活动举办得比较成功，组织工作也比较详尽，但是在比赛过程中也暴露出一些细节上的不足之处。

(1)个别篮球女队球员服装不统一，只是随便穿，这样给裁判和记分员带来了不少困难。

(2)参与本届裁判工作的大部分为大二、大三的学生。如果这种情况不加以改善，对今后的赛事很不利。

(3)由于比赛是在下午下课以后进行，受学院第二课堂和车训的影响，有时裁判或队员没有按时到场，耽搁了一定的时间。

以上为第三届"治兴杯"篮球比赛的基本情况的总结，虽然比赛之中还有些不足之处，但并没有影响到整个过程的正常进行。比赛中很好地体现了同学们的团队精神，同学们更加团结一心，也激励我们更加努力工作！在此，忠心感谢给予此次活动大力支持的各位领导、老师以及参加活动的各位同学们。

治安系学生会

体育部

2007 年 6 月 10 日

篮
·
球

本章小结

　　第一节要求掌握篮球运动员选材的概念和意义，学习篮球运动员选材的理论基础知识，从 5 个方面了解其内容，重点掌握选材的工作步骤与方法；第二节重点掌握训练计划类型、结构及制订训练计划的方法，难点是制订训练计划的科学性、针对性、实用性；第三节要求掌握教练员指挥的要素、赛前准备工作的 6 个方面、方案制订、模拟训练，重点掌握比赛中各个阶段的指挥要素；第四节重点掌握总结写作的结构、方法，其难点是总结的写作。

练习与思考

1. 简述如何开好准备会。

2. 试述临场指挥时如何发现、分析、解决问题。

3. 教练员在临场指挥中如何掌握换人和暂停？

4. 欣赏篮球比赛时需注意哪几个方面？

5. 篮球训练文件的制订如何体现科学性？

6. 制订和安排训练进度的基本要求有哪些？

7. 如何处理好全年训练计划、阶段训练计划、周训练计划和课时训练计划的关系？

8. 篮球运动选材的意义。

9. 简述选材的工作步骤与方法。

10. 训练总结的写作结构有哪些？

11. 选择一种写作格式，写出字数在 1500 左右的比赛总结。

第三章　篮球技术

内 容 提 要

篮球运动是一项集体性和对抗性很强的项目，而篮球技术是战术的基础，每个队员要在对抗中合理运用技术动作和完成巧妙的战术配合，都取决于掌握技术动作的数量与质量。所以本章主要阐述了篮球技术概念、内容、特点、分类、技术动作结构和各技术动作的教学与方法，并在系统地介绍了篮球攻防技术的基础上，介绍不间断技术——移动技术与抢篮板球技术及其方法。

学习目标：
(1)掌握篮球运动的基本要素。
(2)学习篮球比赛中运动员攻、防技术。

学习重点：
(1)移动技术的关键。
(2)进攻和防守技术的运用。

一、篮球技术概念

篮球技术的基本含义，应从动作方法和实际运用两个方面加以解释。

篮球技术是篮球比赛中运动员为了进攻与防守所采用的各种专门动作方法的总称，它包括移动动作(指跑、跳、急停、转身等无球的动作方法)、控制支配球动作(指接球、传球、运球、投篮等有球的动作方法)和争夺球动作(指抢球、打球、断球、抢篮板球等动作方法)，以及由这些动作各种各样的组合所组成的动作体系。运动技术是理想化了的动作模式，由于动作的规范，既要符合篮球竞赛规则的要求，又要适应攻守对抗的需要，也要符合人体运动科学的原理，并有运动员的个人特点，能解决比赛中攻、守的具体任务，从而表现出动作方法上的专门性和合理性。

篮球技术又是运动员在比赛攻、守对抗情况下合理运用专门动作的能力，它不仅是动作模式的重复，更是队员有意识的运动行为和操作技巧。由此，运动员在比赛中必须独立地、果断地去运用技术动作与同伴配合，同对手抗争，去争取时间和空间的主动，这也是他们智能、体能、技能、经验和创造能力等的综合体现，反映出他们运用专门动作的技巧性和实效性。

篮球技术是进行篮球比赛的基本手段，双方运动员都以技术动作进行对抗。动作表现为运动，动作过程表现为运动过程，两者以现象和本质两个不同角度存在于对抗的过程之中，并作为竞技的手段发挥其攻、守相互制约的作用，篮球技术也是运动员比赛行为的核心，运动员的智慧、技能、运动素质、心理品质和道德作风等都是通过篮球技术集中表现出来的，是竞技水平最显著的标志。篮球技术又是篮球战术的基础，任何战术意图和战术方法的实现，都需要通过掌握相应的熟练准确的技术动作和应变能力来保证，实质上，战术就是运动员和运动员之间技术运用的组织形式与方法。所有这些正说明篮球技术在篮球运动中的重要地位和作用。

二、篮球技术的基本特征

篮球技术的基本特征表现为：

1. 身体动作与控制支配球的结合

篮球技术区别于其他运动项目技术的最显著特点就是运动者直接用手控制和支配球，并与全身协调配合组成各种专门动作，最后通过手部的动作控制、支配球的运行和争夺获球，使身体动作与控制支配球融合为一体，展现出篮球技术的魅力。

2. 动态与对抗的结合

篮球竞赛本身就是一个攻守对抗的动态过程，一切篮球技术都是在动态和对抗中操作的，快速、准确、实用、多变，充分表明了在争取时空主动上的合理性和创造性。两者的结合则是篮球技术的又一特征。

3. 相对稳定与随机应变的结合

任何运动技术都具有相对稳定的动作环节，篮球技术也不例外，但它又必须随着环境的变化而变化，随着对手的变化而变化，并要及时做出应答动作的开放性技能。要在攻守对抗的各种不同条件下去组合动作，随机应变地、创造性地完成攻守任务。

4. 规范性与个体差异的结合

任何运动技术都必须符合科学的原理而具有一定的规范性。某些动作环节的规范影响着球的运行和效果，因此，必须按规范来操作。然而，队员由个体的差异性而表现出不同动作的特点和风格。在训练与比赛中不能强求动作外形的模式，而应讲求实效。规范性与个体差异相结合的特征，也是其他竞技运动项目技术共同具有的特征，只不过篮球技术更为突出。特别是一些具有技术特长的运动员往往也不是很规范的。

三、篮球技术风格和流派

技术风格是指运动员或一个队的整个技术系统上的成熟而定则化的特点。技术系统是技术风格的核心，特长技术是技术风格的突出表现，我国篮球运动早期有所谓"北派"、"南派"之分，从世界范围来讲也有所谓美洲、欧洲和亚洲队的不同风格或流派，其实质就是从各国、各地区实际出发所形成的打法不一、风格不同而已，世界篮球运动依然呈现着一种向智、高、快、准、狠、巧、变和几种流派、多种多样打法的方向发展的趋势。

现代竞技篮球运动的发展的基本特点之一是技术不断演变创新，技术创新是篮球技术发展的重要途径之一。技术创新是以运动技术为对象，在原有技术的基础上对动作的形式、结构、功能及运用进行改变的创造性活动。从篮球技术的发展来看，内双手到单手的运用，跳投、持球突破技术的出现，盖帽、扣篮的发展等，增添了制胜因素的动作组合的形式，都是技术创新的结果，直接影响着篮球技术整体水平的提高。更重要的是，要明确篮球运动的发展趋势与独特规律特征，在此前提下才能创立出新的篮球的理论与方法，建立并提高现代篮球观的创造思维能力（包括想像力、多向思维、联想思维、灵感捕捉等）和技法实践，进而去挖掘人体的潜能，积极攀登篮球技术的高峰。

四、篮球技术结构

篮球技术结构是以人体的骨骼肌肉活动为基础所构成的有目的的运动动作的合理结构，人体解剖学、运动学、动力学的知识体系是动作结构的理论基础。为了研究技术动作的原理，应进一步了解人体运动器官系统的力学特性、骨关节和肌肉的杠杆活动、肌肉活动中的协同与对抗，以及人体运动时主要关节活动相互间的关系等。人体运动中的动作又要服从力学某些定律和原理，要结合篮球技术动作的特点加以利用。

篮球技术形成的生理机制是以人的大脑皮层运动为基础的运动条件反射暂时性神经联系，这一带有普通意义的生理学原理，指导着人们学习和掌握技术和技能。生理学中的"应激学说"把运动技能的形成看做"应激—应答—适应"的过程，认为机体对刺激的反应有警觉—抵抗—衰竭三个阶段。根据这一原理，运动训练应激的生理过程分为直接反应—适应—恢复3个阶段，从而不断提高人体的工作能力。

在篮球技术形成的过程中，有两个问题必须给予重视，即观察能力与"球感"的训练。视觉是技术动作的前导，人的视觉范围大小反映了视觉机能状况，是对刺激物的方向、距离等的感知。这种空间感是迅速做出判断与行动的前提，视觉作为"感觉系"的前沿，对技术动作的应用更为重要。因此，必须在训练中加强观察能力的培养。应该指出，完成技术动作的快慢与反应时有关，反应时由感觉（接受刺激）、决定（思维判断）、运动（动作开始）3个时间段所组成，运动时是指开始动作到完成动作的这段时间，运动时开始于反应时的结束，而应答时是反应时和运动时之和。人的反应速度有快慢，但可以通过长期的训练得到一定的改善，同时随着其他素质的提高和经验的积累而得以弥补。这些理论是训练技术的重要依据。关于"球感"则对技术的掌握与提高具有重要的作用，是通过长期刻苦磨炼所获得的一种专门化的复合知觉。这种复合知觉是在训练中视分析器、运动分析器、触分析器对各种刺激物进行精细分析并在大脑皮层中形成复杂稳固的神经联系的结果，是对球的性能和球的运动规律的认识，特别是不断地实践是提高"球感"的唯一途径。必须加强基本功训练，否则长期不练，"球感"则会消退，甚至因情绪、疲劳等也会减弱。良好的"球感"也是篮球运动员的一种重要的心理标志。这些理论为基本功训练提供了重要的依据。

篮球运动是一项充满哲学原理的运动，无论高与矮、大与小、攻与守、快与慢、强与弱、胜与负等都是相对的、矛盾的，但又是统一的。体育人文社会学中的一些学科的理论与方法对篮球技术具有支撑指导性意义。因此说辩证唯物主义的哲学世界观、方法论是篮球领域中居领导地位的理论基础，对篮球技术宏观上的研究提供了理论上和方法上的重要依据，能以全向、辩证的观念从整体上去认识篮球技术的概念、特征、地位、作用以及相互间的关系等。

五、篮球技术分类方法

篮球技术分类目前主要以攻守对立统一的规律、人体运动科学的原理和技术动作的任务为依据。首先将各类技术动作划分为进攻技术和防守技术两大类，进攻与防守两大类技术又各自包括动作结构类似和作用相同的若干类动作，各类动作也有各自许多不同的动作方法。篮球技术分类基本上是按此体系进行系统化的。

篮球技术主要有两种分类方法：

1. 按动作结构分类

这种方法是以动作的运动学结构和动力学结构的类似特点为主要依据进行分类的，这也是篮球运动发明后一直沿用的分类方法，对篮球技术做了如图 3-1 所示的系统化的分类网络。我国篮球运动从 20 世纪 50 年代起也一直沿用这种动作结构归类的分类方法。到 20 世纪 80 年代，我国各类篮球教材则对动作结构进行了重新归类区分，如图 3-2 所示。虽然这样的篮球技术分类在我国被广泛认可和应用，但其分类仍有一些不足之处，需要加以修改和调整。

2. 按攻守目的分类

这种分类方法是在各类动作的基础上，以解决进攻和防守的具体任务为目的，把两个或两个以上的动作组合成系列单位再加以分类的。早在 20 世纪 50 年代前后，美国出版的一本篮球书中，已把进攻队员的个人动作和防守队员的个人动作列入篮球比赛基础的内容，并作为分类的一个重要层次。随后数十年的运动实践中应变组合频繁出现，其实用价值逐渐引起普遍的重视，人们不断地总结、丰富组合的内容，并纳入教学与训练之中。随后篮球组合技术理论的提出，就是以竞技实用为依据对篮球技术分类所进行的一次探索，其中所列的组合技术分类还有

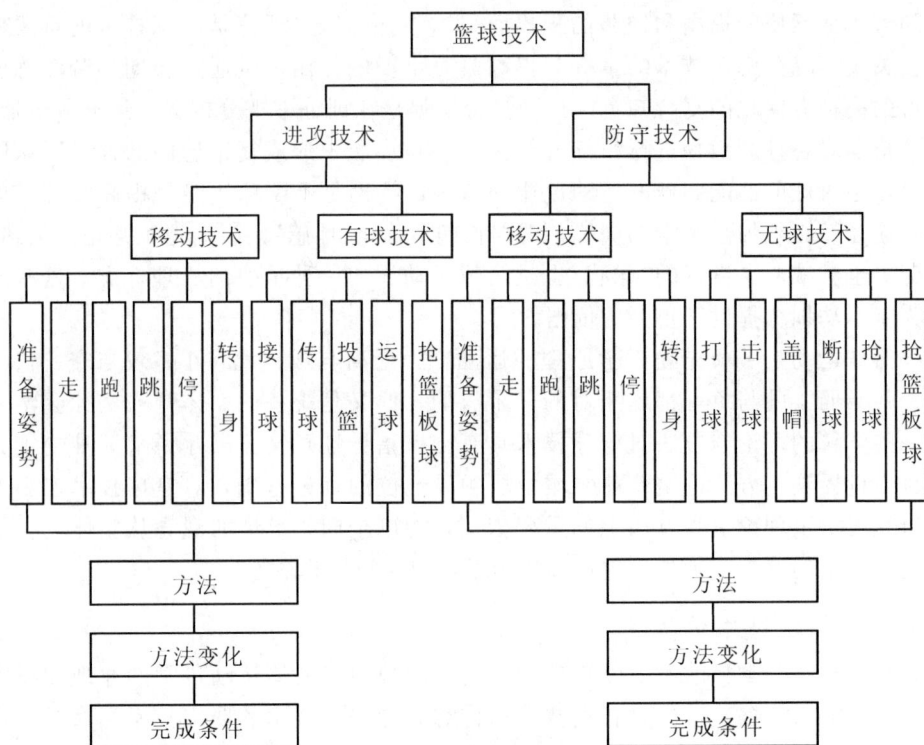

图 3-1　篮球比赛技术分类

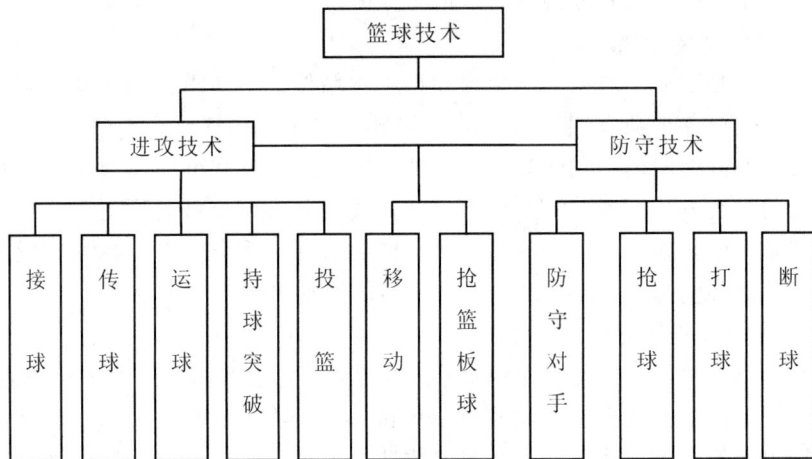

图 3-2　篮球技术动作分类

待充实和完善，但它不失为我国在篮球技术分类上的一个突破。

从事篮球运动，要从学习篮球技术和掌握基本功入门。篮球技术主要由移动、接球、传球、运球、投篮等动作组成。各类动作又有若干不同的动作方法和不同的完成方式。各种方法和方式的组合运用构成了进攻技术和防守技术两大部分。为了便于组织篮球技术教学与训练，这里把技术内容体系分为基础动作、进攻技术和防守技术加以叙述。

基础动作是指篮球技术各类动作中具有共性的基本方法，是比赛中最常用、最典型、必须掌握的专门动作。基础动作是一种模式，有其科学性和合理性，具有完整的动作结构。通过基础动作的学习，能进一步掌握正确的技术结构以及操作方法。因此，必须狠抓基础动作教学，只有正确地、较好地完成基础动作，才能向高难技术和复杂动作发展。

第一节　移　　动

一、移动

移动是篮球技术的基础。篮球比赛中队员几乎在全部时间里都处于动态中，运用技术动作去完成攻、守任务。队员为了争取比赛中的主动，经常要采取改变位置、方向、速度和争取高度等移动方法；为了控制支配球、投篮，达到夺球的快速性、协调性和有效性，也需要移动技术的配合。篮球的移动技术都是在人体基本活动能力基础上发展起来的专门化动作，基本的动作方法有：

1. 起动

起动是队员在球场上由静止状态变为运动状态的一种起始的动作，是获得位移初速度的方法。在进攻中运用起动摆脱防守和防守中看住对手，保持或抢占有利位置。

从基本站立姿势开始，起动时，身体重心向跑动方向移动，以后脚（向前起动）或异侧脚（向侧起动）的前脚掌内侧突然用力地蹬地，同时上体迅速前倾或侧转，手臂协调地摆动，充分利用蹬地的反作用力，迅速向跑动方向迈步（图3-3、图3-4）。起动后的两三步要短促而迅速地连续蹬地并与快速摆臂相配合，使之能在最短的距离内把速度有效地发挥出来。

图 3-3　　　　　　　　　　图 3-4

2. 跑

跑是队员在球场上改变位置、发挥速度的重要方法，也是比赛中运用最多的一种移动动作。篮球场上的跑具有快速、多变的特点。在比赛中经常运用的跑有以下几种：

(1)变速跑。变速跑是队员跑动中利用速度的变换来争取主动的一种方法。加速跑时，要利用两脚突然短促而有力的连续蹬地，加快跑的频率，同时上体稍向前倾和手臂相应地摆动加以配合；减速跑时，利用脚前掌用力抵地来减缓快跑的前冲力，同时上体直起，保证身体重心的后移，从而降低跑速。

(2)变向跑。变向跑是队员在跑动中突然改变方向来摆脱防守或堵截进攻队员的一种方法。变向跑时(以从右向左变方向为例)，最后一步右脚着地，脚尖稍向内扣，用脚前掌内侧用力蹬地，屈膝，腰部随之左转，快速移动重心，左脚向左前方跨出，这一步要快，右脚迅速随着跨出，继续加速跑动前进(图3-5)。

图 3-5

(3)侧身跑。侧身跑是队员向前跑动中为了观察球场上的情况，侧转上体，进行攻守行动的一种动作方法。其动作方法只是在跑动中头部与上体侧转向球的方向，而脚尖要朝着前进方向，既要保持跑速或加速，又要完成攻守的动作。

(4)后退跑。后退跑是队员在球场上背对前进方向的一种跑动方法，是为了观察场上攻守情况。后退跑时，两脚提踵，用脚前掌交替蹬地提膝向后跑动，上体放松直起，两臂屈肘相应摆动，保持身体平衡，两眼平视，注意场上情况。

3. 跳

跳是队员在球场上争取高度及远度的一种动作方法。篮球比赛中很多技术动作需要队员在空中去完成。因此，队员要会单、双脚起跳，能在原地、跑动中和对抗条件下向不同方向跳、连续跳等，并要求跳得快、跳得高，滞空时间长，以便更好地在空中完成各种攻、守动作。

(1)双脚起跳。起跳时，两脚开立，屈膝快速下蹲，两臂相应后摆，上体前倾。然后，两脚用力蹬地、伸膝、提腰，两臂迅速向前上摆，使身体向上腾起。上体在空中要自然伸展，收腰，下肢放松。落地时，用前脚掌先着地，并屈膝缓冲身体下落的重力，保持身体平衡，以便衔接下一个动作。双脚起跳多在原地运

篮 · 球

用，也可以在上步、并步、跳步和助跑情况下运用。

（2）单脚起跳。起跳时，起跳腿微屈前送，脚跟先着地，并迅速屈膝过渡到前脚掌用力蹬地，同时提腰摆臂。另一腿提膝积极上抬，借以帮助重心上移。当身体上升到最高点时，摆动腿放膝向下与起跳腿自然合并，使腾空动作协调。落地时，双脚要分开，注意屈膝缓冲，以便迅速完成其他动作。单脚起跳多在助跑情况下运用。

4. 急停

急停是队员在跑动中突然制动速度的一种动作方法，它也是各种脚步动作衔接和变化的过渡动作。比赛中急停更多的是与其他技术结合在一起运用。急停的动作有以下两种：

（1）跨步急停（两步急停）。队员在快速跑动中急停时，先向前跨出一大步，用脚跟先着地过渡到全脚抵住地面，并迅速屈膝，同时身体微向后仰，后移重心。然后，再跨出第二步，脚着地时脚尖稍向内转，用前脚掌内侧蹬地，两膝弯曲，身体稍有侧转（右脚跨出第一步，身体侧转），微向前倾，重心移至两脚之间，两臂屈肘并自然张开，帮助控制身体平衡（图 3-6）。

图 3-6

（2）跳步急停（一步急停）。队员在中慢速移动时，用单脚或双脚起跳（一般离地面不高），上体稍后仰，两脚同时平行落地。落地时全脚掌着地，用前脚掌内侧蹬住地面，两膝弯曲，两臂屈肘微张，以保持身体平衡（图 3-7）。

5. 转身

转身是队员以一脚蹬地向前或向后跨出的同时，另一脚做中枢脚进行旋转而改变身体方向的一种动作方法。转身在比赛中运用比较广泛，经常与其他技术动作组合运用。

转身时，重心移向中枢脚，另一只脚的前脚掌蹬地，同时中枢脚以前脚掌为

图 3-7

轴用力蹬地，上体随着移动脚转动，以肩带动向前、向后改变身体方向。在身体移动过程中，要保持身体重心平稳，不要起伏。转身后，重心应转移到两脚之间。转身可分为前转身和后转身。

（1）前转身。移动脚蹬地，在中枢脚的前方（身前）进行弧形移动的叫做前转身（图 3-8）。

图 3-8

（2）后转身。移动脚蹬地，在中枢脚后方（身后）进行弧形移动的叫做后转身（图 3-9）。

图 3-9

行进间运用后转身，是在靠近对手时以前脚为中枢脚旋转，后脚蹬地做后转身。由于跑动中惯性的关系，要适当减速，加大中枢脚蹬地的力量，从而加快旋转的速度。要注意控制重心，保持身体平衡。

6. 跨步

跨步是一种起步的动作方法。跨步的动作方法是以一脚为中枢脚，另一脚向前或向侧方跨出，以便衔接其他动作。

7. 滑步

滑步是防守移动的一种主要方法，它易于保持身体平衡，可向任何方向移动。滑步可向侧、向前和向后进行滑动来堵截对方的移动。

（1）侧滑步。两脚平行站立，两膝较深弯曲，上体微向前倾，两臂侧伸。向左侧滑步时，右脚前脚掌内侧蹬地，左脚向左（移动方向）跨出，在落地的同时，右脚紧随滑动，向左脚靠近，两脚保持一定距离，左脚继续跨出。在滑步时，要保持屈膝低重心的姿势，身体不要上下起伏，重心保持在两脚之间，眼要注视对手（图 3-10）。向右侧滑步时脚步动作相反。

图 3-10

（2）前滑步。两脚后站立。向前滑步时，后脚的前脚掌内侧蹬地，前脚向前跨出一小步，着地后，后脚紧随着向前滑动，保持前后开立姿势（图3-11）。

图 3-11

（3）后滑步。后滑步动作方法与前滑步相同，只是向后方移动。

（4）滑跳步（碎步）。滑跳步多用于外线防守。动作方法是两脚平行开立，稍比肩宽，两膝保持弯曲。移动时，不停顿地以前脚掌蹬地，用小而快的步法向左、右、前、后移动。移动时步幅小（小半步），保持平步防守姿势，上体不要起伏。

8. 后撤步

后撤步是变前脚为后脚的一种起步方法。队员为了保持有利位置，特别是当进攻队员向自己前脚外侧持球突破或摆脱时，常用后撤步移动堵截，并与滑步、跑等结合运用。

撤步时，用前脚掌内侧蹬地，腰部用力向后转体，前脚后撤，同时后脚的前脚掌蹬地，当前脚后撤着地后，紧接滑步，保持身体平衡与防守姿势（图3-12）。后撤角度不宜过大，动作要迅速，身体不要起伏。

图 3-12

9. 攻击步

攻击步是防守队员突然向前跨出的一种动作。这种步法是利用后脚蹬地，前脚迅速向前跨出，逼近对手。运用攻击步时，用与前脚同侧的手伸出抢球、打球或干扰对手的进攻动作。

10. 绕步

绕步有绕前步和绕后步两种。做绕前步时（以从右侧绕前防守时为例），右脚向右斜前方跨出半步，左脚迅速蹬地绕过对手向侧跨出或跃出。腰、胯要用力，手臂根据防守的需要做出相应的阻挠、伸展、挥摆动作。绕后步的动作与绕前步相同，只是向后方跨步绕过。

二、影响移动动作效果的因素

1. 准备姿势

队员在球场上需要有一个既稳定又易动的准备姿势，以利迅速地、协调地进行移动去完成各种攻、守行动。准备姿势是指队员的站立姿势，正确的姿势是两脚前后（或左右）开立，两脚间距离与肩同宽，脚掌着地，两膝弯曲（大小腿之间的角度在$135°$左右），身体重心的投影点落在两脚之间，上体微向前倾，两臂屈肘自然下垂置于体侧（准备接球或持球），双眼注视场上情况。

2. 身体平衡

身体平衡是成功地完成篮球技术的必要条件。人体的平衡与支撑面大小成比例，头部位置在支撑面中点的垂直上方。平衡又与身体重心离地面的高低有关，即使是在场上奔跑，也要降低身体重心。稳定角也是平衡的要素之一，它是重心作用线（重心垂线）和重心到支撑面边缘相应点之间的夹角。稳定角大，稳度也大；稳定角小，稳度也小。控制身体平衡还需要中枢神经系统的作用，它能使运动员感受身体在空间的位置，更好地支配肌肉，改变身体姿势，并协调身体各关节的关系来维持身体平衡。

3. 蹬地用力

任何一种移动，人体必须对地面施加力的作用，并利用地面的支撑反作用力，也就是通过脚蹬地、跺地、抵地的力来实现。这些力的大小和方向决定着人体所得到的加速、减速、旋转、制动、滑动、腾空等位移的变化。蹬地的力决定移动的速度与方向，其中蹬地角度与身体重心移动的距离有关。蹬地角度是指力的作用点指向身体重心连线与地面所成的夹角。夹角越小，重心投影点与力的作用点距离越远，所产生的水平分力越大；反之，夹角越大，产生的垂直分力越小。力的作用点与重心在同一垂直线上，则人体向上起跳，在重心之后则向前移动，在重心之前则向后移动或制动人体前移。

4. 协调配合

移动中没有身体各部分的协调配合是难以适应比赛变化要求的。协调配合不仅反映在髋、膝、踝关节的预先弯曲和主动伸展上，还需要头、上肢、躯干和下肢各部位的动作相互配合，协调用力，使人体内力和外力很好地结合，控制用力方向和角度，充分利用反作用力和惯性来克服阻力。这样才能正确地、迅速地完成不同的移动技术，提高移动的突然性、快速性和灵活性。

三、移动的运用

（1）脚步动作的运用以基本步法为基础，可在临场比赛中根据对手和行动需要灵活运用，如起动与停步的结合、变向与加速跑的结合、停步与跨步的结合、停步与转身的结合、停步与跳的结合、起动与加速跑的结合等。

（2）基本步法的运用过程实质上是移动中控制身体重心的过程，因此，要始终注意适当降低身体重心，学会控制和转移身体重心的方法。

（3）移动过程中，无论采用哪种方法和变化形式，都有赖于对场上情况的观察和判断，因此，要养成抬头观察的习惯，做到机动灵活地运用脚步动作。

（4）移动过程中要充分运用各种脚步和假动作来迷惑对手，利用移动的速度和快慢节奏的变换来超越对手，掌握对抗的主动权。

四、移动的练习方法

练习1：基本站立姿势—起动—变向跑练习（图3-13）。

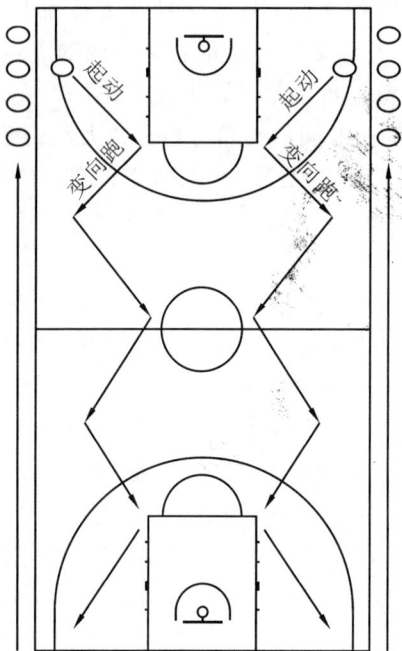 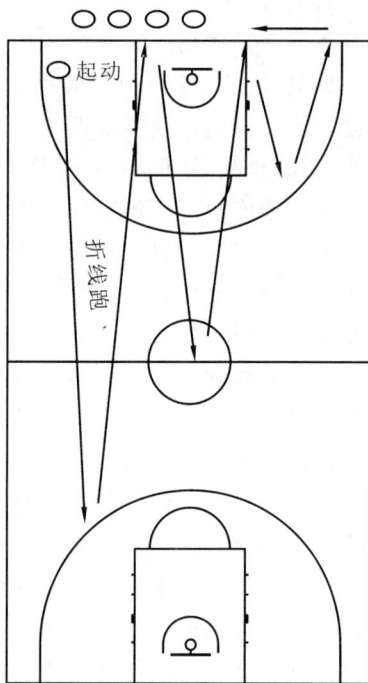

图 3-13　　　　　　　　　　　　　　图 3-14

要求：起动突然，变向时蹬地、转体与跨出动作协调，注意掌握好快慢节奏，始终控制好身体重心。

练习2：起动—折线跑练习（图3-14）。

要求：快速起动和跑动，折回时要控制好身体重心，后程要克服疲劳，保持动作质量。

练习3：起动—慢跑—变向跑—停步—跳的练习（图3-15）。

要求：各脚步动作之间要相互衔接，始终保持正确的身体姿势，做到动作准确，节奏明显。

练习4：起动—慢跑—停步转身练习（图3-16）。

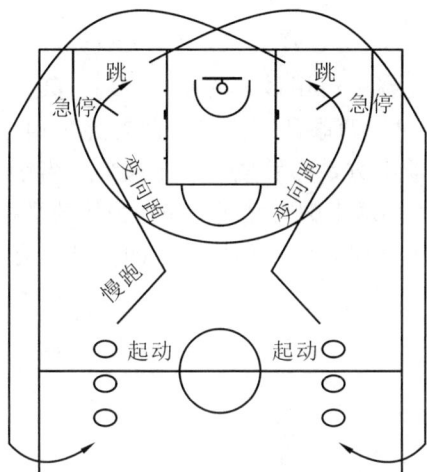

图 3-15

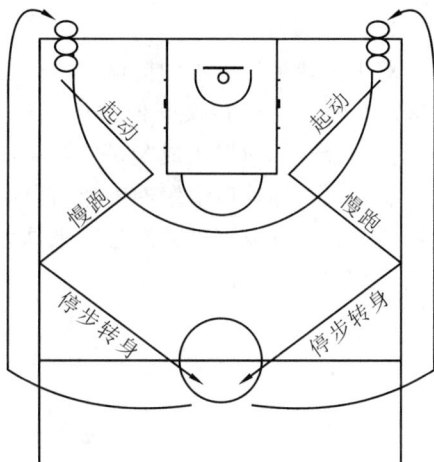

图 3-16

要求：停步与转身的结合要连贯、准确，始终保持适当的身体姿势，转身时要以转头带动转体、转腰，重心始终保持机动和平稳。

练习5：前滑步—后滑步—侧滑步练习（图3-17）。

要求：保持较低的身体姿势，快速移动并合理运用脚步动作，后半程要坚持做完，确保动作质量。

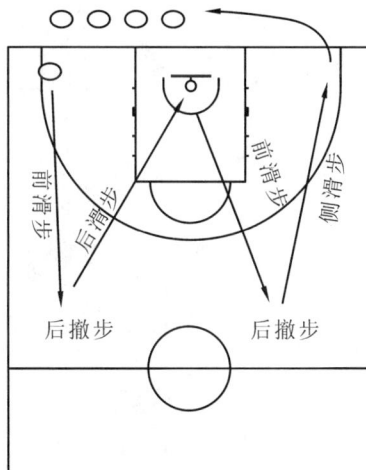

图 3-17

第二节　传、接球

一、接球

接球是篮球运动中的主要技术之一，是获得球的动作，是抢篮板球和抢断球的基础。在激烈对抗的比赛中，能否采用正确的动作牢稳地接球，对减少传球失误、弥补传球不足，以及截获对方传球等都有非常重要的作用。接球分为原地接球、跑动接球、摆脱接球(摆脱迎上接球、摆脱反跑接球、摆脱插上接球)。

(一)原地接球方法

1. 双手接球

双手接球是最基本的接球方法，也是在比赛中运用最多的动作之一。其优点是握球牢稳，易于转换其他动作。双手接球时，两眼注视来球，两臂伸出迎球，手指自然分开，两拇指成"八"字形，手指向前上方，两手成一个半圆形。当手指触球后，两臂随球后引缓冲来球的力量，两手握球于胸腹之间。保持身体的平衡，做好传球、投篮或突破的准备。来球的高度不同时，两臂伸出迎球的高低也有所不同(图 3-18、图 3-19)。

图 3-18

图 3-19

2. 单手接球

单手接球控制的范围大，能接不同方向的来球。但是单手接球不如双手接球牢稳，因此，在一般情况下应尽量用双手接球。如用右手接球，则右脚向来球方向迈出，两眼注视着来球。接球时，手掌成勺形，手指自然分开，右臂向来球的方向伸去。当手指接触球时，手臂顺势将球向后下引，左手立即握球，双手将球握于胸腹之间，保持基本持球姿势（图 3-20）。

图 3-20

接球是终止球在空中运行的方法。不论是双手或单手，都必须沿着球飞行的相反方向对球施加相应的阻力，使来球的速度减小为零。球作用在手上的力与手的缓冲距离有一定的关系（功＝力×距离），接球时减小这个力就要增大对这个力的作用距离。伸臂屈肘迎球和顺势向后引球，进一步屈肘缓冲，正是减弱来球力量至零的过程。如果来球力量较大，速度较快，则要加大迎球幅度，以便有更长距离来缓冲。

（二）跑动接球

跑动接球是篮球比赛中常用的接球方法之一，是进攻推进和快攻过程中采用的主要获得球的方法。其动作方法是在跑动过程中，脚尖朝着前进方向，上体侧转面向来球，双臂伸出，主动迎接来球。跑动接球后可以运球、投篮或传球等。

（三）摆脱接球

摆脱接球是在阵地进攻中无球队员为了摆脱对手抢占有利持球进攻位置而经常采用的获得球的方法。其方法是无球进攻队员利用脚步动作（如变向跑、转身、停步等）或同伴的掩护摆脱防守后接同伴传来的球，并采用相应的停步动作以衔接下一个攻击动作。摆脱接球又分为摆脱迎上接球、摆脱反跑接球、摆脱插上接球。

（1）摆脱迎上接球是外线队员侧向或背向球移动摆脱后，面向球迎前接球的方法（图 3-21）。接球后一般采用急停面向对手成持球基本站立姿势以衔接下面的持球突破过人或投、传等动作。

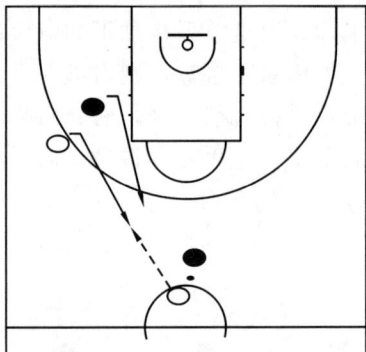

图 3-21

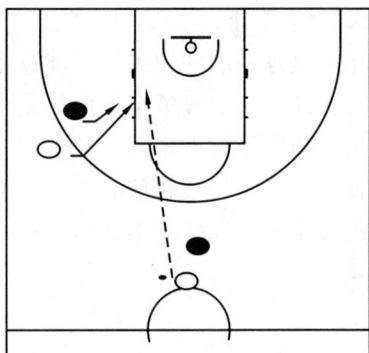

图 3-22

（2）摆脱反跑接球是外线队员侧向或面向球移动摆脱后侧向或背向反跑接球的方法（图 3-22）。接球时可采用停步技术，以便衔接下面的进攻动作。拉开反跑接球一般需要传球队员的配合，在拉开的同时向同伴传出引导球，保证球到人到。

（3）摆脱插上接球是内线队员利用转身或抢步等脚步移动摆脱防守，绕到防守队员的前面，背向球篮接球的方法，多用于中锋策应（图 3-23），接球时可采用停步技术，接球后可通过转身等动作来衔接下面的进攻技术。

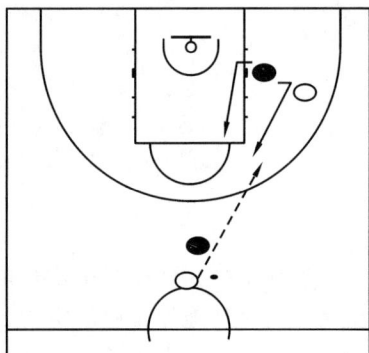

图 3-23

二、传球

传球技术指进攻队员在原地或移动中把球从空中、地面反弹方法将球传给同伴的技术总称。传球是篮球比赛中进攻队员之间有目的的转移球的方法，是进攻队员在场上相互联系和组织进攻的纽带，是实现战术配合的具体手段。传球技术的好坏，直接影响战术质量的高低和比赛的胜负。准确巧妙的传球，能够打乱对方的防御部署，创造更多、更好的投篮机会。

（一）传球动作方法

传球动作分双手传球和单手传球，双手传球以双手胸前传球为基本动作方法，单手传球以单手肩上传球为基本动作方法，具体动作方法如下。

1. 双手胸前传球

双手胸前传球是比赛中最基本、最常用的传球方法，用这种方法传出的球快速有力，可在不同方向、不同距离中使用，而且便于和投篮、突破等动作结合运用。

双手持球的方法是两手手指自然分开，拇指相对成"八"字形，用指根以上部位持球，手心空出(图 3-24)。两肘自然弯曲于体侧，将球置于胸腹之间的部位，身体成基本站立姿势。传球时，在后脚蹬地、身体重心前移的同时前臂迅速向传球方向伸出，拇指用力下压，手腕前屈，食、中指用力拨球将球传出(图 3-25)。球出手后身体迅速调整成基本站立姿势。传球距离近，前臂前伸的幅度小。远距离的传球，则需加大蹬地、伸臂和腰腹的协调用力；传球距离越远，蹬地、伸臂的动作幅度越大。

图 3-24

图 3-25

双手胸前传球可在原地和助跑中进行。跑动中双手胸前传球和接球是一个连贯动作。接传球时，手、脚动作必须协调配合。一般是左(右)脚上步接球后，右(左)脚上步，左(右)脚抬起在落地前出球。传球的动作过程是双手接球后迅速收臂后引，接着迅速伸前臂，手腕前屈，手指拨球，将球传出。

2. 单手肩上传球

单手肩上传球是单手传球中一种最基本的方法。这种传球的力量大，球飞行速度快，常用于中、远距离传球。

传球时(以右手传球为例)，左脚向传球方向迈出半步，右手托球，同时将球引到右肩上方，肘部外展，上臂与地面近似平行，手腕后仰。左肩对着传球方向，重心落在右脚上，右脚蹬地、转体，右前臂迅速向前挥摆，手腕前屈，通过食指、中指拨球将球传出(图 3-26)。球出手后，右脚随着身体重心前移而向前迈出半步，保持基本站立姿势。

图 3-26

　　传球动作方法很多，除双手胸前传球和单手肩上传球两种基本方法外，还有双手低手、双手头上、单手低手、单手胸前、单手背后、单手体侧和勾手等传球。

　　传球是将球从自己手中抛射向同伴手中的位移运动，不论是双手还是单手，给予球作用力的大小和时间长短都决定球的飞行速度和距离。传球的方向取决于手对球作用力的作用点位置和腕、指动作（一般在球体后方，与传球方向相反）。出手角度应略高于水平方向，以克服飞行过程中重力对球的影响力。出手速度取决于传球动作开始前动作的速度和作用力。传球应优先使用屈腕、弹指和伸肘肌肉的力量，它们是能最快速发力的部位。长传球时，才使躯干和腿部肌肉参与工作，作用时间也较长。传球的屈腕、弹指的动作，会使球的飞行产生一定的旋转。一般情况下，没有必要故意对球施加旋转，造成接球的困难。传球出手的高度是由传球者的身体特征和选择的传球方式所决定的。在传球动作方法中，前臂的动作有伸、摆、绕等不向的用力方法。运用这些方法可以增加出球点，扩大出球面。由于传球目标的距离和方向的不同，所以传球用力的大小和用力方向也有所不同。传球目标距离远，用力大；目标距离近，用力小。传平直方向的球是向正前方用力，传高球是向前上方用力，传低球是向前下方用力。由于传球用力的方向不同，使球在空中呈直线、弧线和折线飞行。传球时，应根据接球队员的位置和移动速度，决定传球的用力大小和用力方向。一般将球传到接球队员的胸部位置，如将球传给移动中的队员，则应判断队员的移动速度，要做到人到球到，人球相遇。

　　（二）传球形式

　　1. 推进性传球

　　推进性传球是队员在后场获得球的基础上，利用各种传球技术动作向前场推进的各种不同传球形式的简称（图 3-27）。

图 3-27

2. 转移性传球

转移性传球是队员在获得球的基础上，在球场一侧有策略地连续运用传球吸引防守队员向有球一侧移动靠拢，伺机给另一侧同伴创造攻击机会的各种传球方式、方法的简称。

3. 隐蔽性传球

隐蔽性传球是队员在获得球的基础上，利用隐蔽性传球技术动作，将球越过面前的防守队员，及时传给同伴的各种传球方式、方法的简称。传球方法如下。

（1）单、双手头上传球。

如图 3-28 所示，持球队员双手举球于头上，腰腹用力，前臂迅速前提，手腕前屈，手指用力拨球，使球从防守队员头的上方越过。也可采用单手的方法，以快速的单手体前传球动作，抓住对手防守的空当，突然将球从防守队员头上或头侧传过（图 3-29）。

1

2

图 3-28（一）

3   4

图 3-28(二)

图 3-29

（2）体侧传球。

如图 3-30 所示，持球者传球手的异侧脚向侧前方迈出，上体也同时向异侧移动做假动作，同时将球向后侧方引出，经体侧向前做弧线摆动，手腕前屈，用食指、中指拨球，使球从防守队员的体侧空当越过。

1   2

图 3-30(一)

3   4

图 3-30(二)

（3）反弹传球。

如图 3-31 所示，持球者利用假动作吸引防守队员的手臂上举或侧举，同时将球迅速通过地面反弹给同伴。传球时向前下方伸臂，手的用力点作用在球的后上方。击地点根据防守者和接球者所站位置来确定，一般应传在距离接球者 1/3 的地方。

（三）传、接球的练习方法

1. 原地传、接球练习

（1）两人一组一球，面对面站立传接球练习。

1   2

图 3-31(一)

3   4

图 3-31(二)

方法：两人相距 3～5 米，做各种传接球练习。要保持基本站立姿势，持球、传球、接球的手法正确。传球、接球动作由慢到快，距离由近到远。单手传、接球练习要左、右手交替进行。

(2)不同方向传、接球练习。

方法：如图 3-32 所示，5 人一组用 2 个球。④、⑤各持一球，④传球给⑥，⑥接球后迅速传给⑦，⑦再传给④；当⑥刚把球传给⑦时，⑤立即传球给⑥，⑥传给⑧，⑧再传给⑤，如此反复练习。练习一定时间或次数后，按顺时针轮转换位置进行练习。

要求：④和⑤向⑥的传球速度要由慢到快。⑥向⑦和⑧传球时不要转头，用眼睛余光观察传球的目标。

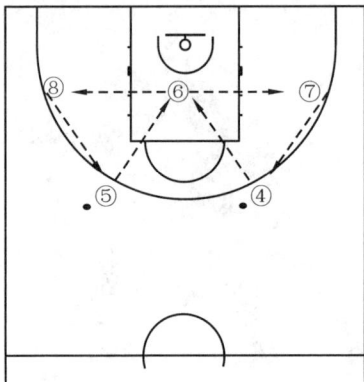

图 3-32

图 3-33

2. 移动中传、接球练习

(1)接前、后、左、右球的练习。

方法：如图 3-33 所示，两人一组一球，相距 4～6 米。④向⑤的前、后、左、右方向传球，⑤移动去接球，又回传给④。练习一定时间或次数后，两人交换练习。

　　要求：移动中接、传球要保持正确姿势，判断好来球方向、路线，快速、及时地移动接球。接球停稳后迅速回传。

　　(2)迎面跑动传、接球练习。

　　如图3-34所示，4人一组一球，分队面对站立，相距5～6米。④上步跑动接⑤的传球，急停后，传给对面上步跑动来接球的⑦。传球后跑至对面一组的队尾，依次循环练习。

　　要求：上步跑动接球手法正确，接、传球协调连贯。

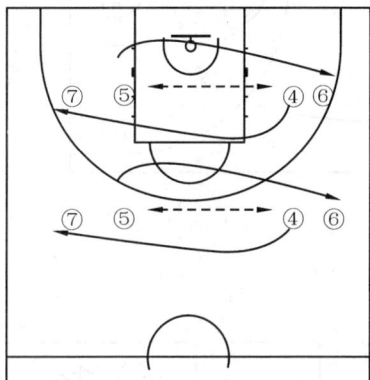

图 3-34

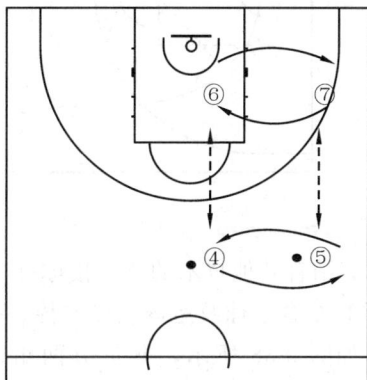

图 3-35

　　(3)横向移动换位传、接球练习。

　　如图3-35所示，4人一组两球，排成"口"字形，相距4～5米。④、⑤各持一球，开始时分别将球传给⑥和⑦，然后两人立即横向换位接⑥和⑦的回传球，⑥向⑦传球后同样横向移位，依次反复练习。

　　要求：传球移动速度要快，接球后要停稳，同时用眼睛余光观察同伴与球。

　　(4)"8"字形跑动传、接球练习横向移动换位传接球练习。

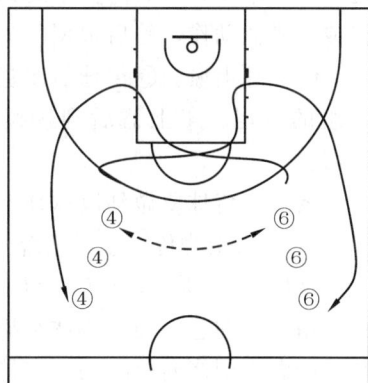

图 3-36

　　如图3-36所示，分列两队。④向篮下做传球假动作后，迅速将球传给⑥，并空切至篮下，再绕到⑥组队尾。⑥上步接球后，按④的动作做，但方向相反。依次练习。

　　要求：迎上移动接球要快速、及时。传球到同伴胸前位置，传球后切入时侧身跑，注视球的动向。

　　(5)3人行进间传、接球练习。

　　如图3-37所示，3人一组一球，分左、中、右落位，中间⑤持球。⑤先传球给跑动的④，④立即回传给⑤；⑤传给⑥，⑥又回传给⑤。最后⑤根据④和⑥的位置，传给④或⑥投篮。

要求：3人拉开距离，保持纵深队形，跑动协调，传球准确。

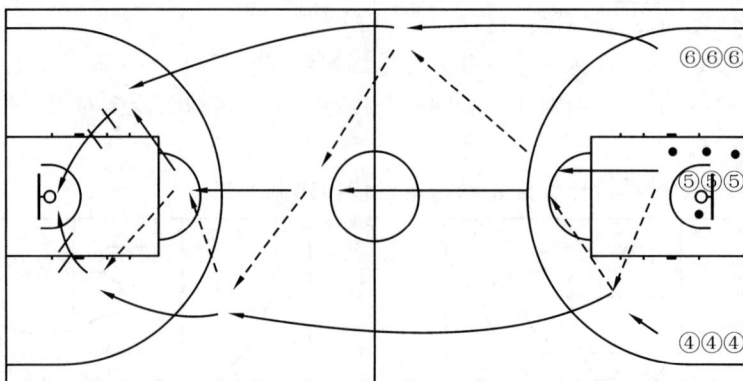

图 3-37

3. 结合其他技术的传、接球练习

（1）结合运球及运球上篮的传、接球练习。

如图 3-38 所示，队员分两组落位于半场，④组每人一球。练习开始时，④运球至中线附近，传球给⑤，然后向篮下切入。⑤接球后做瞄篮或突破假动作，然后根据④的跑动速度传球给④，④运球上篮。⑤传球后跟进冲抢篮板球，到④组的队尾。④上篮后到⑤组队尾。依次反复练习。

要求：传球要做到以球领人，及时到位。

（2）3人围绕传、接球结合上篮练习。

如图 3-39 所示，3人一组一球，落位于端线处。由持球的⑤发动，传球给插中的④后，快速从④的背后围绕向前跑动。④接球后传给插中的⑥，并从⑥的背后围绕向前跑动。依次重复进行，至对面篮下接球者上篮。可以立即分散返回，也可各组都练习完后再返回。

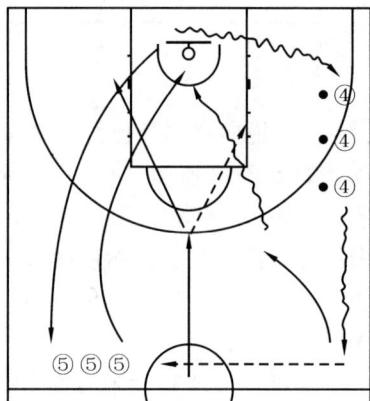

图 3-38

要求：传球准确到位，传球后要加速围绕向前跑进。

（3）综合练习。

如图 3-40 所示，队员分成4组分别落位于4个场角，用一个球。开始时，持球的④快速运球至中线附近，将球传给⑤，然后快速向篮下切入，接⑤的回传球投篮，投篮后排到⑤的队尾。⑤传球后跟进冲抢篮板球，并将球传给另一侧向前

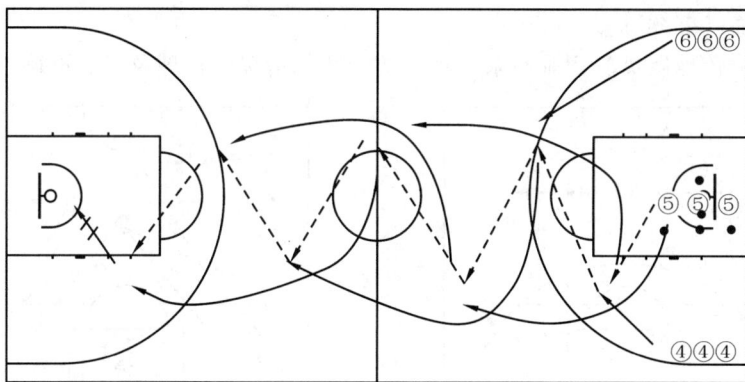

图 3-39

跑动的⑥，然后排到⑥的队尾。⑥运球到中线附近传给⑦，快速切入，接⑦的回传球投篮，然后排到⑦队尾。⑦传球后冲抢篮板球，传给插上的④，然后到④队尾，如此循环进行练习。一定时间后换另一方向进行。可用两个球同时进行练习。

要求：起动及时，传球准确、到位。冲抢篮板球后一传快而准。

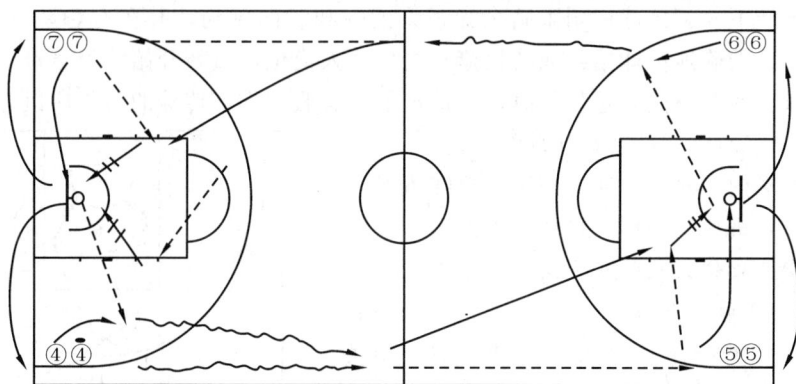

图 3-40

4. 在有防守情况下的传、接球练习

（1）一防二的传、接球练习。

如图 3-41 所示，3 人一组一球，④与⑤相距 8 米左右。④与⑤相互传球，❻消极防守，帮助传球者练习传球，然后逐渐变为积极防守，触摸到球即算防守成功，与失误的传球队员交换位置，继续练习。

要求：防守要积极挥臂，上前封堵传球。传球要用假动作，球在手中停留不能超过 3 秒。

（2）二防三的传、接球练习。

如图 3-42 所示，3 人接球，2 人积极抢断球。抢到球的队员和传失球的队员交换位置后，继续练习。

要求：传球队员要用眼睛余光观察防守队员情况，传球及时、准确、到位。

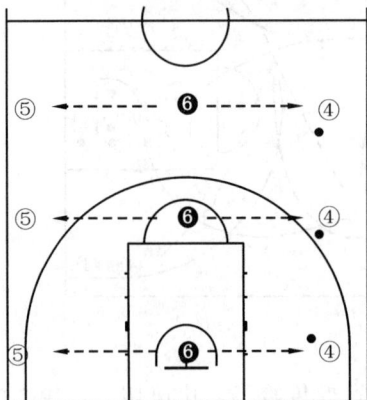

图 3-41

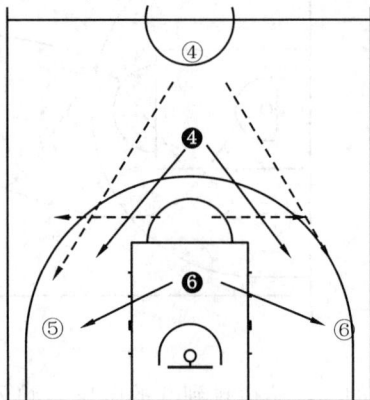

图 3-42

（3）摆脱防守接球投篮练习。

如图 3-43 所示，⑥与⑦传球时，⑧摆脱❽的防守接⑦的传球；⑦传球后与⑥交叉切入篮下。⑧接球后用眼睛余光观察的⑥和⑦的跑动，并在有❽防守的情况下，及时、准确地传给⑥或⑦投篮。之后 3 人换位，重新开始练习。

要求：摆脱突然并选择好时机。传球前要有假动作，传球的落点应以球领人。

（4）半场攻守中的传、接球练习。

在半场内三对三、四对四进行攻守练习。

要求：进攻只能传、接球，不准运球。

（四）易犯错误及纠正方法

（1）双手胸前传球时，持球方法不正确；掌心触球；两拇指距离过大或过小；肩、腕关节紧张。

纠正方法：反复强调正确持球方法，多做正面和侧面持球手法示范。

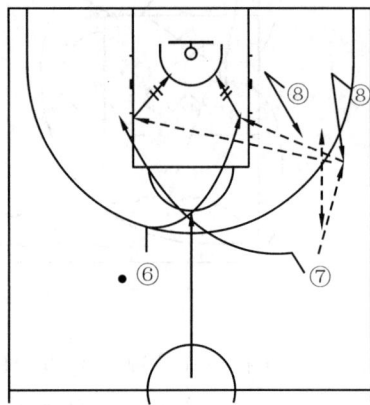

图 3-43

（2）双手胸前传球出手时，两肘外展；伸臂和翻腕动作脱节形成挤球；两手用力不一致。

纠正方法：教师可站在学生身后，伸出双臂限制其肘过分外展；学生做好持球动作后，教师两手上下握住球，让学生做伸臂、翻腕、拨指动作，从中体会正确用力。多做徒手模仿练习。

（3）单手肩上传球时肘未领先，形成推铅球式的传球；腕、指控制球能力差，落点不准。

纠正方法：重复讲解、示范单手肩上传球的动作顺序，强调肘领先。多做徒手练习和利用手球或垒球做传球体会动作。通过专门性练习，提高腕、指的灵活性和力量，增强控球能力。

（4）反弹传球时击地点不准。

纠正方法：进行两人反弹传球、通过防守的练习，体会球的击地点。

（5）双手接球时未成半球状，手指朝前，引球动作不及时。

纠正方法：多做自抛自接球或对墙传、接球的练习，养成张手、伸臂迎球和及时屈肘引臂的习惯。

第三节 运 球

运球是持球队员在原地或行进中间，用单手连续按拍由地面反弹起来的球的一类动作方法，是篮球比赛中个人进攻的重要技术，它不仅是个人摆脱、吸引、突破防守的进攻手段，也是发动、组织、战术配合的重要桥梁。运球是否熟练是控制支配球的一个标志。通过不断练习，能促进队员熟悉球性，增强手对球的感应。随着篮球技术的发展和竞赛规则的修订，放宽了手对球吸附过程的尺度，运球动作及其运用都发生了很大的变化。

一、运球的基本动作

1. 身体姿势

两膝保持相应的弯曲，上体稍向前倾，抬头，注视场上的情况。

2. 上肢动作

以肩关节为轴，上臂发力，肘部自然放松，五指分开以扩大控制面，用手指和指根部位及手掌的外缘接触球，按拍球时手心空出。按拍球的部位由运球的方向和速度来决定，按拍部位不同，球的落点不同，球的入射角与反射角也不同。按拍球力量的大小决定球从地面反弹的高度和速度。按拍球时，应随球上下迎送，尽量延长吸附球的时间，这样有利于控制、支配和保护球，便于改变动作和观察场上情况。

3. 下肢配合

运球一般是在移动中进行的，既要使移动速度与球运行速度一致，又要保持合理的动作节奏，并注意身体重心的控制，动作的协调一致关键在于按拍球的部位、落点的选择和力量大小的运用。手臂动作的变化要与脚步动作、身体姿势改变同步进行，以使整个运球动作协调地完成。

二、运球的种类

运球的种类有高运球（图 3-44）、低运球（图 3-45）、运球急停急起（图 3-46）、体前变向运球（图 3-47）、背后运球（图 3-48）、转身运球（图 3-49）、胯下运球（图 3-

50)等动作，运用不同运球动作的交替组合与变化，能使运球更具有突然性、攻击性和实效性。

　　当前，运球动作由以肘为轴改变为以肩为轴，迎送球动作加大，球附着于手上的时间加长，有利于对球的控制。球的落点在身体的侧后方，远离对手以便于保护球，更具有实效性和多变性。根据球场上情况和本队战术的需要，适时而恰当地运球，对全队进攻能起到较大的促进作用。

1　　　　　　　　　　2　　　　　　　　　　3

4　　　　　　　　　　5　　　　　　　　　　6

图 3-44

图 3-45

图 3-46

1

2

3

4

图 3-47

图 3-48

图 3-49

图 3-50

三、运球练习方法

1. 直线结合速度变化运球练习

学生每人持一球，分成若干组依次练习。练习由教师鸣哨开始，第一组运球起动，再次听到哨声即做减速或原地运球，反复3～5次，进行到对侧端线为止（图3-51）。第一组结束后，第二组开始练习。

要求：保持低重心的运球身体姿势，体会手指、手腕控制球的部位，运球手法正确，与脚步动作协调配合，控制好运球中的身体重心。

2. 全场变向运球、运球转身练习

学生每人持一球，分成两个大组于两侧端线站立，场地内设置标志杆（图3-52）。运球到标志杆前做变向运球，然后到下一标志杆处做变向运球，一直到前场最后一个标志杆后，运球跑动投篮。此练习可在变向运球后改为运球转身练习或变向与转身结合练习。

要求：运球过程中始终保持适当的身体姿势。变向和转身时要控制重心以保持平稳，动作快速突然，加速动作明显，有明显的练习节奏感。

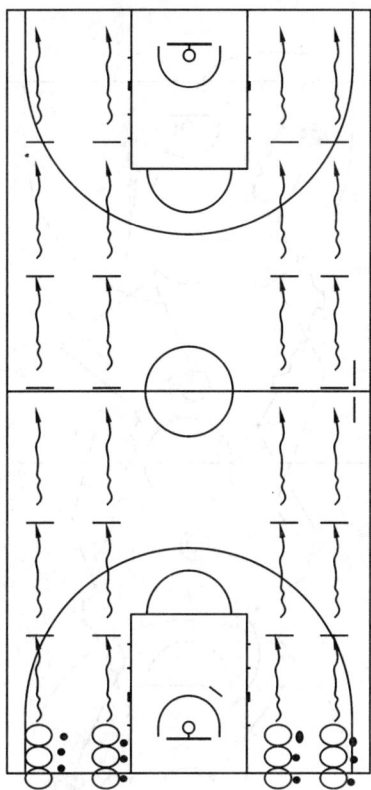

图 3-51

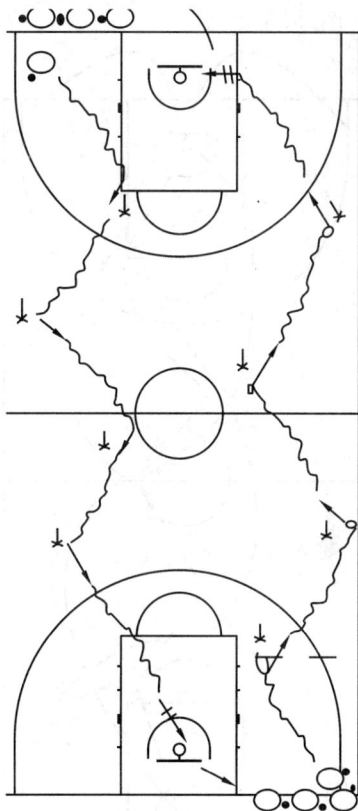

图 3-52

3. 半场运球与传、接球结合的练习

如图 3-53 所示，队员成一路纵队站立场外。练习由运球开始，运球沿中场线跑动，绕过标志杆时将球传给教师，然后侧身跑接教师的回传球，跑动投篮。

要求：绕过标志杆时要降低重心，运球与传、接球动作要衔接好。前面的练习者投篮时下一个练习者开始，投篮后迅速捡球到队尾。

4. 全场运球一攻一练习

学生每两人一组，用一球，依次练习。两组同时进行，运球一对一至中线，将球传

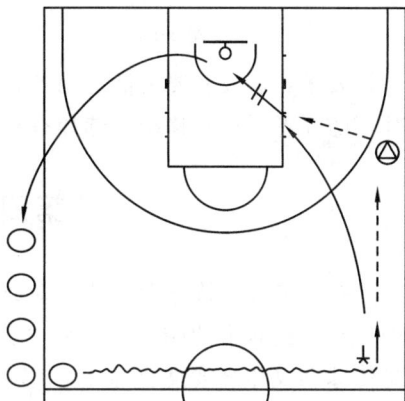

图 3-53

给教师，然后徒手摆脱防守，接教师的回传球运球上篮。此练习在初学阶段要求只准堵位，不准抢打球。随着技术水平的提高，逐渐由消极防守转为积极防守（图

3-54、图 3-55)。

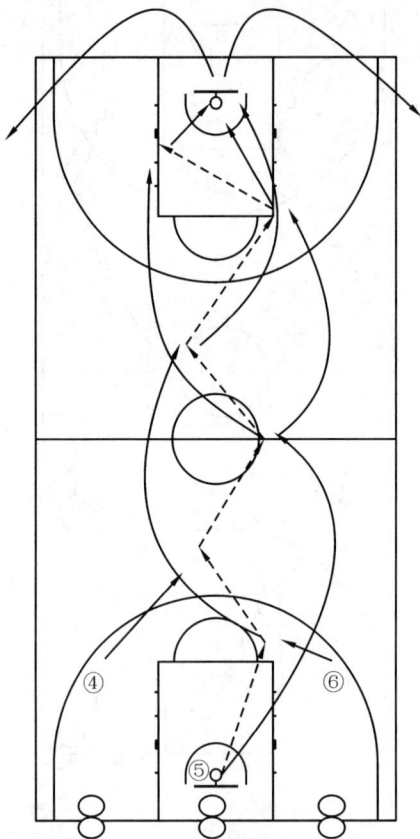

图 3-54

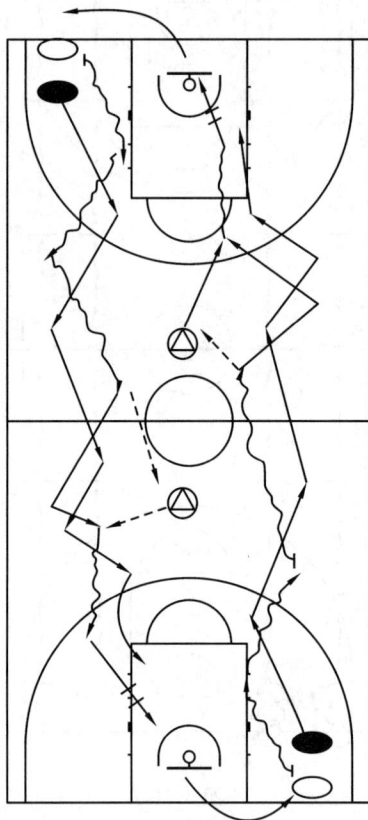

图 3-55

要求：进攻者要灵活运用各种运球过人技术，在中场附近适时地将球传给教师。防守者要积极移动，选择有利的防守位置，按练习的要求适当地干扰对方。

第四节　持球突破

持球突破是持球者突然起动或以假动作诱惑防守者身体失去平衡，运用特殊的运球摆脱对手的防守，达到个人攻击的目的，它是进攻中具有攻击性的手段，是传球助攻和突破投篮得分的前奏。

一、持球突破分类

持球突破有原地持球突破和移动中持球突破等。原地持球突破可分为原地交叉步(异侧步)运球突破和原地同侧步(顺步)运球突破两种(图 3-56、图 3-57)。

1
2

3
4

5
6

图 3-56

1
2
3

图 3-57(一)

4 5

图 3-57(二)

二、持球突破技术结构

持球突破是持球队员运用脚步动作和运球技术快速超越对手的一项攻击性很强的技术。持球突破技术动作主要由蹬跨、侧身探肩、推放球和加速等几个环节组成。

蹬跨：原地持球队员必须迅速、积极有力地蹬地才能迅速起动突破对手。在突破时，屈膝降低重心并前倾上体，使重心前移，从而提高移动的水平速度。重心前移与积极用力蹬地相互配合，便能达到迅速起动的效果。突破时跨出的第一步要稍大些，抢占有利的超越位置，但以不影响前进速度为宜。跨出的脚要落在紧靠对手的侧面，脚尖向着突破方向，以便第二步蹬地加速突破防守。

侧身探肩：上体前移与侧身探肩同时进行，重心向里靠，内侧手臂前摆，迅速占据空间有利位置，便于突破对手和保护球。

推放球：突破前，双手持球于腰胯部位，在侧身探肩的同时将球稍向侧移，同侧手扶球的后上部位，另侧手托球的下部。突破时立即向前下方推放球，要做到球领人，以利于衔接下一个动作和加速推进。在完成上述动作之后，中枢脚迅速蹬地，加速前进。

只有熟练掌握蹬跨、侧身探肩、推放球和中枢脚蹬地等环节的技术要领，才能快速连贯地完成突破。加速是前三个环节的技术重点，只有很好的将其贯穿于前三环节，才能较好地掌握持球突破技术动作。

运球突破的起动与变化要突然，摆脱后要加速，特别要注意突破后情况的变化，及时果断地攻击或传球。突破要利用速度、方向、转身、起停来摆脱防守，提高起动速度和灵活性。

三、持球突破技术的动作方法

(一)原地持球交叉步突破

原地持球交叉步突破方法的优点是跨步后与防守队员接触面较小，能更好地利用跨步抢位保护球。

动作方法：以右脚做中枢脚从防守队员左侧突破为例。突破时，左脚向左侧前方迈出一小步，把防守队员引向自己左侧的同时，用左脚前掌内侧迅速蹬地，向右侧前方跨一大步，上体稍右转，左肩向前下压，重心向右前方移动，将球推引至右侧，用右手推按球于左脚右侧前方，接着右脚蹬地加速超越对手。

动作关键：积极蹬地，起动突然；转体探肩应与跨步相连；推按球离手必须在中枢脚离地之前；跨步脚尖指向突破方向。整个动作协调连贯。

（二）原地持球同侧步突破

原地持球同侧步突破方法也称顺步突破，其优点是突破时起动突然，初速度快，但球暴露较多，容易被对手将球打掉。

动作方法：以左脚做中枢脚从防守队员左侧突破为例。突破时，上体积前倾的同时，右脚迅速向右前方跨一大步，同时上体右转，左肩积极下压。左脚内侧用力蹬地，在左脚离地前，用右手推按球于右脚外侧前方，然后左脚迅速跨步抢位，加速运球超越对手。

动作关键：起动要突然，跨步、运球要快速连贯。中枢脚离地前球要离手。

（三）运球突破

行进间突破是在同伴传球的配合下，利用突然移动中的接球急停，抢占或主动制造有利位置，然后结合运用持球突破进行攻击的一种方法。其优点是突然性和攻击性都较原地持球突破强。

动作方法：在快速移动中，看到同伴传来的球，应迅速向来球方向伸臂迎球，同时用一脚（侧向移动时用异侧脚）蹬地，两脚稍离地腾空，向侧方或前方跃出接球，制造与防守队员的位置差，两脚先后或同时落地。落地后，屈膝降重心，保持身体平衡并注意保护好球。根据防守队员的位置和情况，迅速选择交叉步或同侧步突破。

动作关键：摆脱移动，伸臂迎球和跨跳的衔接要协调连贯；接球急停要稳；突破起动要快、突然；注意保护球。

四、持球突破技术的运用

（1）应根据对手在防守距离、位置出现的漏洞，抓住时机进行突破。

（2）运用持球突破要与投篮、传球、假动作等技术动作结合，善于调动对手，制造和利用突破时机。

（3）突破前要观察了解双方队员在场上的位置，正确选择突破方向。既要考虑个人攻击，也要注意配合。遇有意外阻挠，应及时变换动作。

（4）根据本队进攻战术的需要或为了扭转场上被动的局面，可有目的地利用持球突破打乱对方的防御部署，创造良好的攻击机会。

（5）根据对手情况，有意识地攻击薄弱环节，在局部地区形成一对一局面，利用持球突破攻击防守能力较差或犯规较多的对手。

五、持球突破技术练习方法

1. 在无防守情况下持球突破练习

(1)每人一球，做原地持球交叉步、同侧步的动作练习。体会突破动作的技术要领以及身体各部位的协调配合。

(2)两人一组一球，相距 2 米面对面站立。轮流做同侧步、交叉步突破练习，相互检查中枢脚是否移动，跨步、转体探肩是否正确，推按球是否及时。

(3)每人一球，向前上方抛球后，迅速移动去用单手或双手接球急停，做交叉步或同侧步持球突破动作。

(4)接球急停突破练习。

两人一组一球。无球队员向有球同伴示意接球方向，然后移动接球急停做交叉步或同侧步突破，轮流进行。

要求：动作连贯，身体平稳，两脚都可以做中枢脚。

(5)突破上篮练习。

如图 3-58 所示，每人一球，按顺序做原地持球交叉步或同侧步突破接行进间投篮。抢篮板球后运球回队尾。

要求：动作正确，协调连贯。

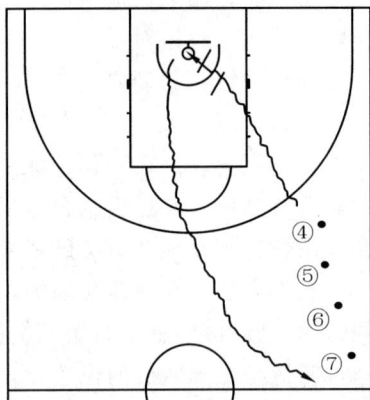

图 3-58

2. 在有防守情况下持球突破练习

(1)接球急停突破练习。

如图 3-59 所示，●为防守队员，其余每人一球。④传球给●后，移动去接●球急停，并根据防守情况做同侧步或交叉步突破上篮，自抢篮板球后，运至另侧队尾。⑤做同样练习，依次进行。

要求：防守由消极到积极。

(2)一对一接球急停突破练习。

如图 3-59 所示，⑤传球给⑥后移动到●面前接⑥的传球急停，并根据●的防守位置，用交叉步或同侧步突破上篮。投篮后自抢篮板球运回队尾，依次进行。一定次数后，替换④和●。

要求：接球急停与假动作结合，突破要果断，速度要快。

要求：转身突破前应有假动作。

(3)在对抗情况下持球突破练习。

半场二对二、三对三攻守。防守队员固定盯人，进攻队员不准运用掩护，持球队员运用投、传、突结合进攻。

要求：持球队员要大胆运用突破技术，防守队员不允许交换防守。

篮
·
球

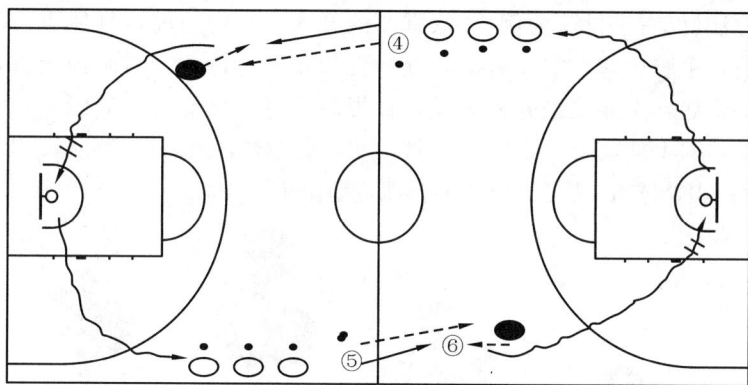

图 3-59

六、易犯错误及纠正方法

(1)中枢脚移动，造成带球跑违例。

纠正方法：从理论上剖析中枢脚不稳的原因；以一脚为轴，持球做跨步、撤步、转身的练习，反复体会中枢脚的含义，在慢速中进行蹬跨、转体探肩、推按球练习。

(2)蹬跨无力，身体重心过高，远离防守。

纠正方法：多做原地持球向左、右跨步练习，强调蹬地、转髋、移重心。

(3)推按球落点不对，保护球不好。

纠正方法：讲清突破路线和推按球的位置，强调转体压肩动作，可适当做分解练习。

第五节 投 篮

投篮是队员将球投入篮圈的一种专门动作，它是篮球比赛中唯一的得分手段，是一切进攻技术、战术的最终目的和全部攻、守矛盾的焦点。因此，加强投篮技术的教学与训练，正确掌握并熟练运用投篮技术，不断提高投篮命中率，是对教练员和运动员的最基本要求。

投篮的动作方法依据投篮手法可分为单手投篮和双手投篮两种，运用这两种手法可在原地和移动中完成投篮动作。

一、投篮的基本方法

(一)原地单手投篮

原地单手投篮是最基本的单手投篮方法，其他各种单手投篮方法大都由此演变而来。

动作方法(以右手投篮为例):双脚原地开立,右脚稍前,身体重心落在两脚中间,屈肘,手腕后仰,掌心向上,五指自然张开,持球于右眼前上方,左手扶球侧,两膝微屈,上体放松并稍后倾,目视瞄篮点。投篮时下肢蹬地,同时依势伸腰展腹,抬肘上伸前臂,手腕前屈带动手指弹拨球,最后退过食指、中指,柔和用力地将球投出,球离手后右臂应有自然跟进动作(图3-60)。

图 3-60

(二)行进间投篮

各种行进间投篮的共同特点是在快速移动过程中完成投篮动作,投篮前无停顿,在中、近距离或突破至篮下时均可运用。在篮下有较多的投篮方法,如高手、低手、反手、勾手等不同出手方式。投篮队员要充分利用速度与弹跳,身体充分伸展,敢于挤靠,有很好的滞空能力,采用不同的出手方式,闪升或隔开对手的干扰和封盖,争取空间高度和空隙位置,保持相对平衡,快速或换手通过腕指控制支配的技巧,将球投进篮圈。

1. 行进间单手肩上投篮

行进间单手投篮是比赛中广泛应用的一种投篮方法。一般多在快攻或切入篮下时运用,俗称跑动中投篮。最基本的动作是单手肩上投篮。

动作方法(以右手投篮为例):当球在空中运行时,右脚向来球方向或投篮方向跨出一大步,同时接球,左脚向前跨出一小步,脚跟先着地,上体稍后仰,然后迅速过渡到前脚掌着地,并用力蹬地起跳,右腿屈膝上提,左脚蹬离地面。同时双手向前上方举球,腾空后,右臂向前上方伸展(图3-61)。投篮出手后,两脚同时落地,两腿弯曲,以缓冲落地的力量。

图 3-61

2. 行进间单手低手投篮

这种投篮动作多在快速移动中超越对手并接近篮下时运用。

动作方法(以右手投篮为例):行进间右脚跨出一大步,同时双手接球,并用身体保护球,接着左脚迈出一小步制动,同时用力起跳,随之充分伸展身体,右臂伸直向篮圈方向举球(手心向上),当举球手接近篮圈时,用向上挑腕和以中间三指为主的拨球动作使球通过指端投出(图 3-62)。投碰板球时要注意控制球的不同旋转。

图 3-62

3. 行进间勾手投篮

行进间勾手投篮是持球突破至篮下或空切至近篮区背向或侧向篮圈接球后常采用的一种篮下投篮方法,它具有虽未摆脱对手却能远离对手投篮的特点,既适合中锋队员运用,也是在近篮区以小制大的有效进攻手段,既可投空心篮,也可碰板投篮。

动作方法（以右手投篮为例）：接球或停止运球后，以左脚向便于投篮的方位跨出一步并起跳，用左肩靠近防守队员，右腿顺势自然上提，注视篮圈，左手离球，右手持球向右肩侧上方伸出，当举球至头的侧上方时挥前臂，以屈腕、压指动作通过食指、中指拨球将球投出（图 3-63）。如在篮侧投碰板球，则要利用手指不同的拨球动作，使球向相应方向旋转碰板入篮。

动作关键，一是跨步蹬地、起跳和举球动作的协调一致；二是腕、指动作和力量对球的旋转方向、弧线及落点的良好控制。

图 3-63

（三）跳起单手投篮

跳起投篮简称跳投，这里主要指跳起单手投篮，其出手动作与原地单手投篮基本相同，只是在动作结构上增加了起跳部分，投篮动作要在空中完成（图 3-64）。目前，跳起单手投篮已成为篮球运动员普遍采用的主要得分手段，它可以在不同距离、各种角度下运用，方法多样，随机应变。跳起单手投篮可以高跳高出手，快跳快出手；可以利用侧跨步、后撤步或转身远离对手起跳；也可以贴身跳投和跳起后在空中利用后仰、闪、躲、换手或变高手为低手投篮等，实战价值极高。

图 3-64

　　原地跳起单手肩上投篮的动作方法（以右手投篮为例）：双手持球于胸腹之间，两脚左右（或前后）开立，两膝微屈，身体重心落在两脚之间，上体放松，眼睛注视篮圈。起跳时两膝适当弯曲（两脚前后开立时也可上一步再做此动作），接着脚掌蹬地发力，提腹伸腰，向上迅速摆臂举球并起跳，双手举球于肩上或头上，左手持球左侧。当身体升至最高点或接近最高点时，左手离球，右臂向前上方伸直，同时用突发性力量屈腕、压指，使球通过指端投出。球离手后身体自然落地，屈膝缓冲，准备冲抢篮板球或回防。

　　运用跳起投篮时，要善于结合移动和假动作；掌握好投篮时机；动作衔接要快而突然，协调连贯；注意身体的稳定性，保证出手时腕、指柔和而准确地屈拨用力。距离不同，要点有所不同，篮下跳投应尽量跳至最高点，使球轻碰篮板投篮；近距离跳投要特别注意缩短投篮准备的时间；中、远距离跳投要做到接球与起跳紧密衔接，双肩正对球篮，注意两脚距离和屈膝，掌握好起跳时机。跳起投篮可在行进间接球或运球急停时跳起完成投篮动作（图 3-65）。

　　急停跳投是进攻队员在行进间利用急停和快速起跳两个连续动作，以时间差摆脱防守者而达到投篮目的的一种跳投方法。此方法较好地利用了篮球运动的攻守规律，能充分体现运动员快速、灵活的特点。急停跳投可分为接球急停跳投和运球急停跳投两种基本方法。

　　接球急停跳投动作方法：在快速移动中用大跨步或跳步接球急停，急停时要屈膝降低重心，并突然发力向上起跳，同时举球投篮。举球投篮动作与原地单手跳投动作相同。

　　运球急停跳投动作方法：运球急停跳投一般可与运球突破结合运用，既可在

图 3-65

连续运球时进行，也可在持球突破推放球(一次运球)时进行。在形似无变化的运球中或开始突破运球时，运用跨步或跳步突然持球急停、起跳并举球，当身体腾空、稳定后及时投篮出手。举球投篮动作与原地单手跳投相同。

这两种跳投方法的关键在"突然"，要使对手猝不及防。在接球或运球时要保持低重心，急停与起跳动作要协调一致，紧密结合，做到快起跳、快出手。

(四)扣篮

扣篮是投篮技术发展中的又一重要标志，它改变了投篮的一般规律。由于它投篮出手点接近球篮又高于球篮，有最佳的入射角，所以无须考虑抛物线这一因素。在世界强队比赛中，扣篮得分所占的比例愈来愈有所增加；扣篮方式、方法随着实践发展而多样化。有原地扣、行进间扣、单手扣、双手扣、正手扣、反手扣、抢臂扣、高举扣、凌空接扣等。扣篮是直接将球由上向下灌入篮内，有出手点高、球速快、攻击性强、很难被封盖、准确性高的特点，但也是难度较大的投篮方法，必须有很好的身体素质，特别是弹跳力和控制球的能力。以下是两种扣篮的基本方法。

1. 行进间单脚起跳单手扣篮(以右手为例)

行进间右脚跨出的同时接球，紧接左脚迈出一小步制动并用力蹬地向上跳起，上体充分伸展，高举手臂将球举至最高点，超过篮圈的高度并有适宜的入射角时，立即用突发性向下屈腕和压指的动作，将球自上而下地扣入篮圈之中(图 3-66)。球离手后特别要注意身体的控制和落地屈膝缓冲。

2. 行进间单脚起跳双手扣篮

行进间一脚跨出一大步的同时接球，接着另一脚向篮圈方向跨出一小步蹬地尽力高跳，随之在空中充分伸展上体，双手举球至最高点，当球举过篮圈高度时，

图 3-66

立即用突发性动作挥动双手前臂接着屈腕、压指，将球自上而下扣入篮圈。球离手后注意控制好身体平衡，落地屈膝缓冲。要注意尽力高跳并充分伸展上体，是否加挥臂动作要视球体超过篮圈的高度而定，主要靠腕、指动作。

3. 原地双脚起跳双手扣篮

双手持球双脚用力蹬地向上跳起，同时将球上举，充分伸展身体，将球举过头顶至最高点并与篮圈构成最佳入射角时，双臂用力前屈，用突发性压腕、压指的动作，将球扣入篮圈内(图 3-67)，球离手后注意控制身体和落地屈膝缓冲。扣篮动作关键：掌握好起跳的时机，身体协调一致并充分伸展，屈腕、压指要有突发性和力度。

图 3-67

(五)补篮

补篮是指投篮未中，球刚从篮圈或篮板弹出时，在空中运用单手或双手将球托入、拨入或扣入篮圈的投篮，是一种无明显持球动作直接用力投篮的方式。补篮时，队员应根据腾空后人、球、篮的相对位置、高度、角度以及防守情况，灵活地选择补篮的方法。以下是两种基本补篮方法。

1. 单手补篮（以右手为例）

及时起跳，占据空中一定的优势，尽量伸展身体和手臂，准确判断球反弹的方向和高度，尽快地用右手的腕、指力量触球，并用托球、拨球、扣篮的方法将球投向篮圈（图 3-68）。

图 3-68

2. 双手补篮

起跳后，球反弹方向在头的正上方时多采用双手补篮。用双手触球后可用扣篮或拨球的方式将球投向篮圈，其他动作与单手补篮基本相同。

二、投篮技术分析

投篮是将球抛掷入安置在篮板上并与地面平行、离地面 3.05 米高的篮圈之中，要将球投入篮圈之中需要掌握以下几个技术环节：

第一，持球方法。正确的持球方法是掌握投篮技术的前提，也是合理运用投篮技术最基本、最重要的条件之一。投篮时的持球应符合下列要求，使球尽可能在手中保持稳定，便于与其他攻击技术结合，有利于球出手时合理、准确地用力。以单手投篮的持球法为例：手腕后仰，掌心向上，五指自然分开，指根以上部位触球，掌心空出，肘关节自然下垂，另一手扶球的侧上部，举球于同侧头或肩的前上方。从解剖学角度分析，持球或球出手引腕后仰时，手腕后仰角度越大，屈腕主动肌牵拉越长，有助于出球时均匀发力和球出手后的飞行弧线（图 3-69）。

图 3-69（1）为投篮出手前单手正确持球和上肢各部位的完整持球结构。图 3-69（2）是手掌的正确托球方法，即五指自然张开，大、小拇指间的夹角约为 180°，指根及其以上部位都能触及球，球体的重力作用线近乎落在食指和中指的指根部位，这样不仅可以增强持球的稳定性，还有助于球出手时均匀、柔和地发力。

1   2

图 3-69

　　持球时易犯的错误是：①五指没有张开，大、小拇指间的距离较短，使得支撑面减小，从而减小了横轴方向的稳定性。②掌心触球，使屈腕用力时阻力臂增大，影响到手指拨球，这样不仅延误球的出手时间，而且容易形成推球动作。③只用手指持球，使手指触球的面积减小，既影响纵轴方向的稳定性和腕、指发力，又会在球出手时形成抓球动作。

　　第二，瞄篮点。瞄篮点是指运动员投篮时的瞄准点。有了正确的瞄篮点能使运动员在瞬间目测出篮圈的精确方位和距离，从而决定相应的出手力量、飞行弧线和落点。投空心篮的瞄篮点一般为篮圈前沿最近的一点；碰板投篮的瞄准点在篮板的正面，根据投篮角度、距离、力量和飞行弧线的不同而有所区别，运动员要因势变化，善于根据情况随时调节碰板投篮的瞄篮点和出手力量（图3-70），不论选择何种瞄篮点，投篮训练时运动员都应以既定的瞄篮点为参照，只有经过较长时间的反复体验，才能形成出手用力习惯，达到运用自如的效果。

图 3-70

　　第三，协调用力。投篮出手用力是指投篮时身体各部位综合、协调的用力过程，它是投篮动作的关键环节。以原地单手投篮为例，力的聚合是从投篮准备姿势开始的，力量的起点源于投篮前的基本站法和身体平衡，由下肢蹬地发力，然后沿着投篮出手的方向伸展身体，特别是借助脊柱伸展的惯性促使下肢、躯干和上肢连贯、协调配合，将身体各部位肌肉的力量最后积聚于手臂、手腕和手指部位，以伸展手臂、手腕的前屈及手指的弹拨动作将球投出。任何一种投篮方法，最后都是运用肩、肘、腕、指关节的活动来实现的。不同的投篮方法主要由肩、肘关节的活动和角度而定。伸臂举球，特别是手腕翻转、抖屈和手指弹拨作用于球的力量是投篮发力的关键，是功能性动作。手指、手腕用力是最后作用于球体的环节，最后用力直接影响投篮效果。手指用力与手腕前屈动作是一个整体，手腕前屈是主动工作，手指用力是跟随手腕的屈做被动工作（因指关节几乎没有屈、伸动作，故没有独立做机械功的条件）。图 3-71 显示了腕、指的用力情况，G 是球体的重力，F_1 是球体运动瞬间作用于手指的惯性阻力，F 是手指依靠手腕主动工作（屈腕）形成的被动弹力，它克服球体惯性阻力 F_1 和重力 G，并推动球体离手飞行；在力 G 和 F_1 的作用下，手指便类似于弹簧被压缩而引起弹性形变，这个弹力就是 F 本身。球出手后，由于球体惯性阻力消失，手指、手腕会显得十分放松。有些初学者或运动员不会使用这种力量，就会出现手指动作僵硬或产生多余动作（如抓球等），这都不利于投篮的命中。

图 3-71

第四，出手角度与出手速度。出手角度是指投篮时球离手一瞬间球体重心飞行轨迹的切线与出手点水平面所形成的夹角，它决定球在空中的飞行弧线和入篮角的大小。如前所述，出手角度主要依靠手指最后作用于球体的力的方向和作用点来调节。作用点（即出球点）的高低，可以看成是产生上、下偏角的条件，用力方向则是主要依据。如果出手点过低，出手角度就不可能大。据测定，6～7 米外远距离投篮的出手角度约为 $45°～55°$，5 米前后的中距离投篮出手角度约为 $70°$。应当注意的是，出手角度并非一成不变，它因投篮人的身高、投篮方法以及出手速度等不同而变化。

出手速度是指投篮出手的一瞬间，身体各部位的综合肌力经过手腕和手指的调节而使球离手进入空间运行的初速度。现代投篮技术发展的显著特点之一便是动作突然，出手速度快而合理。投篮出手速度首先取决于身体协调、综合用力的大小及腕、指用力的调控，而手腕的翻转、抖屈和手指弹拨球动作的柔韧性、突发性和连贯性是取得合理出手速度的关键。

第五，球的旋转。球的旋转是指投篮队员使球在空中飞行时产生的各种规律性旋转状态。球的不同旋转方向和速度主要取决于手指的最后用力动作。一般来说，在中、远距离投篮时，都应使球向正后方向旋转。后旋球不仅能保持合适的飞行弧线，使球获得理想的入篮角，而且在球触及篮板或篮圈后延时也利于向下反弹落入篮圈。不同的旋转方向对各种篮下投篮也有帮助，尤其对失去角度的篮下投篮，不同旋转的碰板球往往能产生令人莫测的投篮效果，为了使球的旋转规律更好地服务于投篮命中率，运动员应在实践中不断总结经验，熟悉各种旋转球的性能。

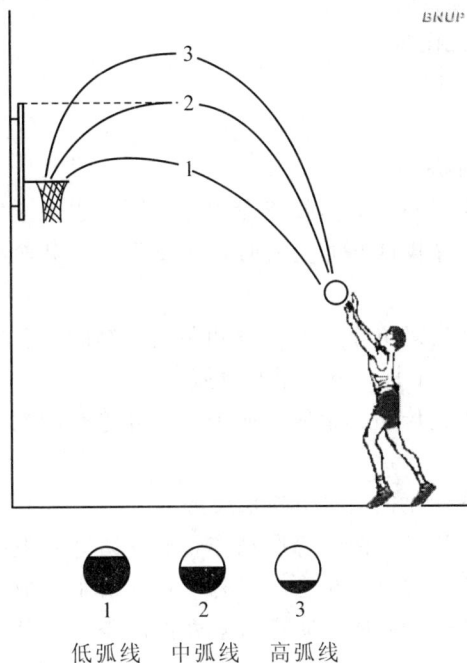

低弧线　中弧线　高弧线

图 3-72

图 3-73

　　第六，投篮弧线和入篮角。投篮弧线是指球离手在空间飞行时形成的一条运动轨迹，亦称抛物线。弧线高、低取决于投篮的出手角度和出手速度，投篮距离和出手高度也与弧线高、低有紧密关系。不同的投篮弧线产生不同的入篮角和入篮截面，因此，它对投篮命中率有直接影响。人们习惯将投篮弧线分为高、中、低三种（图 3-72）。实践证明，中等投篮弧线是最理想的，它的入篮角适中，球与篮圈的径向间隙可达最大值，球心与篮心的偏差最小（图 3-73）。中、远距离投篮一般应在球离手时使上臂与身体的垂直线成30°角左右，弧线最高点在篮圈水平面上方 1.2～2 米为宜。但由于运动员的身高、投篮距离、投空心篮与碰板投篮的不同及受防守干扰等原因，投篮弧线不可能是一种模式。运动员要从实战出发，既熟练掌握投篮弧线的一般规律，又善于区别情况，相机处理。

三、投篮运用

（一）运用时机

（1）当防守人距投篮者较远，来不及防守（或没有防守投篮的准备）及干扰（或干扰比较小）的情况下。

（2）在自己比较有把握的位置上或特别有信心时。

（3）经过配合出现了预期的投篮机会。

（4）当同伴占据了良好的抢篮板球位置时。

（5）在特定的战略、战术要求下强行投篮。

（6）同伴拉开牵制，造成一对一局面时。

（二）合理动作

1. 观察、判断、创造良好的投篮时机

良好的投篮时机可以增强投篮者的信心，提高投篮命中率，同时也为全队抢篮板球和保持攻、守平衡做好了准备，寻找良好的投篮时机主要靠个人和全队配合来创造。

在个人寻找机会时，投篮者首先要观察防守人的位置和距离，判断其防守行动。一旦对手失掉良好的防守位置，难于干扰，就应果断投篮。

利用全队配合寻找机会，主要是通过传切、策应、掩护、突分等基础配合和利用全队战术创造机会。

2. 利用假动作和快速移动中的节奏变化创造时空差来投篮

如对手紧逼时，持球者利用虚晃、跨步、传球等假动作，诱使防守者发生重心变化，失掉正常防守位置，此时是良好的投篮机会。另外，在和对手形成一对一局面时，进攻者利用快速、连续的移动，造成与防守者短暂的时空差，使对手来不及干扰（或干扰较小），或在空间错位时远离防守人，获得有利的投篮机会。

当投篮者和防守人发生身体接触时，投篮者要在规则允许的范围内用腿、臀、肩、背、臂与对方对抗，用"暗劲"保持身体平衡，而投篮手臂一定要放松，保持投篮的准确性。

3. 要突然、快速、灵活变化

投篮虽然有一定的动作顺序，但在有防守干扰时，又表现为不固定性，需视对手的防守情况灵活运用。例如：快出手投篮就是看到防守人上来时，投篮者改变原来的节奏，加快投篮速度，在防守人封盖前完成投篮；变弧度投篮是在高大队员封盖时，改变投篮出手角度，提高出手弧度，以避免封盖；从底线突破上篮，未遇到补防队员时，可以用正常的节奏投篮，如遇补防则变化投篮节奏，或用反手投篮，避免防守人的封盖。

4. 具有稳定的心理素质

在紧张的比赛中，稳定的心理素质是至关重要的。有的人投篮技术很好，平时命中率也很高，但在比赛中，由于患得患失，怕负责任，过分拘谨，增加了投篮的心理负担，因而不能正常发挥技术，比赛命中率很低。在这种情况下，克服心理障碍，树立必胜的信心，选好投篮时机，果断出手能取得较好的效果。比赛中要头脑冷静，全面观察，细心分析，做出正确判断，采取果断的投篮行动，这样就会有较高的准确性。

四、投篮练习方法

（一）原地投篮练习

（1）徒手做原地投篮动作的模仿练习，体会动作方法。

（2）两人一组一球，做对投练习，距离由近到远，如图 3-74 所示。

（3）正面定点投篮练习。如图 3-75 所示，每人一球，自投自抢篮板球，依次进行。

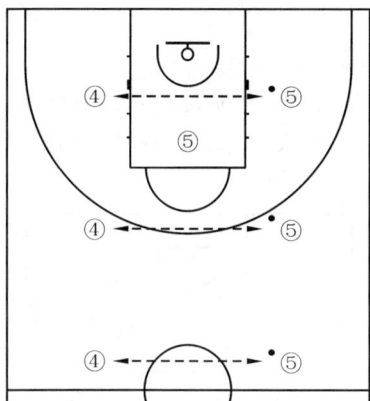

图 3-74

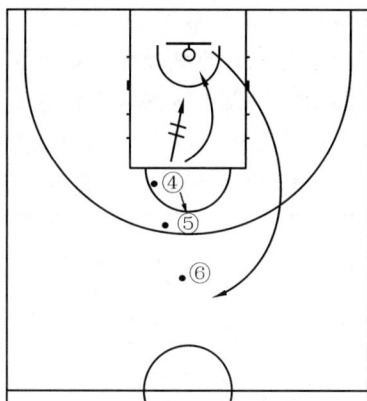

图 3-75

（4）不同角度的投篮练习，如图 3-76 所示，学生每人一球，分别列队于左、中、右三个投篮点。排头开始自投自抢篮板球，然后按顺时针方向排列另一队队尾，依次进行。

（二）行进间投篮练习

（1）徒手跑做行进间投篮模仿练习如图 3-77 所示，做跳、举球、出手、落地等动作。

（2）运球接行进间投篮练习。如图 3-77 所示，学生每人一球，列队于半场的一侧，运球 2～3 次做行进间投篮，自抢篮板球后运球回队尾。

（3）传切上篮练习，如图 3-78 所示，④组每人一球。开始练习时，④传给⑤，然后切入篮下，接⑤的回传球，做行进间投篮后排到⑤组队尾。⑤传球后跟进抢篮板球，运球排列④队尾。依次进行。此练习可在左、中、右及底线附近进行。

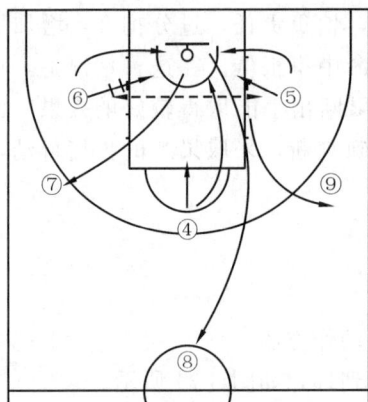

图 3-76

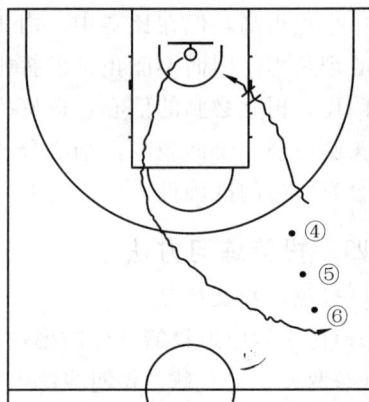

图 3-77

(三)跳起投篮练习

(1)不对球篮的跳投练习,方法同原地投篮练习。

(2)学生每人一球列队于罚球线后,按顺序自投自抢篮板球后,回到队尾。

(3)运球急停跳投练习。如图 3-79 所示,学生每人一球。运球 2～3 次之后做跳步或跨步急停跳投。自抢篮板球后运球回队尾。

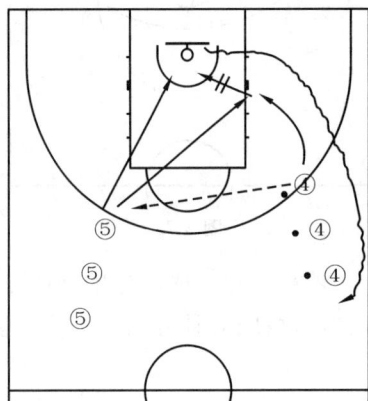

图 3-78

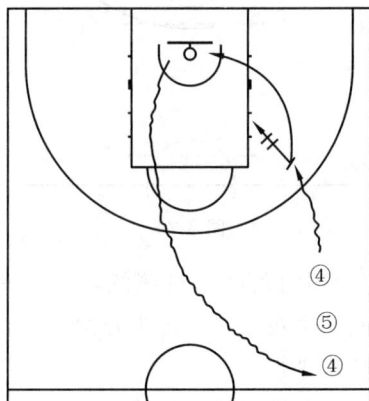

图 3-79

(4)突破急停跳投练习。如图 3-80 所示,学生每人一球列队于圈外。④传球给教师后,移动到教师身前接球做运动突破,假设遇到补防,突然急停跳投。然后抢篮板球回到队尾。

(5)移动接球急停跳投练习,如图 3-81 所示,两人一组一球。一人做两点移动接球急停跳投;另一人传球。投够规定次数之后,两人交换练习。

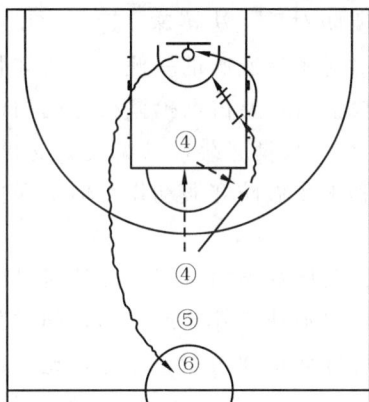

图 3-80

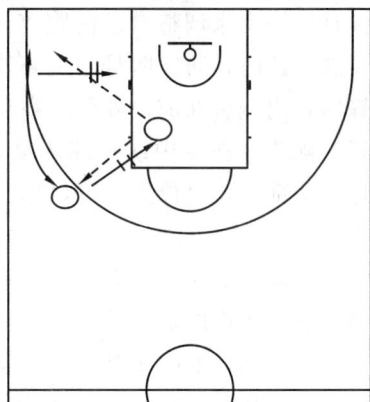

图 3-81

第六节　个人防守

防守技术是指队员在篮球比赛中防进攻队员从无球状态到有球状态或从有球状态到无球状态直至对方进攻结束或失去控球权的全过程中，合理运用具有防御和攻击效果的动作组合。现代篮球比赛强调攻、守平衡，对高水平的队员来说，具备攻、守平衡能力是取胜的重要因素之一。因此，对队员的防守在思想、身体、技术等方面提出了更高的要求。个人防守技术的好坏反映一名队员的防守能力，个人防守能力是全队防守的基础。只有成功地完成一防一的任务，才能更好地去进行配合防守和完成全队整体防守的任务。

一、防守意识与防守基础动作

队员在防守时需要有一个既稳定又机动的准备姿势，即两脚后跟稍稍提起，两脚开立比肩稍宽，身体重量分布在两前脚掌上，膝关节微曲。后背伸直，臀部稍低，两眼平视或环视，注意人、球兼顾——既要防传球路线，也要防持球人突破。防守失去了对手，则快速向对手行动方向追移，在追移防守对象时，要随时准备抢断球。在防守时还应用语言提醒同伴场上将发生的情况，相互呼应、鼓励和提高警惕性。

防守中的位移对防守队员十分重要。现代篮球的防守，以人为主，人、球兼顾，根据球的情况和强侧、弱侧的防守原则盯住对手。要掌握一些基本的原则，如：当对手有球或其他有空切接球的可能时，应站在对手和球篮之间；当对手处于篮下而传球者较远时，应站在球和对手之间。宁可迫使对手到远离球篮的位置上接球，也不让对手在他的有效投篮点和篮下攻击区内接球。除了为追赶对手外，不要用交叉步、滑步，且后脚先向前滑动小半步，然后前脚移动。根据对于离球篮或离球的距离来调整自己的距离，要占据使所防对手无法接球、运球、投篮的有利位置。此时，防守队员的重心移向强侧或对对手有威胁的一侧。当防守强侧的前锋时，内侧脚在前，外侧脚在后。当对方投篮时，要占据抢篮板球的内侧有利位置。除非球在空中或持球队员跳起，否则不要双脚起跳，以免失去支撑点。注意保持头部的正直位置，可以用头部或眼神和虚步做防守假动作，但要保持身体平衡。

总之，防守时队员要有防守欲望。防守队员在比赛中随时都要准备对可能出现的情况有警惕性的动态反应，当对方移动时，要迫使其停止或改向，同时预测他的下一个行动，要防止其攻击行动的发生。防守队员要沉着、冷静，充满信心和勇气，不失控、不慌乱，如果自己想休息或减速时，绝不要在防守的过程中。另外，防守队员移位时要扩大视野，要有判断力，善于观察分析做出富有攻击性的行动，没有攻击性就不会有防守的主动性，所以教练员和运动员在训练中要重视培养与提高个人与全队的防守意识、技能和能力，不断提高防守技术水平。

（一）防守无球队员

防守无球队员是指进攻队员处于无球状态时，防守队员灵活地利用多种移动动作和手部的有效组合，最大限度地防止和破坏对手行动。现代篮球比赛中无球进攻队员的行动越来越体现出快速性和攻击性，力求移动到自己有效投篮点或攻击区域内去接球，或是力图与防守者形成位置差、时间差去接球，从而达到接球后的有效攻击目的。这就对防守无球队员提出了更高的要求。防守无球队员是一个连续的运用移动和争夺球的过程，必须具备多种防守移动步法，并能根据需要娴熟合理地组合在一起加以运用，要求在移动过程中始终保持较低的身体重心，以便随时快速改变方向和步法。

根据无球队员移动切入的路线和方法，防守无球队员可分为防切入（纵切、横切、溜底线）、防摆脱。

防守徒手队员由防守的位置与距离、防守姿势、移动步法三个环节组成。

1. 防守的位置与距离

防守徒手队员时，位置与距离的选择非常重要。防守队员要根据对手、球篮和球的位置与距离，对手的进攻技术特点、战术需要，以及自身的防守能力确定和调整自己的防守位置。防守徒手队员要"错位"防守，即：防守队员应站在对手与球篮之间，偏向有球的一侧，使球、防守队员及徒手队员形成一个钝角三角形，防守队员站在钝角处，既能盯住对手，又能观察到球，做到"以人为主，人、球、区兼顾"。与对手的距离要看对手与球的距离，应做到，近球逼，远球堵，控制对手接球。根据球和所防对手的位置，防守徒手队员可分为：强侧防守和弱侧防守。有球的一侧称为强侧，无球的一侧称为弱侧。

（1）强侧防守：如图 3-82 所示，当⑤位于强侧时，随时都可能接到球，为了尽力封堵⑤接球或控制⑤向篮下切入，防守队员❺应靠近对手，"错位"防守。

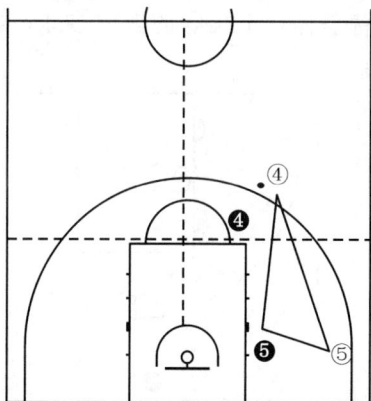

图 3-82

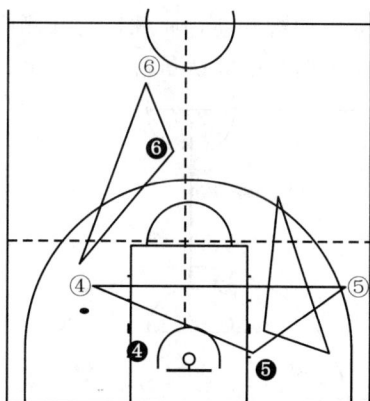

图 3-83

（2）弱侧防守：如图 3-83 所示，当⑤、⑥位于弱侧时，因离球远，球运行时间长。为协助同伴加强强侧区域的防守，保护与控制篮下，❺和⑥应向纵轴线附近移动，随时准备堵截⑤和⑥的横插和纵插，严禁⑤和⑥在篮下区域内接球。一旦④突破❺的防守，⑥应迅速果断地补防。

2. 防守姿势

选位之后采用正确的防守姿势能够扩大防守面积，有利于向相同方向的移动，减少对方接球次数，争取更多的抢、断球机会。防守队员应根据徒手队员和球的位置来确定相应的防守姿势。

（1）强侧防守姿势：如图 3-84 所示。采用面向对手侧向球的斜前站立姿势。靠近球侧的脚在前，屈膝，重心在两脚之间，与前脚同侧的手臂前伸，掌心对着球并位于球和对手假想的连线上，封堵传球路线，干扰对手接球；远离球的手臂微屈略伸；在盯人的前提下，观察球的转移情况，做到人、球兼顾。

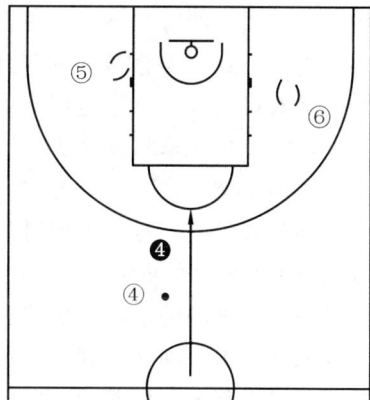

图 3-84

（2）弱侧防守姿势：如图 3-85 所示，采用面向球，侧向对手的站立姿势，两脚开立，屈膝，重心在两脚之间，两臂微屈侧伸，密切注视人、球动向，随时准备移动。

（3）低策应区防守中锋的姿势。

绕前防守姿势：如图 3-86 所示，❺位于球与④之间，两脚平行开立，膝微屈，单臂上举，掌心向球，另一只手臂触及对手，辨别对手的移动方向，身体重心略向后，身体背部靠紧④。

侧前防守姿势：如图 3-86 所示，⑤在 45°角以下区域持球，防守队员应在内侧防守。两脚开立，屈膝，与外侧脚同侧的手臂前伸，干扰⑤的侧内传球，当⑤传球给⑥时，防守队员应从里侧绕到外侧防守④。

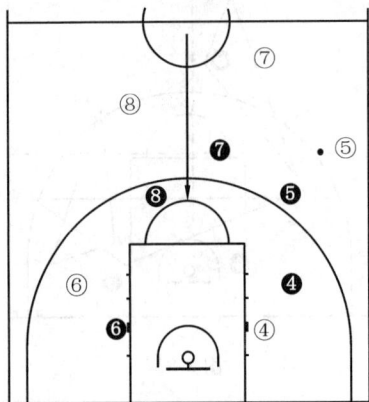

图 3-85

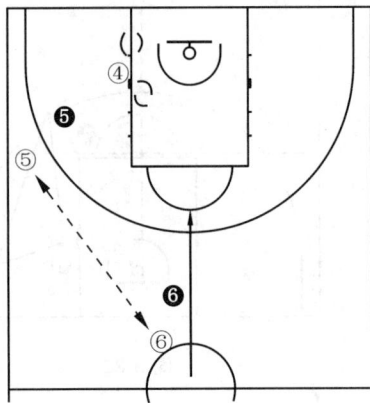

图 3-86

3. 移动步法

防守时，根据球的转移和对手的移动，合理运用上步、撤步、滑步、交叉步、碎步、转身、跨步和跑步等脚步动作，及时占据有利的防守位置，堵截对手的摆脱移动路线，严防在有威胁的进攻区域内接球。

防守位置、姿势与移动步法三者有密切的内在联系，根据防守战术的需要，将三者有机结合，灵活运用。

(二)防守无球队员方法

1. 防接球

防接球是防守对手无球时的首要任务，必须在对手接球前就开始防守，要有预测性并积极采取行动去限制或减少对手接球，特别是在有效攻击区内接球。即便是在处于被动的情况，也要积极跟防、追堵，破坏对手顺利的接球，使其不能立即采取攻击行动，以利自己调整位置。要始终保持对手和球在自己的视线范围之内，要做到人、球兼顾，保持良好的防守姿势，屈膝降低身体重心，以便应变起动，要特别注意起动与移动步法的衔接和平衡的控制。在动态中要使自己处于"球—我—他"的有利位置上，同时伸出同侧手臂挡在传向自己对手的来球路线上，另一手臂要伸向对手可能切入的方向。在常规情况下，仍要形成"球—我—他"钝角三角形。防接球时，丝毫不能放松对其摆脱或切入的警惕。

2. 防摆脱

防摆脱是指对无球进攻队员摆脱的限制和封堵。一般来讲，进攻队员在后场的摆脱，主要是快下接球攻击，防守队员必须积极追防，并注意传向自己对手的球，抢在近球侧的路线上准备堵截。比赛时要想完全控制进攻队员无球时的行动是很困难的，主要是不能失去防守队员有利的位置。如阵地进攻时，对手采取先下后上、先左后右的摆脱，即便是对手接到球，但还可以继续进行防守；内线队员向外移动，可以采取错位防守或利用绕步、攻击步抢前防守，近球一侧手臂干扰其接球，另一手臂则应伸出防其转身、背切等行动，关键在于不让他抢占有利位置，尽可能封堵接球路线，不让他轻易接到球。

3. 防切入

防切入是指对进攻队员企图切入或已摆脱切入的防守。防切入最忌的是看球不看人，一定要坚持人、球兼顾、防人为主的原则，一旦对手有所行动，必须采取上步堵截、凶狠顶挤、抢前等防守方法，使其不能及时起动或降低其速度。如果对手迎球方向切入，则主动堵前防守，背对球方向则防其后，目的都是切断对手接球路线。对手切入后只要没有获球，其威胁会大大降低。关于溜底线的切入，有两种跟防方法：一是背向球，面向对手、观其眼神，封阻其接球；另一种是用后转身，面向球，背靠防守用手触摸，紧贴其身跟随移动。防反切则以后脚为轴快速向内侧转身，快速堵逼，抢占近球内侧位置，不让对手接球，并准备断球和打球。

对无球队员的防守，必须把防接球、防摆脱、防切入三项任务联系在一起积极进行防守。

防守无球队员方法如下：

(1)防守摆脱接球。防守摆脱接球一般指进攻队员在半场范围内，通过摆脱进入具有攻击威胁的区域，准备接同伴的传球时，防守队员正确组合运用几种移动步法，有效地阻止、延误和破坏其顺利接球。这种方法同样适用于全场范围内的防摆脱接球。

①防守外线进攻队员经常摆脱接球的区域。第一种情况，球在圈顶一带时，防守前锋队员向下摆脱后向上线移动到位接球(图3-87)；第二种情况，球在左(右)侧45°角时，防守后卫队员向另一侧摆脱后接回传球(图3-88)。防守技术运用关键：始终保持紧逼错位的防守位置，堵卡接球路线的攻击要快而狠。

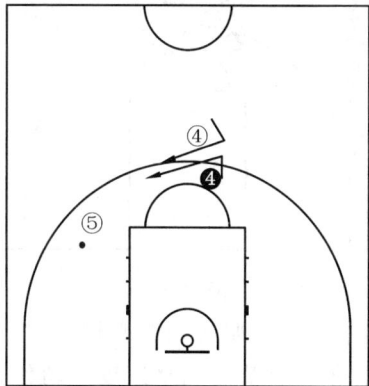

图 3-87

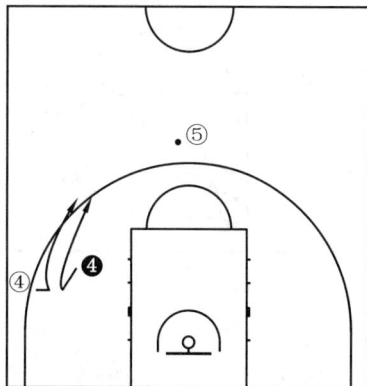

图 3-88

②防守内线进攻队员经常摆脱接球的区域。第一种情况，球在一侧45°角时，防守中锋在罚球线附近向另一侧摆脱后向篮下移动接球（图 3-89）；第二种情况，球在圈顶时，防守中锋向下线摆脱后上提罚球线一带接球（图 3-90）。防守技术运用关键：攻击步抢前时要快而果断，手臂和下肢配合，用上身力量，不给对手留有余地。

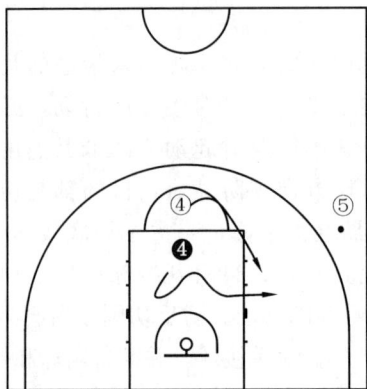

图 3-89

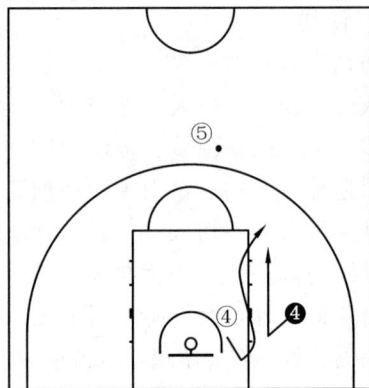

图 3-90

(2)防守进攻对手从自己身前向有球一侧和篮下切入。防守对手从自己身前切入包括防纵切和防横切。此时对手切入的目的是直接接球向篮下攻击得分，因而具有很大威胁，防守者应及时判断对手意图，利用合理的组合防守移动技术，阻断对手的第一机会，迫使其改变移动方向，形成被动局面。第一种情况，球在强侧时，防守圈顶位置上的纵切（图 3-91）；第二种情况，球在另侧时，防守弱侧45°角位置上的横切（图 3-92）。

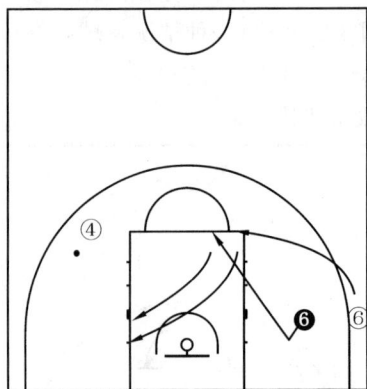

图 3-91

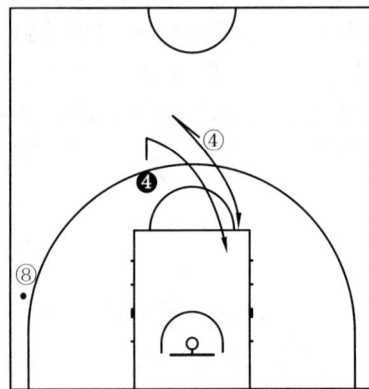

图 3-92

技术运用关键：攻击步卡堵对手时要快而有力量，坚决切断其切入路线，迫使其远离球移动；对手由弱侧变为强侧时，防守者应及时调整速度、动作方向、步法和距离，继续跟防。

篮

·

球

（3）防守进攻队员从防守者身后切入。防守对手从身后切入又叫防背切，一般包括防反跑和反防溜底。防守对手背切时，应把灵活调整步法和把防守位置放在首位，始终做到人、球兼顾，并将对手置于自己的控制之中，目的是让对手失掉背切后接球的机会。第一种情况，防守进攻队员在45°角或圈顶做接球假动作后，突然起动从防守者身后切向篮下接球进行攻击（图3-93）。第二种情况，防守进攻队员从45°角底线一带做假的接球动作后，起动从防守者身后沿底线溜至另一侧底线进行攻击（图3-94）。技术运用关键：快速滑步，不让对手加速超越自己；对手即将超越自己时要贴近对手，用身体和手臂瞬时感觉判断对手的位置；在看不到球的一刹那，快速转头换方向跟防，并扬起两手臂一上一下地轮换干扰传球。

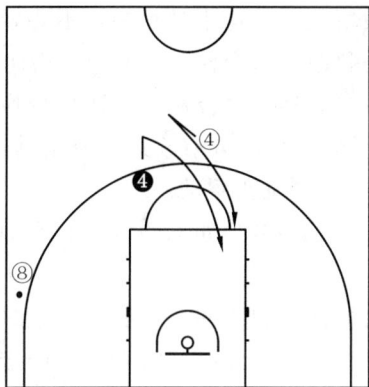

图 3-93

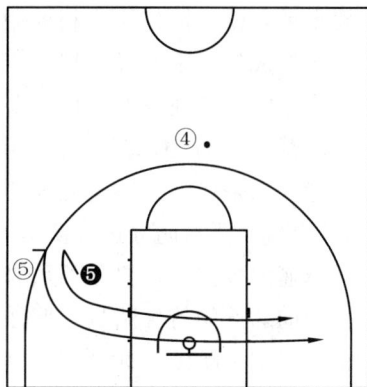

图 3-94

（三）防守有球队员

防守有球队员是指进攻队员处于有球状态时，防守队员对其传球、运球突破、投篮等攻击动作运用防守系列组合技术进行应变性的干扰、破坏、争夺的动作行为过程，是防守对手无球状态的继续。在这个动态过程中，必须在对手接球的同时，迅速调整位置与距离，做到球到人到，并根据对手在场上的位置，采取平步防守或斜步防守姿势，积极进行有攻击性的干扰、破坏。这时要注意不要被对方的假动作所迷惑，要及时发现对手进攻的特点、习惯和意图，有所侧重地进行针对性的防守，迫使其改变动作、方向、速度等。如果对手已开始做攻击动作，则应积极进行封堵、干扰。通常进攻队员有球时有三种攻击行动，即传球、运球突破和投篮。

1. 防传球

防传球的重点应放在不让对手轻易地把球传向篮下有攻击威胁的内线区域。当进攻队员接球后，防守队员首先要正确选择位置，保持适当距离和调整好身体重心，眼不离球，并根据对手的位置、动作和视线，判断其传球意图，挥动手臂进行干扰与封堵，特别要防范对手向内线渗透性的传球，尽可能迫使其向外做转移性传球。

如果进攻队员运球成"死球"时，应立即逼近，封其传球出手路线。当对手传球出手后，千万不要看球不看人，要防止其摆脱切入。

2. 防运球

防运球是指防守进攻队员的运球、持球突破和运球中的突破。

(1)防运球的主要任务是降低其运球速度，改变其运球方向和不让他向篮下运球，防范他在运球中突破。一般情况下，防守队员要积极主动占据有利位置，并降低重心，侧对或面对运球者，保持身体平衡。不要用交叉步移动，要用撤步与滑步，要抢在运球者的前面半步到一步距离进行阻堵，迫使其向边线、场角或双方队员比较拥挤的地方运球。特别在新规则对防守队员由前场退防至自己后场有技术性要求后，就要格外注意超前距离的追截堵位。在这个过程中，不要轻易去打球，以免造成失去平衡或犯规。当进攻队员利用变速变向、急起急停等方法来摆脱自己防守时，在他变换动作时要及时抢前向后移动，合理而迅速地变换步法继续进行阻截。在防运球过程中应遵循两条原则：一是堵中放边，控制其速度，终止其运球；二是堵强手，迫使其换弱手运球，变被动为主动。

(2)防突破主要指防守进攻队员的持球突破。当进攻队员获得球后，有面向球篮和背对球篮两种情况，要分别采取不同的防守方法。

防守面向球篮的持球队员：要注意进攻队员接球的瞬间，往往是突破最有威胁的时机，特别是跳停接球，常常利用错位进行突破。此时，防守队员的选位很重要，要根据进攻队员接球的位置、与球篮的距离和角度、来球的方向以及同伴防守位置的情况，堵强手，放弱手，放一边，保一边，迫使对方改变方向，变换突破步法，降低起动速度，以利自己及时抢角度，利用撤步或滑步，使其无法超越。当进攻队员接球后采取"三威胁"姿势企图突破时，要根据对手的习惯和技术特点，判断其中枢脚和可能的突破方向，不要受其假动作的欺骗，要采取相应的对策。关键在防好对手突破的第一步，要抢先后撤在对手的侧前方，要快而凶狠。当对手跨出第二步时，要迅速用力蹬地，利用滑步紧贴对手，使其不易加速，阻止其起跳并伺机打球。

背对球篮突破的防守：一般是在近篮区背向或侧向球篮接球时的防守，防守队员要保持"你—我—篮"的有利位置，不宜紧靠对手，要有适当的距离。对手接球后是两脚前后站立时，如果后脚可以做中枢脚转身突破，则必须对其转身一侧多加防范，与对手同侧的脚向后撤半步，手臂侧伸，另一手臂封锁住对手一侧。当他转身变向突破时，防守队员随之后撤，前逼、侧跨步阻截。如果对手接球时两脚平行站立，要根据对手接球位置离篮的远近进行防守，近以防投篮为主，远以防突破为重点，要注意对手的假动作和向两侧转身的突破。

防突破的关键：选好位(选择有利的位置与适当的距离)，堵强手(一般是堵右手运球突破)，放一边(即让他向外侧突破)，快移动(要及时果断地采用撤步、侧滑步等步法），堵路线（堵截对手突破的路线）。

3. 防投篮

防投篮的根本目的就是不让对方得分。因此，防守队员在对手接球后首要的任务是要做到球到人到。一般采取斜步防守贴近对手（一臂距离，能伸手打到球），并举臂挥动，干扰进攻队员投篮的意图，迫使其改变动作，同时又要用另一臂伸向侧方，防对手运突或传球。要准确判断对手是否真正要投篮，识别其真、假动作，及时起跳伸直手臂进行干扰，封堵其出手角度，改变投篮的飞行弧线，降低其投篮命中率。在进攻队员起跳前，不应抬高自己的身体重心。防投篮的关键在于对手投篮球出手瞬间用手臂及时地干扰和封盖，反应要快。手臂的伸展与角度，要起到破坏对手投篮飞行预定路线的作用。

防守对手时要有顽强的意志和主动攻击的精神；要掌握规律，了解对方，有预见性；要有谋略，做假动作，迷惑对手，变被动为主动；要防住重点，抓住对手特点，避实就虚。

（四）抢球、打球、断球

抢球、打球、断球是具有攻击性的防守动作，也是防守对手时获得球的重要手段。比赛中抢球、打球、断球的成功，不仅破坏了对方的进攻，鼓舞了本队的士气，而且为由守转攻和发动快攻创造了有利的战机。

有效的抢球、打球、断球，是建立在准确的判断、迅速地移动及正确的手部动作的基础上的，当然，也是同伴之间相互协作的结果。准确的判断就是目光看准球的所在位置、球的移动路线以及球的速度和球到的位置，了解对方的配合、意图及习惯动作，然后不失时机地、准确地出击；迅速地移动就是移动的步频要快，起动要突然，不管抢球、打球或断球，突然性都很重要，突然跃出，接近对手，才能使对方猝不及防；正确的手部动作是获得球的重要因素，比赛中，在看准时机时，手臂的伸、拉、挡、截，手腕和手指的拍击、点拨、扭转、封盖等动作要迅速果断，但手臂动作幅度不要太大，身体用力不要过猛，要控制身体平衡，以免犯规。抢球、打球、断球不成功时，要以最快的速度恢复正确的防守姿势和重新选位。

1. 抢球

抢球是从进攻队员手中夺球。抢球时首先要接近持球队员，看准持球的空隙部分，双手突然抓住球用猛拉或转拖的动作，将球抢过来。运用时要抓住持球队员注意力分散、转身、由空中获球下落、运球停止等时机，两手握球要准而快，用力要突然，要有迅雷不及掩耳之势（图 3-95）。

2. 打球与盖帽

打球是打掉进攻队员手中的球，有打掉原地持球队员手中的球（图 3-96）、打掉运球队员手中的球（图 3-97）和打掉上篮队员手中的球三种（图3-98）。打球时接

1

2

3

图 3-95

1

2

3

4

图 3-96

篮

·

球

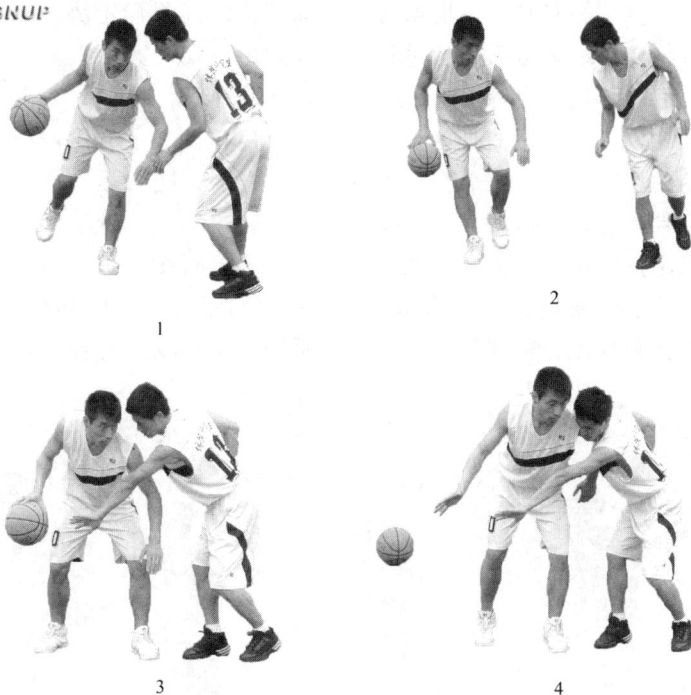

1

2

3

4

图 3-97

1

2

3

4

图 3-98

近对手是前提，要掌握好时机，根据对手持球部位的高低和走势、运球时反弹的方向与速度、投篮举球到出手前的过程等，分别由下向上、由上向下或从侧面快速伸出前臂，用腕、指的力量拍击球，动作要快而短促。

盖帽是防守投篮出手后的打球技术，即球投出正处于上升阶段时，防守队员将球拍打掉的动作技术。当前盖帽技术有很大的发展，随着运动员的身高和弹跳素质的增长、判断能力的提高，这一技术已成为防投篮最有威胁的手段。在不同情况下可以采用按压式、上挑式、侧击式、封盖式进行拍打球。盖帽的基本要领是：降低身体重心，快速移动，选择有利方位，判断对手起跳和投篮出手时间，及时起跳。手臂和身体充分伸展，用前臂、手腕、手指动作打球，动作要短促有力（图 3-99）。

图 3-99

3. 断球

断球是抢获对方传球过程中飞行时的球的方法。根据防守队员与对手之间的位置关系有横断球、纵断球和封断球。不论是从接球对手的侧面或后面进行断球，还是封堵传球队员的传球，都要有积极的移动步法来配合，跃出获球或接近封堵都要准确地判断传球队员传球出手的瞬间。横断球和纵断球要注意跃出的步伐，蹬地要快而有力，用身体将接球对手挡在后面。封断球则要求手臂动作快速拦截。截获球后要注意身体平衡，迅速转入下一个动作，反守为攻（图3-100、图3-101）。

图 3-100

图 3-101（一）

4   5

图 3-101(二)

第七节　抢篮板球

比赛中双方队员争抢投篮未中从篮板或篮圈反弹回来的球，称为抢篮板球。进攻队员抢到本队未投中的球称为抢前场篮板球，防守队员抢到对方未投中的球称为抢后场篮板球。

随着世界篮球运动的飞速发展，运动员的身高和体能不断提高，促进了抢篮板球技术的发展与提高。在日益激烈的强对抗比赛中，对运动员抢篮板球技术、意识、身体素质及积极拼抢的作风要求更高。现代篮球运动拼抢篮板球的特点是：意识强、有很高的抢篮板球欲望，拼抢积极，动作规范、起跳早、人数多、制空点高、范围大。目前，世界高水平球队争抢篮板球的高度可达 3.30～3.50 米，抢篮板球后直接扣篮和空中转身一传反击屡见不鲜。由于防区扩大贴身紧逼防守在比赛中的运用，降低了投篮的命中率。因此，积极拼抢篮板球是获得球权的重要来源之一，是攻守转换的焦点。抢得前场篮板球，可以直接补篮和二次进攻，造成对方犯规，杀伤对方的有生力量，增加投篮队员的信心，鼓舞全队士气，减少对方发动快攻反击的机会。抢得后场篮板球，可增加发动快攻反击的机会，加重投篮队员的心理压力。掌握抢篮板球技术，对于控制比赛节奏，决定比赛的胜负能起到至关重要的作用。因此，抢篮板球应当作为教学和训练的重要内容。

一、抢篮板球技术分析

抢篮板球是一项较复杂的技术，虽然抢前、后场篮板球在技术运用及动作方法上有许多不同点，但在抢篮板球技术动作结构方面又具有共同点，即：由抢占位置、起跳动作、空中抢球动作和获球后动作所组成。

（一）抢占位置

抢占有利位置是抢篮板球技术的关键环节，它对能否抢到篮板球起重要的作用。能否抢占有利位置，取决于积极的拼抢意识和准确的观察判断能力。抢占位置时，要观察投篮的区域、投篮的手法、球的弧度、判断球的反弹方向和落点，注视对手的移动方向，通过合理的脚步移动步法，积极抢占球篮与对手之间的有利位置，把对手挡在身后，准备起跳抢球。

（二）起跳动作

起跳动作是抢占位置后进行的一个连续动作。注意观察、判断球反弹的方向和落点，及时起跳力争在最高点抢到球。抢后场篮板球，一般多采用原地上步、撤步或跨步双脚起跳等方法。抢前场篮板球则多采用助跑单脚起跳或跨一两步双脚起跳的方法。起跳时间取决于个人的弹跳能力，高水平运动员起跳早，球从篮圈弹起瞬间，就已将抢获的球直接扣篮或空中一传。

（三）空中抢球动作

根据赛场上队员所处的位置，球反弹的方向、高度以及个人的特点，利用双手、单手和点拨球等方法。

1. 双手抢篮板球

跳起在空中时，腰、腹用力控制身体平衡，身体充分伸展，尽量占据空间面积，两臂用力伸向球落点的方向，当手指触到球时，立即用双手将球抢握在手，腰、腹用力，手臂侧摆，双手斜向握球收臂将球持于胸前，两肘外展护球。

2. 单手抢篮板球

起跳后身体和手臂在空中向球的方向充分伸展，当身体达到最高点，手指指端触球时，用屈指、屈腕、屈肘动作，迅速抓握住球，将球拉回胸前，另一手立即护球。

3. 点拨球

点拨球的动作方法与单手抢篮板球相似。当遇到对方身材高大或自己处于不利位置及球的落点较远，不能直接抢到球时，可用灵活的手腕动作，将球点拨给同伴，或连续起跳将球挑拨到有利于自己获球的位置。

点拨球的缺点是点拨球的准确性及与同伴的配合较难掌握。

（四）获球后动作

抢到前场篮板球可在空中直接补篮或传球给同伴重新组织进攻。抢到后场篮板球，尽量在落地前把球传出。若空中不能传球，落地应侧对前场，两膝微屈，持球于胸腹之间，两肘外展护球，并观察场上情况，尽快将球传出，发动快攻。

二、抢篮板球方法

（一）抢进攻篮板球

积极拼抢进攻篮板球是一个重要的进攻行动，是争夺继续控球权的重要方法，它不仅增加本队进攻次数和补篮机会，而且鼓舞士气、增强信心，对防守队员也具有一定的"杀伤力"，有着十分重要的战术意义。

由于进攻队员一般处于防守队员的外侧，离球篮相对较远，对方易于阻挠。因此，应该积极投入拼抢。同时，要充分利用熟悉同伴投篮时机与特点，以及面向球篮便于观察判断和向前移动等有利条件，努力变被动为主动，力争再次获得控球权。抢进攻篮板球是一个复杂的动作组合，在对抗中运用，要注意以下几个环节。

第一是观察判断。观察对手防守动向，判断球反弹的方向、速度和落点，重点是对球的判断，并注意篮板球反弹的多向性。对它的控制，进攻队员一般采取多线突破，形成三面包抄去接近篮下进行争夺。人们对篮板球反弹的规律已有所认识，可以通过投篮的距离、弧线等预测其大体相应的反弹方向、速度和远度。有经验的运动员在实践中会自觉或不自觉地做出基本的判断，从而达到抢获篮板球的效果。队员不同的落位会有不同的起动与判断，在离球篮近的位置上，常先抢位再判断；处于外围的进攻队员，往往是先观察判断再起动冲抢。

第二是迂回起动。根据对球的反弹判断和对手防守的态势，进攻队员要及时采取迂回的快速起动，争取在位置上取得相对的或更好的优势。无论如何摆脱，都要有强行挤过、抢过的意识，而且动作要突然。

第三是抢位冲抢。强行抢位和直接冲抢是进攻篮板球的重要环节，既是迂回起动的继续，也是争取起跳的准备。在抢位的同时，注意屈膝降低重心，并用肩、背主动接触对手。积极用力蹬地起跳，争取空中的高度，占据一定的空间位置。在冲抢起跳的过程中，要继续判断球的方位、高度以及配合肩、背、腰力量的使用。

第四是抢球猛狠。充分伸展身体及手臂，尽可能在更高的空中位置上获球。抢球时手臂和腕、指的力量要大，紧握球体，或迅速拉臂屈肘握球在手。即便在不能获球的情况下，也要极力用挑、拨、捅等办法将球从对方手中打出。注意落地屈膝缓冲和积极拼抢落地球。抢进攻篮板球关键在于冲抢（图 3-102）。

(二)抢防守篮板球

抢防守抢板球是防守中极其重要的环节，是夺回控球权的重要途径，它是由守转攻的起点。如果每次投篮不中都能成功地控制防守篮板球，就必然能够更好地控制整个比赛。由于防守队员处于对手与球篮之间有利的位置，容易观察进攻对手的行动，但在投篮出手后，球飞向球篮时，不易观察球从篮圈或篮板反弹出来的情况。因此，抢防守篮板球要做好以下几点。

1. 观察

抢防守篮板球前，防守者应与对手保持适当距离，以利人、球兼顾。在球出手的刹那，应首先盯住自己的对手，判断其行动，以便采取相应的行动，切忌只看球不看人而给对手造成冲抢之机。

图 3-102

2. 预堵

对手投篮出手后,各防守队员都应采用平步(或侧步)面向的防守步法,同时屈膝,并张开双臂,堵截自己的对手向篮下冲抢。也可主动上步贴近对手,使其无法起动或延误其起动冲抢时间。这时特别要注意提防对手"动先示静"等假动作的诱惑,也不宜过早地向篮下撤步,要力争不给对手强行挤抢的机会。

3. 转身

这是第二次堵截。当判定对手确实向某一方向移动起步冲抢时,防守者应同时以距对手移动方向最近的一脚为轴做后转身,转身角度的大小应以使自己背部接触对手身体产生阻挡效果为宜。

4. 挡靠

这是移步转身的结束动作和目的所在。防守者在转身面向球篮落位以后,身体重心应稍向后靠,同时用背部迎接对手,以便在完成转身、挡靠等动作时,既收到实效又恰到好处。对于因挡人而发生的身体接触,要在竞赛规则允许的前提下用力顶住,不可有拉手、顶肘、拱腰等犯规的动作。转身、挡人后还要靠眼睛余光和身体背部的感觉继续对对手进行监控。

5. 起跳与抢球

根据球的反弹方向和落点,防守队员迅速调整位置,及时起跳,可用原地上步、跨步或撤步双脚起跳等方法。不论用哪种动作,都要求身体伸展,腾空方向尽量接近球的落点,同时注意在剧烈对抗中保持身体的平衡。在起跳前要顺势高举手臂，用挤、靠对手的身体和高举、张扬的手臂迫使对手难以同自己争夺高度和有利空间。手指触球后，应有自上而下短促有力的扣腕、屈肘引球等动作。尽可能用双手抢获球，要紧握球并注意保护球，以防对方抢打。落地时屈膝缓冲，两脚最好对着边线方向，以便观察全场情况。防守队员抢获篮板球后应力争在空中将球传给接应队员发动快攻，如不能传球，则落地后应注意稳定重心，以身体保护球，并根据情况及时传、运球。抢防守篮板球关键是挡人与动作凶狠（图 3-103）。

1　　　　　　　　　2　　　　　　　　　3

4　　　　　　　　　5　　　　　　　　　6

图 3-103(一)

7　　　　　　　　8　　　　　　　　　9

图 3-103(二)

三、抢篮板球练习方法

1. 前后转身抢位练习

如图 3-104 所示，两人一组，④面对❹相距一步站立。听到教练员的信号后，❹立即后转身挡住对手；④可用双手稍用力顶住❹的背部，听到信号后，用前转身回到原来位置。练习数次后，两人交换。

要求：背部用力，紧靠对手，屈肘侧举。

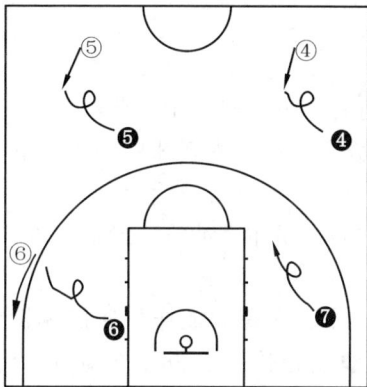

图 3-104

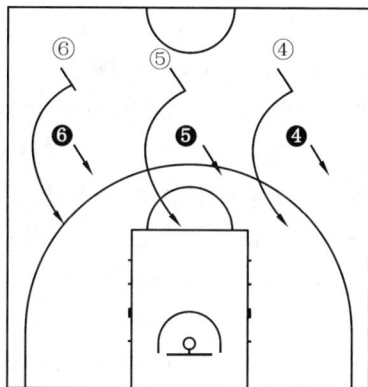

图 3-105

2. 虚晃、绕步抢位练习

如图 3-105 所示，两人一组，相距 1.5 米左右面对面站立。将球放在防守队员身后 2 米的地板上，听到信号后，进攻队员先做虚晃动作，然后绕步抢前触及球。初次练习，可消极防守，熟练后可积极对抗。

要求：虚晃后快速绕步抢前触球，2秒之内完成动作。

3. 虚晃、绕步、跳起抢空中球练习

如图3-106所示，两人一组，④持球、❹位于④身后，听到信号后，❹向自己前上方抛球，④及时做虚晃、绕步抢前跳起在空中抢球，两人轮换进行。

要求：快速绕步抢位，先用双手抢球，后用单手抢球。

4. 单人空中托球动作练习

个人持球位于篮下站立，向篮板抛球，连续在空中用单手、双手托球碰篮板，数次后换人。以此锻炼队员在空中控制身体平衡和控球能力，为补篮技术打好基础。

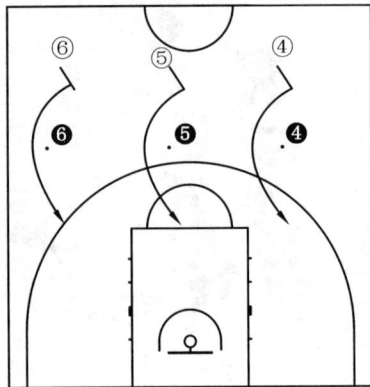

图 3-106

要求：掌握起跳时间，碰板力量适中，最高点托球，保持练习的连续性。

5. 双人空中托球动作练习

两人一球，位于篮下两侧面对球篮站立。练习开始时持球队员跳起向篮板掷球，球反弹至对侧，另一侧队员跳起空中托球打板使球反弹回原位，如此反复练习。

要求：身体在最高点托球，托球打板时手腕、手指动作柔和协调，力度适中，掌握碰板角度。

6. 一对一抢篮板球一传练习

如图3-107所示，将篮圈用器具封住，两人一组一球，④传球给⑤，⑤投篮，❹转身挡住④的冲抢，然后抢篮板球立即传给⑤。若④抢到球应继续投篮，直至❹抢到球为止。各组依次进行练习。

要求：防守队员积极挡抢，一传准确。进攻队员主动冲抢、封堵一传。

7. 半场二对二攻守对抗练习

如图3-108所示，将篮圈封住，⑥持球，④、⑤摆脱或掩护后接球投篮，亦可传给⑥投篮，然后进攻冲抢，防守挡抢。❹或❺抢到篮板球立即将球传给△。攻守交换，反复进行练习。以同样方法亦可进行三对三对抗练习。

要求：准确判断，积极抢位，一传准确。在以上练习基础上亦可结合快攻反击练习，即抢得后场篮板球后迅速一传，其他队员插上接应，使抢篮板球技术与快攻技术紧密结合。

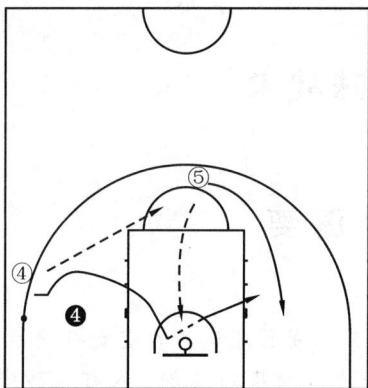

图 3-107

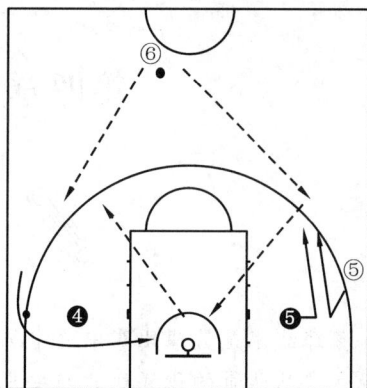

图 3-108

第四章　篮球战术

内 容 提 要

　　篮球战术是篮球比赛中攻守配合的方法，是篮球运动的重要组成部分。本章主要从队员的位置职责与要求、攻守战术的基础配合、人盯人防守与进攻人盯人防守、区域联防与进攻区域联防、快攻与防守快攻、区域紧逼与进攻区域紧逼等方面进行系统叙述，并对这些战术的意义、作用、内容、要求和教学训练方法、步骤做了具体介绍，使学生初步掌握篮球战术的理论和方法，提高战术运用的能力。

　　学习目标：
　　(1)掌握队员的战术分位职责与要求。
　　(2)具备篮球战术实践运用能力。
　　学习重点：
　　(1)篮球战术，配合方法，战术组织形式。
　　(2)掌握人盯人防守观念的发展。

　　篮球战术是为篮球比赛中队员和队员之间有策略、有组织、有意识地协同运用技术进行攻守对抗的布阵行动，是以篮球技术为基础，在一定的战术指导思想和战术意识支配下的集体攻守方法。方法是行动的内在要求，形式是行动的外部表现，而队员的能力是战术行动的实质。由于篮球竞赛是在一定时间与空间内以球为争夺物进行攻守对抗的竞技活动，随着球权的控制与争夺，双方不攻即守、攻守交替、攻守转换。由此有进攻战术和防守战术之分，而且组织形式多种多样，方式方法千变万化，争夺范围时小时大，在实践中不断发展、创新，经过人们的总结、整理，从而构成比较完整的篮球战术体系。

　　随着世界篮球运动的发展，篮球战术体系发生了变化，运动员在球场上的战术分位也随之趋向全面、机动，但在一般水平的篮球比赛中，通常还是将队员的位置分为中锋、前锋和后卫。不同位置的队员在比赛中承担着不同的职责和攻守任务。合理的按位置职责去组织战术配合，能充分发挥每名队员的技术特长，有效地组合集体的力量完成攻守任务，对于取得比赛胜利有着重要的意义。

　　然而，现代篮球运动当代化的特点之一是既注意战术位置的分工相对稳定，又重视战术运用的机动、灵活和实效，因而战术的位置分工和锋、卫位置的职责趋于模糊，而且这已成为一种发展的方向。

在篮球战术中，队员位置分工有中锋、前锋（左、右）、后卫（左、右）五个位置。现将这些位置的职责和要求分述如下。

一、中锋

中锋队员应身材高大，技术全面，反应快速灵活，具有良好的耐力、弹跳力和对抗能力；头脑冷静，善于在篮下居中策应和运用多种方法进行准确的投篮；善于拼抢篮板球，并且有较强的防守和控制空间的能力；同时还要能胜任内线攻守的组织和发动快攻。

防守时，中锋抢获篮板球后，能快速及时地把球传给摆脱防守的同伴发动快攻，并积被参加快攻。

在阵地进攻中，中锋应落位于对方的篮下，活动范围要大，进攻得分的能力要强，并能进行策应、掩护。要掌握多种方式传球和背对或侧对球篮转身、跳投的技术，积极拼抢篮板球，组织进攻或牵制对方防守，善于发挥战术枢纽作用。

中锋在由进攻转为防守时，要及时退防，注意监视对方中锋的行动方向、意图，并负责组织本队篮下防守。同时，机动灵活地进行协防，控制好后场篮板球。外中锋，又称"二中锋"，凡在外线承担攻击和组织配合的中锋队员称外中锋，是因其承担的任务和所处的位置命名。外中锋应由技术比较全面、活动范围大、战术意识比较强、动作灵活的高大队员担任，既能在篮下进攻，又能在罚球线和两个底角投篮或突破，还能打策应，进行纵向和横向的掩护配合等。内中锋，也叫"第一中锋"，指在比赛进攻时布置在篮下以内线攻击为主的中锋队员。他们一般是背篮活动，由他们所处的位置和承担的任务决定。中锋必须能在内线密集防守的情况下，完成各种投篮动作，抢篮板球力争二次进攻，并给同伴做策应、中投和掩护等配合。

二、前锋

前锋队员应选择身材较高、速度快、弹跳好、技术全面并有很强得分能力的队员担任。

前锋在比赛中由守转攻时应及时地快下，抓住战机坚决果断地完成攻击任务。在阵地进攻中，应活动在罚球圈两侧、底线两角及底线一带，与中锋、后卫配合，寻找攻击的时机，在有效的距离和范围内，任何角度投篮都有自信心，并敢于在对方阻挠的情况下，使用突破和各种进攻技术。前锋还应有插入篮下进攻的能力。

由攻转守时，前锋应积极进行阻截；退回后场时，必须在防守住对手切入篮下和投篮的同时，配合全队进行协防。前锋还应积极拼抢攻、防篮板球。

三、后卫

后卫队员应技术全面，沉着冷静，控球意识强，善于判断和支配球，具有组织指挥的能力，在全队中起着核心作用。

进攻时，左、右后卫队员的活动范围主要是在罚球圈弧顶外及其附近两侧一带。后卫承担着组织全队进攻的任务，要善于运用多种传球方法给同伴创造投篮机会，也要具备中、近距离准确投篮和持球突破篮下得分的能力。在比赛中充分发挥核心队员的组织作用。

后卫队员在由攻转守时，处于退守第一线，要善于堵截和抢断对方运球、传球，延误对方推进速度。在后场防守中，除紧盯对手或积极阻挠外围进攻队员的中、远距离投篮或传球外，还应能协助同伴进行夹击、关门协防和积极抢断球。

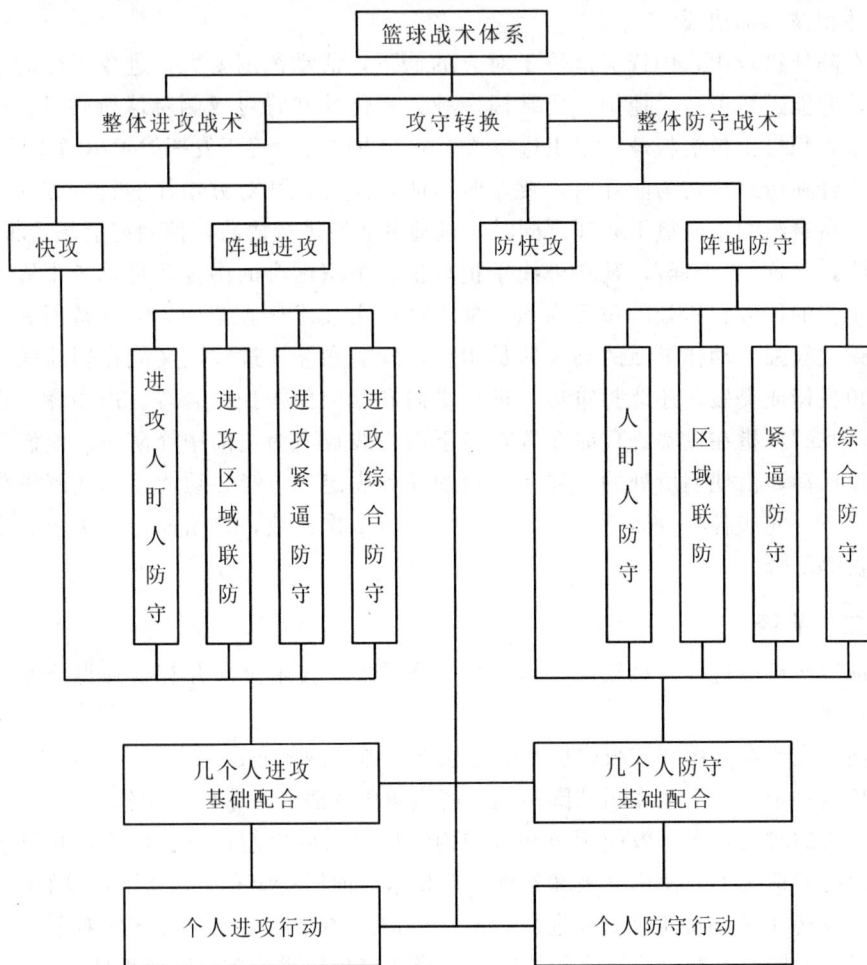

图 4-1　篮球战术的体系结构示意图

当本队获球后，应积极组织快攻，及时接应和快速推进。同时，后卫还应善于掌握比赛的节奏，鼓舞斗志，提高全队防守的战斗力，增强比赛胜利的信心。后卫队员还起着教练员联系场内队员纽带的作用，起着教练员"头脑延伸"的作用。

篮球战术体系是指由相互联系、相互制约的攻守战术构成的一个整体。根据篮球运动的对抗特征，通常将篮球战术分为进攻与防守两大系统(20世纪90年代开始，篮球战术发展分为进攻、防守与攻守转换三大系统)，再根据参与战术行动的区域与人数，可将其分为个人行动、配合行动和整体行动三个层次，从而使战术方法和阵势构成一个完整的系统网络。将复杂的、多种多样的战术，按性质、区域、人数特点和作用相似的加以归类，明确各自隶属关系，并加以网络化，可对篮球战术体系的结构有一个直观的了解(图4-1)。

篮球战术教学与训练的主要任务是培养学生或运动员的专门素质和意识，获得篮球战术知识，掌握篮球战术方法，具备篮球战术实践运用能力。

第一节　战术基础配合

篮球战术基础配合是指在篮球比赛中，队员两三人之间有目的、有组织地协调行动的简单攻守配合方法，它是组成全队战术配合的基础。任何一种整体战术配合都离不开基础配合。战术基础配合包括进攻战术基础配合和防守战术基础配合两个部分。因此，熟练掌握战术基础配合数量的多少与运用质量的好坏，直接决定着全队战术的实效性与灵活性的大小，并与本队比赛的胜负有着密切的关系。

一、进攻战术基础配合

进攻战术基础配合是在篮球比赛中，队员两三人之间有目的、有组织，相互协同行动的配合方法。进攻战术基础配合包括传切、掩护、策应和突分配合。

（一）传切配合

传切配合是指进攻队员之间利用传球和切入技术组成的简单配合，它包括一传一切和空切配合。随着现代篮球高空技术和技巧的发展，具有配合简洁、突然、攻击性强的吊扣配合，一传一扣和空切，空中接球直接扣篮配合也是比赛中经常使用的配合方法。

1. 传切配合的方法

(1)一传一切配合：如图4-2所示，⑤传球给④后，立刻摆脱对手❺向篮下切入，接同伴④的回传球投篮。

(2)空切配合：如图4-3所示，④传球给⑤时，⑥乘其对手❻不备之机，突然横切或从底线切向篮下接同伴⑤的传球投篮。

2. 运用提示

先要掌握好切入时机。根据对方的防守情况，利用假动作摆脱，及时、快速

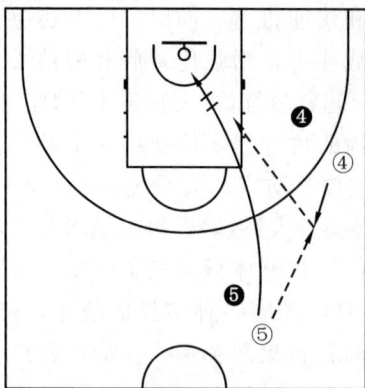

图 4-2

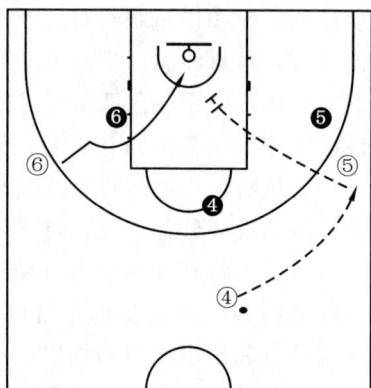

图 4-3

切入篮下，并随时准备接球。

传球队员要利用假动作吸引、牵制对手，并采用合理的传球方法及时、准确地将球传出。

(二)掩护配合

掩护配合是掩护队员采用合理的行动，以自己身体挡住同伴的防守者的移动路线，使同伴借以摆脱防守的一种配合方法。

掩护配合有多种形式和方法，根据掩护者做掩护时站位的不同，有前掩护、侧掩护和后掩护三种形式。根据掩护者的移动路线、方法和变化，有反掩护、假掩护、运球掩护、定位掩护、行进间掩护和连续掩护等。从组成掩护配合的行动来看，一是移动路线，使同伴借以摆脱防守；二是摆脱者主动利用同伴的身体和力量把对手挡住，使自己摆脱防守。因此，掩护配合能否成功，关键是在一瞬间创造出的位置差和时间差，争取了空间与地面的优势而达到攻击的目的。

1. 掩护配合的方法

(1)侧掩护配合。

示例 1：给无球队员做侧掩护(反掩护)，如图 4-4 所示，⑤传球给④后，即向相反方向跑动给⑥做侧掩护，当⑤跑到❻侧面掩护到位时，⑥摆脱防守切入篮下接④的传球投篮。

示例 2：给持球队员做侧掩护，如图 4-5 所示，⑤传球给④后跑到❹的侧面做掩护，④接球后做投篮或突破的动作，吸引❹的防守，当⑤掩护到位时，④持球从❹的右侧突破投篮。⑤掩护后及时移动到有利的位置去接球或抢篮板球。

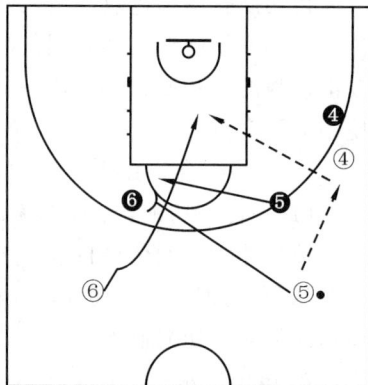

图 4-4

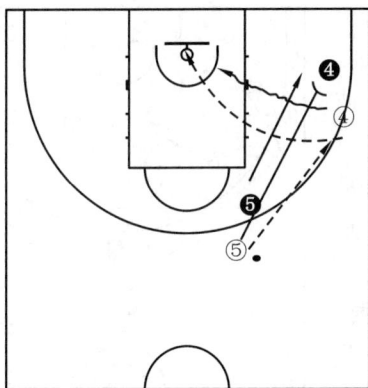

图 4-5

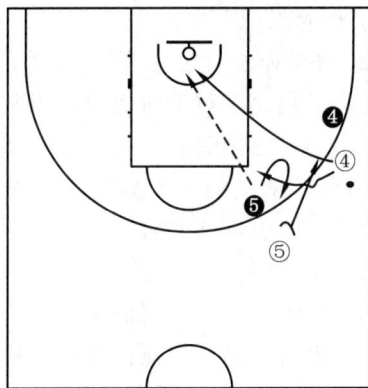

图 4-6

根据掩护者的移动路线、方法和变化,掩护后经常出现第二次机会。如图 4-6 所示,⑤做掩护后对方换防时,④就不向篮下突破而适当向外拉开运球,⑤则及时利用转身把❹挡在身后而向篮下切入,接④的传球投篮。

(2)后掩护配合。

如图 4-7 所示,是前锋为后卫做后掩护;⑤传球给⑥时,④跑到❺身后给⑤做后掩护,⑤传球后做向左切入假动作吸引❺的防守,当④掩护到位时突然向右侧切入篮下接⑥的传球投篮。又如图 4-8 所示,④给⑤做后掩护时,❹与❺换防,④及时转身切向篮下,接⑥的传球投篮(掩护后出现的第二次机会)。

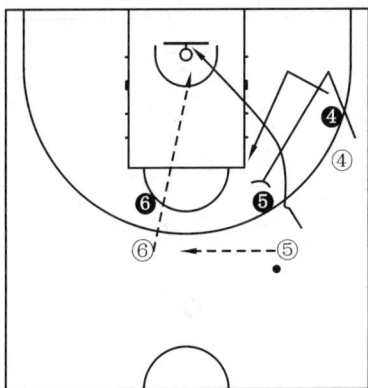

图 4-7

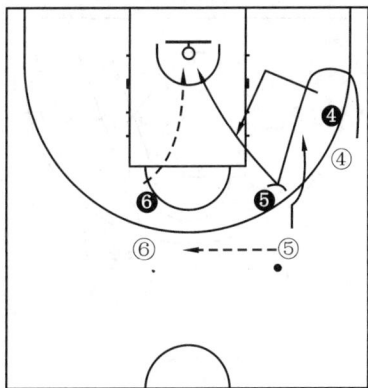

图 4-8

(3)前掩护配合。

掩护者跑到防守者的身前,用身体挡住防守者向前移动的路线,使同伴借机摆脱防守接球进行攻击的一种掩护方法。如图 4-9 所示,⑥跑到❺的前面给⑤做前掩护,⑤利用掩护拉出,接④传来的球投篮或做其他攻击动作。

2.运用提示

(1)掩护要符合规则的规定,不能用推、拉、顶、撞等不合法的动作去阻挡对方的防守行动。

（2）如果掩护建立在静立对手的视野之外，掩护队员必须允许对手向他迈出正常的一步，而自己不主动发生接触。

（3）掩护队员的动作要突然，被掩护的队员要用假动作吸引自己的防守队员，不让对方发现同伴的掩护意图。

（4）掩护时同伴之间的配合时机非常重要，过早或过迟行动都会使掩护失败。掩护配合时队员配合要默契，注意动作果断，并根据临场变化，争取第二次机会。

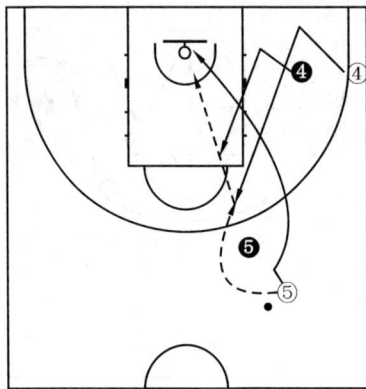

图 4-9

（三）策应配合

策应配合是指进攻队员背对或侧对篮圈接球，以他为枢纽，与同伴配合而形成的一种里应外合的配合方法。

1. 策应配合的方法

示例 1：如图 4-10 所示，④摆脱防守插到罚球线做策应，⑤将球传给④，并立即空切篮下，接④的策应传球投篮。

示例 2：如图 4-11 所示，④传球给策应者⑤，并从⑤身边切入篮下，⑥向底线下压后绕出，⑤可将球传结④做篮下进攻或传给⑥外围投篮，也可以自己进攻。

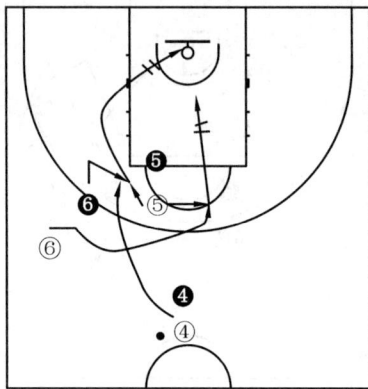

图 4-10

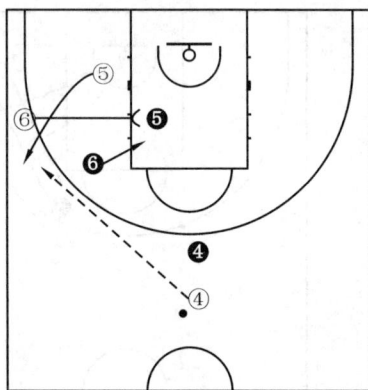

图 4-11

2. 运用提示

（1）策应队员要及时抢位要球，两手持球护于胸前，身材较高的策应者可将球持于头上。接球后结合转身、跨步等动作协助同伴摆脱防守或个人进行攻击。

（2）外围传球队员要根据策应者的位置和机会，及时准确地传给策应队员，做到人到球到，传球后迅速摆脱对手切入篮下，创造进攻机会。

篮 · 球

（四）突分配合

突分配合是指持球队员突破对手后，主动地或应变地利用传球与同伴进行攻击的一种配合法。

1. 突分配合的方法

如图4-12所示，④持球从底线突破❹遇到❻补防时传球给纵插到有利位置的⑤投篮。

2．运用提示

(1)队员突破时要快速、突然，在突破过程中要随时观察场上攻守队员位置的变化，及时准确地传球。

(2)接球队员要把握时机，及时摆脱对手，迅速抢占有利位置接球投篮。

（五）进攻战术基础配合的教学步骤与方法

1．教学步骤

(1)进攻战术基础配合的教学，首先通过讲解和演示的方法使学生明确基础配合的概念、配合方法、移动路线、动作的时机、行动的顺序等。

(2)进攻战术基础配合的教学步骤是先进行传切和掩护的教学，再进行突分配合的教学，最后进行策应配合的教学。在教掩护配合时，应先教无球队员之间的掩护，再教有球和无球队员之间的掩护。教策应配合时，先教两人配合，后教三人配合。

(3)在选择教学方法时，首先在固定条件下练习配合的方法、路线、时机，然后再设置假设的对手或标志物，进行以简单对抗条件为背景的练习。

(4)在教学过程中，要强调合作意识的培养和注意配合的节奏与变化，不断提高配合的质量、运用和应变的能力。

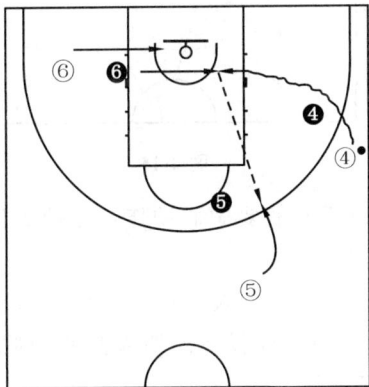

图 4-12

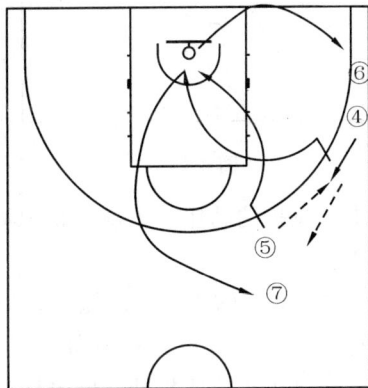

图 4-13

2. 练习方法

(1)传切配合的练习。

练习1：两人连续空切的练习，如图4-13所示，全队分成两组。用一个球，

⑤将球传给移动上来的④后，向左做切入的假动作后，突然快速从右侧切入。④接球后做传球给切入队员⑤的假动作，然后把球传给⑤组的第二人⑦，接着做假动作，然后突然向篮下切入。依次类推，切入篮下的队员分别跑到另一组队尾，依次进行练习。

要求：假动作要逼真，变向切入要快速、突然，切入时随时准备接球。

练习2：3人连续传切练习，如图4-14所示，全队分成3组、④、⑤组每人持球，④传球给⑥后，向左侧做摆脱的假动作，然后迅速从右侧切入接⑤的传球投篮。⑤传球给④之后，向右侧做摆脱的假动作，然后迅速横切接⑥的传球投篮。④、⑥抢篮板球，按顺时针方向换位，依次进行练习。

要求：队员接球后应面向球篮，做投篮、传球、摆脱等假动作吸引防守者，抓住时机，合理、及时、准确地传球。

（2）掩护配合的练习。

练习1：侧掩护配合的练习，如图4-15所示．全队分成两组，⑦给④做侧掩护，当⑦掩护到位时，④从右侧向篮下切入，⑦同时转身跟进，④、⑦互换位置，依次练习。

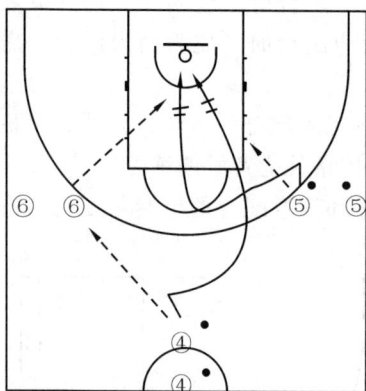

图 4-14

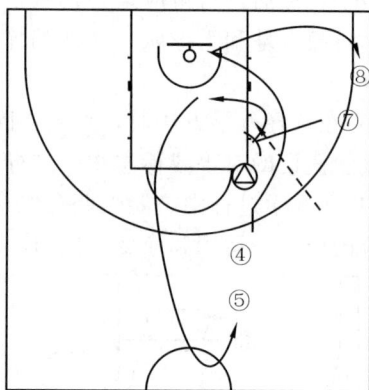

图 4-15

要求：掩护的动作要正确，距离要适当，切入前要做假动作，掩护到位时再迅速切入。

练习2：给无球队员做侧掩护，如图4-16所示，3人一组，⑥传球给⑤后去给④做掩护。④利用⑥的掩护向篮下切入接⑤的传球投篮。切入前要做假动作，⑥掩护后转身跟进抢篮板球。顺时针换位进行练习。

练习3：给无球队员做后掩护，如图4-17所示，3人一组，⑤传球给⑥，④给⑤做后掩护，⑤做向左切入假动作吸引❺的防守，突然变向从右侧利用④的掩护切入篮下接⑥传来的球投篮。顺时针换位进行练习。

要求：掩护和被掩护同伴之间要掌很好配合的时机。

篮
·
球

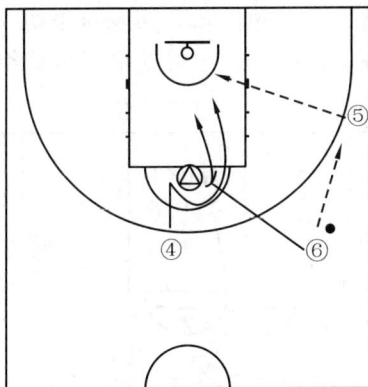

图 4-16

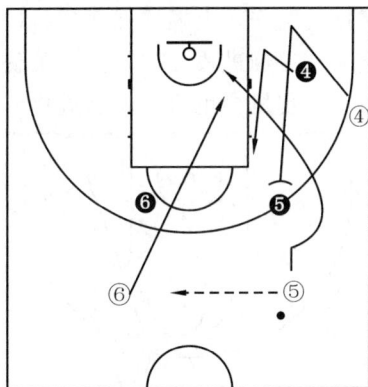

图 4-17

（3）突分配合的练习。

练习1：如图 4-18 所示，④在突破过程中分球时，⑤突然切入到罚球区内，⑥同时快速向底线移动，④可根据⑤、⑥伸手示意情况而分球，⑤或⑥接球传给⑦，按顺时针方向换位，依次进行练习。

练习2：如图 4-19 所示，⑤传球给④，④底线突破，❻补防，此时，❻兼顾对⑤和⑥的防守。④根据❻的防守，判断将球传给最有利进攻的⑤或⑥。图中所示，❺补防⑥，④将球传给⑤进攻，进攻队员按顺时针换位。练习若干次后，攻守交换连续练习。

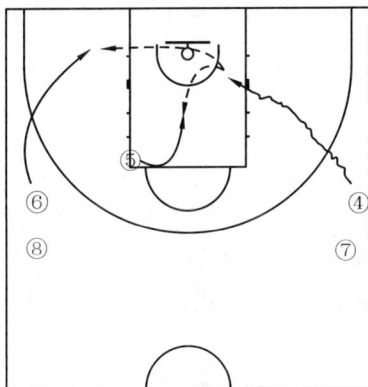

图 4-18

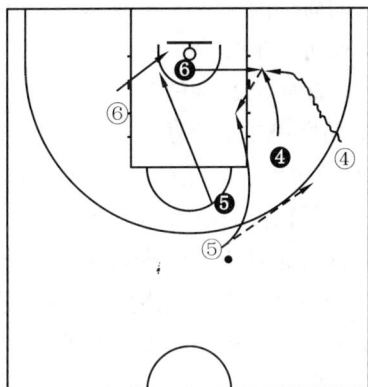

图 4-19

要求：突破动作要突然，并随时注意分球。

（4）策应配合的练习。

练习1：如图 4-20 所示，队员分成两组，⑦将球传给⑥，做摆脱上插罚球线，抢占有利的策应位置，接⑥的传球后向⑥切入的方向做传球的假动作。然后把球传给⑧，传球后跑到④的后面，⑥跑到⑧的后面。依次反复进行练习。

练习2：如图 4-21 所示，3 人一组，⑤和⑥在外围互相传，当球传给⑥时，

④突然摆脱防守，上插罚球线后接⑥的传球做策应。⑥传球后摆脱对手切入，并与⑤交叉后接球进攻。⑤切向④的侧前方准备接球进攻。④根据情况传球给⑥或⑤均可，出现机会也可以自己进攻。

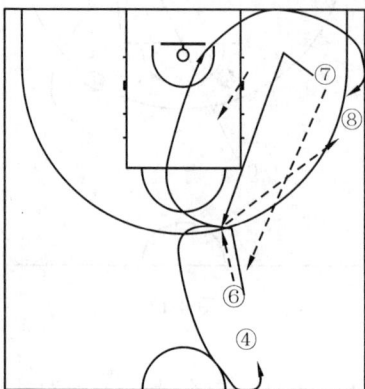

图 4-20

图 4-21

要求：策应队员应合理运用假动作摆脱防守，迅速抢占有利的策应位置，并迎前接球。外围队员传球应做到快速及时，人到球到。

二、防守战术基础配合

所谓防守战术基础配合，是在篮球比赛中两三人之间为了破坏对方进攻配合所组成的简单配合。防守战术基础配合包括抢过、穿过、绕过、关门、夹击、补防和交换防守配合等。

（一）防守掩护的配合

1. 防守掩护的方法

（1）抢过配合：是破坏掩护配合的积极有效方法之一。防守者在掩护队员临近自己时，要积极向前跨出一步，贴近自己的防守对手，从掩护者前面挤过去，继续防住自己的对手，防守掩护队员的同伴要及时呼应，并配合行动，以备补防。如图 4-22 所示，④传球给⑤后给⑥做掩护，❻在④靠近自己的一刹那，迅速抢前一步贴近⑥，并从⑥和④中间抢过去继续防守⑥。

（2）穿过配合：是破坏掩护配合及时防住自己对手的一种配合。进攻队员进行掩护时，防守去做掩护的队员要及时提醒同伴并主动后撤一步，让同伴及时从自己和掩护队员之间穿过，以便继续防住各自的对手。如图 4-23 所示，⑤传球给⑥后去给④做掩护。❺要及时提醒同伴，❹当⑤掩护到位前一刹那主动后撤一步，从⑤和❺中间穿过去，继续防守④。

（3）绕过配合：是破坏对方掩护配合及时防守自己对手的又一种配合，当进攻队员进行掩护时，防守做掩护的队员主动贴近对手，让同伴从自己的身旁绕道，继续防住各自的对手。如图 4-24 所示，⑥传球给⑤并去给他掩护，⑤传球给④后利用⑥的掩护向篮下切入，❺从⑥和⑥的身后绕过继续防守⑤。

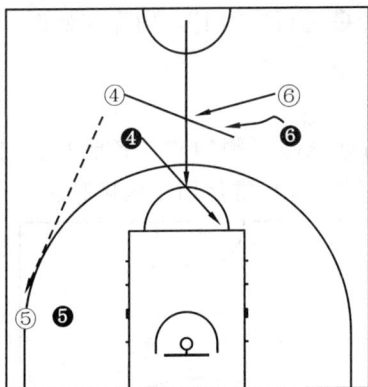

图 4-22

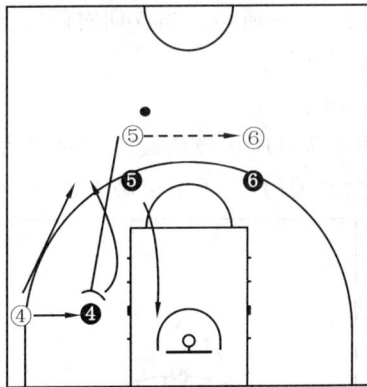

图 4-23

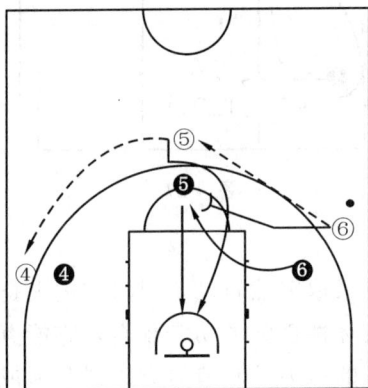

图 4-24

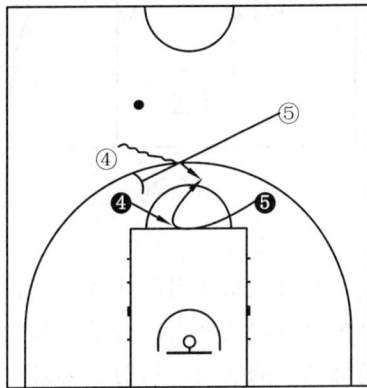

图 4-25

（4）交换防守配合：是为了破坏进攻队员的掩护配合，防守队员之间及时地呼应交换自己所防守对手的一种配合方法。如图 4-25 所示，⑤给④做掩护，❺要主动给同伴发出换人的信号，及时堵截④向篮下突破的路线。此时❹应及时调整自己的防守位置，防止⑤向篮下空切。

2. 运用提示

（1）抢过时要贴近对手，向前抢步及时，动作要突然，防掩护的队员要相互提醒。

（2）运用穿过时，要及时提醒同伴并主动让路，调整防守位置和距离。

（3）运用交换配合时，防掩护者要及时提醒同伴，两名防守队员要到位后才及时换防，以免防守失误。

（二）"关门"配合

"关门"配合是指两名防守队员靠拢，协同防守突破的配合方法。

1."关门"配合的方法

如图 4-26 所示，当⑤向右侧突破时，❹和❺进行"关门"；向左突破时，❻和❺进行"关门"。

2. 运用提示

防守队员应积极堵截突破的移动路线，临近突破一侧的防守者要及时向同伴靠拢进行"关门"，不给突破者留有空隙。"关门"配合也常运用于区域联防。

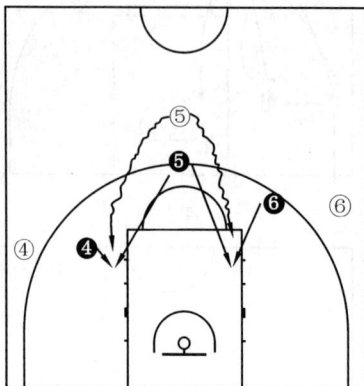 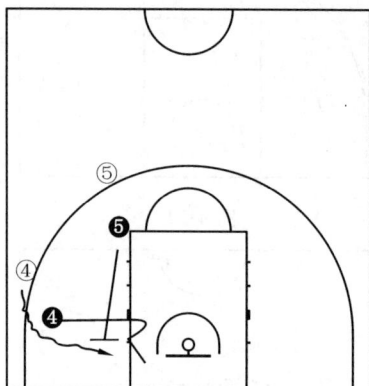

图 4-26   图 4-27

（三）夹击配合

夹击配合是指两名防守队员有目的地同时采取突然行动，封堵和围夹持球者的一种配合方法。夹击配合是一种攻击性和破坏性极强的防守配合，它能有效地控制持球队员的活动，给对手心理上造成巨大的压力，制造对方失误和形成本方的抢断球机会。

1. 夹击配合的方法

如图 4-27 所示，④从底线突破，❹封堵底线，迫使④停球，❺同时迅速向底线跑去与❹协同夹击④，封堵其传球路线，迫使其违例或失误。

2. 运用提示

（1）首先要选择好夹击的位置和时机。当对方埋头运球或停球时，都是夹击的好时机，最佳夹击位置是边角和中线角附近。

（2）运用夹击时，贴近对方身体要适度，不能推、顶，以免造成犯规，不要急于去抢对方手中的球而改变正确的夹击位置和身体姿势。

（3）已形成夹击后，其他队员要随时轮转补位，严防对方近球区队员接球，远球区的防守队员要以少防多，选好断球位置。

（四）补防配合

补防配合是指防守队员在同伴漏防时，立即放弃自己的对手，去补防那个漏防的进攻者，而漏人的防守队员应及时换防另一进攻者的一种协同防守配合方法。

1. 补防配合的方法

如图 4-28 所示，⑤传球给④后，突然摆脱
❺的防守直插篮下，此时，❻放弃对⑥的防守而
补防⑤，❺去补防⑥。

2. 运用提示

（1）防守时要随时观察本队防守情况，补防
意识要强，一旦发生漏防，临近队员果断补防，
漏防队员及时调整防守。

（2）补防后要及时调整防守位置，仍然保持
人球兼顾的位置。

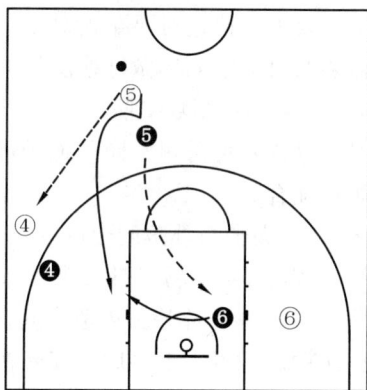

图 4-28

（五）防守战术基础配合的教学步骤与方法

1. 教学步骤

（1）防守战术基础配合的教学，首先通过讲解和演示等方法，使学生明确基础
配合的概念、配合的方法、移动的路线、行动的顺序、运用的时机和要求等。

（2）防守战术基础配合的教学训练，首先应掌握单个基础配合的基础教学，再
重点提高基础配合之间的衔接教学；然后再进行防守基础配合的组合与综合变化
的教学；最后再过渡到基础配合的对抗教学训练。

2. 练习方法

（1）抢过、穿过、绕过和交换防守的练习。

练习 1：全队分成两组，如图 4-29 所示，半场二对二。④传球给△后给⑤做
侧掩护，❺在④掩护到位的一刹间迅速抢前一步贴近⑤继续防守⑤，按此方法连
续练几次后，两组相互交换攻守角色，分别站到各纵排的排尾，依次进行练习。

练习 2：半场三攻三守，如图 4-30 所示，④、⑤、⑥三人给有球队员做侧掩
护，防守者根据规定练习抢过、穿过、绕过或交换防守配合，依次反复练习若干
次后，攻守互相交换。

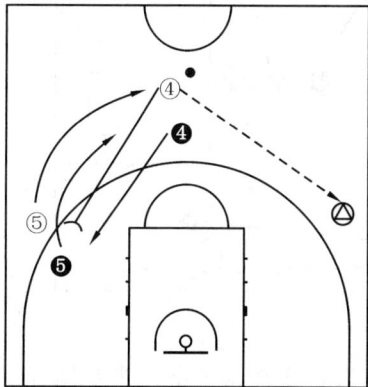

图 4-29

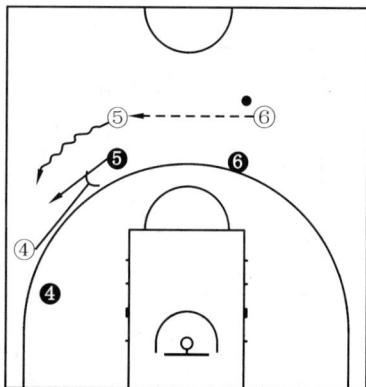

图 4-30

要求：抢过时要贴近对手，向前抢步要及时，身体主动用力。防掩护者的同伴要及时提醒同伴做好换防的准备。

练习3：半场二防二、三防三在对抗的条件下练习。在采用半场对抗的练习时，进攻者可采用不同的掩护配合，由慢到快，由消极到积极，帮助防守者练习防守配合。

(2)夹击与补防配合的练习。

练习1：半场二对二攻守练习，如图4-31所示，④传球给⑤，❺迫使⑤向场角运球，❹及时上去和❺一起形成对⑤的夹击，封阻其传给④的路线，造成其5秒违例。练习若干次后攻守交换。

练习2：半场三攻三守，如图4-32所示，⑤传球给④，❹迫使④运球到场角，❺及时而迅速地和❹进行夹击，❻及时移动，调整位置迅速补防，并准备断球。练习到规定次数后攻守交换练习。

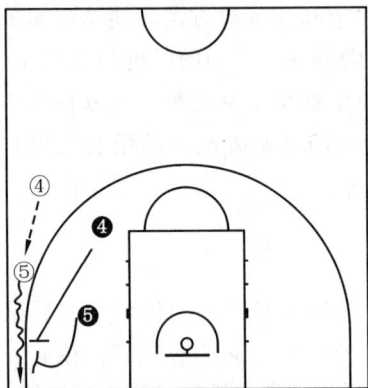

图 4-31

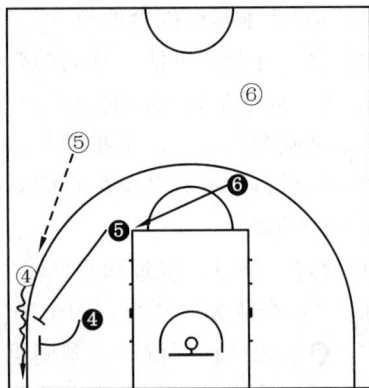

图 4-32

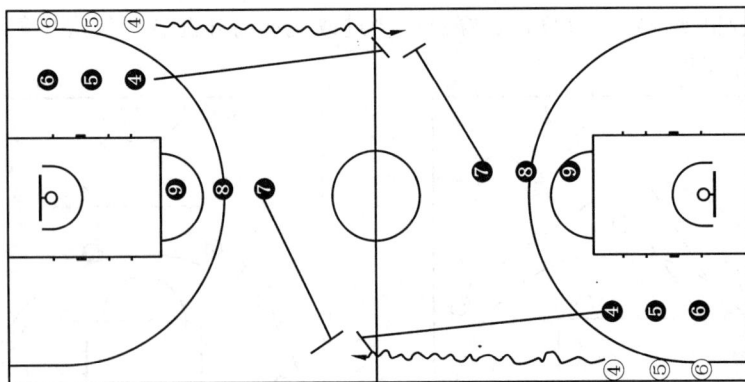

图 4-33

练习3：如图4-33所示，④沿边线运球推进，❹在④的前侧半步防守，控制其运球行进的速度和方向。当④运球刚刚过中场时，❼及时而迅速地向上去迫使

④停球并与❹一起夹击④。两组可以同时练习，队员按逆时针换位进行练习。

要求：夹击时行动要果断突然、不要急于去抢对方手中球而改变正确的夹击位置和身体姿势。

（3）"关门"配合练习。如图 4-34 所示，半场三攻三守，⑤传球给④，④从左侧突破，❺与❹协同"关门"，❻调整防守位置。④传球给⑥，❺防底线突破，⑥从右侧突破，❺再协同❻协防"关门"。做若干次后防守队员按顺时针换位继续练习，然后再攻守交换。

要求：临近的两名队员，"关门"时要注意把握好时机，配合默契，动作要快，两人要靠拢，不留空隙。

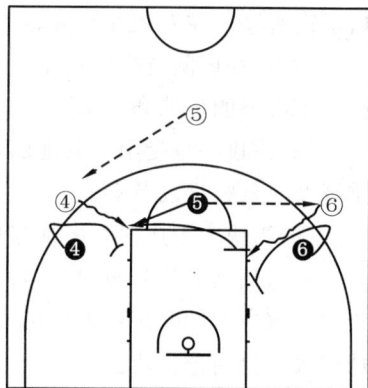

图 4-34

第二节 快攻与防守快攻

一、快攻战术

（一）快攻战术的概念

快攻是由防守转入进攻时，全队以最快的速度、最短的时间，将球推进至前场，争取造成人数上和位置上的优势，以多打少，果断而合理地进行快速攻击的一种进攻战术。

快攻是篮球进攻战术的重要组成部分，其特点是发动突然，攻击迅速，所以它是现代进攻战术中最锐利的武器，最重要的反击得分手段。由于篮球技术的发展，促进了快攻战术的发展，快攻的速度越来越快，快攻的成功率越来越高，其关键是争取时间、创造战机、速战速决。

（二）快攻战术的特点与要求

1. 快攻战术的特点

（1）全队参加，每名队员都熟练地掌握快速的进攻技术，参加的人数多，接应点多，一传距离远，快下的速度快，一对一的能力强。

（2）快攻结束时，常采用跳投及组织中远距离投篮和"一传一扣"的空中接球直接扣篮，行进间投篮已不再是唯一结束快攻的手段。

（3）快攻受阻时，审时度势，不失时机地掌握和运用好攻击节奏，将快攻与衔接段进攻和阵地进攻有机地结合起来，充分体现进攻的攻击性和连续性。

2. 快攻战术的基本要求

（1）强化快攻意识，不放过任何一次快攻时机，积极主动地组织发动快速反击。

(2)从守转攻时，要快起动，及时分散，保持合理的位置和跑动路线，做到前后层次有序，左右相互照应。

(3)抢获球队员要由远至近地观察全场情况，及时将球传送到最佳快攻点上，减少不必要的传球和运球。

(4)快攻一旦受阻，其他队员要及时接应跟进，不要轻易降低进攻速度，但要重视及时调整进攻节奏。

(5)当快攻不成时，要加强快攻与阵地进攻的衔接，迅速转入阵地进攻。

(三)快攻的结构与组织形式

快攻战术的时机：抢后场篮板球快攻，掷界外球快攻，被进球后的抢掷端线球快攻，抢断球快攻。

1. 快攻的结构

快攻由发动与接应、推进、结束三个阶段所组成。

(1)发动与接应阶段：比赛时，防守队员获球便是发动快攻的信号，全队队员应及时按既定的快攻战术方案和战术行动路线分散选位，获球队员相应快速准确地将球传给前移快下队员或接应队员，或者果断地快速运球突破防守自己的对手或传出第一传，或与接应队员紧密衔接。接应队员的任务就是要保证接到第一传后能及时将球迅速转入推进阶段。接应队员要灵活机动，选择有利于衔接的位置，抓住时机有意识有决心地加快推进前场，展开速决战结束进攻。

(2)推进阶段：推进阶段是快攻战术中承前启后的衔接阶段，要抓住时机加快推进速度和提高相互协同配合，做到人、球在位置上的主动是关键。不论传球推进或运球推进，都要突出一个"快"字，有快的意识，有快的行动。

(3)结束阶段：结束阶段是快攻的最后攻击阶段。发动与接应是前提，推进是纽带，而快速、果断、有效地结束快攻攻击则是快攻的根本目的。

2. 组织形式

快攻在组织形式上，分长传快攻、短传(结合运球推进)快攻和运球突破快攻三种类型。

(1)长传快攻：指队员在后场获球后，立即把球长传给迅速摆脱对手的快下队员。这是一种偷袭的形式，此战术是建立在准确的长传技术和快速奔跑、强行突破上篮等技术的基础之上的。由于长传快攻只有战术的发动阶段和结束阶段，因而进攻时间短，速度快，配合简单，是一种成功率较高的快攻战术形式。

(2)短传(结合运球推进)快攻：指防守队获球后，立即以快速的短距离传球的方式，直逼对方篮下进攻的一种快攻形式。这种快攻具有灵活、机动、多变的优点，参加配合的人数多，容易造成以多打少的局面，它也经常与运球突破结合运用。

(3)运球突破快攻：指防守队员获球后，利用运球技术超越防守，自己投篮得

篮 · 球

分或传球给比自己投篮机会更好的同伴进行攻击的方法。这一方法的特点是，抓住战机，减少环节，加快进攻速度，主要是个人攻篮。

(四)快攻战术的配合方法

1. 长传快攻的方法

示例：抢篮板球后长传快攻，如图 4-35 所示，④抢到篮板球后，首先应观察全场情况，掌握发动快攻的时机，⑦和⑧及时快攻超越防守。④根据情况，长传球给⑦或⑧进行投篮。④、⑤、⑥应随后插空跟进。

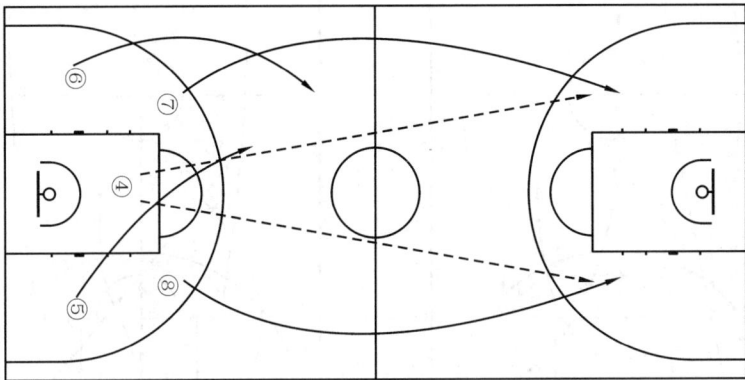

图 4-35

2. 短传结合运球快攻的方法

示例：如图 4-36 所示，④抢到篮板球后，将球传给接应的⑥，⑥又把球传给插中路的⑤运球推进。⑦和⑧沿边线快下，⑤根据情况将球传给⑧或⑦投篮，④和⑥随后跟进。

3. 运球突破快攻的方法

示例：中路与边线结合推进。如图 4-37 所示，④抢到篮板球后，⑤插中接应并将球传给沿边线跑动的⑧，⑧再回传给⑤从中路推进，⑦和⑧沿边线快下，⑥和④随后跟进。

4. 快攻结束的配合方法

(1)二攻一的配合方法。快攻推进至前场形成二攻一的局面时，进攻队员要拉开适当的距离，扩大进攻范围，利用快速传球、快速运球、运球突破投篮等进攻手段，创造进攻的机会投篮。

示例：如图 4-38 所示，⑨和⑩快速推进中，吸引❹上前防守⑨，⑨立即把球传给向篮下切入的⑩投篮。又如图 4-39 所示，⑩利用运球向篮下突破吸引❹上前堵截，并迅速把球传给另一侧切入的⑨投篮。

(2)三攻二的配合方法。三攻二时，左右两侧的队员要向边线拉开且略突前，中路队员稍靠后，保持三角形队形，扩大进攻面。在攻击时，要根据防守的阵形，决定是从中路运球突破，还是从边线运球突破，并且在突破中根据防守的变化果

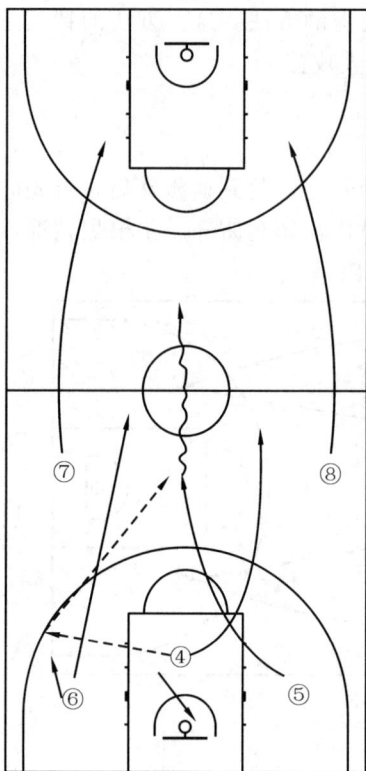

图 4-36

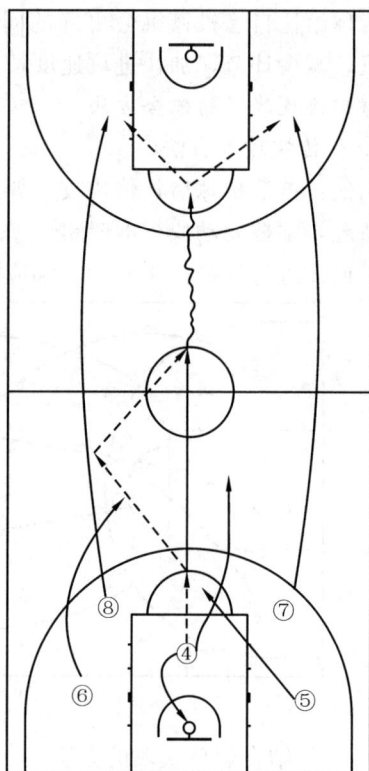

图 4-37

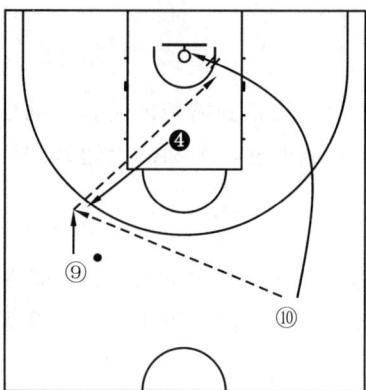

图 4-38

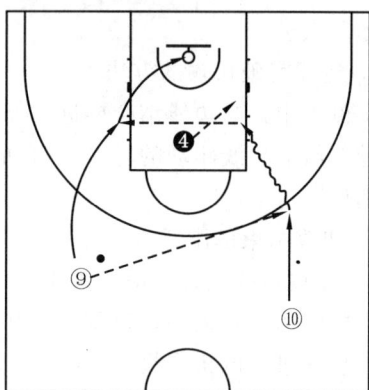

图 4-39

断、及时地处理球。

　　示例 1：防守队员平行站位时的进攻方法。如图 4-40 所示，⑧首先应从两名防守队员之间运球突破，突破中遇到❹的堵截时，立即把球传给⑨投篮。

　　当⑨接球后又遇到❺的堵截时，如图 4-41 所示，⑨则把球传给⑩投篮。

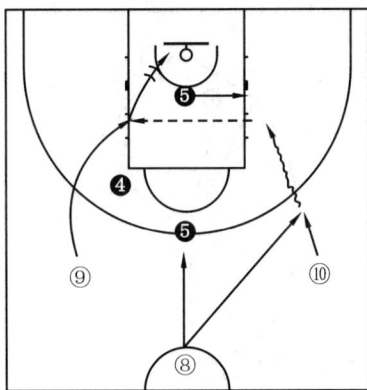

图 4-40

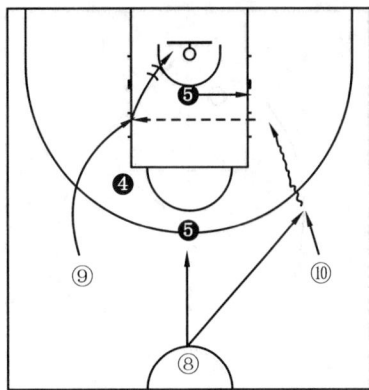

图 4-41

示例 2：防守队员采用前后站位时的进攻方法。如图 4-42 所示，对方采用前后站。进攻队员应首先从两边组织快速运球切入篮下，由于❺稍偏侧，所以首先从⑩运球向篮下突破，如遇到❺的堵截时，⑩立即把球传给⑨投篮。

当⑩向篮下突破遇到❺的堵截时，如图 4-43 所示，⑩立即把球传给空切的⑧投篮。

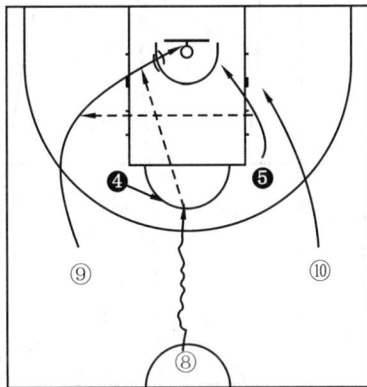

图 4-42

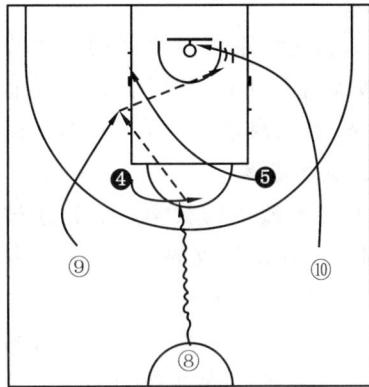

图 4-43

示例 3：防守采用斜线站位时的进攻方法。进攻队员从中路运球进行攻击时，如图 4-44 所示，⑧从中路运球突破，遇到❹堵截时立即把球传给切入篮下的⑩投篮。若⑩在篮下接球后又遇到❺的补防时，⑩可以把球传给⑨投篮。又如图 4-45 所示，⑧从中路运球推进，由于❹后撤防守⑩的空切，而❺及时移动堵截⑧的中路突破时，⑧应立即把球传给⑨投篮。

5. 运用提示

(1)快攻战术成功的关键是，从抢到篮板球后，队形分散要快，一传和接应要快，推进速度要快，最后快攻结束投篮要稳和准。

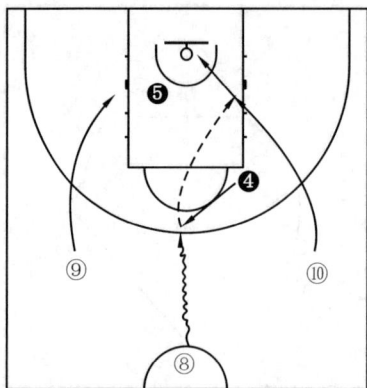

图 4-44

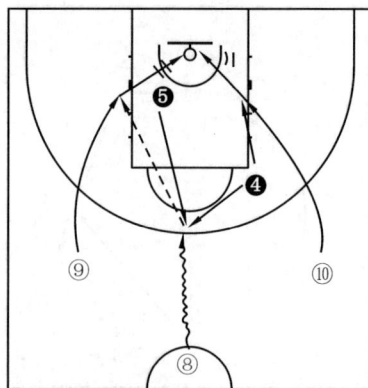

图 4-45

（2）接应点要尽量靠前，接球位置要在罚球线延长线向前两侧空位的区域。

（3）球在中路推进时要与两侧队员形成反三角形，两侧在前，中路在后，所以两侧队员要向前场快速移动跑位，中路队员要掌握好快攻配合的节奏。

（4）快攻结束时，要利用多种投篮机会，在对方收缩篮下时可采用中远距离投篮。

（五）快攻战术的教学步骤与方法

1. 教学步骤

（1）快攻战术的教学，首先通过讲解和演示使全体队员明确快攻的概念、组织结构、组织形式和基本要求。

（2）先进行分解练习，后进行结合练习，最后进行完整的快攻战术练习。

（3）先进行发动与固定接应结合推进的练习，后进行分解机动接应结合推进的练习；先练长传快攻，然后过渡到短传快攻。

（4）快攻结束段的教学，应先教二攻一配合，后教三攻二配合，最后教二攻二和三攻三配合。

2. 练习方法

（1）长传快攻的练习。

练习1：全队分成四组，如图 4-46 所示，④拼抢⑩投的篮板球后，⑤沿边线快下接④的长传球上篮。④传球后排到⑥的后面，⑤投篮后⑦拼抢篮板球，⑤排

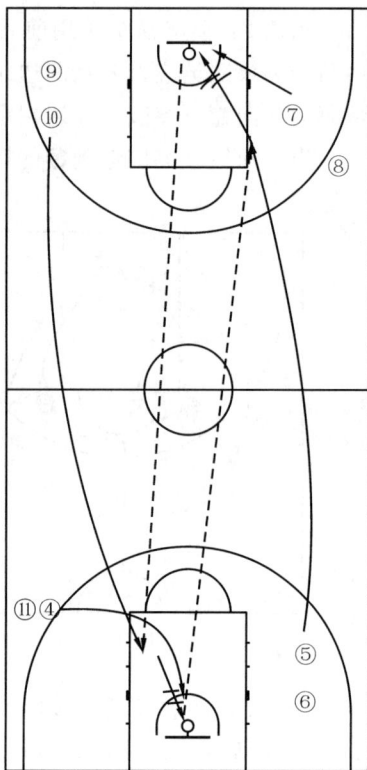

图 4-46

到⑧的后面。另一侧以同样的方法依次进行练习。

要求：长传球要及时、到位，做到以球领人。快下的队员要侧身跑，并随时注意接球投篮。

练习2：如图4-47所示，⑥抢到篮板球后，④沿边线快下，⑤插上接⑥的传球，然后迅速长传给④投篮。⑦、⑧、⑨以同样的方法从另一侧依次进行练习。换位时⑤到⑥的位置，⑥到④的位置，⑨到⑤的位置。

要求：抢到篮板球后不准运球，要迅速传出第一传，接应队员要及时插上，并根据快下队员的速度及时准确地传球，快攻的队员应随时准备接球投篮。

（2）短传快攻的练习。

3人短传快攻，如图4-48所示，⑥抢到篮板球后迅速传给接应的⑤，⑤及时回传给插上的⑥，⑥又传给插上的④，④再传给⑥，⑥再传给⑤或④投篮，另外两人拼抢篮板球。

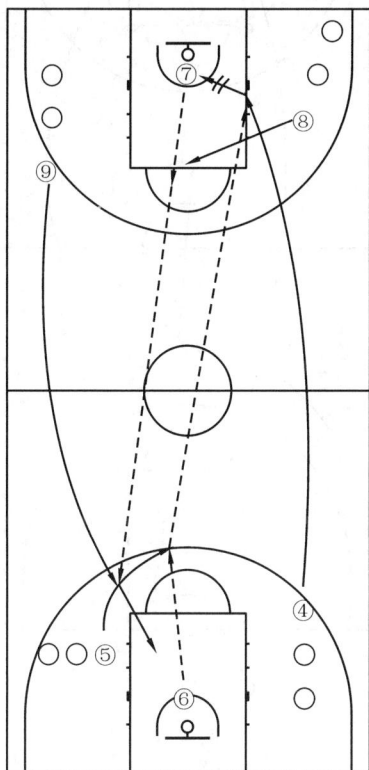

图 4-47

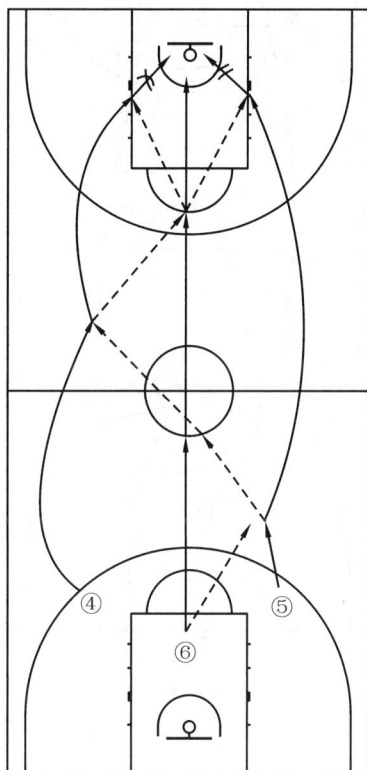

图 4-48

要求：抢到篮板球后不准运球，要迅速传出第一传，接应队员要及时插上，并根据快下队员的速度及时准确地传球。快攻的队员应随时准备接球投篮。

（3）快攻结束段的练习。

练习1：全场二攻一。两人一组分别到两边篮下站位，如图4-49所示，由⑥、⑤开始全场二攻一，❹防守，然后出❹、⑤接着向对面球篮进行二攻一，依次类推往返练习。

要求：发动要快，推进要快，处理球要果断。

练习2：全场三攻二。三人一组分成若干小组，如图4-50所示，④、⑤、⑥组进攻，❼、❽防守，三攻二结束后，由❼、❽、❾三人接着向对面方向进攻，另一组出两人防守，依次往返，连续练习。

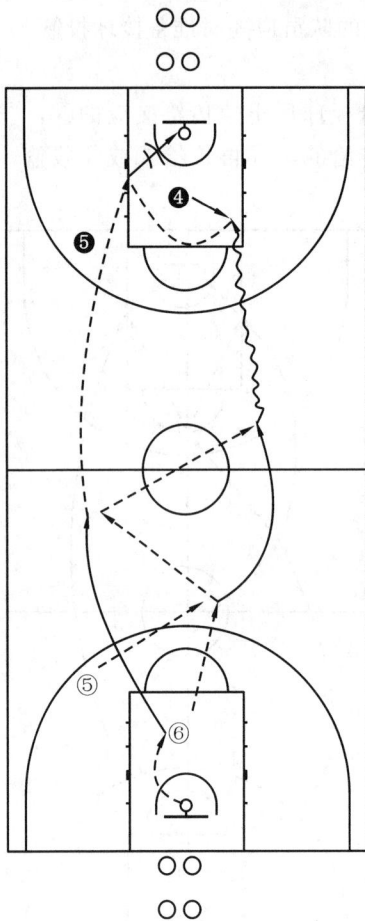

图 4-49

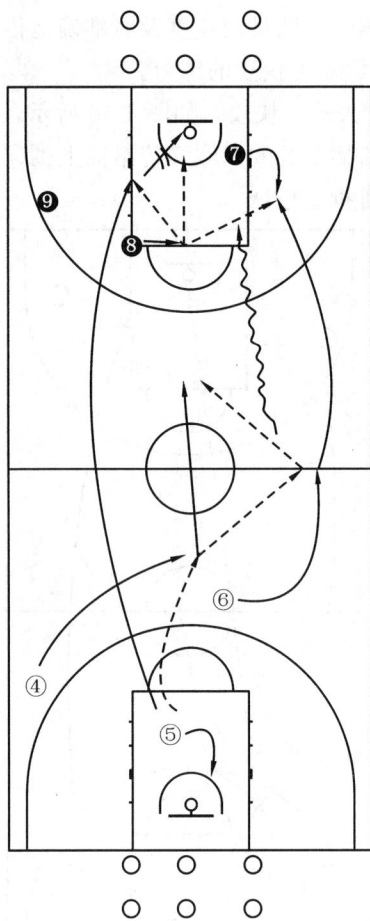

图 4-50

要求：掌握快慢节奏，保持纵深队形，减少失误。

(4)5人快攻练习。

练习1：如图4-51所示，5名队员按联防站位开始，教师在不同位置投篮，队员按要求做快速分散、接应、推进练习，如④抢到篮板球，则右侧的⑥先快速拉边，然后再插中接应④的传球，同时❽、❼快下，④、⑤快速跟进。

篮 · 球

要求：开始练习则可适当控制进攻速度，按要求使跑动路线清楚，纵深层次分明。

练习 2：如图 4-52 所示，教师把球抛向篮板，④抢到篮板球后立即传给左侧接应前锋⑦，⑥迅速进入中路做第二接应后快速运球推进，⑦传球给⑥后迅速沿边线快下，右侧的⑧迅速沿右侧边线快下，④、⑤快速跟进。

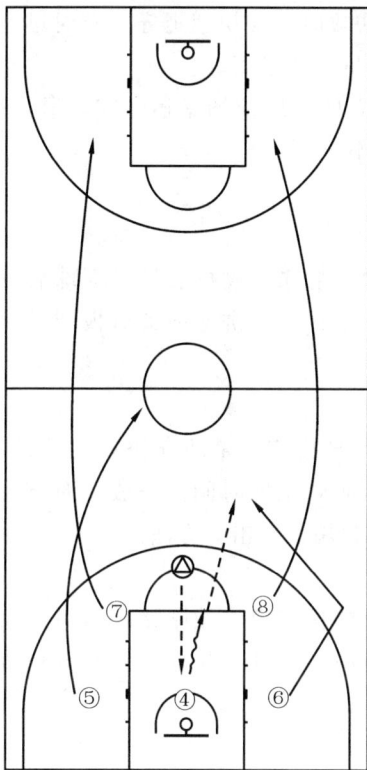
图 4-51

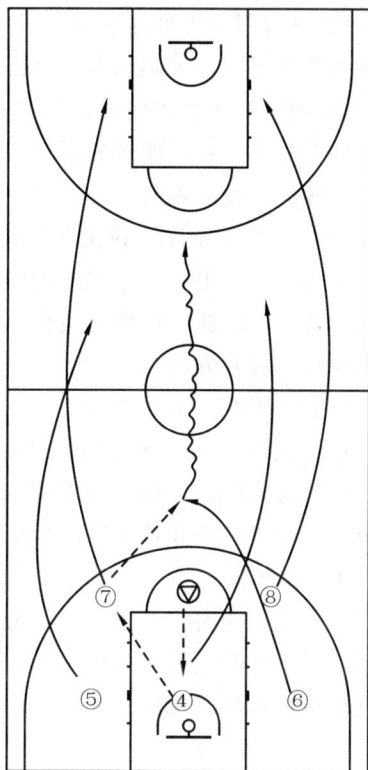
图 4-52

要求：抢篮板球后，第一传要快速准确，接应队员要快速插入接应区。

二、防守快攻战术

(一)防守快攻战术的概念

防守快攻是指由攻转守的瞬间及时组织防守阵形，主动阻止破坏对方组织快攻的防守战术。防守快攻要从全力拼抢前场篮板球开始，在失去球权后，首先封堵第一传，堵截接应队员，边退边干扰，力求延缓对方的进攻速度，打乱进攻的节奏，推迟进攻攻击时间，借机及时组织全队防守。现代篮球比赛速度不断加快，强化攻守转化意识，努力提高防守技术、战术质量和深入研究防守快攻战术的方法，显得越来越重要。

（二）防守快攻战术要求

（1）全队要保持攻守平衡，进攻投篮后既要有人积极拼抢篮板球，又要有人迅速退守。

（2）积极封堵和破坏一传接应，抢占对方的习惯接应点，并堵截接应队员，堵截、干扰、延误对方的推进速度。

（3）要具有积极拼抢的意识，当对方形成快攻时，应快速退守，及时迅速地在以少防多的情况下，大胆出击，赢得时间和力量上的平衡。

（4）要随机变换防守战术，在失去球后，立即采取前场紧逼防守，退回后场，采用半场人盯人防守，使对方不适应，破坏其快攻。

（三）防守快攻战术的方法

1. 提高投篮命中率，拼抢前场篮板球

现代篮球比赛中，根据实战的统计资料看，由守转攻抢后场篮板球后发动快攻的几率最大，因此，进攻队员提高投篮命中率、积极拼抢前场篮板球是制约对方发动快攻的有效方法。

2. 积极封堵第一传和接应

快速转化防守行动及时封堵和堵截第一传与接应，是防守快攻的关键环节，可以延误其快攻时间，给本队退守和组织全队防守争取时间。一般在对方控制后场篮板球、掷界外球和抢断球时采用贴身积极封堵、夹击等方法。

3. 堵截接应点

当对方采用固定接应方式时，应抢占对方的接应点，截断接应队员与第一传的联系，以干扰与控制对方任一队员的接应意图与行动，从而遏制对方快攻的发动或延缓快攻推进的速度。

4. 防守快下队员

由攻转守时，防守队员应积极堵截中场，使进攻队员不能长驱直入篮下，积极运用快速退守，并追截沿边线的快下队员。

5. 提高以少防多的能力

提高一防二、二防三的能力，重点防篮下，为同伴回防赢得时间，这就必须提高个人防守能力，以及同伴之间的相互补防能力。

一防二：运用一防二时，应充分根据对方的进攻位置，边防边退，选择有利的防守位置，迫使运球能力不强的队员运球，从而造成其失误和延误其进攻时间。

二防三：防守快攻战术的二防三配合有以下三种方法。

（1）两人平行站位防守，这种防守队形适用于对付两侧边线突破能力较强的队员，但中路防守较弱。如图4-53所示，❺防守⑤运球突破，❹兼顾⑥和⑧的行动，随球的转移，积极防守有球队员。

（2）两人重叠站位防守。这种防守队形可有效地阻止对方中路突破，但移动补防距离较长。如图 4-54 所示，当⑥中路运球推进，⑦和⑧沿边线快下时，❹上前堵截中路，❺在后兼顾⑦和⑧的行动。当⑥将球传给⑦时，❺则立即前去防⑦，❹后撤控制好篮下并兼顾⑧和⑥。

（3）两人斜线站位防守。这种防守队形的特点是，既可阻止中路突破，又可缩短移动补位的距离。如图 4-55 所示，当④和⑤进行短传推进时，❹先选择偏左的位置防守，当⑤将球传给④时，❹要立即移动堵截④，❺选择有利位置兼防⑥和⑤。

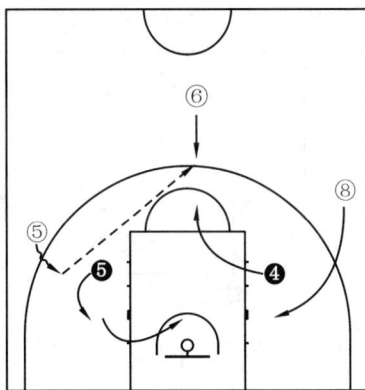

图 4-53

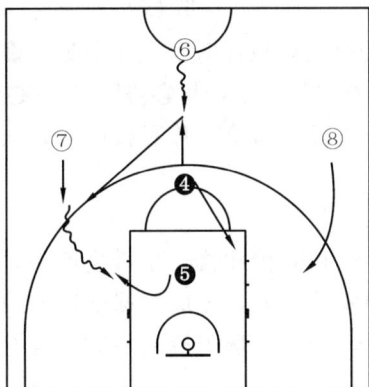

图 4-54

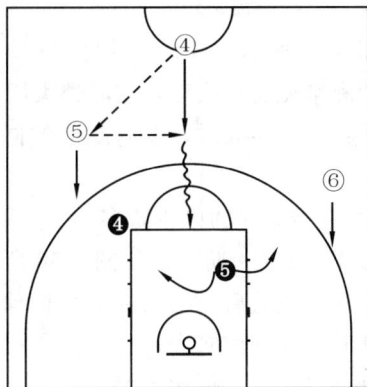

图 4-55

（四）防守快攻战术的教学步骤与方法

1. 教学步骤

（1）防守快攻教学要与快攻教学结合进行，一般放在快攻教学完成之后。

（2）防守快攻教学应采用分解法，把堵截快攻第一传与接应、防守对方推进、防守结束阶段分别进行教学，在掌握各阶段方法的基础上，再进行整体防守战术的教学。

2. 练习方法

（1）封堵第一传与接应。

练习 1：三对三堵截快攻的发动与接应。如图 4-56 所示，教师将球抛向篮板，当④控制篮板时，❹上前挥臂封堵④的第一传和防其突破，⑤和⑥均为接应队员，❻立即堵截⑥的接应，❺堵截⑤的插中接应，并伺机抢断球。

要求：失去篮板球后，要积极紧贴对手挥臂堵截第一传和接应，破坏和干扰其传球和突破。

练习 2：三对三夹击第一传和接应。

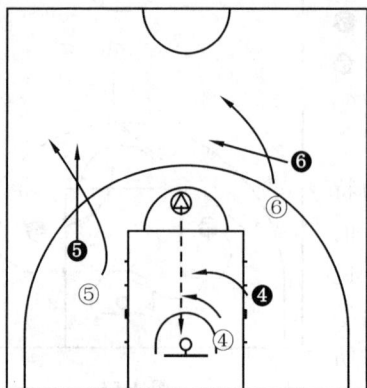

图 4-56

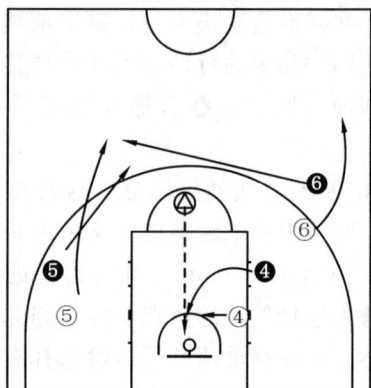

图 4-57

如图 4-57 所示，教师将球抛向篮板，④抢到篮板球时，离④最近的❹立即封堵第一传和堵截运球突破，这时❻大胆地放弃快下的⑥，与❺协同夹击接应的⑤。

要求：由攻转守时，要与就近的同伴夹击、封堵第一传和接应，延误快攻的时间。

（2）快攻结束时的以少防多。

练习 1：全场一防二。如图 4-58 所示，⑤和⑥传球快速推进到前场，⑦迎前防守，⑥或⑥投篮后，⑦跟进抢篮板球与⑧发动快攻，传球快速推进向对侧球篮进攻。此时，⑨迎前防守，当⑧或⑦投篮时，⑩跑进场内抢篮板球，与⑨发动快攻传球推进二攻一，依次练习。

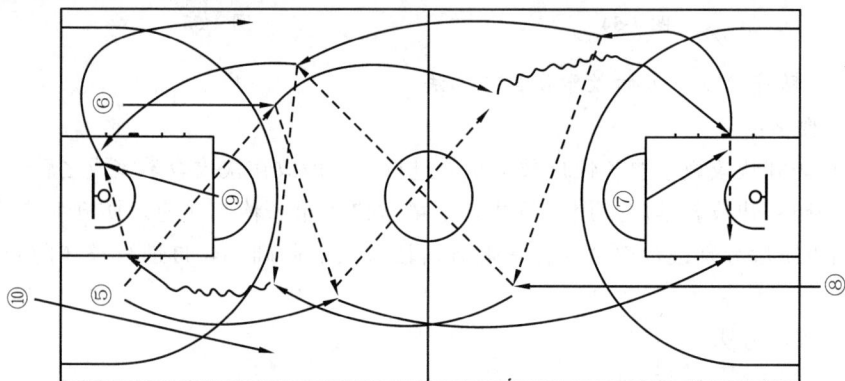

图 4-58

要求：一防二时要力求做到退守积极移动，始终注意占据和调整有利的防守位置。有策略地利用假动作进行干扰，造成对方失误。

练习 2：全场二防三。如图 4-59 所示，④、⑤、⑥三人一组传球向前场推进，⑦、⑧在前场弧顶附近防守，⑨在边线外等候，当⑦、⑧抢断球或抢到篮板球时，

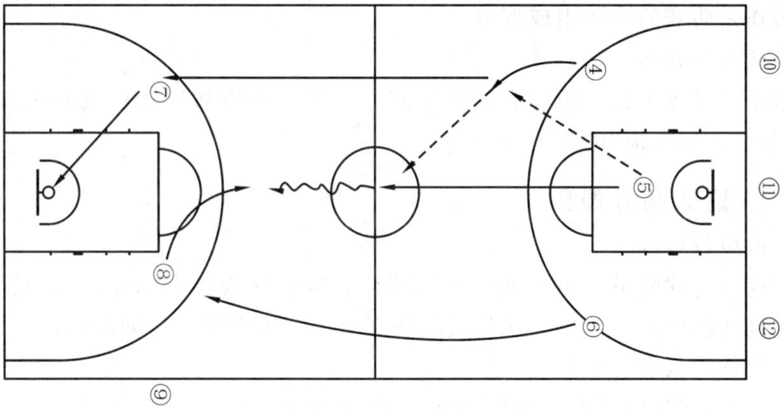

图 4-59

⑨立即进入场内与⑦、⑧发动快攻。⑩、⑪迅速进入场内防守。当⑩抢断球或抢到篮板球时，⑫立即进入场内与⑩、⑪发动快攻。如此攻守交替进行。

要求：二防三时要力求做到在积极退守中紧密配合，左右和里外都应兼顾，分工明确，不让对方轻易切入篮下进行攻击。

第三节　人盯人防守

人盯人防守战术是每名队员负责盯住一名对手并与同伴们互相协作，进行集体防守的全队防守战术，以控制进攻行动、争夺球权和阻止对方投篮为目的，为守转攻创造条件。人盯人防守的优点是能充体现人、场地和球三位一体进行直接争夺的同场对抗规律，战术灵活机动，队员职责明确，有很强的针对性和策略性。

一、人盯人防守观念的发展

（一）争夺球权

"与进攻队争夺球权"是防守观念最根本性的转变，它使防守的性质和目的发生了变化：从消极防御走向攻击性、破坏性防守，从而改变了一系列的防守方法和防守人的行为方式。

（二）以球为主

任何防守位置的选择、防守任务和行动的确定，都要以球的位置和得分的危险程度作为首要依据。防守时站位的选择：人球兼顾，以人为主，防止对手突破，才能使整体防守或"集体式"防守得以实现。

（三）协作

一方面，实施攻击性防守必须由同伴之间相互配合；另一方面，由于进攻能力的提高和配合手段的增多，防守必须与之相适应，采用各种配合手段来弥补可能发生的漏洞。因此，"协作"是现代防守的重要观念，全队灵活多变、配合很好的相互协作是防守的重要组成部分。

（四）从失球开始

高水平的进攻不允许防守有间歇时间，突破、快攻和连续进攻的出现不允许防守队到达"防守阵地"才开始防守。

二、人盯人防守原则

（一）威胁持球人

全力逼迫持球队员，不让他顺利传球，影响他的观察和动作，迫使其离开有利的和想到达的位置，才能为同伴减轻防守压力，为组织协防创造条件。

（二）传球间隔和强弱侧

与持球人相邻（即只有一个传球间隔）和处在有球侧的防守队员，应采用逼迫防守；而防守与传球队员不直接相邻、有两个以上传球间隔和处于弱侧的防守队员，应承担协防任务。

（三）威胁性与非威胁性传球

传向攻击位置和最有威胁的对方队员（如传给前锋、中锋）的球，称之为威胁性传球，应不让对方任意接这种球；反之，防守非攻击位置和进攻威胁较小的对方（如回传给后卫）的球，这时防守队员应负有协防任务。

（四）随球移动

当对方向任何方向传球，或观察到持球人的传球意图和可能，应立即调整自己的防守位置，改变防守目的。

三、半场人盯人防守的基本方法

（一）防有球队员

（1）防持球队员，要正对，宽步幅，低重心，平步防守，防距半臂到一臂，两臂张开，一臂侧举，防突、防传、防投。

（2）防运球队员，逼对手向边线方向运球，如运球队员停止运球，要上前紧贴对手，双臂上举，封住对手的传球路线。

（3）防突破队员，当对手运球突破时，近球队员要立即协助，可用"关门"、抢先防守等配合阻止他突破。

（二）防无球队员

（1）以防人为主，要人不要球。一旦对手切入篮下，要立即转腰换臂紧贴移动。

（2）要缩到罚球线端的位置，以协防对手向限制区内供球和突破。

（3）防掩护，用挤过、换防、穿过或绕过等配合方法进行破坏。

（4）防策应，用防切入、换防、穿过等配合方法破坏。

（三）防策应队员

（1）防守时，必须对外围进行协防，不要离开自己的对手去做补防。

（2）在防守中锋时，向有球方向做完全绕前防守或侧绕前防守。

（四）底线队员的协防

对手由底线突破时，在限制区防守的队员要穿过限制区的封堵，防止从底线突破的队员，同时防止后卫后撤，保护篮下。

（五）始终要随着球的位置调整自己的防守位置

（六）面对面防守，人球兼顾，随时抢堵由弱侧切入队员的移动路线

四、全场紧逼人盯人防守的基本方法

（一）防发界外球队员

（1）扰乱端线发球队员，破坏发球入场。

（2）放弃发球队员防守，撤回与同伴一起夹击接发球队员。

（二）防接发球队员

移位防守，抢断发进场的球或延误发球入场的时间。

（三）防持球队员

迫使持球队员沿边线运球，或迫使他用弱手运球（大多数队员左手运球技能较弱于右手）。

（四）防运球队员

（1）紧逼运球队员，迫使他抬不起头来，不让他找到合适的传球路线。

（2）运球队员向球场中间运球时，防守队员不让他快速突破到中场，迫使他做45°斜线运球，消耗对方后场控制球的时间。

（3）防住对手，直到近球的同伴迎前夹击或迎前堵抢时，然后进入轮转换位，寻找漏防的队员。

（五）防近球队员

（1）首要是防止对手接球。

（2）当运球队员远离时，应向球的方向回缩，但仍要盯住对手，并随时阻止他接球。

（3）运球队员向某防守者移动至适当距离时，该防守者应迅速上前迎堵，形成夹击或堵抢或堵停后回原位，防守自己的对手。

（六）防远球队员

（1）与上"（五）"中"（1）"的要求相同。

（2）与上"（五）"中"（2）"的要求相同。

（3）当运球队员向某防守者的方向运球时，该防守者应做好夹击或堵抢的准备。

（七）对手被迫停球时，防持球的队员须对持球队员做紧贴防守，并高举双手封球，其余队员，近球者错位防守，远球者侧前防守或身前防守

（八）全队防守要有声势，防守有重点

尽量迫使对方控制球能力差的队员持球，尽量延缓对方的推进速度和时间，破坏对方战术配合和进攻的节奏，充分发挥速度、灵活性和顽强拼搏的精神，全力夺取球权。

（九）一旦夺得球，快速反击

五、半场人盯人的防守练习方法

（一）防有球队员和防无球队员练习

练习1：防止接球（图4-60）。

开始时安排一对学生在边线与罚球区之间、底线以内的地方。教师站在正常的后卫位置，拍球指示练习开始。进攻队员做"V"形切入，摆脱防守到正常的前锋位置。

方法：

（1）防守者把靠近传球者的一只手和手臂伸到传球路线上，并要求掌心朝着传球者（拇指朝下）。

（2）靠近进攻者的一只手臂弯曲成$90°$，对着对手，不让他在自己的双足之间插足，限制其脚步移动。

（3）与进攻者保持一定的距离，直到他到了罚球线的延长线。以手臂感知他的移动，谨防反跑。

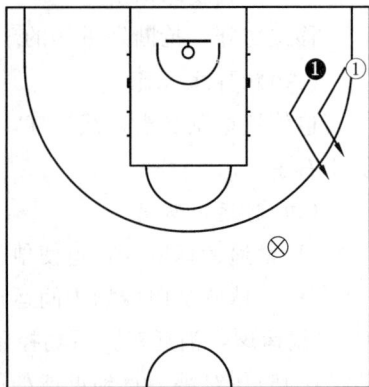

图4-60

要求：

（1）防守者的精力集中在球与接球者之间，人球兼顾，以防人为主。

（2）防守者重心在两脚之间，要避免向球前冲。保持身体平衡。

（3）随时准备断球反攻。

（4）如果进攻者接到球，防守者应立即调整位置，堵中放边。

练习2：切断底线运球突破（图4-61）。

方法：

（1）进攻者接球后立即"看篮"，并试图从底线突破。

（2）防守者移动位置，切断进攻者往底线走的路线。

（3）防守者切断进攻路线，不让进攻者从那通过。双手举起，挺胸，与进攻者的接触都在胸部，但避免用手而造成犯规。

要求：

（1）一旦进攻者停止运球，防守者要调整位置，切断区域的传球。

（2）进攻者停球的同时，防守队员都要封堵传球路线，以造成对方5秒违例。

（3）在此练习中，进攻者回传球给教师之前要检查防守者的站位位置。

（4）防守者的双手要对着球，尽量使其回传教师的球偏斜。

练习3：封堵反跑（图4-62）。

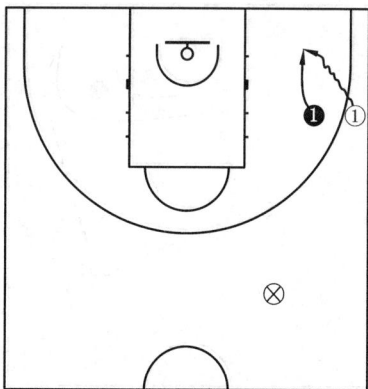 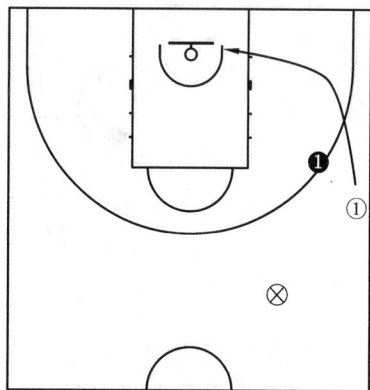

图 4-61　　　　　　　　　　　　　图 4-62

方法：（1）进攻者按照正常的路线跑动要球（"V"形切入摆脱、插步和伸手做传球的目标）。

（2）一旦进攻者到了罚球线的延长线、教师假做传球，调动进攻者反跑。

（3）防守者跟着进攻者后退，保持正确的防守位置。

（4）如果进攻者未接到球即回到原位，防守者要及时回防，立即到防接球的位置上。

练习4：防中锋（图4-63）。

安排两名传球者（⊗1、⊗2）和一攻一防的两名中锋。一名传球者在前锋的传球位置；另一名在后卫位置。

防中锋的基本原则如下：

（1）如果球高于罚球线的延长线，那么防守者站在进攻者外侧3/4的地方，把近球手臂伸进传球路线上，另一手臂屈肘抬起用力挡于对方的腰部。

（2）防进攻中锋，防守者站在进攻者内侧，不让他接球。

（3）如果中锋落在篮板下面的位置，那么防守中锋应在靠圈顶的一侧防守而无需看球。其理由是如果传球给这个位置上的中锋，防守者可以迫使他在篮板后边，使他在投篮时冲撞防守者或迫使他回传球。

（4）进攻中锋从高位置转到低位置时，即用基本的贴身滑步防守，就是面对面地围绕他移到另一位置。

练习5：防横切（中锋快速切入，图4-64）。

两名传球者，一名在右后卫的位置，另一名在左前锋位置。

练习开始时，有前锋①持球，由防守者防他。①将球传给后卫，然后后卫斜传到左前锋位置。进攻者把球传给后卫之后即向底线移动，而当左前锋接球时，切入者即快速切向球。每次传球，防守者都必须迅速调整自己的防守位置。当进攻者横切到罚球区中间时，防守者要屈肘抬臂，不让进攻者靠近他的身体。

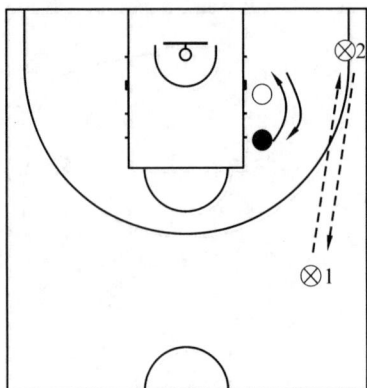

图 4-63

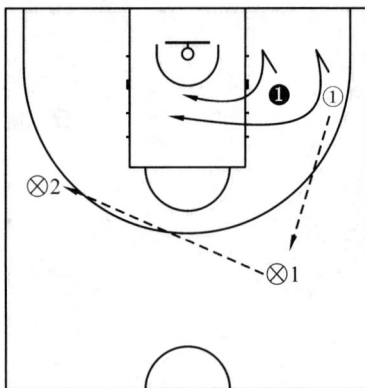

图 4-64

练习 6：防斜切(图 4-65)。

两名传球者，一名在后卫位置；另一名在对面的前锋位置。球由前锋处开始，此时进攻者在有球一边被挡住的位置。球传到另一侧后卫，进攻者向底线跑两步，然后向球夹切。

防守基本原则：

(1)当进攻者一进罚球区，防守者就要屈肘抬臂。

(2)把进攻者从外中锋区往两边赶，迫使他到圈顶以外，这对制止反切十分重要。

练习 7：一对一练习。

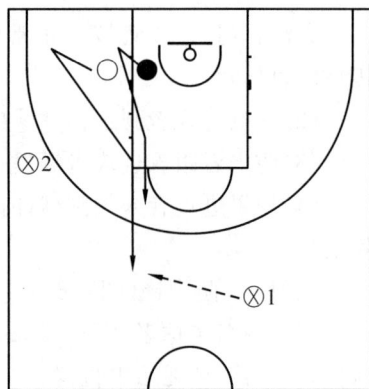

图 4-65

把全队分成若干队，如果可能的话每队分配一个篮圈，防守者做出防守姿势，把球递给进攻者，进攻者在距篮 4.5～5.5 米的任何地方做好"准备"姿势 。当进攻者投篮时，要求防守者做到封挡投篮，改变投篮，改变投篮者的节奏，影响投篮者的视线并挡人抢篮板球。

投中篮后，防守者拿球到另一个距篮 4.5～5.5 米的地方，再重复上述程序。如果球未投中，进攻者在罚球区里抢到篮板球就传给防守者，并到另一距离相同的位置再进攻。如果防守者抢到篮板球即传给进攻者，并往外走到距篮 4.5～5.5 米的位置去进攻。

每天练习可做某些限制，如某天允许运球一次，另一天要求运球两次和补篮等。

这个练习一般要投中 7~10 次。

（二）移动练习

1. 移动练习

在集体防守中，采取正确的与球相关的位置。如图 4-66 所示，防持球前锋的位置图中已标明。注意防近球后卫的人要退到罚球线协防中区切入或传球，弱侧后卫的防守人退下更远。弱侧前锋与球有三传之隔，因此，防守者必须跨在平分罚球区的线上。所有的这 3 名协防者都要使内侧脚在上，近球的手臂伸展为正常的不让接球的姿势，目光集中在球和所防人的中间。保持正常防守。

球从前锋传到后卫（图 4-67），所有的 5 名防守者都必须同时移到他们的下一个防守位置。防传球者的人在对方传了球后，须迅速向有球侧移动。防持球后卫的人采取正常防球的位置。弱侧后卫的防守者协防球，并往后卫与后卫的传球路线上提一大步。弱侧前锋的防守者调整到一步外的位置。中锋依照正常的原则防守。

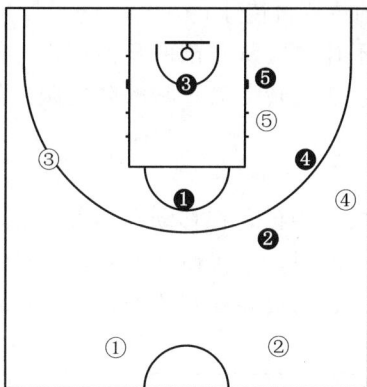

图 4-66

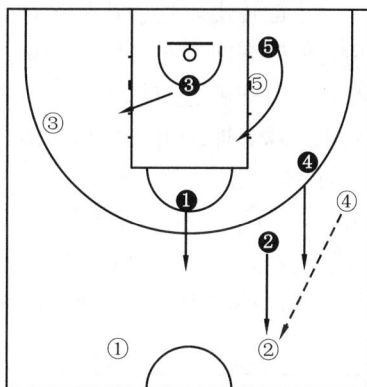

图 4-67

球从后卫传给后卫，然后如上段所述按倒转位置进行（图 5-68）。在移动练习的开始，传球很慢，以便更正移动的位置。最后则做无规律的快传球，迫使防守者对球的转移尽快做出反应。

2. 弱侧换人

如图 4-69 所示，这个练习除了在后卫传球给后卫的同时弱侧锋、卫换位之外，与移动练习是完全相同的。其目的是表明互相联系的正常技术和滑步技术。前锋的防守者现为助防，同时后卫的防守者在一步之外的位置。

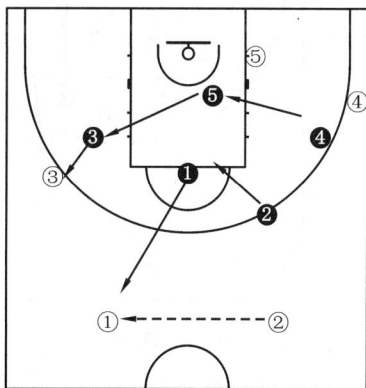

图 4-68

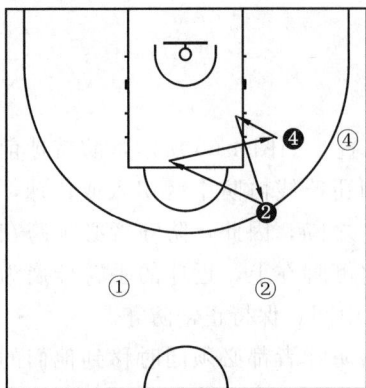

图 4-69

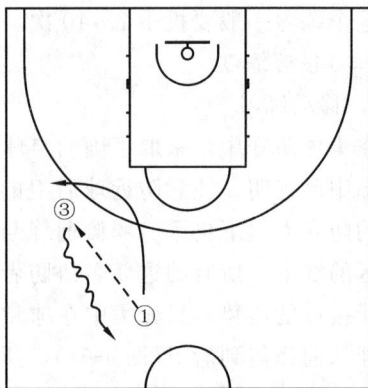

图 4-70

3. 防传切

如图 4-70 所示，要求后卫传球给前锋，并快速向篮下切入，前锋争取传球给切入者，如未能传出，他就往外运球到后卫的位置再传球。

对传切的防守在二对二练习中的要求是不让对方从自己的身前切入，同时看得见球和人。防守者迫使切入者往他身后切，然后转变为正常的防反跑。如果切入后卫未接到球，即绕出底线移向前锋位置。

4. 协防和封堵

如图 4-71 所示，有 4 名外围队员，运球突破中区，把移动和换人的练习结合起来。我们已经教了"协防和封堵"的个人技术演习，这将使练习者在更接近比赛的情况下练习。练习中当教师喊"不许动"时，运动员要停在原处，以便更正位置和讲解。

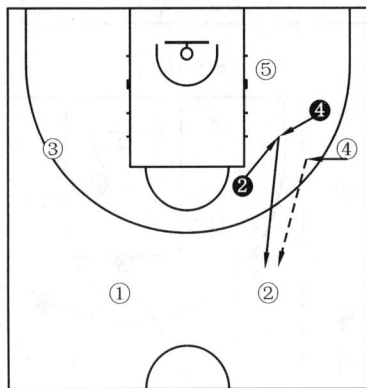

图 4-71

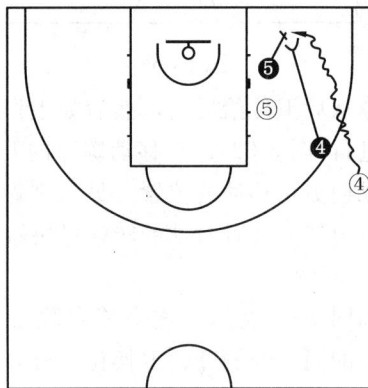

图 4-72

5. 底线轮转

如图 4-72 所示，前锋拿球时，教师指示"底线切入"，练习者即运球往底线猛切。要求他如有可能即向角转身。

篮 · 球

防持球的人尽量自己堵住他的切入。同时，最近的防守者(中锋和前锋)要在必要时助防，使切入者在到达罚球区之前就停住。进攻队员要投篮，必须在他出手之前抢占有利位置。

防守的轮转如图4-73所示，中锋的位置较高，此时要求防前锋的人协防。在两种情况下弱侧后卫的防守者都要轮转到弱侧篮下区，去阻断往该区的传球，投篮后即在弱侧抢篮板球。注意：如果中锋助防，前锋就要防中锋。如果前锋协防，攻方中锋下沉，则守方中锋要看住自己的人。

6. 外围缩回保护

如图4-74所示，当球从外围传给内中锋后，要求防守者向球靠拢，消灭任何可移动去投篮的空间，并使中锋回传不准。

外围防守者所防的队员传球到内线，这时防守者靠传球方向的一只脚后撤。根据进攻队员的传球方向撤同侧脚。要随传球上举双手"阻击"中锋，阻碍他移动，并试图在他传球时能触着球。一般来说，中锋是对方最差的传球人，可以阻击性防守而造成断球。如果球传出来，防守者要按照同样的程序封堵，向球的方向撤步，并控制所防的人。

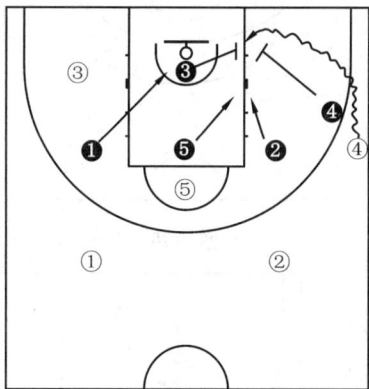

图 4-73

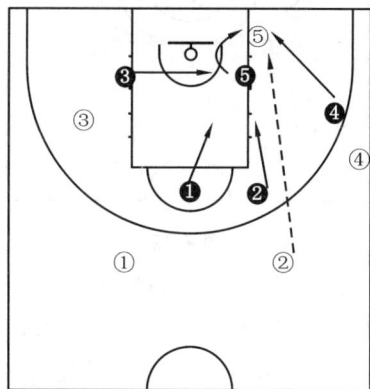

图 4-74

当球传给内中锋或位置居中的中锋时，我们用距离最近的两名防守者缩回防球。同时，另外两个人后缩，保护篮下区。如果球传到外中锋区，就退到与球平行的地方去协防，但要做到人球兼顾(图4-75)。

7. 防从策应队员身边切入

如图4-76所示，如上所述，球传内中锋时，最近的防守者要缩回，面对中锋封堵，不让进攻者从策应者身边切入。

对外中锋而言，防守者要保持一脚与中锋位置相平，并对围绕中锋切入者换防(图4-77)。如果一名进攻队员围绕中锋切入而另一名拉开，那么必须通报"拉开"，此时防守者迅速移动，从持球者和自己防守的对手之间抢过(图4-78)。

图 4-75

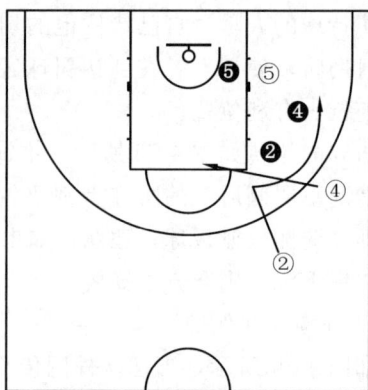

图 4-76

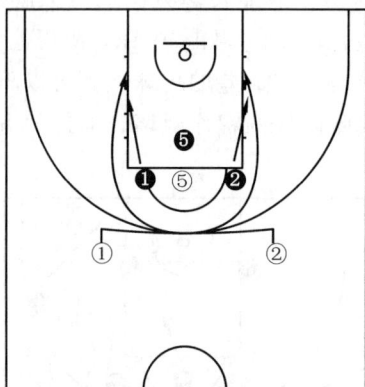

图 4-77

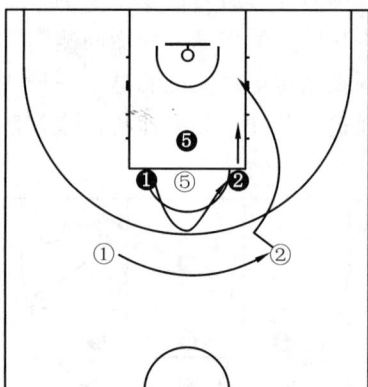

图 4-78

8. 防守持球人做掩护

如图 4-79 所示，做这个练习，当后卫传球给前锋后，去给另一名前锋做掩护，并造成从运球一侧切入时，防守队员应及时交换防守，或迫使其改变预定的切入路线，由其他同伴协助防守。无论是这两种情况的哪一种，弱侧前锋和后卫都应交换位置。

六、二对二、三对三练习

1. 内外线二对二

在此练习中，用一名内线队员，要求紧逼中锋传球，外围缩回协防中锋，并阻止回传外围。

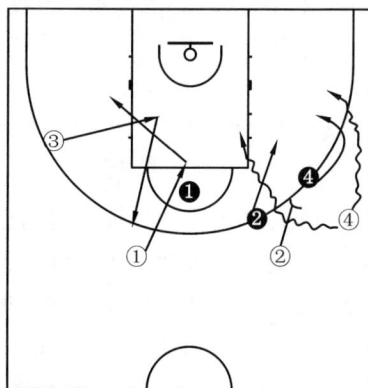

图 4-79

外围人距篮约 6 米，用两种方法外围缩回：第一种是当球传到中锋时，即撤腿并向球缩回。缩回时要保持看到人和球。球在内线队员手上时，他应用内侧手触到球。第二种是前面讲过的撤步，然后面对中锋举起双手封回传球。当球传到外围，防守者随传球方向转身，回到原来的位置上。

可用传球练习来掌握退回保护的正确技术，即一名中锋一名外围队员，相距约3米传球，防守外围的队员如果球从他的左手上边或下边传出，他必须后撤左脚，然后双手上举防接球人，积极地造成对方传反弹球或高吊球，使传球不准。计算防守者摸到球的次数，一分钟以后换防守者。

2. 实战的三对三练习

掌握了个人的基本技术，过渡到两人练习，再过渡到三人练习。加强助防一边的防守技术，同时练习防中锋，并帮助防传给内线的吊球。

可用此练习作为一种竞赛练习（投中7～8个球）。告诉进攻者在传切、围绕中锋切入、反跑、给有球人或无球人掩护当中，想做什么就做什么。抢进攻篮板球时补中也算进一球，以说明挡人的重要性。

根据需要发展二对二、二对三的练习，例如协防和封堵、制造对方撞人等练习。

七、四对四、五对五练习

1. 防成三次攻守交换练习

也可用这种方法进行四对四的练习。这种练习的好处是每个人都必须努力做好个人和集体防守，否则整组就要防很长的时间。

2. 五对五

防成3次篮板或抢断反击——对方投篮不中或被抢断，防守队打反击。

八、全场紧逼人盯人防守练习方法

（一）练习要求

（1）培养坚韧不拔的战斗作风和顽强的意志品质。全场紧逼盯人对队员各方面的要求较高，要加强速度耐力训练，以充沛的体力和勇猛顽强的作风做保证。

（2）熟练掌握各种防守脚步移动技术，提高个人防守能力，提高控制对手接球和合理进行抢、打、断的攻击性防守能力。

（3）提高全场夹击、换防、补防意识和防守配合能力。

（4）提高由攻变守的快速转换能力。在对方抢得篮板球或掷界外球等情况下，立即进入全场紧逼人盯人状态。

（二）训练步骤与方法

1. 提高个人防守技术和能力训练

（1）各种防守步法训练。

（2）提高一对一紧逼持（运）球队员的能力，培养抢前防无球队员的接球和切入能力训练。

第四章 \ 篮球战术

2. 换防、夹击(或迎前堵抢)、堵、抢复位和
轮转补防能力训练

(1)全场二对二防守配合练习：进攻者掷端
线界外球，两防守者或各紧逼自己的对手，不让
接(发)球；或两人夹击接应者，争取断球或 5 秒
违例。球掷进场后，进攻队可运球突破或掩护，
防守队练习夹击、补防或交换。

(2)全场三对三防守配合练习：如图 4-80 所
示，❷、❸在③、②侧前防守，❹帮助夹击②、
③或伺机断球。进攻组可利用摆脱和掩护接球在
全场攻击，防守组练习夹击、换防或补防，分 3

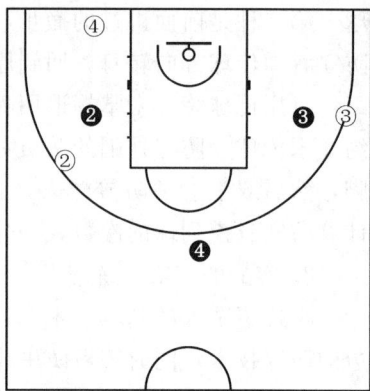

图 4-80

～4组轮换。根据队员防守能力发展情况，可要求进攻者进行全场的突破、掩护
及策应配合，提高队员全场紧逼防守的配合攻击能力。

(3)全场轮转补防练习：图 4-81 所示，全场四对四，要求进攻者如将球掷入
场内后开始运球突破，使❶和❹练习堵抢、堵停配合和换防等配合。如果②沿边线
运球突破，❹坚决迎堵、夹击，❹和❸轮转补位。球进入前场进行四对四半场攻守。

(4)全场五对五配合练习：根据全场紧逼人盯人防守原则的要求，在全场范围
内模拟抢篮板球或掷界外球开始展开全场紧逼人盯人防守各种配合训练。根据具
体问题逐一改进、完善和提高防守质量。

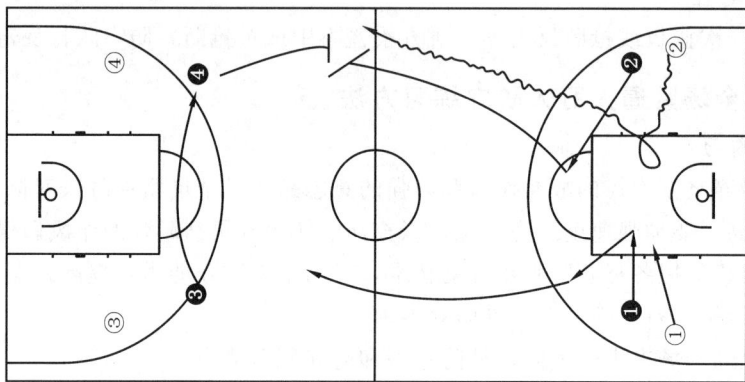

图 4-81

3. 比赛中锻炼提高

以 10～15 分钟为一节进行全场教学比赛。参加公开或正式比赛，检查效果，
发现问题，不断总结提高。

九、进攻半场人盯人防守

进攻半场人盯人防守的全队战术是由掩护、策应、传切、突破分球等配合所

篮
·
球

组成的。在组织进攻战术时，不仅要遵循进攻半场人盯人的一般原则，而且还必须根据本队的身体、技术、风格等特点，最大限度地发挥本队的特长，充分调动每名队员的积极性，发挥每个人的长处，合理地组织战术打法。

进攻半场人盯人的阵势主要由队员的身高所决定，如一高四矮，基本上应以"2—1—2"阵势为主；二高三矮，可以采用"1—3—1"和"1—1—3"阵势；三高二矮，可以用"1—2—2"和"2—3"阵势。不同的进攻阵势，其进攻方法和主攻点也不同，基本方法有以下几种。

(一)通过中锋进攻为主的方法

通过中锋进攻，一般有单中锋和双中锋两种。单中锋进攻的站位方法有：

①站在罚球线外；②站在罚球区两侧。单中锋进攻的特点是能扩大篮下攻击区，易于保持攻守平衡。

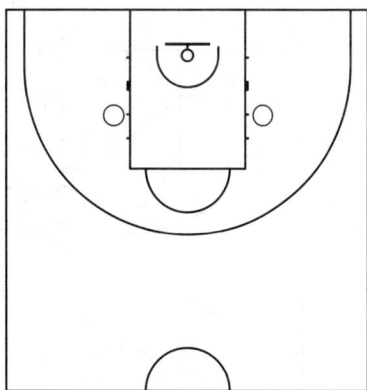

图 4-82

双中锋进攻的站位方法可有三种：

①平行站立，如图 4-82 所示；②上下站立、如图 4-83 所示；③重叠站立，如图 4-84 所示。双中锋进攻的特点是便于与外线进攻结合，扩大外围进攻面积，加强篮板球的争夺。

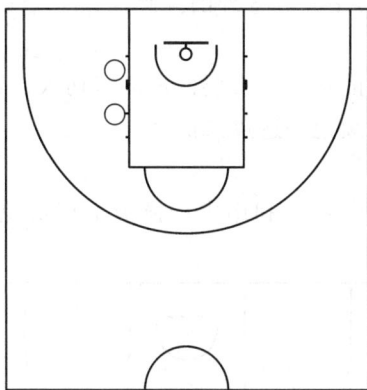

图 4-83

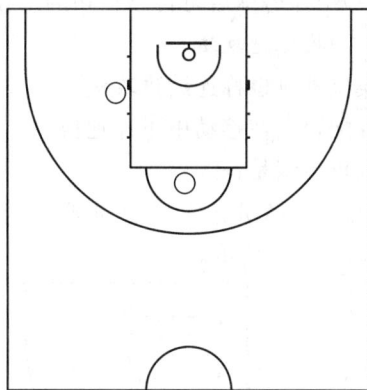

图 4-84

通过中锋进攻的主要方式有三种：①中锋直接得球后，摆脱对手投篮。②中锋队员之间通过掩抄等配合得球投篮。③中锋队员策应，与外围队员配合，内外结合进攻。

1. 单中锋进攻法

例：如图 4-85 所示，中锋⑤上插到罚球线策应，⑥传球给中锋，同时④溜底。中锋得球后⑦和⑥交叉掩护，⑧拉后保持攻守平衡。这个配合的攻击点有：

(1)中锋得球后传给溜底的④投篮。

(2)中锋背向得球后向自己的右侧突破。

(3)传给交叉切入的⑥投篮，或传给⑦外围中距离跳投。

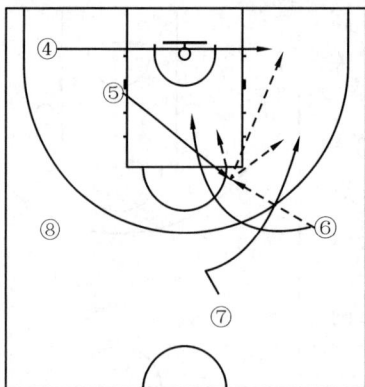

图 4-85

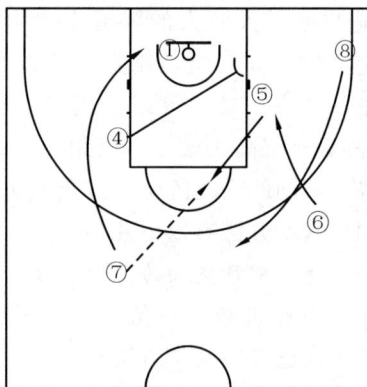

图 4-86

2．双中锋进攻法

例：如图 4-86 所示。进攻中锋④给⑤掩护，⑦传球给⑤后向左侧空切，⑥和⑧交叉掩护，拉开篮下，使防守队员无法协防。这个配合的攻击点有：

(1)主要是通过内线中锋攻击。

(2)中锋得球后可传给空切的⑦投篮，或传给⑥、⑧外围投篮。

（二）换位进攻法

换位进攻也称连续进攻法。队长按照规定的路线，有层次地进行切入、策应、掩护等配合，在移动中不停地换位，不断地连续地创造攻击机会。

进攻步骤是：

(1)中锋队员⑤上插至罚球线，⑦传球给⑥后，利用中锋掩护空切落位到左侧，如图 4-87 所示。

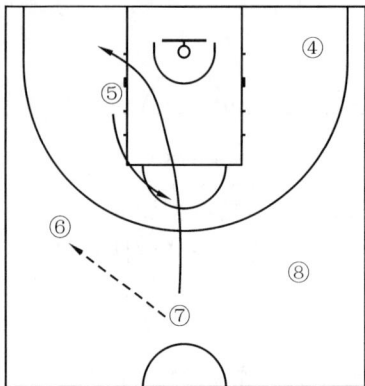

图 4-87

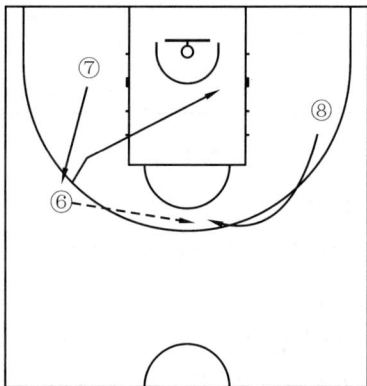

图 4-88

（2）队员⑧拉后，接应⑥的传球，⑥传球给⑧后斜插，⑦拉后，如图 4-88 所示。

（3）⑥斜插不能得球时，继续给④做后掩护，④溜底线，如图 4-89 所示。

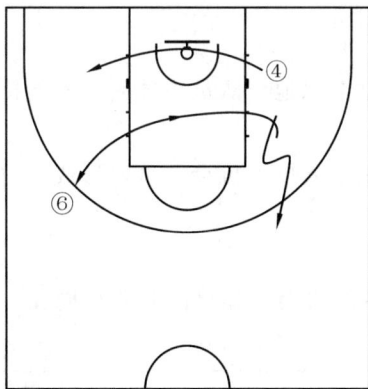

图 4-89

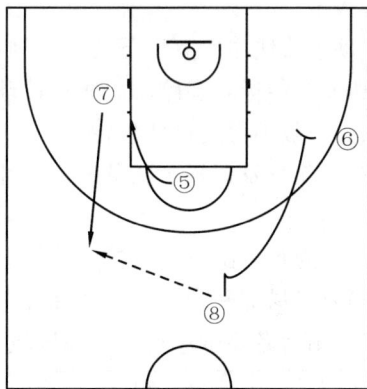

图 4-90

（4）⑧得球后传给⑦，⑧给⑥做反掩护，同时中锋⑤下撤，如图 4-90 所示。

（5）队员⑥得球后，④再利用中锋定位掩护，⑥传球给⑧后给⑦做反掩护，如图 4-91 所示。

通过以上步骤进攻，每名队员又返回自己的原本位置。然后再连续进行第二轮进攻。这种进攻方法有以下特点。

（1）可以保持进攻的连续性。

（2）能与快攻和机动进攻密切结合。

（3）在连续换位中，打破了锋、卫界限，战术组织比较灵活多变。

换位进攻的要求：

（1）队员在每一个换位配合中都要创造自己和同伴的攻击机会，同时要根据防守情况随机变化，不能单纯地跑路线。

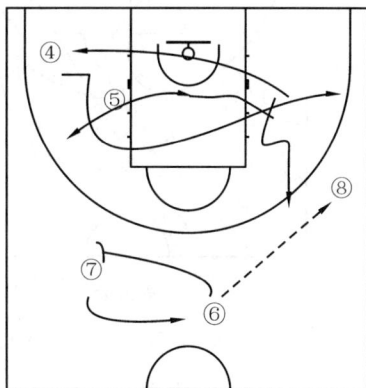

图 4-91

（2）要内外结合，保持内外、左右和攻守平衡。

（3）移动换位时动作更突然多变，跑动时要结合摆脱对手、连续掩护等配合。

（4）队员应掌握内外线的进攻技术。

当前，由于每个队都有比较突出的高大队员，因此，一般都采用前锋、后卫大面积移动换位，中锋配合移动的换位进攻法，或根据高大队员不离篮下的原则，组织换位进攻战术。这样可保证篮下高度，有利于争夺篮板球。

（三）移动进攻法

移动进攻法是根据一定原则，队员比较主动的进攻方法，也叫传球进攻法。

移动进攻法的关键在于发动，如何配合取决于传球方向和传球人的行动。如图 4-92 所示，进攻队员传球后，有 5 条移动路线，⑥如何跑动，决定下面的连续配合。移动进攻法的主要特点是：充分发挥队员的个人攻击作用，多通过局部配合进行攻击。

移动进攻法主要有以下几个原则：

(1)要多传球，多跑动。队员传球后不能站在原地。队员得球后，不能持球时间过长，一般不得超过两秒钟。

(2)要充分发挥每名队员的主动性，多创造个人攻击机会，争取形成一对一的局面。

(3)要为每名队员创造投篮的机会。

(4)要以局部配合为主，掌握好空切、摆脱的机会。如果两名队员同在一个区域空切，则后者要迅速转到其他区域。

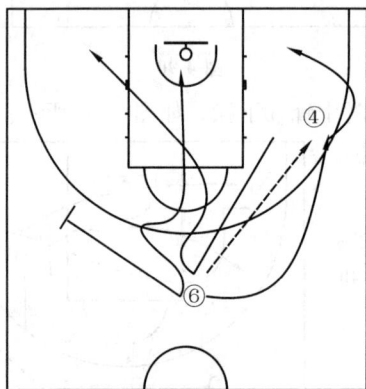

图 4-92

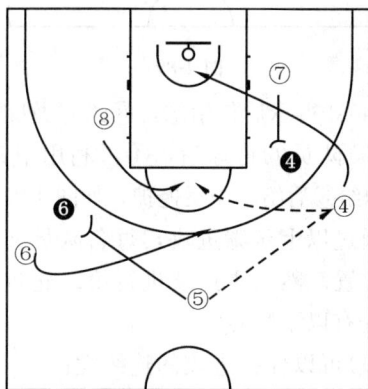

图 4-93

(5)内策应队员应站在弱侧，外策应队员可向有球一侧移动。

(四)综合进攻法

综合进攻法即把几种进攻基础配合结合在一起，组织成内外结合、左右联系的进攻方法，可以在局部地区同时组织不同的进攻配合，也可在整个战术组织中交替运用不同的基础配合，以达到综合多变的目的。

图 4-93 所示为掩护结合中锋策应进攻配合。队员⑤传球给④后，给同伴⑥做掩护，中锋⑧到罚球线上策应，当④即将得球时，⑦给④做后掩护，④传球给中锋⑧。这一配合的攻击点有：

(1)中锋队员⑧接球后自己攻击。

(2) ⑧传球给⑥或④投篮。

(3)回传给外围队员投篮。

1．教学步骤

（1）5人在无防守的情况下，初步熟悉进攻战术的路线和方法，明确主攻点、关键和难点，以及战术的变化。

（2）二对二、三对三练习局部配合，如前锋与中锋，后卫与中锋，后卫与前锋，后卫、前锋与中锋等。

（3）在特定防守的情况下练习进攻配合，如增加诱导性防守、相应的防守、变化性防守、破坏性防守等，逐步提高进攻配合的熟练程度和应变能力。

（4）在半场五对五比赛和全场比赛中，提高战术质量。

2．教学训练应注意的问题

（1）先按配合方法进行练习，要明确变化。然后根据防守情况进行练习。根据防守应注意固定配合，同时要注意二者的相互结合。

（2）在练习局部配合时，要注意不同位置、不同区域队员的相互组合，以提高临场的应变能力。

（3）全场五对五练习时，可结合快攻反击，把全场进攻与半场进攻有机地结合起来，注意进攻的衔接训练，提高进攻的组织速度。

（4）可以结合进攻配合，训练各位置的配合技术，以保证战术的质量和效果。

十、进攻全场紧逼人盯人防守

为了有效地进行全场紧逼人盯人防守，运动员应了解全场紧逼人盯人防守的基本方法、特点和变化规律，并根据本队实际情况，有针对性地组织进行配合，破坏对方防守，争取进攻主动。

（一）进攻全场紧逼人盯人防守的基本要求

（1）当对方采用全场紧逼人盯人防守时，全队要沉着冷静，思想一致，行动协调，伺机进攻，行动要突然，争取快速反击。

（2）队员在场上的位置分布，要保持一定距离或分散队形，拉大对方防区，以便各个击破。

（3）多运用快传、短传，少运球，不要在边角处停球。多运用传切、策应配合，尽快地将球传到前场，让本队控制支配球技术好的队员多运用突破，打乱对方防守的部署。

（4）进入前场后，应根据本队特点组织战术配合，注意节奏，按进攻半场扩大人盯人展开继续进攻。

（二）进攻全场紧逼人盯人防守方法

（1）落位阵势：队员的落位是战术配合的组成部分，与全队所采取的战术方法是紧密相连的。落位阵势有两种类型：

第一种阵势如图4-94、4-95所示。由守转攻时，五名队员均集中于后半场，目的是在后场组织固定配合，拉空前半场，以便组织偷袭快攻。

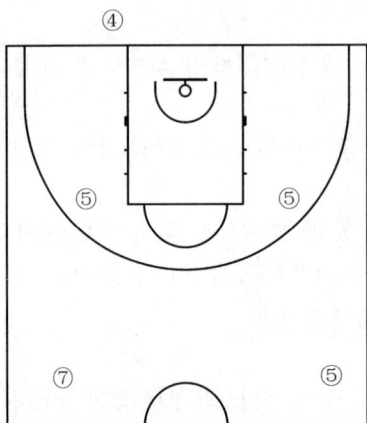

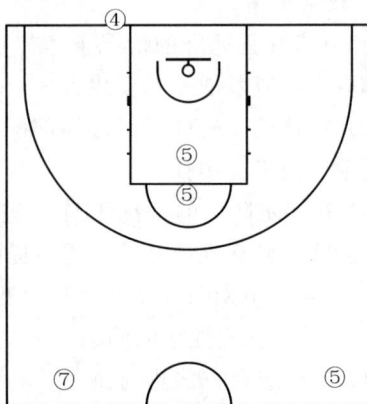

图 4-94   图 4-95

第二种阵势如图 4-96 所示，由守转攻时，5 名队员迅速分散在全场，把防守队员之间的距离拉开，使其难于进行协同防守，以便利用防守的薄弱环节各个击破，利用传切、策应等配合组织进攻。

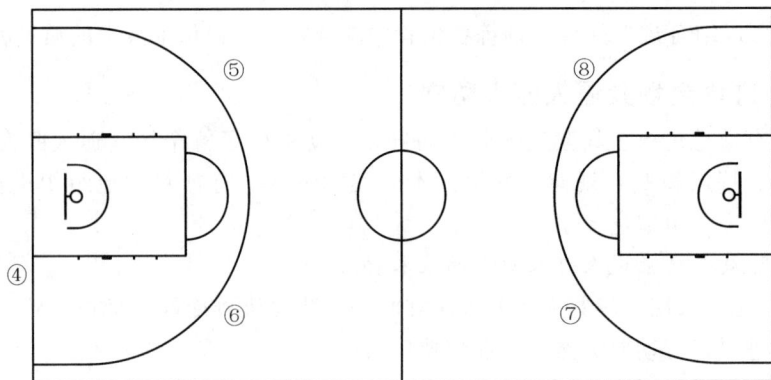

图 4-96

（2）后场进攻方法：后场进攻的关键是接应发球。

当对方采用一对一防掷界外球时，如图 4-97 所示，④掷界外球时要与端线和篮板拉开一定距离。⑤、⑥应迅速在罚球线上重叠站位，利用掩护摆脱接球，或者拉开落位，利用个人摆脱接球。当⑥接球后，⑦向中圈附近斜插接应，然后运用突破或传球，进入中场球后，⑦向中圈附近斜插接应，然后运用突破或传球，进入中场。

当对方采用夹击接球者的紧迫防守时，如图 4-98 所示，此时❹放弃④去夹击⑤，⑤应向边线拉开接应，目的是把❹和❺引开，给⑥创造摆脱接球的机会。⑥接球后及时传给斜插到中圈附近的⑦，由⑦利用运球突破或传球，进入中场。

当对方采用机动夹击时，如图 4-99 所示，④掷界外球，⑦和⑧分别给⑤和⑥

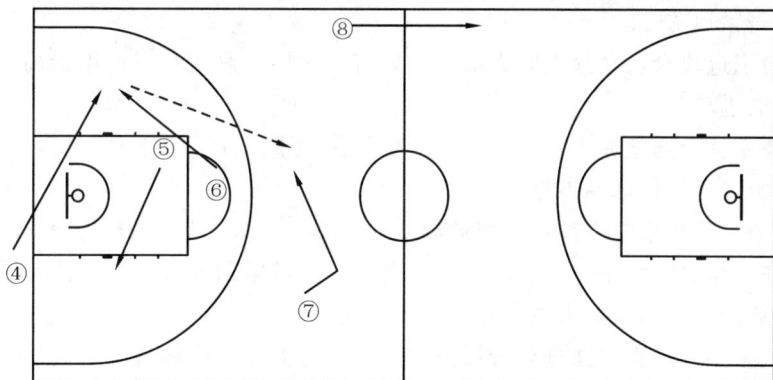

图 4-97

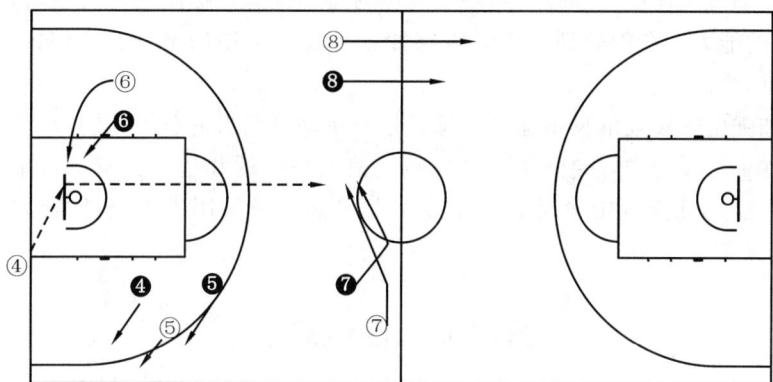

图 4-98

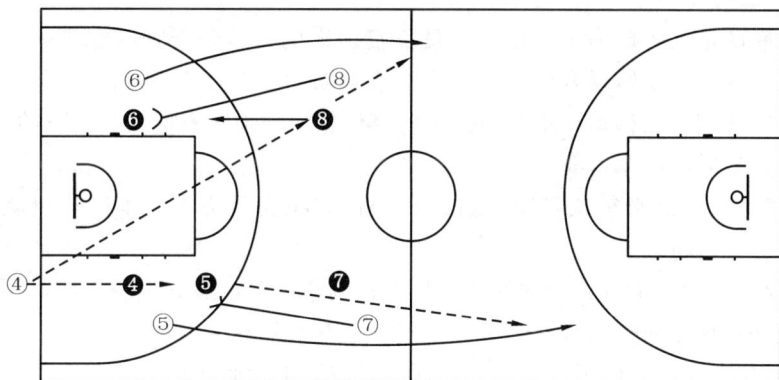

图 4-99

做掩护，⑤、⑥利用掩护摆脱防守接球。

（三）进攻全场紧逼人盯人战术的运用

（1）掌握进攻全场紧逼人盯人防守的运用时机，队员要有思想准备，切忌慌张，要行动一致，特别是对方投中后，本方掷后场界外球时，要力争快攻，让对方难于部署紧逼防守。

（2）组织进攻全场紧逼人盯人战术，要有针对性，避实就虚，用最简单的方法组织有效的进攻。

（3）要掌握全场紧逼人盯人防守的变化规律，重点在于突破对方前场与中场的紧逼，关键是接应传球与推进速度。

（四）全场进攻紧逼人盯人防守的教学与训练

（1）在教学、训练中，应向队员讲清楚进攻全场紧逼人盯人的方法和要求，使队员对进攻全场紧逼人盯人战术建立完整的概念。

（2）应采用分解教学法进行分段教学，先学习前场和中场的配合方法，再学习整体战术配合。

（3）在训练工作中，加强一对一和以少对多的训练，提高运动员在快速行进中运用技术的能力；在配合训练中，重点加强后场和中场的突分、传切、策应、掩护等配合训练。

（4）加强由守转攻的反击速度训练，培养运动员反击的意识和能力。

（5）在训练过程中，要强调防守质量，使训练接近和达到比赛的强度和气氛，还要经常练习交换防守的战术配合方法，提高运动员运用进攻全场紧逼人盯人防守战术的应变能力。

第四节　区域联防

一、区域联防

区域联防是以防球为主，每名队员负责一定的区域，严密防守进入该区的球和进攻队员的一种集体联合防守的战术。在队员分工负责的基础上，随着球的转移和进攻队员的穿插移动，不断地调整防守位置，加强对有球区和篮下的防守。

（一）区域联防的基本要求

（1）每名队员都必须认真防守自己的防区，积极阻挠进入本区进攻队员的行动，并联合进行防守。

（2）要以防球为重点，随球的转移而经常调整位置，做到人球兼顾，不让持球队员突破和传球至内线防区。

（3）对位于罚球区附近和穿过罚球区的进攻队员，必须严加防守，切断其接球路线，不让他接球、传球和投篮。

（4）防守队员之间要彼此呼应，随时准备协防、换位、越区、"护送"等，以加强防守的集体性。处于远离球的后线防守队员，要起指挥防守的作用。

（二）区域联防的队形与特点

区域联防的站位队形是多种多样的，常用的有"2—1—2"、"3—2"、"2—3"、

"1—3—1"等，如图 4-100、4-101、4-102、4-103 所示。图中黑线区为联防的薄弱区域。

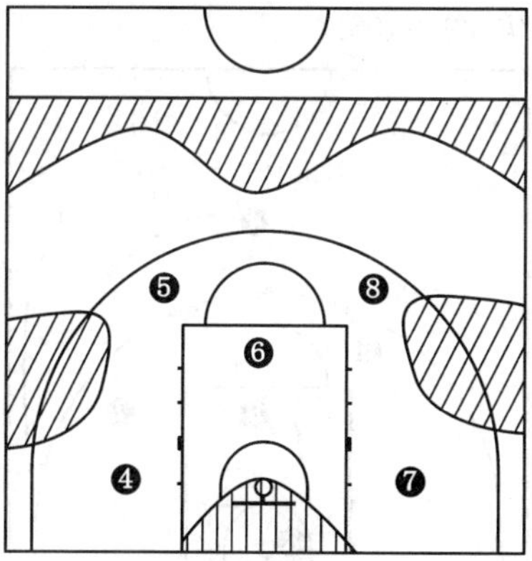

图 4-100

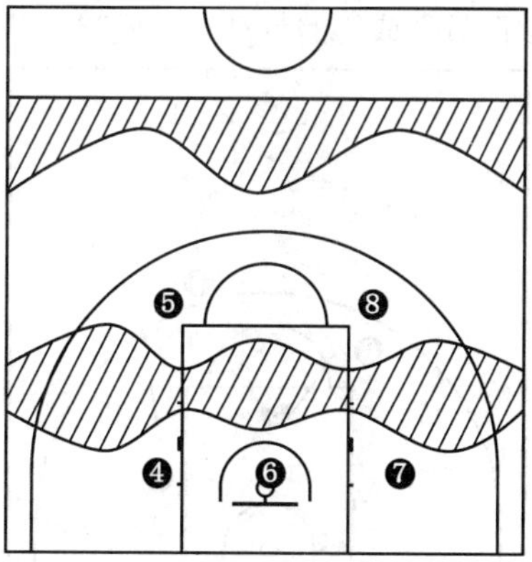

图 4-101

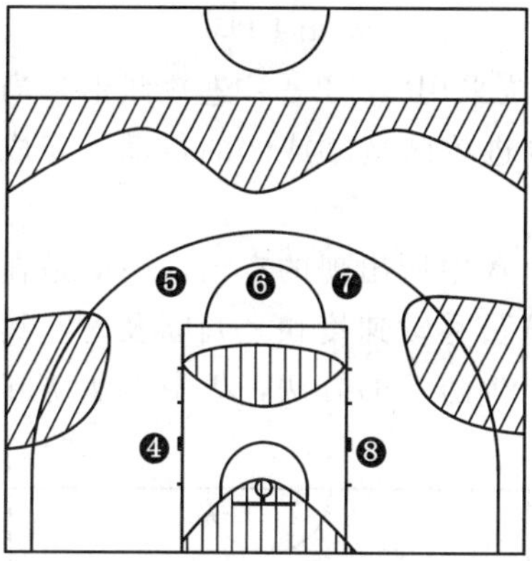

图 4-102

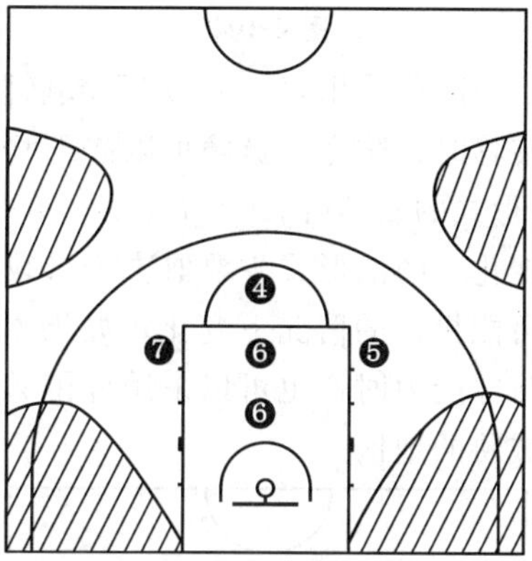

图 4-103

第四章　篮球战术

由于受区域分工的限制，每一种区域联防都存在一定的薄弱区域。进攻队就可以在落位时或在移动配合中占据这些薄弱地区，在局部地区以多打少。任何形式的联防都很难适应当前比赛的要求。因此，区域联防的队形已从单一、固定的形式向多变的方向发展。比赛中最基本的队形是"2—1—2"和"1—3—1"两种，并以这两种形式为主体，变化成其他形式的联防，其变化的主要方法有两种：

第一种是以中锋为轴，轮转换位变化队形：防守队采用"2—1—2"区域联防时，进攻队用"1—3—1"进攻队形，占据"2—1—2"联防的薄弱地区。当进攻队员④传球给⑥时，防守队员❹和❼就可以逆时针方向轮转移动，变成"1—3—1"的联防形式，有效地控制进攻队员④和⑦的接球和移动(图 4-104)。

防守队采用"1—3—1"联防时，进攻队采用"2—1—2"进攻队形，占据防守的薄弱地区，防守队就可以根据球转移方向，做顺时针或逆时针方向的轮转移动，变成"2—1—2"联防形式(图 4-105)。

第二种是防守队员上下移动变化队形：防守队采用"2—3"区域联防时，进攻队采用"3—2"进攻队形占据防守的薄弱地区，防守队员❽或❼就可以向上移动，控制进攻队员⑧或⑦的行动，变成"3—2"形式的联防(图 4-106)。

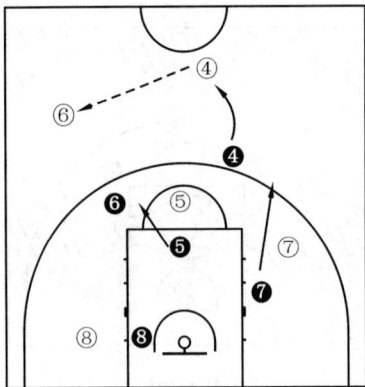

图 4-104

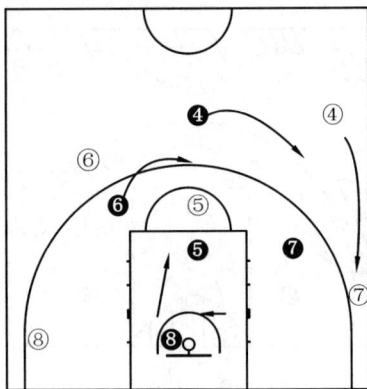

图 4-105

防守队员采用"1—3—1"区域联防，进攻队采用"1—2—2"进攻队形，当球向两侧转移时，防守队员❺可以向下移动，控制进攻队员⑤或⑧的行动，变成"1—2—2"形式的联防(图 4-107)。

变化联防的形式主要取决于进攻队形和比赛中所出现的空当，一般是在对方接球可能投篮的情况下变化。如果本方外围队员移动速度快，判断及时，具有大范围防守能力时，也可以采用外围某些区域以少防多的方法，集中力量防守篮下和有威胁的地区。

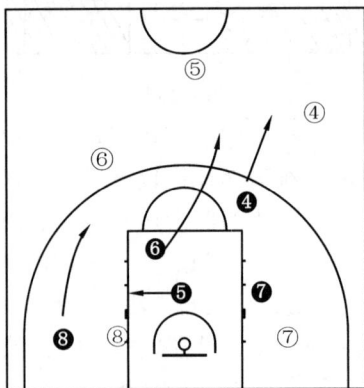

图 4-106

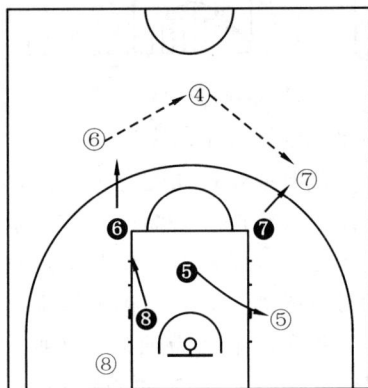

图 4-107

由于站位形式不一样，防守的作用、特点也不同。因此，比赛时可根据对方进攻的特点，有针对性地选择运用。

(1)"2—1—2"区域联防：这种形式的位置分布比较匀称，机动性比较大，适用于对付以正面进攻见长、正面突破和篮下进攻威胁较大，但不善于组织两腰进攻的队。

（2）"3—2"区域联防：可以破坏对方的外围进攻，制造抢球、打球、截球的反攻机会，适用于对付外围中投较准，但篮下进攻能力不强、控制球和支配球能力及组织配合能力较差的队。

（3）"2—3"区域联防：可以加强篮下的防守，能较为有效地对付擅长篮下进攻的队，特别是能对付外围只有个别队员投篮准和善于利用底线进攻的队。

（4）"1—3—1"区域联防：可以加强对中锋、前锋在限制区和两腰进攻的防守，适用于对付以"1—3—1"队形进攻联防的队。

（三）区域联防的方法

1. 防守队员的移动和选位

区域联防时，5名队员要根据球的转移、进攻队员的部署和动向进行协同移动，选择便于相互联系和协防的位置。移动选位的方法以"2—1—2"区域联防为例。

（1）球在外围弧顶时的移动配合：当对方采用"1—3—1"阵势、进攻队员④得球时，两前锋应根据对方中锋的位置和外围进攻队员的位置，决定由谁主要防守④，如果是主攻右侧，应由防守队员❹重点防守④，其他队员做相应的移动（图4-108）。这时防守队员❼要上提控制进攻队员⑦自由接球。防守队员❺要注意对方队员插中和进攻队员⑤斜插篮下接球。防守队员❽要注意进攻队员背插和溜底。

如果进攻队员⑥向底角斜插，防守队员❻可以在对方越区后，快速去防守进攻队员④。当对方传球给⑦时，可以使防守队员❹解脱出来，随球移动去防守⑦。进攻队员⑥斜插可由防守队员❼接替防守（图4-109）。

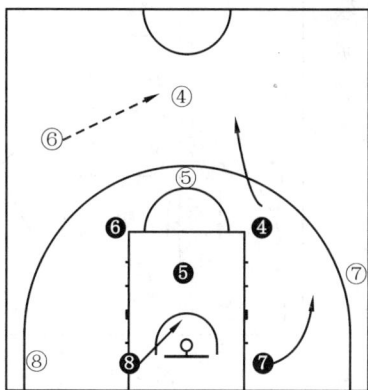

图4-108

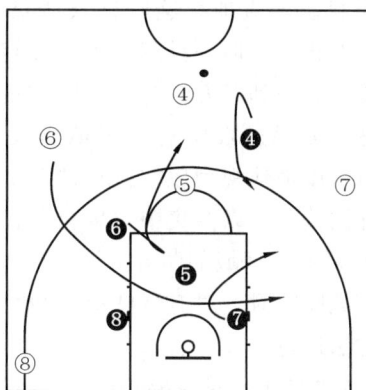

图4-109

（2）球在外围两侧时的移动配合：当进攻队员④传球给⑥时，防守队员的移动较为方便，不须大面积移动补位（图4-110）。防守队员❻随球移动防守⑥，防守队员❽及时控制本区进攻队员⑧。

当进攻队员④传球给⑦时，首先要由防守队员❼进行过渡性防守，然后根据进攻队员⑥和⑧的行动调整防守位置。如果进攻队员⑥或⑧空切、溜底时，防守队员❹要及时接防❼，❼回返本区，防守背插和溜底的队员(图 4-111)。

(3)球传入内线的防守：当进攻队内线队员得球时，近区的防守队员必须回转围夹，迫使其将球回传给外围进攻队员，其他队员都要向篮下收缩，以防对方持球突破。

重点防守内线时，可以允许对方有一个"自由"队员，即暂时无人防守的队员。如图 4-112 所示，进攻队员⑥将球传给④时，为了加强篮下防守，防守队员❻向④侧后靠拢，封锁罚球线一带，❼稍向前移，不让进攻队员⑦顺利接球。防

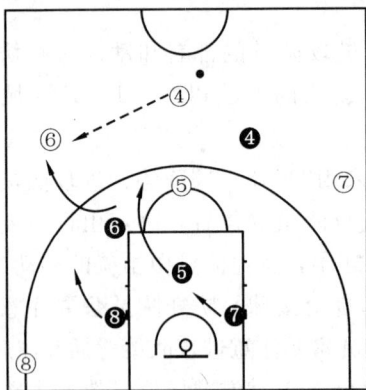

图 4-110

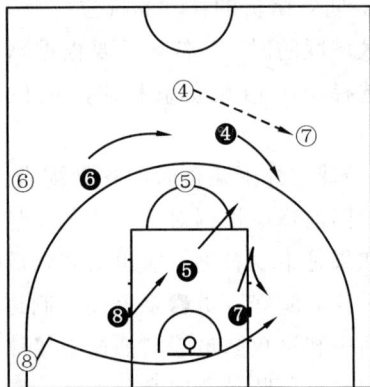

图 4-111

守队员❽回缩防守⑤，并注意防守底线。防守队员❺控制篮下腹地。这时进攻队员⑧处于比较"自由"的状态。但一旦球向另一侧转移，防守队员❽要及时绕到对方中锋队员⑤的前面，防守⑧的接球。如果进攻队有一名队员投篮命中率很低，也可以把他视为较"自由"的队员，允许他自由在外围接球，以便集中力量防守篮下。

2. 对有球区域的防守方法

区域联防时，对有球队员一般是按人盯人防守的方法进行。

(1)球在外围时，要用一个半人以上的力量

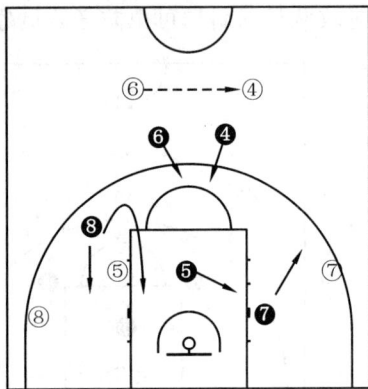

图 4-112

去防守，即一名队员防守对方有球队员，近区的防守队员要用一些力量去帮助防守，使其无法投篮和突破。

(2)球到内线时要用 2~3 个人的力量去封阻围夹。

(3)球到底角时，可以组织夹击。

篮 · 球

3. 对无球区域的防守方法

(1)当自己的防区无球时，决不能单纯守在区域内，要注意球的转移，注意自己附近区域和共管区内进攻队员的动向，随时准备封卡对方向篮下空当切入。

(2)近球区的防守队员要协同防守有球区的进攻队员，或协同防守对方中锋。

(3)远球区域的防守队员要向有球一侧靠拢，积极移动，保护篮下，抢占篮下有利区域。

(4)当对方背插、溜底构成威胁时，应越区跟踪，直到交给同伴或没有威胁为止。

要求：

(1)既要防守自己的防守区域，又要兼顾对方队员的活动。

(2)对方空插时，要抢前防守，先堵后跟，内紧外松。

(3)越区防守时不要急于返回本区。

(4)要根据对手的动作而动，球不动则随对手动，球动对手不动则随球动。

4. 换位防守配合的方法

区域联防中的换位防守不等同于人盯人防守的交换，其主要区别是联防中的换位要保证按区分工防守。

示例1(图4-113)：进攻队员⑧向球一侧溜底时，由防守队员❼上移防守得球的队员⑦，底角出现漏洞，这时防守队员❽可越区跟踪，但为了避免越区太远，到篮下时可把进攻队员交送给防守队员❺，由❺继续防守⑧，防守队员❽可以换防❺的区域，但❺不能越区太远。这种方法一般是在防守队员❽和❺身材高及防守能力较好时运用。

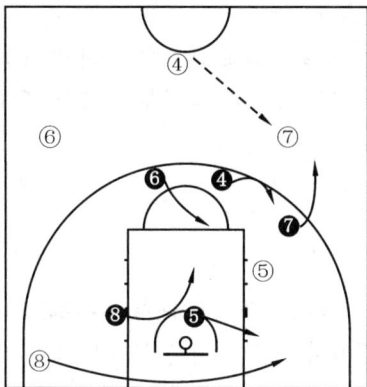

图 4-113

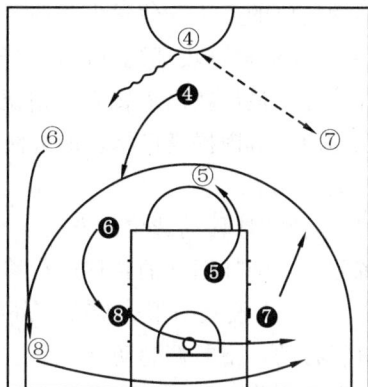

图 4-114

示例2(图4-114)：当进攻队员⑧溜底，防守队员❽越区跟踪到另一侧时，进攻队员⑥空切向❽的守区。这时防守队员❻需要放弃自己的防守区，跟⑥防守到❽的区域。一旦进攻队员⑦回传球给④，④又运球进攻，防守队员❹同样应放弃自己的守区，跟踪防守到❻的区域，防守队员❼继续上移，这种外围队员的相互换位，就是联防的轮转换位法。轮转换位一般是在外围队员的条件相同时运用。当球重新向另一侧转移时，队员可再轮转返回到原来守区。

要求：

(1)高大中锋不要离开篮下。

(2)换位时要先发制人，抢先占据对方要攻击的区域。

(3)换位要及时，要相互呼应，协同一致，以免漏人或两名防守队员向一个区域移动。

(4)根据球的动向，伺机及时返回本区。

区域联防虽然有很多形式，但防守的基本要求是相同的，防守的基本方法也大同小异。在比赛中应根据本队的特点和进攻队所采用的阵势与配合，运用不同的防守形式，达到更好地制约对方的目的。

(四)区域联防的教学步骤和方法

1. 教学步骤

区域联防的教学首先要抓住重点，应以"2—1—2"区域联防为主要学习内容。因为"2—1—2"联防队员分布均衡，相互之间距离较近，便于相互联系协作，同时能根据进攻队特点较容易地变化为其他联防形式。

(1)明确区域联防的基本概念：可以通过讲解、示范方法，使学生了解区域联防的队形、移动方法和要求，认识区域联防的特点和重要性，初步形成正确的全队防守概念。

(2)先进行分解的、局部配合的练习，再进行结合的、整体配合的练习，学会随球移动选位的方法，使学生掌握区域联防的方法。

(3)先在消极进攻情况下进行防守练习，然后逐步过渡到在积极进攻情况下进行防守练习，最后在由攻转守的情况下进行防守练习，逐渐增加防守的难度，使学生在运用中巩固提高已掌握的方法。

2. 练习方法

(1)学会随球移动选位的方法。

练习一：随外围球的转移进行移动选位。

方法：5人按联防形式防守，外围4人传、接球进攻。防守队员根据球的不同位置进行移动，不断调整防守位置。传球时可由慢到快，当防守队员选好正确的位置后再传球。

练习二：根据外围球的转移方向和内线队员的穿插进行移动选位。

方法：5人防守，5人进攻。防守队员要根据球移动，同时还应根据内线队员的活动移动，并进行协同防守。开始练习时，外围队员传球，中锋在内线穿插，然后可以适当地将球传给中锋，中锋接球后再传出，练习防守队员的伸缩移动能力，体会球到篮下的防守方法。

（2）学习局部防守配合。

练习1：两前锋的移动配合。

方法：进攻队员3人沿3分线站位，进行外围传球。防守队前锋二人在罚球线附近根据球的转移进行防守。

要求：

①离球近的队员先去防守对方得球的队员，另一防守队员选择一防二的位置。

②防守移动时应有上有下，相互间要协同一致。

③必要时两前锋可交换防守区域。

练习2：前锋与后卫的协同配合。

方法：进攻队员二人在球场右侧或左侧的3分线附近相互传球。防守队员二人站位在同侧限制区线附近。当本区进攻队员接球时，要按人盯人方法防守，另一队员后撤保护。

要求：

①当对方球到底角时，要重点防对方底线突破。

②当对方得球时，按先防突破再防投篮的原则移动。

练习3（图4-115）：围守中锋配合。

方法：进攻队员④和⑥外围传球，球到⑥位置时，防守队员❹回缩到对方中锋❽的侧前方，帮助同伴❻夹击对方中锋。防守队的中锋❽则向进攻队中锋⑧的左侧移动。球传到④位置时方法相同。

练习4（图4-116）：交换防守中锋配合。

方法：进攻队员⑦和⑥外围传球。进攻队中锋④向罚球线另一侧空插时，防守队员❹先堵跟，然后交给同伴❺防守。进攻队员④可根据球的位置来回空插，防守队员连续进行交接配合。

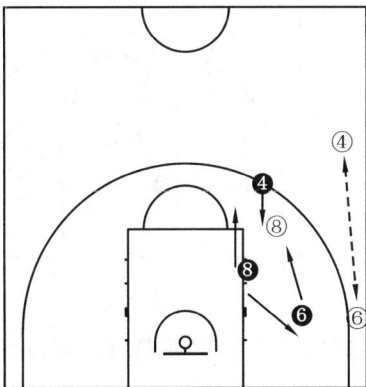

图4-115

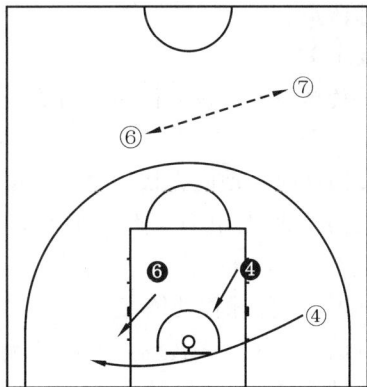

图4-116

要求：

第一，交接时一定要明确。

第二，防守的目的是不让④接球。

练习5（图4-117）：交接防守对方溜底队员配合。

方法：进攻队员⑦和⑥相互传球，进攻队员⑤溜底，防守队员❽跟踪护送，到篮下时交给同伴❹，随后去防守④的区域。练习时⑤可以来回溜底，防守队员❽和❹往返进行交接配合。

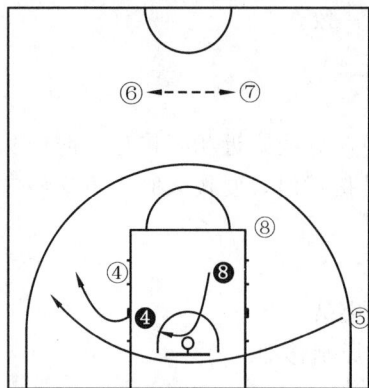

图 4-117

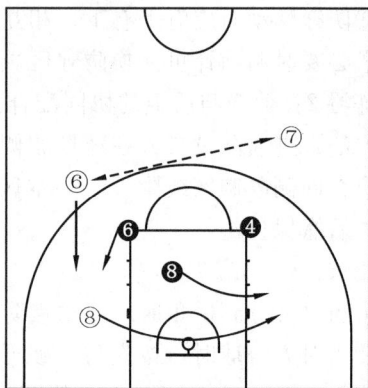

图 4-118

练习6（图4-118、图4-119）：盯人与补位配合。

方法：进攻队员溜底或斜插时，处于该区的防守队员跟踪，当进攻队员向这一区域移动时，邻区的防守队员及时进行补位。可以三对三，在两侧反复练习。

（3）提高联防队员的移动能力和机动性。

练习1：一防二练习。

方法：二人外围传球，一人左右来回移动防守有球队员。

要求：

①传球不要太快，待防守者到位后再传给另一队员。

②防守时移动应先快后慢，不可上步太猛。

③防守时先用交叉步、滑步，再过渡到攻击步。

练习2：随球移动练习。

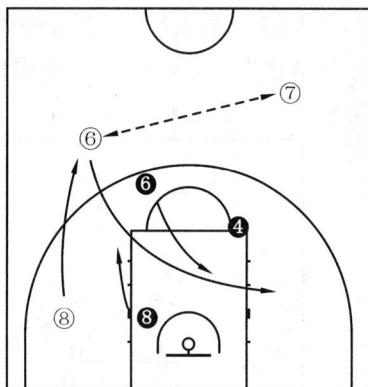

图 4-119

方法：外围4人传球，左右两侧各一名防守队员应根据强弱侧、有球和无球进行移动选位。

要求：

①移动与调整防守位置速度要快。

②每侧进攻队员传球不要超过 3 次。

练习 3：三防四练习。

方法：外围 4 人传球，3 人防守。

要求：

①积极移动补位。

②一人防对方持球队员，二人防对方三名不持球队员。

③防守区域可机动变化，力求做到球到人到。

练习 4：堵截护送盯人练习。

方法：进攻队两名队员在篮下来回溜底，两名防守队员用人盯人方法来回跟踪防守。进攻队可结合内线活动及背插，提高防守移动速度与补防能力。

(4)攻守转换练习。

方法：二对二、三对三、四对四、五对五半场攻守。听信号后由进攻转为快速退防，迅速抢占有利位置。按二人、三人、四人、五人联防的原则和方法进行防守。练习时可往返进行，也可以提出特殊要求和规定。

(5)五对五练习。

①半场五对五练习：进行半场五对五练习时，应当有目的地解决某些问题，如给进攻队提出一定要求，专门解决防守的某一配合；改进本队的弱点，以及练习某些特殊配合等。

②全场五对五练习：主要是在与比赛相近的情况下，提高联防的水平。

方法 1：把队员分成 3 组，每组 5 人，全场轮流攻守。

方法 2：分成两队进行教学比赛。比赛中可规定特殊任务或提出具体要求，如快攻投中后在前场继续进攻等。

3. 区域联防教学中应注意的问题

(1)练习中要强调相互呼应，互通信息，以提高防守者的士气。

(2)要根据本队特点，选择一种联防形式为基础，在掌握之后再逐渐练习防守形式的变化。

(3)练习中要特别要求防守无球区域的队员，做到"人、球、区"三者兼顾，不能只守区不看人，或只守人不看区。

(4)在对方投放时挡人抢篮板球，决不允许站着不动或只顾转身看篮而不挡人。

(5)联防练习应与快攻反击相结合进行。

二、进攻区域联防

不管进攻哪一种联防，最有效的办法就是利用快攻，趁对方尚未返回防守阵地时，以快攻得分。但是任何一个队，都不会总让对方打成快攻的，因此，就必须学会各种进攻联防。

在进攻联防时，要针对联防防守战术主要是每人防守一定区域的特点，集中优势兵力，在局部地区形成人数上的多数，并进行穿插、迂回、声东击西，调动和打乱对方的联防阵形，创造投篮的机会。

（一）进攻区域联防的形式

进攻区域联防的战术队形常用的有以下几种："1—3—1"，如图 4-120 所示；"1—2—2"，如图 4-121 所示；"2—2—1"，如图 4-122 所示；"2—3"，如图 4-123 所示。

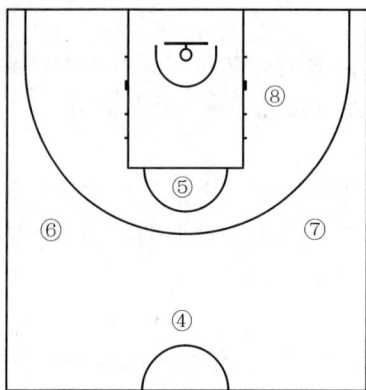

图 4-120

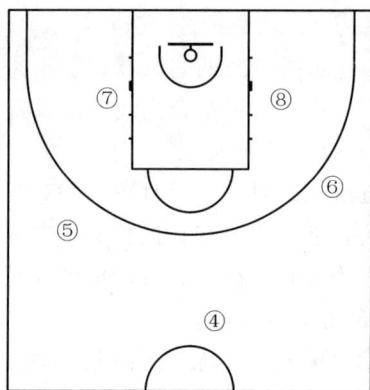

图 4-121

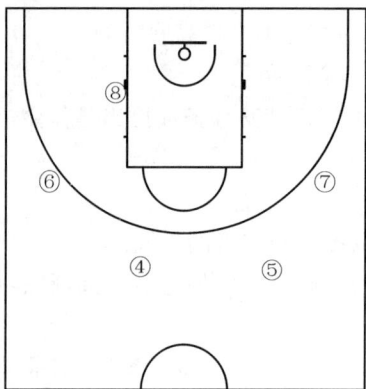

图 4-122

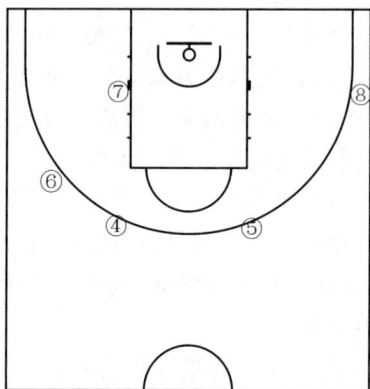

图 4-123

（二）进攻区域联防的基本要求

（1）由防守转入进攻时，首先要积极发动快攻，打乱对方的战略部署。

（2）当防守队已组成区域联防时，进攻队应针对防守队形，采用插空站位的进攻队形组织进攻。

（3）组织进攻区域联防战术，应耐心地运用快速的传球转移进攻方向和积极穿插移动，调动和牵制防守，创造进攻机会。

(4)进攻区域联防要用准确的中远距离投篮，迫使对方扩大防区，以利于内外结合的攻击；要在防守薄弱的区域组织进攻；要在局部地区以多打少；拼抢篮板球，争取二次投篮机会；还应注意保持攻守平衡，准备退守。

(三)进攻区域联防的方法

进攻"2—1—2"联防的方法如下。

1. 站位

进攻队员站位时，要避免与防守者形成一个对一个的局面，应当既要照顾到同伴间的联系，以利于组织进攻，又要考虑到一旦进攻失败时便于退守(这就是攻守平衡)。

针对"2—1—2"联防而采用"1—3—1"进攻队形的站位。

2. 配合方法

(1)利用快速传球创造中远距离投篮的机会。如图 4-124 所示，④、⑤、⑥、⑧之间互相快速传球，调动❹、❺、❽来回滑动，迫使对方三防四，造成进攻者有一人处于暂时无人防守的局面。这时，要抓住时机，果断而大胆地进行中远距离投篮。也可以像图 4-125 那样，由④、⑤互相快速传球，假攻左侧，当把❹、❺吸引上来时，⑤、④立即把球转移给⑥进行中投。⑧、⑦抢篮板球，④、⑥准备防守。

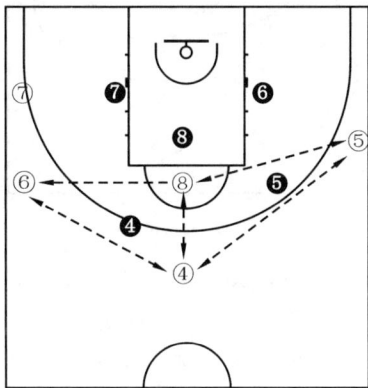

图 4-124

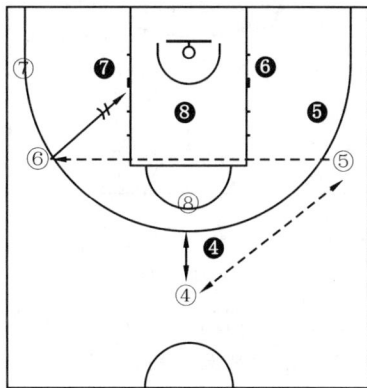

图 4-125

(2)利用穿插创造篮下或中远距离投篮的机会。如图 4-126，⑥传球给⑦以后，突然向篮下空切。这时如果❼上前防守⑦，则⑦立即传球给切进中的⑥投篮；如果❽回撤堵截⑥，不让⑥接球，则⑧乘机插向限制区左侧的腰上接⑦的传球投篮。

(3)利用突破分球创造投篮的机会。如图 4-127 所示，⑦接⑥的传球以后，也可以从底线突破，如果❽补防，⑧应迅速横插到中间，这时⑦可用低手传球或反弹传球传给⑧投篮，⑦也可以传给⑤，⑤趁防守者尚未滑过来时从容投篮。

(4)利用掩护创造的投篮机会。如图 4-128 所示，⑤传球给④以后，快速向篮下空切，并跑到左角。④把球传给⑥，⑦给跑到左角的⑤做前掩护，把❺挡住。⑥把球传给⑤或⑦投篮。

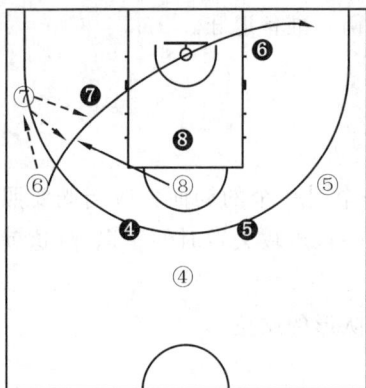

图 4-126

图 4-127

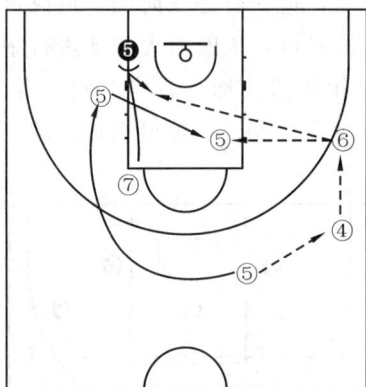

图 4-128

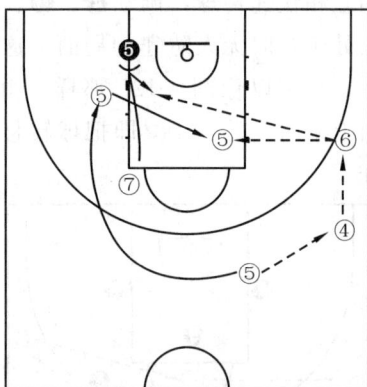

图 4-129

（5）5人配合示例，如图4-129，⑥传球给⑦以后，突然向篮下空切：这时如果❼上来防⑦，则篮下较空，⑦可立即把球传给空切的⑥上篮，这是第一个机会。如果⑦没把球传给⑥，则⑥继续跑到右侧。⑦可把球传给过来接应的④，④再传给跑上来的⑤。同时⑧挡一下❺，⑤乘机中投，这是第二个机会。应注意，⑤必须跑上来接应，如果⑤原地不动，则④与⑤的距离过远，防守者很容易切断左右之间的联系。

如图4-130所示，如果⑤看到机会不好，则应立即将球传给⑥，❻若不上来防守，则⑥可投篮。❻若上来防守，⑥就有两个机会：一是传给下滑的⑧跳投。若❽也下滑堵⑧，罚球线前则被拉空，⑦可乘机插入，接⑥的传球投篮；二是⑥从底线突破分球，如图4-131所示，当⑥突破时，⑧下滑，⑦插中，④向左移，⑥可根据出现的机会将球分给⑧、⑦或④。如果上述配合没有成功，还可以重新组织这个配合。

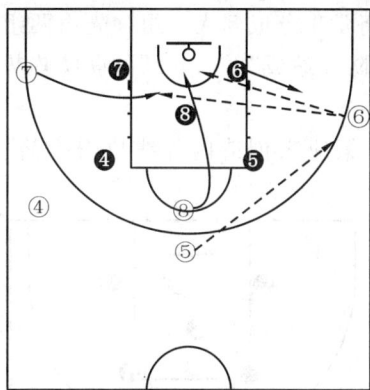

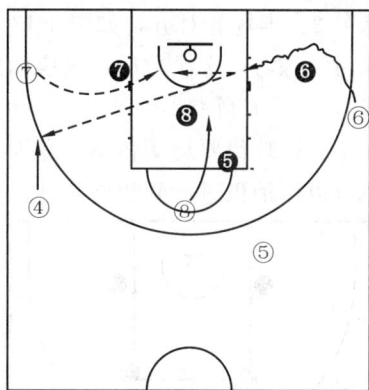

图 4-130   图 4-131

（四）进攻区域联防战术方法运用提示

（1）要有目的地快速传球，调动防守者移动，造成投篮的机会。接球后，不要停球不传。

（2）在自己有把握的区域内，要大胆、果断地进行中远距离的投篮。

（3）无球队员要穿插移动，跑向空的位置，这样才能有威胁地调动防守者，从而创造投接的机会。

（4）要明确每次投篮后有 3 人冲抢篮板球，另外两个人准备退守。要注意攻守平衡。

（5）要有耐心。急躁、蛮干很容易失误，给对方造成反击得分的机会。有耐心地进攻，即使 24 秒违例，也还能组织起防守，不让对方快攻得分。

（五）进攻区域联防战术的教学步骤和方法

1. 教学步骤

（1）通过讲解与演示，使学生了解进攻站位队形、队员位置分工和进攻配合方法，获得完整的进攻概念。

（2）先进行固定配合的练习，再进行配合中变化的练习，使学生掌握进攻区域联防的基本方法。

（3）先在消极防守情况下进行练习，再逐渐过渡到在积极防守的实战对抗情况下进行练习，使学生在运用中巩固提高已掌握的方法。

2. 练习方法

练习 1：半场四对四，如图 4-132 所示，将学生分成 4 人一组，先出两组学生进行练习．练习一定次数后，再换两组进行。防守站成"2—2"的联防阵势，进攻站成"1—2—1"阵势。

要求：进攻组要快速传球调动防守，创造投篮机会，或者利用穿插移动造成一侧防守负担过重，创造以多打少的投篮机会。防守可以由消极过渡到积极防守。

练习 2：半场五对五，如图 4-132 所示。将学生分成 5 人一组，先由两组学生进行练习，练习一定次数后，再换两组练习。防守站成"2—1—2"的联防阵势，进攻站成"1—3—1"阵势。

要求：进攻组要运用传球、穿插、突破、策应来创造内外线攻击投篮机会，防守组可以由消极过渡到积极防守。

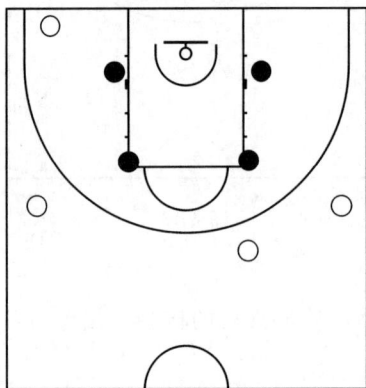 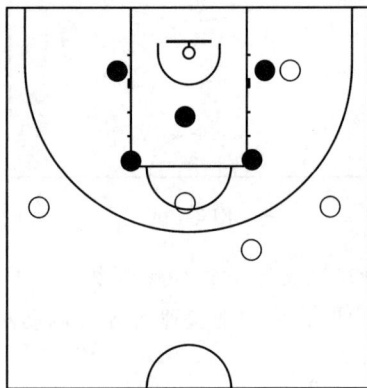

图 4-132   图 4-133

练习 3：全场五对五攻守教学比赛，将学生分成 5 人一组，先由两组学生进行练习，练习一定时间后，再换两组练习。

要求：进攻组要把快攻和阵地进攻结合起来，要迅速地、有针对性地落位，掌握好进攻节奏。从后场向前场推进过程中，要把内外、左右、突破和中投、球动和人动结合起来，使进攻保持连续有组织、有变化的进行。

第五章　篮球运动体能训练

内 容 提 要

　　本章主要介绍体能在体育运动训练中作用和意义，以及体能训练的基本原理和训练原则，掌握篮球运动项目特征及其篮球运动员体能的要求和篮球运动员体能训练的基本内容等。

学习目标：
(1)体能训练的意义与内容。
(2)有机体适应大负荷训练和比赛的需要。

学习重点：
(1)掌握篮球运动项目的特征，合理利用体能训练原理和原则。
(2)提高篮球运动员的身体素质，掌握体能测试的方法。

第一节　体能训练的概述

一、体能的定义

　　体能是运动员身体素质水平的总称，即运动员在专项比赛中体力发挥的最大限度，也标志着运动员无氧训练和有氧训练的水平，反映了运动员机体能量代谢水平。体能是人体适应环境的能力，包括与健康有关的健康体能和与运动有关的运动体能。

二、体能训练的意义与作用

　　在现代运动训练的几项内容中，体能训练是顺利完成其他各项训练的基础，没有良好的体能训练，技能训练和战术训练等必将流于形式；没有高效的体能训练，运动员竞技能力的提高就难以保证。体能训练的具体作用体现在以下几方面。

　　1. 促进身体健康

　　健康是运动员从事运动训练和比赛的必要条件，良好的健康状况是系统训练的根本保证。体能训练能够有效地提高运动员内脏器官特别是心血管系统、呼吸系统的机能，增强骨骼、肌肉、肌腱和韧带等运动器官的功能，并使中枢神经系统的机能得到明显改善。同时，对于克服人体生物惰性、促进新陈代谢具有极为重要的作用。上述作用能够有效地提高机体对外界环境的适应能力和对疾病的抵抗能力，从而有效地促进运动员的身体健康。

2. 充分发展身体素质

现代奥林匹克运动是一项伟大的社会实践活动，各国运动健儿为了创造优异的运动成绩，刻苦训练，奋力拼搏，向人类身体运动能力的极限发起一次又一次冲击。要充分发挥人体运动能力的潜力，在赛场上创造优异的运动成绩，就必须最大限度地发展和提高力量、速度、耐力、柔韧、灵敏和协调能力等身体素质，而体能训练正是实现这一目标的主要途径。通过体能训练，能够有效地发展运动员的力量水平，提高速度和耐力素质，并使专项运动所需的柔韧性得到良好发展，获得更好的灵敏素质和协调能力，使专项运动素质得到最大限度的提高。一般来说，身体素质得到协调一致的发展，为最大限度地创造优异的运动成绩打下坚实的基础。

3. 保证有机体适应大负荷训练和比赛的需要

现代竞技运动竞赛频繁、竞争激烈，运动员要在重大国际比赛中取得胜利，创造优异成绩，只有通过大负荷的运动训练，长期对有机体进行生物学改造，掌握娴熟的专项技术和战术才能达到。从第一届奥运会到现在，运动训练已经经过了自然发展阶段、新技术广泛运用阶段、大运动量阶段和多学科综合利用(即科学训练)阶段。科学训练的一个重点是广泛运用现代科技成果，科学系统地监测训练过程，并在此基础上保证大负荷训练。而大负荷训练要求运动员必须具有强健的体魄、良好的身体机能和心理机能。通过体能训练能够对此打下坚实的基础，并使运动员在不断加大负荷的情况下，承担训练和比赛对有机体的一切要求。

4. 有利于掌握复杂、先进的技术和战术

体能训练实质上是使运动员有机体各器官系统功能协调发展，具有完备的从事专项竞技运动能力的过程。不同的运动项目对有机体运动适应能力的要求是不同的，例如：短跑项目要求运动员必须具备突出的爆发力、良好的反应速度、快速移动速度和专项柔韧性，以及有机体高度的对快速运动的协调能力；举重则要求最大限度地发展运动员的力量水平和专项动作速度，并对专项耐力、专项柔韧性和协调性有很高要求；体操、武术、拳击和球类等运动，对各项身体运动能力都有很高要求，并且有些技术动作本身就是运动素质的综合表现。只有在充分发展各项身体能力的基础上，才能很好地掌握复杂、先进的技术。体能训练正是实现这一目的的基本保证，只有通过体能训练，才能为运动员提供掌握复杂、先进的技术和战术的基础。

5. 创造优异成绩，延长运动寿命

竞技能力是取得优异运动成绩的主导因素，它是由体能、技能(包括技术和战

术）、心理和智力等多个因素共同决定的，其中体能是其他几个要素的基础，因此可以说，没有体能，竞技能力也就无从谈起。竞技运动的实践已经证明，出类拔萃的运动成绩是建立在雄厚的体能发展水平上的，体能的发展水平又取决于超强的心理能力、最大限度的身体形态专项化改变和生理机能水平的高度发展。

体能训练对身体形态改变得越深刻，有机体机能发展水平越高，其衰退速度也就越慢，保持的时间也就越长。这样，专项技术、战术发挥和保持的时间会更长，运动水平衰退的速度更慢，运动员能更长久地保持高水平的竞技能力。

三、体能训练基本原理

通过体能训练，人体的机能和形态可以根据运动需要得到有效的提高和改善，这已是人所共知的事实。然而，训练何以提高机能？身体形态改善的机制何在？这些才是人们能够把握体能训练内在规律的关键问题。我们知道，一般情况下，有机体的生命活动处在一个相对稳定状态，但当外部环境发生变化时，必然会影响到机体的稳定状态。此时，机体对稳定状态被打乱的应激反应是生物调节和适应。体能训练过程就是依据这一原理，通过有意识施加科学的运动负荷刺激，使有机体对负荷产生应答后，出现一系列生理适应。在一定范围内，训练中施加的负荷越大，对机体的刺激越深，引起的消耗过程越激烈，机体所产生的相应变化也就越明显，人体机能和形态的适应性变化也就越快。从这一生物学发展规律可见，体能训练的机制关键在于负荷、恢复以及适应性，对这三个方面的全面认识构成体能训练的基本原理。

1. 训练适应原理

从运动生理学的角度看，训练适应的形成一般要经历以下几个阶段：

第一阶段是对运动员机体施加刺激阶段。这种刺激包括训练中、比赛中和生活中（饮食、作息制度、时差等）所受的各种刺激，运动员每时每刻都在接受来自各方面的各种刺激。

第二阶段是对刺激产生直接的应答性反应阶段。运动员在外部刺激的作用下，其机体内外感受器官产生兴奋，将兴奋传输到各内脏机能器官和运动器官，使之尽快进入工作状态，对外来刺激做出运动必需的应答性反应。

第三阶段是对刺激产生局部或整体的适应阶段（暂时性适应）。机体器官和系统在接受刺激后，机能状况由开始的急剧上升逐渐趋于平衡，此时，机体的某项应答指标虽不再上升，但也能承受住外部刺激，则表示机体已对刺激产生了训练适应。

第四阶段是结构与机能改造阶段（长久适应形成阶段）。在全面增加和系统重复各种外部训练刺激的基础上，使各相应的机能系统和组织器官产生明显的结构和机能改造。在这个阶段中可以看到，运动器官和有关的机能系统的结构出现相应的完善和协调。

第五阶段是训练适应的衰竭阶段。当训练安排不合理时，如承受过度训练负荷或过大的比赛负荷，则长期训练适应的某些机能会出现衰竭的情况。

通常，只要采用"维持性运动负荷"就可以保持已达到的训练适应水平；完全停止训练或急剧地、长时间地降低训练负荷都会引起训练适应的消退，各种已获得的运动机能能力和运动性适应结构就会慢慢消失。产生训练适应所用的时间越短，其消退的速度越快，因此，在体能训练过程中，一方面要避免适应的消退和再适应过程的重复出现；另一方面也要避免盲目的长时间、高强度的刺激来追求训练适应。

2. 训练负荷原理

体能训练的全过程就是通过对受训者施加运动负荷，引起机体的形态结构与机能产生生物适应而实现的。根据负荷因素的基本特征，体能训练中一般基础训练和一个训练周期的初期阶段，通常以增加负荷量使机体的适应过程逐步实现。在专项训练阶段和接近比赛期，体能训练则以提高负荷强度刺激来加深人体的适应过程。训练水平越高，训练的负荷强度越大。在发展一般耐力、基本力量等基础素质时，大多采用量大强度低的负荷方式。相反，发展最大力量、爆发力、速度等专项素质时，负荷的主要特征是突出刺激强度。一个完整的年度周期体能训练的负荷变化规律是：在进入竞技状态准备之前，体能训练负荷是以量的增长为主，强度要加以限制，到了后期的训练，随着训练水平的提高，负荷强度的增加要呈上升趋势，强度的提高量也应受到限制，若两者同时增多，总负荷会成倍增长。但是，体能训练时负荷强度和负荷量都不能同时达到最大程度，否则很容易造成过度训练，引起功能失调，造成成绩和训练水平的下降。

3. 物质和能量代谢原理

在体能训练中，机体承受负荷需要消耗大量的能量，能量消耗以后必须得到迅速补充。肌肉活动的直接能量来源是三磷酸腺苷，即 ATP。ATP 分解后的再合成依赖于磷酸肌酸(CP)分解。肌肉中 CP 的再合成要靠三大能源物质的分解。人体短时间的极量运动主要由 ATP 和 CP 分解供能。一般情况下，持续时间在 10 秒以上到 3 分钟以内的运动以糖酵解供能为主，持续时间在 3 分钟以上的运动，其能量主要来自于有氧氧化系统。就人体糖、脂肪和蛋白质三种能源物质来讲，糖的利用率最快。一般运动开始时首先分解肌糖元，如 100 米跑在运动开始 3～5 秒，肌肉便开始通过糖酵解方式参与供能；持续 5～10 分钟后，血糖开始参与供能；随着运动时间继续延长，骨骼肌、大脑等组织由于大量氧化分解而利用血糖，致使血糖水平降低时，肝糖分解补充血糖。脂肪的分解对氧的供应有严格的要求，因而，在长时间运动中，当肌糖元大量消耗或接近耗竭且氧供应充足时才大量动用，通常在运动达 30 分钟左右时，其输出功率最大。蛋白质作为能源供能常发生在持续 30 分钟以上的耐力项目。

机体的恢复过程可分为三个阶段，即运动中恢复阶段、运动后恢复到运动前水平阶段和运动后超量恢复阶段。超量恢复的形成与运动负荷密切相关，在适当的运动负荷刺激下，有机体的消耗过程越激烈，超量恢复过程也越明显，如不及时给予新的负荷，超量恢复在保持一段时间后又会回到原有的水平。超量恢复的客观存在为训练过程中如何提高机能、增进素质以及合理安排运动负荷提供了极为重要的生物学依据，这一规律和生物的应激、适应性原理同等重要，是支撑体能训练的重要理论依据。

四、体能训练的基本原则

训练原则是训练客观规律的反映，是依据运动训练活动的客观规律而确定的组织运动训练所必须遵循的基本准则。在体能训练过程中应遵循的基本原则有：全面性与优先发展相结合原则；系统不间断性原则；科学安排运动负荷原则；结合专项原则；区别对待原则。

1. 全面性与优先发展相结合原则

全面性与优先发展相结合原则是指在体能训练的过程中，应全面地安排和发展运动员各项身体能力，特别是在儿童和青少年时期，应全面发展运动素质，提高一般身体机能水平，以促进专项运动成绩的全面提高，在全面发展的同时应关注青少年身体形态、机能和身体素质发展的敏感期，对处于敏感期的机能和素质应有所侧重，优先发展。全面性与优先发展相结合原则的主要依据是：第一，身体是一个各器官系统组成的相互依赖、相互制约的整体，与此相对应，体能的三个组成部分也是相互影响、相互制约的，体能训练所追求的各种适应性变化也自然是相互依存的。因此在体能训练中必须正确、全面地训练各个方面，使发展技术与战术所要求的所有身体形态、机能与心理能力得到全面发展。第二，作为体能集中表现的力量、速度、耐力、柔韧、灵敏等各项运动素质也是相互影响、相互制约的，而广泛的、全面发展的运动素质是运动员达到高水平专项运动水平的基本前提和基础，因此在早期训练阶段，必须全面提高运动素质。第三，人的生长发育在不同年龄阶段具有不均衡性，青少年身体素质的发展具有敏感期。在此阶段应抓住有利时机，采取相应内容的体能训练，对处于敏感期的素质优先发展，充分挖掘其潜力，为高水平阶段打下基础。一般来说，开始训练时间越短，基础训练水平越低，全面训练的比重就应该越大。只有训练水平提高了以后才可逐步增加专项训练的比重而减少全面训练。当然，不能将全面身体训练与发展专项素质对立起来，全面身体训练、专项身体训练以及专项技术、战术、心理训练应有机地结合起来，根据不同对象的训练水平来合理安排训练。

2. 系统不间断性原则

系统不间断性原则是指从开始训练到创造优异成绩，直至运动寿命终结的长期过程中，都应依据体能发展的内在规律，做出相应的合理规划，持续不断地进行训练。系统不间断性原则是依据训练适应的产生、发展与消退规律以及体能发展的连续性和阶段性等属性提出来的。在训练实践中贯彻这一原则应做到，对整个训练过程的体能训练不仅要系统规划，对多年训练不同发展阶段的体能训练，从内容、比重、手段、负荷等方面也应做出系统安排，尤其是在青少年时期以及达到高水平以后，更应该周密考虑。当达到高水平以后，运动员的身体形态机能改造已达到相当的水平，各项身体能力处于一个相对稳定的状态，但这并不一定是一个完全理想的状态，这时候的体能训练应该在准确体能诊断的基础上，有计划、有针对性地系统安排训练负荷，探索进一步发展的可能性。

3. 科学安排运动负荷原则

科学安排运动负荷原则是指在体能训练过程中根据训练的目的与任务，科学地组合负荷的量、强度与休息时间等因素，以保证训练的针对性和有效性。科学安排运动负荷原则是根据机体对运动负荷适应的专门性、有效性和劣变性以及人体在运动时物质、能量的消耗与恢复等规律提出来的。人体器官组织对负荷应激所产生的适应具有明显的专门性特点。例如：做负荷深蹲的力量练习时，只会影响腿部伸肌肌群的力量，而对于腿部屈肌肌群及其他肌群的影响却很小。同样，不同的负荷组合对人体供能系统的影响也存在专门性特点。时间短、强度大的运动主要对无氧供能系统产生效应，而对有氧供能的影响则很小。因此，发展专项素质首先必须提高专项所需要的特殊生理机能。为达到专项训练目的，练习中应考虑到训练方式的专门性特征，所选用、设计的练习从动作结构、参与运动的肌群以及能量供给特征等方面，必须尽可能与专项素质相吻合才能达到训练效果。人体对负荷的适应还有一个有效的范围，过小的负荷刺激达不到良好的训练适应，过大的负荷会导致机体适应的劣变。因此，在体能训练中必须根据训练任务和对象水平，科学地规划训练负荷，做到逐步并且有节奏地按照人体机能适应规律加大运动负荷，直至最大限度地适应。按照"加大—适应—再加大—再适应"的增量方式，合理地逐步加大训练量和训练强度，有效地促进机体形态发展和机能改善，提高运动水平。在训练过程中，既要遵循超负荷原则，又要注意防止过度训练引起机体的劣变反应。要根据训练对象的实际水平，有节奏地增加运动负荷，逐步提高，妥善处理负荷量与负荷强度、负荷与恢复的关系，使每次训练在机能得到"超量恢复"的提高阶段进行。还要按照各项素质的特点来合理安排负荷，如速度力量性训练的特点是强度大、数量少；耐力性训练的特点是数量多、强度小等。

4. 结合专项原则

结合专项原则是指在一般发展的基础上，体能训练必须根据各运动项目的技术、战术和专项能力特点充分发展专项所需要的运动素质，以促进运动员直接创造优异运动成绩。其主要依据是：首先，体能训练的作用最终要体现在创造优异运动成绩这一终极目标上，因此体能训练不能偏离运动专项；其次，技术、战术练习是专项训练的重要内容之一，体能训练只有与专项技术、战术训练有机地结合，才能真正达到体能训练的目的，加快体能训练的进程，实现在体能训练中完善和检验技术、战术，在技术与战术训练中巩固体能。结合专项进行体能训练有助于使运动员在身体形态以及机能方面对该项目的特殊要求产生适应。为此，在训练中要根据运动项目的特点和运动员的实际情况，科学地确定体能训练与专项训练的比重，体能训练的内容与手段也必须突出重点，紧密结合运动专项需要；要确定和充分发展与专项密切关系的最重要的运动素质和机能，做到有针对性的练习。

5. 区别对待原则

训练效应主要通过机体的变化实现。由于客观存在着训练者的个体差异，要想使训练达到理想的效果，必须充分考虑到个体特征，有针对性地安排各种不同的训练。训练对象的个体特征除了年龄、性别、形态、机能等生物学特征外，还应包括气质、个性和参加训练动机等心理学特征和训练水平、训练年龄、承受负荷能力等训练学特征。训练中要做到全面了解、掌握和分析训练对象的具体情况，制订出符合个人特点的训练计划，根据不同专项所需要的身体素质和不同训练阶段的任务、要求，有区别地安排训练全过程。

第二节　篮球运动项目特征及其对运动员体能的要求

篮球运动是攻防快速多变的速度力量型的对抗性项目，属技能类范围。它的技术动作由各种各样的跑、跳、投等基本技能组成，是以积极争夺控球权为手段，以投篮得分为目的进行的运动。其技术、战术的运用具有复杂性和多变性，队员需要具备随机应变的能力。此外篮球运动还具有较强的集体性，它要求队员在比赛中必须齐心协力，密切配合，相互帮助，发挥集体的力量争取比赛胜利。运动员体能要求方面，速度是篮球进攻、防守、攻防转换有效性的关键，有速度才有可能捕捉有利时机、有利位置，摆脱防守，抢断获球，攻击得分。因此，篮球体能训练要以速度训练为中心，并且速度训练要以速度耐力为主，在高速的奔跑中所持续的时间越长越好。根据对抗性项目的特点，力量是对抗的物质保证。强手之间的对抗，力量就显得十分重要。上、下肢和腰腹的力量往往使运动员在对抗的过程中处于稳定的状态，而不受对手冲撞和推拉的影响。绝对力量和爆发力会使运动员在合理有利的时机发挥出应有的优势。弹跳是篮球场上获得高度的手段之一。由于篮球运动不仅是在平面上的争夺，也是在空间上的争夺。平面的争夺速度决定一切，空间争夺高度就十分重要。跳得快还要跳得高是篮球运动员弹跳的特点。

因此，任何一个运动项目在确定训练原则和选择训练内容时，首先要明确影响比赛成绩和运动员专项竞技能力的决定因素是什么，也就是运动训练专家们一直强调的项目特征或叫项目特点问题。作为教练员必须深刻理解自己所从事的运动项目特点，这是实施正确训练行为的前提，否则，必定会导致训练与比赛的要求不一致，事与愿违。根据体能训练的需要，这里主要从篮球运动的时空特征、运动技术动作的生物力学特征、运动生理学基础特征等几个方面来分析篮球运动的项目特征，在此基础上分析其对运动员的体能要求。

一、篮球运动的项目特征

（一）时间特征

人体在运动时，物质能量代谢和恢复都与运动时间有着密切的联系，只有掌握了项目的时间特征，在体能训练中才能正确选择与其能量代谢相似的手段与方法，进行有针对性的训练。从体能训练的角度来看，篮球运动的时间特征主要体现在以下几个方面。

1. 比赛总时间的确定性与片段时间的不确定性

篮球比赛是在规定时间内得分多的球队获胜的球类项目，这决定了篮球项目比赛总时间具有相对的确定性，与排球、羽毛球等以固定分数取胜的项目不同。一场篮球比赛分为4节，1、2节有2次暂停，3、4节有3次暂停，对双方换人的人次没有任何限制，裁判员的每次鸣哨都要停表，另外，还有3秒、5秒、8秒、24秒等限制。这样，40分钟的比赛要被节间休息、双方暂停换人、裁判员鸣哨等分割成若干个小的比赛片段。由于在比赛进程中双方的暂停换人、裁判员鸣哨是随时都可能发生的，因此，每个比赛片段的时间具有不确定性，从几秒到几分钟不等。

2. 技术、战术运用的瞬时性。

攻守对抗是篮球运动最基本的规律。在篮球比赛中，要求进攻队要根据比赛的形势变化、对方的防守以及本队队员特点，选择最佳的进攻时机，采取最有效的进攻手段发动进攻；防守队也要根据比赛的形势和对方进攻的特点，利用规则的限制条件，采用抢、打、断以及协同防守等手段积极防守，制约对手，力求转守为攻。在篮球比赛中，形势的发展常常瞬息万变，最佳的攻防时机也常常稍纵即逝，攻守双方的策略千变万化。这些都决定了篮球技、战术运用的瞬时性。

3. 单个运动员上场时间的机动性

现代篮球比赛的激烈程度大大提高，随着"全员打球"理念逐步为多数教练员所接受、频繁换人已成为现代国际篮球比赛的重要特征。与此同时，在现代篮球比赛中，球星的作用日益突出，因此就单个运动员而言，上场时间具有机动性的特点。球星的上场时间主要由他个人的状态和比赛的形势而定，一般队员的上场时间主要是有利于保持全队的战斗力，力争在最短时间内取得最大的比赛效益。

4. 比赛的季节性与阶段性

当前，各国的高水平篮球联赛基本上是采用主客场赛制，赛季的比赛具有季节性和阶段性的特点。赛季一般长达几个月，在一个赛季中又分为常规赛、季后赛、总决赛等阶段。这种比赛的季节性和阶段性特点对篮球运动员的体能训练具有重要影响。

（二）空间特征

一般来说，运动项目的空间特征决定了其对运动员身体形态的要求。如举重运动要把杠铃举过头顶，在举的过程中做功的距离越短越有可能成功，因此举重运动员的身高一般较矮，四肢稍短。排球运动的扣球和拦网要求运动员具备高空能力，但它是隔网对抗的，没有身体接触，因此排球运动对运动员身体形态的要求是身材高大，四肢长，体重要求不高。从体能训练需要的角度分析篮球运动的空间特征，主要体现在以下几个方面。

1. 直接身体接触的高空对抗性

在篮球运动中，得分目标——篮圈的高度为 3.05 米，这就决定了高空优势在篮球运动中具有举足轻重的地位。在篮球比赛中，抢篮板球、补篮、盖帽、投篮等技术都需要高空优势。从一定意义上说，篮球比赛具有了高空优势，控制了空中局面，就控制了比赛局面。同时，篮球又是同场对抗项目，运动场地较小（相对于足球、手球、橄榄球等集体同场对抗项目），在比赛中直接身体接触频繁。随着现代篮球水平的不断提高，身体的对抗越来越激烈。足球、手球等项目在门前也强调对抗中的空中优势，但它们的得分目标毕竟是在地面上，对高空的追求不会像篮球这样迫切。排球同样强调高空性，但它在空中没有身体对抗。可见，直接身体接触的高空对抗是篮球项目的显著特征，对篮球运动员的身高、体重、力量以及身体灵活性等方面都提出了全面的要求。

2. 比赛场地小且有诸多限制，队员位置具有模糊性

篮球比赛场地是 28×15 米，在集体同场对抗项目中比赛场地是最小的。在这么狭小的场地上还有诸如 3 秒限制区、中线等限制。在比赛时运动员虽然有位置分工，但与足球等项目比起来位置相对较模糊，而且这种模糊趋势已成为现代篮球运动的一个重要特征。篮球比赛场地相对较小、场上位置模糊的空间特征决定了它是一项高强度的运动。因此篮球比赛对队员的灵活性、移动速度（尤其是起动速度）、动作速度都有很高的要求。在篮球比赛中，比对方快百分之一秒，进攻或防守的效果将是天壤之别。队员的位置模糊加大了运动员的活动范围，对运动员在高强度下的耐力提出了更高要求。

（三）篮球技术动作的生物力学特征

只有掌握了专项技术动作的生物力学特征，我们才能根据动作的结构与用力特点选择科学的体能训练手段。从动作的形式来看，篮球技术动作大多数是既有平动又有转动的复合动作，既包含周期性运动成分，又包含非周期性运动成分。

美国学者对篮球典型动作的解析表明，篮球动作中最大屈膝角度也未超过 90°，但屈膝角速度较大；运动员踝关节多处于内翻状态，且翻内角度远大于翻外角度；做急停、滑步等动作时运动员膝关节始终处于屈的位置。因此，篮球运动员下肢力量的训练宜采用半蹲、爆发性练习，要注意提高踝关节外侧肌肉与韧带的力量，预防踝关节损伤，还应当安排一定比例的、屈膝状态的静力性练习，或者做使运动员保持屈膝状态的动力性练习。

（四）篮球运动的生理特征

从能量消耗来看，篮球比赛中双方竞争激烈，奔跑快速，转换极快，运动强度大、时间长，且篮球运动员一般身材高、体重大，身体的能量消耗很大，大脑的耗能量也很高。一场激烈的篮球比赛，部分运动员的能量消耗可达 900 千卡，在所有运动项目中，篮球运动属于能量消耗较大的项目之一。从供能来看，篮球运动的突然起动、快速移动、急停、急起、变速变向、摆脱与防摆脱、突破与防突破、投篮与防投篮等动作都是由 ATP—CP 系统来供能。另外，篮球比赛的攻守转换非常快，常常是一段高强度的防守紧接着就是一个快攻，或者进攻失误要快速回防，而 ATP—CP 的半程恢复也要 20～30 秒的时间，在这种情况下，接下来的高强度运动显然主要是靠糖酵解系统来供能。因此，多数学者更倾向于认为篮球是以无氧供能为主的运动。同时，篮球运动能量消耗较大，良好的有氧能力有助于运动员的机体利用暂停、节间休息，或在场上有走、站或慢跑的机会快速地恢复，以使运动员能够保持长时间、反复大强度运动的能力。篮球运动又是激烈的同场对抗项目，在攻防对抗中运动员的注意力要保持高度集中。由此可见，篮球运动员的疲劳主要来自于中枢神经系统的机能下降和短时间、高强度间歇运动的代谢产物。中枢神经系统的机能下降使运动员不能保持高度的精力集中，时空感觉、本体肌肉感觉的精确程度降低，表现在运动员思想走神、投篮命中率下降、进攻或防守的判断失误增加等方面。导致篮球运动员疲劳的代谢产物主要来自磷酸原和糖酵解系统，如氨和乳酸等。

二、篮球运动对身体素质的要求

（一）对速度素质的要求

速度是篮球运动的灵魂，是其生命活力之所在，能否在高速度、高难度、强对抗下准确、迅速地完成每一次进攻和防守是现代篮球比赛制胜的关键。但篮球运动的快跑速度不同于田径的短跑速度，田径的短跑是在无任何干扰的情况下，专心致志以创造最高速度为唯一目的。在篮球运动中，跑动中有激烈的对抗，要突破防守，在快跑中还要重视防守动作随机应变，同时还要有高度的稳定性（抗冲撞），所以篮球运动中的速度具有应变性、稳定性、隐蔽性和突然性等专项特点。篮球运动员的专项速度主要体现在：①位移速度；②反应—起动速度；③单个技术动作速度；④进攻速度；⑤防守速度；⑥攻防转换速度；⑦防守反击速度；⑧

运球速度；⑨传球速度；⑩投放速度等。其中，进攻速度是灵魂，防守速度是保障。防守是为了进攻，进攻是要得分，防守中要有进攻，进攻中要有防守。篮球比赛是以得分多少评定胜负的，进攻的次数越多，则成功的概率越高，得分也越高。要增加进攻总次数，必须提高每次进攻和防守的速度。为此，篮球运动员的速度，只有在符合比赛快速攻、防要求的前提下，才有可能实现技术与战术的发挥。为了达到这种要求，运动员在比赛中通过观察、判断、反应以使动作速度更加迅速敏捷，使技术、战术的运用更加快速紧凑，如动作速率、移动速度、重心调整和技术之间的衔接加快，攻守转换战术变化连贯、紧密。可见，加速度、加速跑的速度是篮球运动员速度的核心，而不是绝对速度。

（二）对力量素质的要求

力量素质是篮球运动员专项对抗能力、专项速度、专项技术掌握和完善的基础和保障。在篮球比赛中，进攻和防守的反应、跳动、加速与拼抢，以及防守与攻击的有效性无不取决于力量素质。篮球运动不仅要求运动员跑得快、跑得巧，还要求在跑动过程中能够迅速地制动急停。跑得快则需要足够的腿部和足踝掌趾肌肉力量。跑得巧，要求运动员必须具备迅速改变方向的能力，这需要腰腹肌群的控制力及脚掌内外侧肌力，以便蹬地时旋转。跑动过程中的急停则需要膝踝关节肌群具有强大的退让收缩能力。跳投、盖帽、争抢篮板球等动作要求篮球运动员必须具备良好的弹跳力，弹跳力的基础是腿部力量和腰腹力量，投篮和传球动作需要手臂和指腕力量。一场激烈的篮球比赛，队员在场上要不停地完成跑、跳、投等各种技术动作，因此还需要肌肉具备大强度持续工作的能力——快速力量能力。综上所述，根据篮球运动的动作结构和用力特点，一名优秀的篮球运动员必须具备良好的弹跳力、躯干肌力和上肢力量。就力量性质而言，篮球运动主要具备爆发力和快速力量耐力。

（三）对耐力素质的要求

耐力是指机体坚持长时间运动的能力，我们一般将与专项运动成绩关系密切的耐力称为专项耐力。篮球比赛场地小、强度大、对抗性强，为了保持战斗力，双方频繁换人，这些特点要求篮球运动员首先要具备良好的无氧耐力，尤其是保持高强度、爆发式运动的能力，也就是长时间反复进行短距离的高强度运动的能力。长时间是指净比赛总时间长；反复是指各种急起、急停、跳跃、滑步等动作，这在一场比赛中需要重复一百多次；短距离的高强度运动是指急起、急停、跳跃、滑步等脚步动作的实际距离较短，但都属于极限、亚极限运动。篮球运动的专项耐力主要体现在保持反复进行的短距离、高强度间歇运动的能力上。在40分钟的篮球比赛中，攻防节奏不断变化，运动员机体必然进行有氧代谢，因此篮球运动员也需要良好的有氧耐力。

（四）篮球运动对灵敏素质的要求

篮球运动对运动员灵敏素质的要求主要在于快速、协调、准确。只有具备了这些素质，才能与篮球运动所要求的反应迅速、应变能力强的专项特点紧密结合，从而促进运动员技术、战术水平的发挥。

(五)篮球运动对柔韧素质的要求

柔韧素质在篮球运动中的意义主要是要求运动员的关节韧带，特别是腰、胯、肩、腿、踝关节韧带的韧性强，这对运动员加大实战技术动作的强度、幅度，减少运动员机体受伤具有积极的意义。

第三节　篮球运动员体能训练的基本内容

一、身体形态训练

身体训练和专项训练是运动员身体形态训练的主要途径，其原因主要有两个方面：其一，科学、系统而又适合专项需要的各种身体训练方法对身体形态有积极的影响，根据需要运用相应的体能训练方法，可以对运动员的身体形态产生最佳的影响，有利于创造专项运动成绩；其二，任何科学合理的专项训练手段对促使身体形态向专项需要的方向发展有显著的促进作用，几乎所有项目运动员的身体形态训练基本上都是通过专项训练手段和专项训练方法实现的。因此，专项训练是改善和提高运动员身体形态的重要内容。

对篮球运动员的身体形态训练应注意几个问题：第一，要注意遗传因素的影响。在身体形态各项指标中，有的指标遗传度很高(如高度、长度和宽度指标)，有的遗传度较低(如体重等充实度指标)。因此，在选材时应重视高度、长度和宽度等形态指标，与肌肉有关的体重等充实度指标则应更多地依靠后天的训练加以改善和提高。第二，要根据篮球的项目特点安排身体形态训练，如：体重和身体脂肪率是篮球运动员身体形态训练中的两个重要指标，这两项指标对内、外线运动员应区别对待。内线运动员身体对抗更加激烈，很多时候近似于"肉搏战"，因此内线运动员更强调力量，反映在身体形态方面就是要强调体重，要在不增加身体脂肪率的前提下采用多种力量训练手段来增加体重，以提高"肉搏战"中的对抗能力；外线运动员更强调速度和灵活性，因此对外线运动员的身体形态训练应在不降低速度和灵活性的前提下增加体重。第三，要根据生长发育规律安排身体形态训练。人体在不同的年龄阶段的生长发育有不同的特征，具有在连续性基础上的阶段性特点，因此在身体形态训练时应与之相对应，切不可颠倒。第四，要采用多种方法和手段改善身体形态。影响身体形态的因素很多，如遗传、自然环境、生活习惯、饮食等都会在一定程度上决定或影响运动员的身体形态，因此身体形态训练不能只从训练角度出发，也应注意其他手段的运用，如饮食、营养等手段。

二、生理机能训练

这里所说的生理机能训练并不是说专门的生理机能训练手段，而是在体能训练过程中应有这方面的考虑，生理机能的提高主要还是通过身体素质训练、专项训练的途径来实现的。作为篮球体能教练员，不仅要清楚篮球运动的生理基础，还应清楚每一位运动员的具体情况，即清楚每一位运动员的竞技能力要向更高一个层次发展，哪方面的生理机能需要提高，需要提高到何种程度，并在此基础上选择训练手段，安排训练负荷。同时，要建立系统的观念，因为人体是一个完整的系统，各器官、系统的功能都是相互影响、相互制约的。在发展某一方面的生理机能时，要充分考虑其制约和影响因素，分清主次和因果，使运动员的生理机能能够在适应运动需要的同时协调发展。

三、身体素质训练

1. 速度训练

篮球运动的跑，不同于田径运动的跑。篮球运动跑时要眼观六路、耳听八方，既要看同伴，又要看对手；既有跑步，又有滑步；既有向前跑，又有向后跑；既有正着跑，又有侧身跑，还有不规则的、随意的、变方向、变速跑等。因此，起动速度、加速跑速度和速度耐力是篮球运动员速度训练的重点。影响这类速度的因素主要是速度力量与髋、膝、踝关节的爆发力，上肢的摆动力量的关系。跑的技术训练对篮球运动员来说并不十分重要，训练中没有必要做过多的分解练习，如小步跑、后蹬跑等。对篮球运动员速度训练的方法不应只是跑，通过跳的训练同样可以有效地提高跑速。苏联学者维尔霍山斯基的研究结果表明：短跑的步长，尤其起跑前 10 步的总长（篮球项目主要是加速跑），与原地 3 级跳和 10 级跳的成绩密切相关，在所有的跳跃练习中，只有 150 米计时跨步跳与 30 米、60 米和 100 米跑成绩高度相关。他进而指出，"短跳"练习（如 3 级跳、5 级跳和 10 级跳）有助于提高跑的加速跑能力，对增大步长和起跑前 10 步的步长，以及提高步频均有较好的作用；"长跳"（如 30 米、50 米、100 米、200 米跨步跳等）对提高最大速度和速度耐力有着显著作用，其中 50 米跨步跳训练效果最好，而"长跳"和"短跳"相结合会取得最好的训练效果。进行跳跃训练时，准备期的前半部分，跳跃练习以量为主，准备期的后半部分和比赛期以"短跳"和 50 米跨步跳为主。阶段性训练应以"长跳"开始，而后逐渐变换成大强度的"短跳"练习。"短跳"应在速度训练前练习（杠铃练习也要在速度训练前练习），而"长跳"，要在速度训练后练习。当前，我们的篮球教练员对这些速度训练的理论与方法了解不够，训练中的方法不多。

2. 力量训练

力量素质是篮球运动员体能建设的保证，是技术、战术快速多变的物质基础。现代篮球运动员都具备高度发展的全面力量训练水平。身体的各个部位，特别是上下肢、腰腹，以及踝、膝、手腕、手指都应进行专门的、全面的力量强化训练，旨在发展各运动环节的肌肉力量，达到提高整体力量的目的。整体力量就是运动员在从事专项活动时，各运动环节协调一致所表现出来的综合力量，它是运动员专项能力的基础。整体力量训练和整体力量水平是现代球类运动力量训练的发展趋势。

篮球运动员在多年的力量训练中应解决两方面问题，一方面是要发展各种力量；另一方面是要通过各种力量练习来完善运动员的身体形态。美国 NBA 运动员发达的肩带和上肢肌群，不是打篮球打出来的，而是靠专门的力量练习练出来的。要对篮球运动员开展力量训练，首先要对这两点有正确的认识，要在多年的训练中对运动员的力量训练有较为长远的规划。我国篮球运动员的身材普遍较为"苗条"，克托莱指数较小，原因主要就是教练员对力量训练的认识不足，长远规划不够，使运动员在最佳的年龄阶段错失了发展力量和塑造身体的最佳时机。其次，在训练手段的选择上要紧密结合篮球运动的肌肉工作特点。篮球运动中大量的半蹲、跑跳、急停、急停快速跳起等动作是离心和离心—向心收缩，是退让与超等长收缩，在练习手段的选择上要充分考虑这些特点。训练内容的安排，不仅要有下肢力量，还要有躯干和上肢力量；不仅要注重伸肌力量，还要注意屈肌力量；不仅要训练大肌群力量，还要有小肌群力量的练习；既要有克制收缩力量的训练，又要有退让收缩力量的训练；既要注重运动环节的功能力量训练，也不可忽视运动环节的保健防伤训练。教练员要充分认识到，篮球运动真真正正的是一个对人体上肢、下肢和躯干各部肌力提出全面要求的运动项目。在力量训练的组织方面也要与篮球专项训练紧密结合。篮球运动员的肌肉弹性非常重要，因此，队员每次训练结束后一定要把肌肉从缩短状态再充分拉伸开。美国篮球运动员力量训练的"少食多餐"型，值得我们借鉴。在赛季前，他们一般每周安排 4～5 次力量训练，基本上是每天都有，但每次训练的时间不长，一般在 1 小时左右。每次力量训练结束后除了安排拉伸练习外，还要安排 30 分钟左右的技术、战术训练，以使运动员的肌肉恢复弹性。长期这样的训练安排显然更有利于将训练所获得的力量更有效地融入技术、战术，并通过技术、战术表现出来。力量训练的方法，除了杠铃外，最简单易行的还有各种方式的大强度跳跃练习，例如多级跳、单足跳、蛙跳、障碍跳、台阶跳、跳深跳等。这种练习的力量性质和肌肉的工作方式，与篮球专项训练十分接近。综合力量练习器是当代国外高水平运动员力量与体能训练最常用的手段与方法，根据我们掌握的信息，美国 NBA 的运动员几乎每天都要利用综合力量练习器发展各部位特别是薄弱部位肌群的力量。另外，等动力量训练和电刺激力量训练，以及各种组合力量训练应引起教练员重视。组合训练就是创新，组合才能出效果。这就好像中药配方，如电刺激与杠铃的组合，与跳跃练习的组合；跳跃练习与杠铃的组合；力量练习与速度练习的组合等，都值得我们深入研究。

3. 耐力训练

对篮球运动员的耐力训练，教练员首先应对有氧耐力和无氧耐力在篮球运动中的作用及它们之间的关系有一个清楚的认识。就在篮球比赛中的作用而言，无氧耐力对篮球运动员的意义更加重要。但有氧耐力是无氧耐力的基础，良好的有氧耐力有助于比赛中或整个赛季中运动员体力的恢复。在训练的先后顺序方面，也应该先发展有氧耐力，在此基础上再发展无氧耐力，这样无氧耐力才能有更大的发展空间。绝不是说无氧耐力对篮球运动员更重要就只练无氧耐力。篮球运动员的耐力训练应使两者紧密结合，如：在有氧训练的大运动量跑之后，要求运动员接着进行 300 米或 400 米的强度跑，以提高机体大强度工作时的代谢能力。作为球队，每天的早操应坚持不少于 3000 米的越野跑，只有长年坚持，才能收到效果，打球时才感觉不到累，感觉不到气喘，才能保证攻守积极主动，才能提高攻守转换速度。无氧耐力可采用田径场 400 米、600 米、800 米的重复跑训练，还可以结合采用篮球场上的多组折返跑以及各种有球练习等。总之，对篮球运动员的耐力训练关键要做到常年安排、持之以恒。另外，耐力训练对运动员意志品质的培养具有不可忽视的作用，可利用耐力训练来培养运动员坚强的意志品质、顽强的战斗作风。

4. 灵敏和柔韧训练

发展篮球运动员灵敏素质的训练可采用各种专项技术练习和辅助练习，以及各种滚翻、手翻、闪躲和模仿练习，各种脚步动作的转换练习、抢断球游戏、绕过障碍的接力赛、传接各种难度的球、接地滚球，以及在快跑中根据信号进行急停、起动、后退跑、转身跑和改变方向跑等。

柔韧训练可采用各种压指、压腕、压肩、拉肩、转肩、体前屈、劈叉、压腿、踢腿，双手持球成弓箭步，向前、后、左、右扔球和拿球，以及一些体操和武术的柔韧性练习动作。

第四节　篮球运动员体能训练的基本过程

任何一个训练过程，无论其时间长短，从理论上都应包括运动员的（或运动队）现状诊断、确定训练目标、制订训练计划、实施训练计划、检查评定等基本内容。

篮球运动员体能的现实状态诊断主要包括队员身体形态、机能、身体素质以及运动员身体对负荷的承受能力等方面。教练员一般是通过身体检查、体能测试以及训练监控等途径获得运动员体能现状的全面信息，完成对运动员的体能现状的诊断。训练目标向训练参与者描绘出运动训练过程的目标状态，全部训练活动都是为实现这一终极目标状态服务的。这一终极目标的确定，使得训练过程的每一个环节、每一次训练活动都围绕着目标状态的实现而全面展开，从而为在训练过程中的训练计划和比赛计划的制订与实施提供了依据。一个完整的体能训练目标应是一个多层次的有序系统，在层次上应包括整个训练过程体能发展的最终目标和各阶段训练目标；在结构上包括身体形态、生理机能以及身体素质等各项目标，还应该指出达到目标状态时身体承受运动负荷的能力目标。运动训练计划的制订与实施，是运动训练过程的中心环节，贯穿于教练员与运动员的全部训练实践活动之中。体能训练计划的具体作用主要体现在三个方面。

(1)使体能训练目标进一步具体化。通过制订体能训练计划，可以把训练过程的体能训练目标具体化为若干独立而又彼此联系的训练任务，并进一步具体化为若干按特定要求进行的身体练习。在实施训练计划时，运动员通过逐一地完成这些练习，逐一地实现各课次的训练任务和要求，逐步地接近直至完成体能训练的总目标。

(2)统一训练活动参加者的认识和行动。现代运动训练的参与者已不仅仅局限于教练员和运动员，还包括行政管理人员、科研人员、医务监督人员以及后勤保障人员等。通过运动训练计划可以使所有这些参与者的认识和行动统一到训练上来，为训练的总目标服务。

(3)为有效地控制体能训练过程奠定基础。通过体能训练计划的实施可以获得"体能现状诊断"和"体能训练目标"的反馈信息，这是对体能训练过程实施有效控制的基础，也是保证体能训练过程顺利完成的重要条件。

下面以国家女篮二队 2003 年冬训的体能训练为例，说明篮球运动员的体能训练过程的安排。

一、运动员体能现状诊断

1. 身体形态诊断

根据有关研究，我国优秀女子篮球运动员的身高、体重、克托莱指数分别为 (183.1 ± 47.86)厘米、(73.5 ± 5.02)千克、(401.99 ± 126.50)，本次冬训的测试结果表明，国家女篮二队这几项指标与我国优秀女篮运动员的差异都不具有显著性，说明她们的身体形态在总体上基本达到优秀女篮运动员的标准。但运动员的胸围—臀围差偏大，而上臂紧张围—放松围差偏小，说明运动员的身体匀称度不太理想，胸部与上肢肌肉欠发达，有必要加强躯干部(尤其是胸部)肌群的训练。从体脂率来看，这些女篮运动员的平均体脂率都达到了 18% 以上，虽然符合人体最适宜的脂肪率，但对优秀篮球运动员来说明显偏高，且个体差异较大，有个别运动员的身体脂肪率甚至达到了 28.8%，因此在训练中应根据每名运动员的具体情况，采用训练与饮食相结合的手段，通过脂肪和体重的双重控制使其完善。

2. 生理机能诊断

测试结果表明，国家女篮二队运动员的肺活量，无论是绝对值还是相对值都不甚理想，说明这批女篮运动员在以往的训练中有氧耐力的训练不足，肺活量还有较大的提升空间。心功能指数为(7.39 ± 2.65)，参照优秀运动员的评价标准基本趋于一般范畴；血红蛋白含量平均值为(12.68±0.64)克，都属于正常范围，但发现有个别运动员的血红蛋白值过低；血清睾酮基础浓度的平均值为(49.0±9.3)纳克/100毫升，浓度的标准差较大，最大值与最小值的差距都在2倍以上，说明运动员血清睾酮的个体差异较大，在体能训练过程中，运用该指标进行机能评定时应进行自身对照，建立运动员个人系统参考值；最大摄氧量的相对值为(42.56±2.92)毫升/千克/分，远低于(陈德春等2002年报道)国家女篮(53.73±4.55)毫升/千克/分的值，说明运动员的有氧能力不甚理想；运动员血乳酸平均值为11.19毫摩尔/升，稍低于国家女手运动员(11.8±1.2)毫摩尔/升，(肖国强等1999年报道)，说明运动员的无氧能力达到了较高的水平。

3. 身体素质状况

从各项身体素质的得分来看，运动员的"3200米跑"得分最低，说明有氧耐力相对最差，也再次验证了前面的肺活量和最大摄氧量等机能测试的结果。运动员的"3级蛙跳"和"1分钟仰卧起坐"两项指标的得分也较低，说明运动员的水平爆发力和腰腹耐力也是薄弱环节，在以后的训练中应予以加强。

二、确定体能训练目标体系

国家女篮二队的长远目标是为2008年奥运会培养优秀人才，其确定的主要任务是"狠抓体能和基本技术两个基础"。根据长远目标和本次冬训的总任务，结合对体能诊断测试的分析，本着为总目标服务，针对性、可行性、突出重点、训练手段相结合等原则，为每一位运动员制订了本次冬训的主要身体素质发展目标、体能训练中的负荷目标，并依据我国优秀篮球运动员身高、体重回归方程计算其标准体重，结合身体脂肪率，制订了每一名运动员的脂肪控制和体重控制目标。

三、体能训练计划的制订与实施

本次冬训时间为2003年1月10日～3月10日，其中第一周为调整恢复、运动员现状诊断(包括体能初测)，3月1～9日为冬训检查赛，因此本次冬训体能训练的实际时间跨度为6周。根据时间安排和本次冬训的任务与目标，确定了本队体能训练计划的基本要点：①6周时间分为准备适应阶段(1周)、训练提高阶段(4周)、保持阶段(1周)；②体能训练的比例约为50%；③力量训练与技术训练紧密结合，采用"少食多餐"的安排，一般在上午进行，力量训练结束后再到馆内进行技术训练，在全面训练的前提下，力量训练的动作设计应尽量接近篮球技术动作；④速度训练重点训练启动速度与速度耐力；⑤有氧耐力训练主要利用早操进行，每周3次；⑥每天早晨监测运动员晨脉和基础体重，以便及时掌握恢复情况。

第五节　篮球运动体能测试

体能测试与评价是体能训练过程中一个必不可少的环节。训练过程中用状态诊断与检查评定这两个环节，在一定条件下可以相互转化。一个时间跨度较大的运动训练过程中的每一个阶段的检查评定，都可以视为下一小阶段的起始状态诊断。体能测试和评价的指标应结合篮球运动的特点，应包括身体形态、生理机能以及运动素质等指标。身体形态指标包括高度、围度、皮褶厚度等；生理机能指标包括心血管、呼吸、有氧能力、无氧能力、内分泌等指标；身体素质指标包括力量、速度、耐力、弹跳、柔韧等。根据测试的时间和目的，体能测试可以分为诊断测试、总结测试以及监控测试等。下面介绍 2006 年全国青年男、女篮集中冬训体能测试的方法。

一、测试项目

(1)上肢力量测试：30 秒 30 千克卧推。

(2)腰腹力量测试：1 分钟仰卧起坐。

(3)下肢力量测试：立定跳远。

(4)弹跳力测试：单、双脚起跳摸高。

(5)专项速度测试：快速侧身跑＋摸篮板＋直线后退跑计时测试。

(6)速度耐力测试：全场变距三次折返跑。

(7)耐力测试：3200 米跑。

二、测试的具体方法与要求

(一)30 秒 30 千克卧推测试

方法：记录受试队员在 30 秒之内所能完成的卧推数目，以此来计算成绩。

要求：

(1)推起杠铃时手臂要完全伸直，放下时杠铃杆要贴近胸口。

(2)要有两名协助测试人员在两侧，以防止发生意外伤害。

(二)1 分钟仰卧起坐测试

方法：测试开始前，受试队员可以另选一名队员坐在受试者脚上，受试者屈膝仰卧在垫子上，两手抱头，测试其 1 分钟做的次数。

要求：(1)做仰卧起坐，落地时肩、背、头以及抱头的手都必须紧贴垫子，坐起时两肘必须接触大腿。

(2)做仰卧起坐的过程中，两手始终屈肘抱于头后。

(3)坐在受试者脚上的协助人员不能用手抱住受试人的腿向后帮助其发力，否则成绩无效。

(三)立定跳远

方法：受试运动员双脚站在起跳线后起跳，测试人员用笔标出其落地点的位置，以距离起跳线最近的落地点为成绩丈量点。每个队员有两次机会，取最好成绩。

要求：

（1）起跳前任何一只脚都不能触及起跳线。

（2）起跳时双脚不能挪动。

（3）要求被测队员在1分钟之内完成一次起跳，否则将失去1次试跳机会。

（四）单、双脚起跳摸高

方法与要求：单脚起跳摸高在任一点起跑、助跑，但必须是单脚起跳；双脚起跳可垫步起跳。每种方式每人测试两次。

（五）快速侧身跑＋摸篮板＋直线后退跑计时测试

方法：在全场罚球线的两端各设两个障碍架。测试时受试队员站在后场障碍架的右侧，左手摸右侧的障碍架。听到"开始！"口令后开始计时，受试队员沿右侧边线快速侧身弧线跑到前场篮下助跑，起跳用手摸到篮板（篮网），然后直线后退跑到中圈与中线右侧的交界点，再快速侧身跑到左侧的障碍架处，用右手摸到左侧的障碍架并从障碍架后绕过，沿左侧边线快速弧线跑到前场篮下助跑起跳摸到篮板（篮网），然后直线后退跑到中圈与中线左侧的交界点，再快速侧身跑，用右手摸到右侧的障碍架计时结束。

要求：

（1）开始和结束时都必须手摸到障碍架。

（2）弧线侧身跑要求最大限度的靠近边线。

（3）到篮球架下后必须助跑用手摸到篮板。

（4）直线后退跑。

（5）直线后退跑双脚踩到中线后才能转身做侧身跑。

（六）全场变距3次折返跑

方法：受试队员从端线开始跑至罚球线及延长线—返至端线—跑至中线—返至端线—跑至对面罚球线及延长线—返至端线，休息30秒。重复上述跑动路线，休息45秒。再重复上述跑动路线后结束。计算折返跑全部用时，即为该运动员的成绩。

要求：

（1）每一次跑动都要到达既定标志线，累计两次不到达标志线，取消成绩重跑。

（2）运动员应听从测试人员的要求，严格遵守跑动中的休息时间，不得超时，否则重跑。

（七）3200米跑

方法与要求：运动员按田径规则进行3200米跑。

本章小结

　　通过对本章内容的学习，使同学们更好地了解篮球运动体能训练的重要意义和作用，掌握篮球运动项目的特征。根据篮球运动员的体能要求，能合理地利用体能训练的原理和原则，提高篮球运动员的身体素质，了解篮球运动体能训练的基本过程，掌握体能测试的方法，为将来的运动训练打下坚实的基础。

练习与思考

1. 何谓体能，体能在篮球比赛中的地位与作用。
2. 何谓体能训练，体能训练的基本原理有哪些？
3. 在篮球体能训练中如何贯彻体能训练的原则？
4. 篮球运动员所特有的体能特征是什么？
5. 篮球运动员应具备什么样的身体素质？
6. 篮球运动员体能训练的基本内容有哪些？

第六章　篮球运动中常见的运动损伤

内 容 提 要

论述篮球运动常见损伤的原因，论述篮球运动损伤及其预防原则，详细介绍篮球运动中常见各部位损伤的急救处理方法及恢复。

学习目标：

(1)明确理解篮球运动损伤的原因。

(2)掌握篮球运动损伤的预防原则。

(3)掌握处理篮球运动常见损伤的急救处理方法。

学习重点：

(1)篮球运动损伤的原因。

(2)篮球运动损伤的预防原则。

(3)常见篮球运动损伤的急救和处理方法。

第一节　篮球运动中常见的运动损伤及处理方法

一、造成运动创伤的原因

(1)对预防运动创伤的重要性认识不足。

(2)身体训练水平与运动量不相适应，当运动量超过人体负担的能力或者造成局部负担过重，做自己力不能及的练习而致伤。

(3)技术上的缺点和错误。初学动作时，由于各肌群配合不协调，不能精确地确定空间方向和掌握动作的平衡，或者在错误动作未能及时被纠正的情况下勉强地去完成动作。

(4)身体和心理状态不好。如病后初愈未恢复或者是身体疲劳生理机能下降，反应迟钝，力量差，动作的精确度与协调性降低等。再者，学生精力不集中，自信心过强，疏忽大意或精神紧张，犹豫不决等都可以导致伤害事故。

(5)组织不严、教学、训练、比赛的组织不严密、纪律松弛，缺乏保护或保护不当。

(6)场地不平、太滑、太硬、缺少防护设备、器械失修；使用时检查不严，安装不牢，放位不当；另外天气不好，太热、太冷、阴雨、大风、光线太强和太弱都可能导致伤害事故发生。

（7）缺乏合理的准备活动。做准备活动的目的是提高中枢神经系统的兴奋性，使人从相对静止的状态过渡到紧张的活动状态。

（8）动作粗野或违反规则。在比赛中不遵守比赛规则或在教学训练中互相打闹，动作粗野、故意犯规等，也是篮球运动中发生损伤的重要原因。

二、常见运动损伤的预防原则

常见运动损伤的预防原则有下面几个方面。

（1）加强思想教育。平时要加强安全教育，在体育教学训练和比赛中，克服麻痹思想，并要掌握运动损伤的预防知识，认真贯彻以预防为主的方针，发扬良好的体育道德风貌。

（2）合理安排教学。训练和比赛教师要根据学生的年龄、性别、健康状况和运动技术水平，认真研究教材，估计哪些技术动作不易掌握和哪些技术动作容易发生损伤，做到心中有数，事先采取相应的预防措施。加强全面训练，在学校体育工作中，要运用各种形式的身体练习方法，全面提高学生的身体素质。

（3）认真做好准备活动。剧烈运动前都要认真做好准备活动。准备活动的内容，要根据教学训练和比赛的内容而定，即既有一般性的准备活动，又有专项的准备活动，使准备活动最后部分的内容与上课（或比赛）的基本内容相似。要特别注意做好运动中负担较大和易伤部位的准备活动，适当地做一些力量性和伸展性练习。

（4）加强易伤部位的训练。循序渐进地加强易伤部位或相对较弱部位的训练，提高它们的功能，是预防运动损伤的一种积极手段。例如：为了预防髌骨劳损，可采用"站桩"的方法增强股四头肌和髌骨功能；为了预防腰部损伤，除加强腰背肌训练外，还应加强腹肌力量训练，有助于防止脊柱过伸而造成腰部损伤；为了预防股后肌群拉伤，要加强股后肌群的力量性和伸展性练习等。

（5）加强保护和自我保护。一旦身体有些部位有损伤后应及时带好护具。做某些高难度动作时要加强保护，避免意外受伤。

（6）加强医务监督。对学生或经常参加锻炼的人，都要定期进行体格检查；参加重大比赛的前后要进行补充检查或复查，以了解学生体育锻炼或比赛前后的身体变化。对患有各种慢性病的人，更要加强医学观察和定期或不定期的健康检查。

三、运动损伤概述

体育运动过程中所发生的损伤，称为运动损伤。运动损伤与一般的工农业生产或日常生活中的损伤有所不同，它与运动项目、技术动作有着密切的关系。总结、研究运动损伤的原因、发病规律、治疗效果及恢复健康的时间等问题，不仅是为了有效地达到治疗和预防运动损伤的目的，也是为改进教学训练的条件和方法提供依据。

四、运动损伤的分类

体育运动的项目很多，各种损伤都可能发生，为了总结、研究和提出预防运动损伤的有效措施，有必要把运动损伤加以分类。运动损伤的分类方法较多，常见的有按轻重程度、运动能力丧失程度及组织损伤后是否有创口与外界相通等几种。

（一）按运动能力丧失的程度

按运动能力丧失的程度可分为伤后仍能按照教学训练计划进行体育锻炼的"轻度伤"，伤后不能按照教学训练计划进行体育锻炼，需要停止或减少患部活动的"中度伤"；伤后完全不能运动的"重度伤"。这种分类法，适用于业余体校、体育院系和集训队，它具有较大的优点，因为一般的分类法虽然可了解损伤的严重程度，但不能应用于体育锻炼中，某些不妨碍日常生活或不运动时没有症状的损伤，若按一般的分类法，实践时可能引起病情的加重。因此，这种分类法便于估计损伤后果和提出预防及伤后体育活动安排措施。

（二）按损伤组织是否有创口与外界相通

按损伤组织是否有创口与外界相通可分为开放性损伤与闭合性损伤。此外，根据发病的缓急，还可分为急性损伤和慢性损伤；根据病因，又可分为原发性损伤和继发性损伤等。

（三）按损伤组织的种类

按损伤组织的种类可分为肌肉韧带的挫伤及撕裂、挫伤、四肢骨折、颅骨骨折、脊柱骨折、关节脱位、脑震荡、内脏破裂、烧伤、冻伤、溺水等。根据北京运动医学研究所的统计分析，严重的运动损伤较少，多数属于肌肉筋膜、肌腱腱鞘、关节囊和韧带的损伤。

（1）由于外力作用，破坏了骨的完整性和连续性者称为骨折。根据骨折是否与外界相通分类有闭合性骨折（见图6-1），即骨折处的皮肤或黏膜完整，骨折端不与外界相通者；开放性骨折（见图6-2），骨折附近的皮肤或黏膜破裂，骨折端与外界相通者。根据骨折周围软组织和脏器损伤程度分类有单纯骨折（见图6-3），即无并发神经、重要血管、肌腱或脏器损伤者；复杂骨折（见图6-4），即并发神经、重要血管、肌腱或脏器损伤者。根据骨折损伤程度分类有不完全骨折（见图6-5）和完全骨折（见图6-6）。根据骨折线的形态分类有横断骨折、斜形骨折、螺旋骨折、粉碎骨折、嵌插骨折、压缩骨折、裂缝骨折、青枝骨折、骨骺分离、凹陷骨折等（见图6-7）。根据骨折端的稳定程度分类有稳定骨折（见图6-8）和不稳定骨折（见图6-9）。根据受伤前骨质是否正常分类有外伤性骨折（见图6-10）、病理性骨折（见图6-11）。

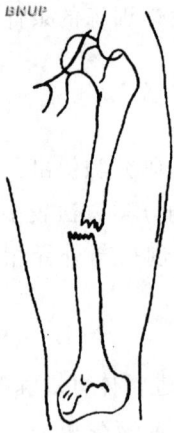

图 6-1　闭合性骨折

图 6-2　开放性骨折

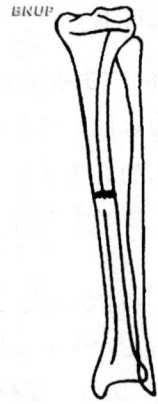

图 6-3　单纯骨折

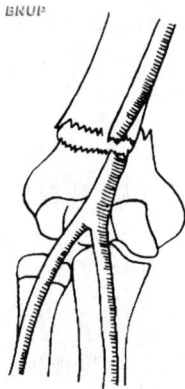

图 6-4　复杂骨折

图 6-5　不完全骨折

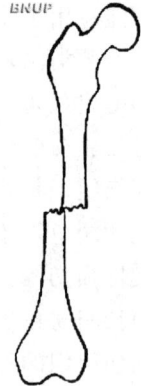

图 6-6　完全骨折

A　　　　　B　　　　　C　　　　　D₁　　　　D₂

图 6-7　骨折分类（一）

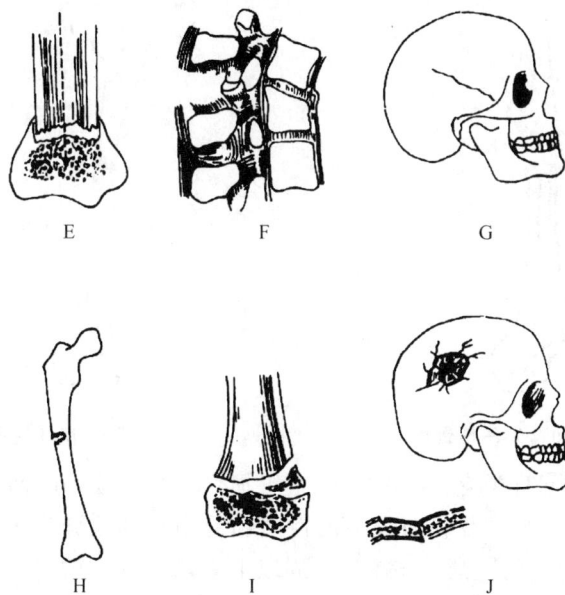

图 6-7　骨折分类(二)

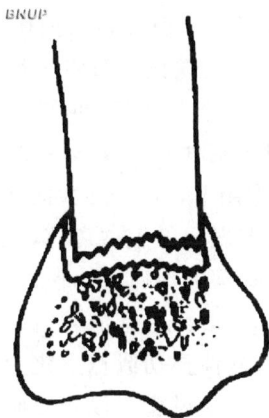

图 6-8　稳定骨折

图 6-9　不稳定骨折

　　(2)软组织损伤在中医属"筋伤"范畴,中医对筋伤的分类相当精细,在古代文献中有"筋断"、"筋转"、"筋歪"、"筋走"、"筋强"、"筋结"、"筋瘦"等具体描述。但这种分类方法实际上是古代中医对软组织损伤病因学、病理学及临床症状学的概括,已不适应现代临床的诊断和治疗。目前临床上常见的分类方式主要有以下几种。

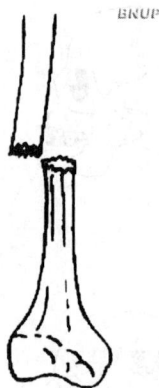

图 6-10　外伤性骨折　　　　　　　图 6-11　病理性骨折

①按损伤的时间分类有：a. 急性软组织损伤，凡是损伤时间不超过 2 周者均为急性软组织损伤。根据受伤时外力的性质和受伤的部位分为扭伤、挫伤、踝挫伤。b. 慢性软组织损伤，凡受伤超过 2 周以上者均为慢性软组织损伤，劳损便属于此种。

②按损伤的程度分类有：a. 一般性损伤，即组织在外力作用下，只有小血管破裂而导致出血、渗血，肌肉、韧带等无断裂，而只是一般性轻微损伤。b. 撕裂伤，即组织在外力作用下而导致肌肉、韧带、筋膜、肌腱或关节囊等组织有部分的断裂。一般腰部、腕部、踝部、指间关节的扭伤，多导致不同程度的撕裂伤，如肌腱周围的筋膜被撕裂，使肌腱失去维系的组织，肌腱发生位移，即所谓的"筋走"、"筋歪"、"筋离"等。c. 断裂伤，组织在外力作用下，由于强大的暴力而造成软组织的完全断裂。骨错缝，指可动关节和微动关节发生的细微离位，多因扭伤、挫伤而发生。骨错缝可引起典型的关节功能障碍和局部的疼痛、肿胀等。

③按损伤的原因分类有：a. 损伤型，由外力作用后而引起的软组织损伤，如急性骶棘肌损伤、踝关节扭伤等。b. 劳损型，即由慢性损伤或积累化劳损等引起持久性组织病变，如腰肌劳损等。c. 风寒型，指组织受风寒湿侵袭后而引起的软组织病变，如受凉而引起的肩痛、腰痛等。

第二节　篮球运动损伤原因及预防

随着现代篮球运动不断向高强度、高速度和高空优势对抗方向发展，一方面对运动员的素质和技术、战术水平提出了更高的要求；另一方面，由于篮球运动本身所具有的高空争夺特征，拼抢激烈凶悍，攻防转换速度进一步加快，也使运动员在训练和比赛中的受伤几率升高。

如何采取有效的预防措施，避免或降低运动创伤的发病率，应用科学的手段，改善和提高篮球运动损伤原因的分析及预防，是现代篮球运动伤病防治必须解决的实际问题，这对确保运动员和锻炼者的身体健康，促进篮球运动发展具有重要的现实意义。

一、篮球运动损伤产生的原因

了解篮球运动损伤发生的原因是预防运动损伤的前提。造成运动损伤的原因很多，归结起来有以下几个方面。

1. 思想原因

运动损伤的发生往往与体育教师、教练员和体育运动参加者对运动损伤的忽略有关。不注意科学的锻炼方法，忽视循序渐进和量力而行的原则，急于求成，不顾主客观条件的可能，盲目地或冒失地进行锻炼，容易发生损伤。在练习中对难度较大或不熟悉的动作，产生畏难和害怕心理，动作犹豫，过分紧张而造成损伤，或是做熟悉的动作时疏忽大意，也容易发生损伤。

2. 准备活动不适当

常见的有以下四种情况：不做准备活动或准备活动不充分；准备活动的内容与课的基本内容结合得不恰当，或者说缺乏专项的准备活动，使运动时身体各部位的功能没有得到改善，也容易造成局部损伤；准备活动的量过大，进入正式运动时，身体功能已经下降或疲劳，这种情况下运动也容易引起损伤；准备活动离正式运动的时间太长等。

3. 身体素质差

由于力量、速度、耐力与灵敏等素质差，致使肌肉力量和弹性差，关节的灵活性和稳定性不够，反应迟钝，这都可能成为损伤的原因。

4. 技术动作的缺点和错误

如果运动时技术动作违反了人体结构与功能特点及运动时的力学原理，就容易受伤，这是刚参加系统训练或学习新动作时发生损伤的主要原因。

5. 伤病

带伤或疲劳状态下训练，在患病或伤病初愈阶段或睡眠不足、休息不好及过度疲劳的情况下，参加剧烈活动，因肌肉力量弱、反应较迟钝、身体协调性差而导致损伤。

6. 心理状态

对训练或比赛缺乏自信和积极性，思想不集中，急躁、胆怯、犹豫等，都容易导致动作失常而引起损伤。

7. 教学、训练和比赛的组织方法不合理导致损伤

(1)因训练的科学化水平低，直接导致运动员训练程度不高而受伤的病案在年轻（新）队员中最为突出。主要表现在许多年轻运动员完成技术动作时经常存在不规范、不合理，主动肌与拮抗肌舒缩不协调，以及自我保护能力较差等方面，

故他们受伤的几率比老队员明显增大。所以，教练员对于年龄较小、个子很高、体形单薄、动作迟缓的运动员尤其要注意协调性方面的专门练习。

（2）缺乏充分的准备活动和整理活动。运动员在比赛和训练前充分做好准备活动，是预防外伤和内伤的一个关键环节。在篮球比赛训练的开始阶段，由非对手因素所致的扭伤、拉伤病例中，绝大多数属于运动员自己没有充分地做好准备活动。特别是在环境温度较低、停训时间较长的情况下，肌肉的粘滞性大，动作僵硬，肌肉及其纤维结缔组织更易被拉伤。在训练或比赛开始后，随着双方的激烈拼抢，生理负荷强度在很短的时间里急剧升高，运动员的内脏机能跟不上运动系统的需要，从而也出现"极点"现象，影响队员技术、战术水平的正常发挥。充分做好准备活动，在心血管机能中留下一个"强度痕迹"，能有效地克服内脏机能的生理惰性，将"极点"现象造成的不良影响降低到最小程度。因此，高度重视训练后的整理活动，是获取训练效果，防止肌肉僵硬，消除体内运动性代谢产物，促进心血管、呼吸系统机能的快速恢复，以及预防运动性疾病的重要途径之一。

8. 气候不良与场地不适应引起运动损伤

篮球运动中，场地滑和不平坦、灯光不适宜是造成运动员摔伤和扭、拉伤的重要影响因素。灯光暗淡，影响运动员的视力判断，会造成移位、完成技术和战术动作出现身体失控而受伤。地面过硬则极易诱发队员出现胫腓骨疲劳性骨膜炎和跟（底）痛症，也会间接地加重损伤的程度。篮球架未用软物包裹、球场边线外障碍物过分靠近，以及灯光照度不够，也是运动场所的不安全因素，有时也会引发意外伤害。运动员服装与运动鞋袜不合适，也会导致意外伤害事故，必须予以重视。

9. 运动项目本身的技术特点对人体而言有它自己的易伤部分

篮球最易伤膝关节。篮球运动基本技术动作如滑步、急停、转身、变向跑和起跳上篮等，这些动作都要求膝关节处于半蹲位进行屈伸和扭转，其负担量较大，故易发生骸骨劳损。

10. 医务监督

调查研究资料表明，医务监督工作较为薄弱的球队，其新队员出现过度训练综合征和意外受伤，老队员出现慢性积累性损伤的病案，不仅数量增加，而且在该队运动性伤病总数中所占的比例，也明显比伤病监测工作较好的球队高。因此，提高教练员和运动员的医务监督意识，使其主动配合医学科技人员开展运动性伤、病的监测工作，将有助于教练员准确掌握运动员的生物机能变化规律，及时了解队员的身体状况，合理安排运动量，从而有效地防止运动性伤病的出现。

二、篮球运动损伤的预防

篮球运动中发生的各种伤害事故，轻者影响学习、工作和健康，重者可造成残疾甚至危及生命。因此，要注意做好运动损伤的预防，以免发生各类伤害事故。

1. 思想上重视

体育锻炼的目的是促进身体的生长和发育，增强体质，提高健康水平，体育运动参加者要明确体育运动的目的，在思想上重视对运动损伤的预防和懂得如何进行预防。

2. 充分做好准备活动和整理活动

充分做好准备活动是预防运动创伤的重要措施之一。在准备活动中除采用动力性辅助练习外，还应特别提倡使用静力性牵张练习。在使用静力性牵张练习时应注意：

缓慢牵拉，逐步到位，尤其是对胯关节小肌群、韧带，以及曾经受过伤的肌肉韧带，以防出现不必要的微牵拉伤或不易察觉的再受伤。

在做大、小肌群和韧带的并重牵拉练习时，不可忽略对围绕容易受伤的关节周围的小肌群、韧带的牵拉练习。按照先牵拉小肌群、韧带，后牵拉大肌群的原则进行牵拉练习。但对大肌群、韧带进行牵拉时，由于牵拉的力量和动作幅度较大，可能造成大肌群周围的小肌群、韧带因未充分活动，肌肉组织粘滞性又较高而出现的牵拉伤。胯关节牵拉顺序应是腕、肘、肩，踝、膝、髋。动力性准备活动练习中的瞬时短暂生理负荷强度应适当提高，最好接近比赛时的负荷强度，以使机体内脏植物神经系统的机能水平快速动员起来，并留下强度痕迹，以适应比赛一开始即进入高对抗状态的篮球运动的需要。使疲劳、僵硬的肌肉充分放松，内脏系统工作水平逐步恢复到安静状态，是整理活动的主要内容，它对于促进人体疲劳的消除，防止肌肉因僵硬而失去良好的本体感受性，预防运动性疾病内伤的发生具有重要的意义，教练员应当高度重视。

3. 加强全面身体素质训练，注意对胯关节小肌群和韧带的专门训练

现代篮球运动竞赛对运动员的身体素质提出了更高的要求。运动员既要具有凶悍拼斗的顽强作风，又要具有强壮的体格和素质，这些不仅是在比赛中充分发挥良好的技术、战术水平和夺取最后胜利的生物学基础，同时也是在训练和比赛中有效地避免或减少运动伤病发生的物质保障。根据现代篮球运动的发展趋势和针对我国篮球运动员专项技术训练较早、体格普遍较单薄的实际情况，教练员更应加强对队员的全面身体素质训练。抓全面的身体素质训练，不但要强化大肌群的力量、耐力、柔韧等训练，而且还要特别注意对胯关节小肌群的训练。一方面，随着篮球技术的发展，以大关节作为运动轴完成的技术动作，如以肩为轴的运球技术日益增多，而胯关节小肌群在投篮、运球时的控制球的"球感"方面，在与大肌肉协同发力，以及技术动作的控制与精细调节等方面，越来越发挥着极其重要的作用。另一方面，疲劳往往从小肌肉开始，伤病往往在弱组织发生。胯关节小肌群因体积小和肌力不足，在训练和比赛中最易疲劳和受伤，从而保护性地直接或间接影响大肌群作用的发挥。因此，围绕胯、肩、肘、腕，以及膝、踝关节的

小肌群，教练员应专门安排有针对性的训练以改善球员身体的整体素质条件。

4. 科学训练

防止疲劳状态下大运动量训练，即运动量、运动强度和动作难度必须与身体状况和训练水平相适应，要遵守循序渐进和区别对待的原则，合理安排运动量，尤其要注意局部负担量和伤后的体育锻炼问题。

5. 有伤要及时治疗

许多人在出现轻度运动损伤后仍照常训练，以致出现新的损伤或形成劳损。

6. 提高自我保护意识，强化自我保护技能的专门训练

强化自我保护意识和自我保护专门技能的训练是现代篮球运动训练的重要内容之一。由于篮球运动属于身体直接接触、高强度对抗、空中动作很多的竞技性运动项目，提高自我保护意识、强化保护动作的专门训练，是积极预防出现意外损伤的一个关键环节。具有很强的自我保护意识和很高的自我保护技能是优秀篮球运动员的特征之一，因此，将自我保护意识和动作技巧的训练，作为技术训练课必不可少的一个内容来抓，对于提高和保持球队的战斗力具有十分重要的意义。

自我保护意识：包括运动员对对方队员可能使用的伤害性动作如快攻突破上篮时，对方队员可能从身后做"推人"的动作的预见和对其他情况如自我动作的合理性、场地器材等的估计两方面。运动员自身在思想上始终应有一根自我保护的"弦"，但同时也不要因为怕受伤而不敢拼搏和大胆完成技术、战术动作。

自我保护动作：一方面包含了运动员在掌握和完成技术动作本身时所具有的规范、协调以及合理等自我保护性，如：运动员在完成运球左后转身摆脱对方的动作时，当头部转动带动躯干转向后，作为中枢的右脚应随同及时地使脚跟微离地，以前脚掌为轴心随身体向左侧快速转动。如果队员忽略了脚步的这一正确动作，而以右全脚为轴心，全脚粘滞拖拉外旋或滑动转向（"拖脚勾"，右膝处于外翻位），当急转身用力过猛或受到对方队员从右侧方向而来的推挤力量时，极易造成右膝关节内侧副韧带、内侧半月板损伤，以及右腿内侧肌群的拉伤。另一方面，自我保护动作还包括了运动员抵抗对方伤害性动作的能力。通过专门的训练，使运动员具备能有效地"避开"、"化解"或"扛住"来自对方队员的伤害性行为的素质和技巧，这也是自我保护技术训练的重要内容。

7. 加强医务监督并注意设备的安全合适

经常参加体育运动的人要定期进行详细的体格检查。伤病初愈的人参加体育锻炼时，应根据医生的意见，在进行体育运动的过程中要做好自我监督，随时注意自己的身体有无疲劳征象，特别要注意运动器官的局部反应。当有不良反应时，要及时调整运动量，要经常认真地对运动场地设备进行安全检查，不应在不合要求的场地上或穿着不合适的服装及鞋子进行运动。

进行篮球活动应注意的问题：篮球运动是对抗性强、体力消耗较大的运动，

鉴于篮球项目运动损伤患病率较高的现状，应重视加强对运动损伤的防治工作，尤应注意平日训练中对损伤的预防，加强组织管理，严格训练规章、制度。加强各方面的医务监督，是保证运动员身体健康和预防运动损伤的重要措施。膝部损伤、筋骨劳损等损伤是篮球运动损伤防治的重点，这是由篮球项目技术、战术特点对人体的特殊要求和膝关节部位自身存在的解剖生理弱点所共同决定的。因此，应重视改进传统的训练方法、手段，日常训练中应特别注意对膝、腰等部位局部负担量的合理安排和及时调整。在比赛训练结束后，运动员要注意膝关节的积极性休息；应重视对运动员身体素质，专项素质包括对应变能力、对抗能力、自我保护能力、耐力等方面的培养；增加平衡、协调、柔韧等方面的身体练习比重；身体训练中要加强股四头肌和大腿屈肌力量的练习。运动员在学习训练过程中要按正确的技术动作进行练习，如技术动作错误要及时予以纠正。伤后根据不同的情况，患者应积极遵医嘱进行医疗和体疗，合理地安排伤后体育运动。实践证明，伤后恰当地进行功能锻炼或体育活动，可以促进伤肢的血液循环，改善伤部组织的代谢，加速淤血和渗出液的吸收，促进损伤组织的修复，同时又可防止或减轻肌肉发生废用性萎缩和受伤组织的松弛，加强关节的稳定性和适应性。尤其是运动员，合理安排伤后训练，还可保持已获得的良好训练状态，伤愈后即可投入正常的训练，防止因伤后停止训练而引起的各种疾病。软组织严重损伤的早期，伤部可暂停活动，但其他部位的功能锻炼应继续进行，如：上肢损伤活动下肢，下肢损伤活动上肢等。随着伤情的逐渐好转，功能锻炼或体育活动应随之逐步加强，由于运动损伤尤其是慢性损伤与运动技术动作有关，在治疗时应停止或减少这些动作的练习。

第三节　篮球运动中常见各部位损伤的急救处理方法及恢复

一、掌指间关节扭伤

(一)原因

如果关节活动过度，把与邻近骨头连接固定在一起的韧带撕裂时，就可能造成扭伤，尤其是膝关节、踝关节以及手指关节。由于手指受到侧向的外力冲击或受到暴力作用使关节过伸所致。篮球运动中因手指经常受到球的撞击，或因接球技术动作的错误而发生掌指关节的扭伤，引起侧副韧带和关节囊的损伤或撕裂，一般多发生在第一掌指关节和其他各指的近侧指间关节，有时伴有撕脱骨折。

(二)症状

扭挫伤的典型症状是局部肿胀痛楚、伤处明显压痛、关节屈伸不利、皮肤青紫，日久失治者常因风寒湿邪反复发作。

（三）处理及恢复性疗法

1. 处理原则

立即冷敷患部，将伤指屈曲固定，用弹性绷带包住扭伤部位 2～4 周。

2. 恢复性疗法

及时检查，扭伤严重时不妨对关节做 X 光照像检查，因为严重扭伤与骨折经常不易区分。

（1）中药外治法。①樟树胶 50 克，花椒 10 粒，熬水洗患处，每日 2 次。适用扭伤。积雪草 30 克，伸筋草 50 克，酢浆草 30 克，捣敷患处，本方具有清热、消肿、止痛功效。②大黄 6 克，栀子 12 克，木瓜 20 克，姜黄 3 克，黄柏 12 克，乳香 20 克，鸡血藤 30 克，桃仁 12 克，红花 6 克。将药物研细末，与凡士林调拌，外敷损伤处。③大黄 1000 克，胆草 3000 克，香附 8000 克，丹皮、黄芩、乳香、白芷各 4000 克，黄柏 2500 克，栀仁 124 克，姜黄 4000 克，红花 3000 克，生石膏 5000 克，赤芍、没药各 4000 克，麝香 1 克、面粉 500 克。上药配料后，共研细末，按配方掺入面粉和匀封贮。使用时以蜂蜜或饴糖、凡士林油膏加冷开水调成软糊状备用，然后根据肢体损伤面积大小敷贴于患处包扎。2～3 天更换 1 次，皮创渗血感染者忌用。④樟脑 9 克，冰片 0.5 克，白芷、当归、大黄、黄芩各 40 克，乳香、没药、红花、续断各 30 克，木香 20 克。先将樟脑、冰片碾细另放，再将余药共研成细末，用时取诸药适量加生蜂蜜调成糊，摊在膏药上，敷于患处，2 天换 1 次药。

（2）按摩疗法。准备手法：按压合谷、阳溪、阳谷穴。以拇指、食指向下按伤指，先前后位，后左右位，反复 3 次。用右手 4 指侧压住患指指端，前后推滚，并做曲伸活动。

（3）运动恢复疗法。让损伤手指做摘、夹动作的练习，同时做握、捻动作的练习。

二、踝关节的扭伤

（一）原因

扭伤这是一种间接外力所致的闭合性损伤，是在外力作用下使关节发生超越正常范围的活动而造成的关节内外侧韧带损伤。在体育运动中，由于场地不平，以及跳起落地时身体失去平衡等原因，使踝关节发生过度内翻（旋后），引起外侧韧带的过度牵扯、部分断裂或完全断裂。

（二）症状

伤后踝关节外侧疼痛、迅速肿胀，并逐渐延及踝关节前部，若距腓前韧带撕裂，关节出现普通肿胀，致使行走时疼痛，足跟不敢着地，或只能用足的外缘着地。若伤及骨膜，则整个关节肿胀；若伤及皮下血管则出现青紫，出现关节功能障碍，局部有压痛。牵拉受伤韧带时疼痛加重；若出现关节松动，关节可能被拉开或患有"卡住"感，应考虑韧带完全断裂和其他组织合并损伤。

（三）处理及恢复性疗法

1. 处理原则

立即冷敷，用绷带加压包扎，在 24 小时以后才可以做轻度活动，在踝关节扭伤 24 小时以后，根据伤情可选用外敷中药、针灸、按摩、药物痛点注射及支持带固定等方法治疗。

2. 恢复性疗法

扭伤的关节功能依旧，但在使用时会很痛，并有肿胀和皮肤变色的现象，这是轻度扭伤。轻度扭伤不会有危险，但如果扭伤严重，所有支撑韧带都被撕裂，就可能使关节变形。

（1）中药外治法。①丝瓜络泥：丝瓜络 10 克，葱白 8 克，生姜 4 克，生大黄 2 克，捣烂，外敷患处，适用于踝部损伤。土牛膝膏、鲜土牛膝 50 克，食盐 5 克，将药洗净捣烂，加盐调匀，涂敷患处，绷带固定，每日换药 1 次，可缓解肿胀、疼痛。②红花 30 克，当归 15 克，苏木 20 克。水煎熬稠，用纱布数层包裹药渣敷贴患处，将药液淋洒其上，凉则换，每次 10～20 分钟，每日 2 次。③鲜韭菜 250 克，盐末 3 克，酒 30 克。将韭菜切碎，放盐，用小木棰捣烂成泥，外敷患处，外用纱布包扎固定，再将酒分次倒于纱布上，保持纱布湿润。敷 3～4 小时后去掉韭菜泥和纱布，第 2 天再敷 1 次。

（2）按摩疗法。①做活血散淤、消除肿胀的治疗按摩，能加强血液和淋巴的流动，增强伤部的新陈代谢，促进淤血的吸收和消除水肿。②点穴。用拇指点按阳陵穴(位于腓骨小头前下方凹陷中)、三阴交穴(位于内踝上 3 寸，胫骨的后缘)、解溪穴(位于足背踝关节横纹中央，拇长伸肌腱与趾长伸肌腱之间)，每穴点按半分钟。③松筋。局部肿胀明显时，可用拇指在局部和其周围进行轻揉的揉摩或一指禅推法，大约操作 3 分钟。然后用拇指平推法按向心方向推 10 余次，可以消肿。④摇动踝关节。肿胀消退后，或微肿时，在患侧踝部，使用踝关节摇法，并做踝关节的背伸和屈跖活动，以利于踝关节活动的恢复。主动地做背伸和跖屈踝关节的活动，以不引起过度疼痛为标准，逐渐加大活动的幅度，可以防止该处的粘连，促进损伤的修复和增加肌力。

（3）运动恢复疗法。①一脚向另一脚的重心移动练习；②踝关节向后、向前弯曲；③小步走，大步走，直线慢跑。

三、腰背部的扭伤

（一）原因

急性腰扭伤包括肌肉、筋膜、韧带和椎间关节等软组织的损伤，其中约有 90% 的病例发生在腰骶部及骶、髂关节。腰骶部为人体躯干连接下肢的桥梁，负重大，活动多，在体育运动中遭受外伤的机会最多，是重力超越了躯干一时所能承担的能力造成的，尤其是当肌肉力量不足，提取重物姿势不正确或负荷过重时更易发生，脊柱运动一时超越了正常的生理范围，或当技术动作发生错误或疲劳时也容易发生。

（二）症状

腰背部的扭伤分为急性和慢性两种。急性腰背疼痛，会有突然的剧烈痛感，在受力瞬间感到腰像被"截断了"似的痛或听到响声；慢性腰背疼痛是因为身体姿势不正确使用或疲劳造成的，症状较轻有酸痛感。

（三）处理及恢复疗法

1. 处理原则

腰部急性扭伤后，腰后垫上一个小枕头躺在床上休息，以使肌肉韧带处于松弛状态，同时用冰块冷敷，有助于消除背部肌肉的肿胀及紧绷。

2. 恢复性疗法

注意卧床时间不宜太久，卧床时间应视疼痛的程度而定。腰背疼痛病发后，前一两天，应尽量卧床休息，保持最低的活动量；如果两天之后，腰背依然疼痛则多躺一天也无妨；如果疼痛不是太剧烈则应该尽早下床，做积极性的恢复；如果疼痛很严重，则立刻去看医生。

（1）中药外治法。①生附子贴涌泉穴。生附子30克，研磨成细末，加白酒调和，贴敷双足涌泉穴位，纱布包扎，每日换药1次。治疗腰部急性扭伤，用药3次可获显效。②地锦草糊。地锦草50克，加面粉、黄酒适量捣敷患处，可清热凉血、活血消肿。葡萄干30克，好酒煎服，重者2～3次有效，或以王不留行36克（炒研细末），用好酒调服即愈，主治闪腰挫气。③鲜龙葵叶1握，连须葱白7个，切碎，加酒糟适量，捣烂敷患处，1日换1～2次。白蔹2个，食盐适量，捣烂外敷。半支莲适量，捣烂，同酒糟煮热敷患处。生川乌15克，食盐少许。上药混合捣成膏，将药膏摊于肾俞、腰眼穴上，盖纱布，胶布固定，每日1换，适用于腰肌劳损及其他原因引起的腰痛。

（2）按摩疗法。①脊椎按摩可以治疗腰部疼痛，脸朝下趴在床上，请人沿脊椎两侧按压。此法可以消除姿势不良和疲劳引起的腰痛。对于急性腰背痛，在经过冰敷、热敷后，症状稳定时进行穴位治疗效果最好，用指尖或手指的关节按压小腿中央的承山穴、肩胛骨内侧的曲垣、厥阴俞，用手指和手掌轻轻按压腰部的肾俞穴、大肠俞和腰眼，它们都是治疗急性腰背痛的重要穴位，按压可起到很好的刺激与镇痛作用。其实，腰背痛只要治疗得及时、适当，都会很快痊愈的。②点穴。取俯卧位，双下肢伸直，请他人用双手拇指分别点按委中穴（位于腘窝正中），以双下肢感到酸胀为宜，点按半分钟。③松筋，取俯卧位，请他人在腰部痉挛处用按揉法，操作10分钟，再找压痛点，在局部点按1分钟左右，活动腰部，取俯卧位，请医者用扳肩推腰法和扳腿推腰法。④扳肩推腰法操作要领是：患者俯卧，医者一手按住腰部，一手扳起对侧肩部，双手同时向相反的方向用力。⑤扳腿推腰法的操作要领是：患者俯卧位，医者一手按于患者腰部，另一手扳起患者对侧大腿，双手向相反方向用力，两侧操作方法相似，然后让患者仰卧，令其双髋、膝关节屈曲，医者一手扶其双膝，使双膝尽量接近胸腹部。

（3）运动恢复疗法。伸展疼痛的背部有助于复原。伸展方法是躺在床上，轻轻提起双膝，向胸前弯曲，一旦膝盖抵达胸前，稍微再对膝盖施压，放松后再重复。伸展肌肉可以帮助肌肉较快的复原，比等待肌肉自己恢复要有效得多。脸朝下躺平，抬起左臂及右腿，在空中停留一秒后放下。接着抬起右臂及左腿，如此交替重

图 6-12 压 膝

复，好像在水中游泳，这个动作可以伸展及强化下半背部。也可以在温水池里游泳，游泳对背部是极佳的运动，对急性下半部腰背痛患者是有益的运动。在以后的生活训练中使用护腰，直到完全康复。

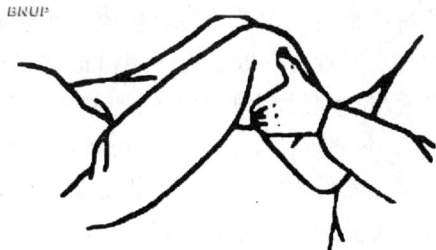

四、膝关节内侧副韧带损伤

（一）原因

膝关节是由股骨、胫骨及髌骨构成，它部位较浅，是人体中结构最复杂、关节面最大、杠杆作用最强、负重大、不稳定且易受伤的屈成关节。几乎所有的体育运动，都会给膝关节造成很大的压力。从膝关节的构造机制上看，韧带发生损伤的时候是非常多的。膝关节做伸展动作时不论从外侧或者内侧都容易受到外来的压力。膝关节侧方的韧带称为胫侧副韧带，特别是内侧胫侧副韧带最容易发生扭伤及完全性断裂。膝关节的损伤完全是由外力所引起的。膝关节在承受外力时，支撑髋关节的韧带发生异常的活动而产生挫伤。

（二）症状

伤后膝内侧剧痛，随即又可减轻，随后疼痛又逐渐加重。出现皮下淤血，如深层断裂或合并半月板或十字韧带损伤，膝关节出现血肿，局部压痛。

（三）处理及恢复疗法

1. 处理原则

伤后应立即用氯乙烷或冰袋局部冰敷，而后用棉花夹板包扎固定，或用海绵或棉花和绷卷做加压包扎，并抬高伤肢以减少出血、肿胀。

2. 恢复性疗法

（1）中药外治法。①红薯紫苏叶泥。生红薯 30 克，生紫苏叶 9 克，捣烂外敷伤处，视伤面大小，加减分量外敷，每日 1 换，外裹绷带。鲜虎杖 50 克，捣碎敷患处，能活血通络、消肿止痛。②木瓜 60 克，栀子 30 克，生大黄 150 克，蒲公

英 60 克，土鳖、黄柏、乳香、没药各 30 克，共研细末，与凡士林调敷，每日 1 次，3～5 次为 1 疗程，用于膝关节扭伤。

（2）按摩疗法。①手法：按压太溪、解溪穴，推拿膝关节，按压足三里穴，提拉股四头肌联合腱，按压风市、冲门穴。治疗手法：右手拇指沿着内侧副韧带向上挤压推按，左手推按提拉股四头肌联合腱，用右手大鱼际推按，后滚揉内侧副韧带。②点穴。取坐位，用拇指点按法施于血海穴（位于髌骨内上方 2 寸）、阴陵泉穴（位于胫骨内侧髁下缘凹陷中）、三阴交穴（位于内踝上 3 寸，胫骨内侧面中央），每穴点按半分钟。③松筋，仰卧位，请他人在损伤局部用一指禅推法轻推 5 分钟，然后用掌平推法，推患侧下肢内侧 10 次。④活动关节，仰卧位，健肢伸直，患肢的髋、膝关节屈曲，医者一手握住患肢膝关节，拇指按压患处，另一手握住踝部，并使患侧小腿做轻轻的旋转运动，然后使膝关节尽量屈曲，再使膝关节慢慢伸直，反复操作两次。

（3）运动恢复治疗方法，其功能恢复的中心为恢复膝关节的可动区域及强化股四头肌，特别有必要对膝的上方内侧的被称为股内侧肌进行强化，因为这些肌肉会牢固地把膝关节锁住。强化拮抗肌的腘肌腱、小腿部肌肉也是非常必要的。功能恢复的目标为大腿的直径和最大肌力同另一条健康的腿相比必须具有同等或同等以上水平。

五、膝关节半月板损伤

（一）原因

在膝关节屈伸过程中若同时伴有膝关节的扭转内外翻动作时，半月板本身就出现不一致的矛盾活动，使半月板在股骨髁与胫骨平台之间发生剧烈研磨，容易造成损伤。体育运动中，当膝关节屈曲，小腿固定于外展、外旋位，大腿突然内收、内旋并伸直膝关节时，就可能引起内侧半月板损伤。此外，膝关节突然猛力过伸及腘肌腱的前后割裂，可引起半月板前角损伤或半月板边缘分离。

（二）症状

表现为压迫性疼痛，疼痛。可动区域受到限制，膝关节不能曲伸等。

（三）处理及恢复治疗方法

1. 处理原则

急性以制动、消肿止痛的冷敷方法为主，严重者要加压包扎 2～3 周的时间；慢性要严格避免重复受伤动作，以免再次受伤。

2. 恢复疗法

（1）中药外治法。①苦酒铁末。铁落 500 克（过筛，选用直径 2 毫米大小），白酒 20 毫升，将上药加醋拌匀，按患处部位大小，装入布袋中，外包两层毛巾，隔水用蒸气加热，待温度升至 60 度时置于患部，日敷 1 次，每次 40～50 分钟，5～10 次为 1 个疗程。②跌打损伤活血丹。枳壳、归尾、红花各 3 钱，紫草、乳香、没药、故纸、乌药、木贼、桃仁、丹皮各5钱，用水煎服，酒为引，跌打接骨。③土鳖3个，乳香2钱，没药1钱，半夏1个，然铜2钱，当归7钱，碎补5钱，川芎5钱，广木香2钱，川乌4钱，姜黄1两，古钱3钱，轻粉4钱，芸香4钱，梅片5分，樟脑2钱，白蒺藜（微炒）2钱，共研细末。

（2）按摩疗法。按压太溪、解溪穴，按压风市、冲门穴。

（3）运动恢复治疗方法：绑缚绷带做积极性运动恢复练习。功能恢复的中心为恢复膝关节的可动区域及强化股四头肌。特别有必要对膝的上方内侧的被称为股内侧肌进行强化，因为这些肌肉会牢固地把膝关节锁住。强化拮抗肌的腘肌腱、小腿部肌肉也非常必要。运动恢复的目标为大腿的直径和最大肌力同另一条健康的腿相比必须具有同等或同等以上的水平。

六、髌骨劳损

（一）原因

髌骨劳损是指髌骨软骨软化症和髌骨张腱末端病的统称。此伤在篮球、排球运动员中发病率最高。在篮球运动中，篮球的滑步、防守、急停、进攻和上篮；跳高、跳远的踏跳和最后一步制动等，若运动量安排不当，在一次或一段时间内膝关节的这种负荷过多，都可能发生这种损伤。

（二）症状

早期或轻型病例，在大运动量训练后感到膝痛和膝软，但休息后症状多可消失。随着病变的进展，疼痛逐渐加重，准备活动后症状常可减轻，运动结束后又加重，休息后又可减轻。续后出现持续痛，个别严重者走路和静坐时也痛。主要表现为半蹲和上下楼梯痛，甚至在半蹲"发力"时突然坐下或跌倒。膝关节常有不同程度的积液。髌骨周缘有压痛。

（三）处理及恢复性疗法

1. 处理原则

髌骨劳损属于慢性劳损，运动时应充分做好准备活动，同时绑缚带松紧的绷带。

2. 恢复性疗法

（1）中药外治法。①土牛膝膏。鲜土牛膝50克，食盐5克，将药洗净捣烂，加盐调匀，涂敷患处，绷带固定，日换药1次，可缓解肿胀、疼痛。②葱白30克，大黄6克，将上药捣烂炒热外敷痛处。鸡屎白、麦麸各250克，上药放锅内用慢火炒热时加入酒精，混匀后用布包好敷于患处，热散后取下，次日可再炒热加酒精使用，连用4～5次后弃去，每日1次，7～10天为1疗程。③桂花树根皮3钱，桑树根皮3钱，生土鳖2两，云耳1两，碎补1两，血竭1两，活血1两，乌樟树根皮3钱，尖头青蛙20只，胡椒1两，乳香1两，小雄鸡1只，用老姜、四季葱头共6两，槌烂，外敷。

(2)按摩疗法。放松髌骨，用手指有节奏地按在髌骨边缘，快速移动，放松髌骨，各个方位都要按到。

(3)运动恢复疗法。加强股四头肌力量练习，强化股四头肌肌肉力量，负重要适度。

七、腕关节的骨折

(一)原因

引起外伤性骨折的暴力，按其作用的性质和方式，可分为直接、传达、牵拉和积累性暴力四种。腕关节的骨折是指桡骨和尺骨下端的骨折，发生的机制同腕关节的受伤有共同点，是摔倒时掌心触地引起的。

(二)症状

关节活动异常，疼痛、损伤、皮下淤血、肿胀、肌肉痉挛、畸形等。

(三)处理及恢复性疗法

1. 处理原则

不要轻易挪动躯体或四肢，如果出血则先止血，打120急救电话立即送往医院。

2. 恢复性疗法

(1)中药外治法。①樟脑药酒。樟脑、生地、红花、三七、麝香、血竭、冰片、薄荷等份，浸制成酒，以药酒适量涂擦患处，主治骨折初期。②土鳖铜热敷。土鳖、自然铜各等量，将两者研磨成粉末，用时取120克加入大青盐、白酒各30克拌匀，装入布袋内缝好，干蒸后轮换敷在患处，每次1小时，每日2次，适用于骨折中后期。③接骨木5钱，乳香5钱，当归1两，赤芍1两，自然铜1两，共研细末，用黄酒4两溶化，同前药搅匀，丸龙眼大，遇打伤筋骨及疼痛不可忍时，即用一丸，热酒浸化，乘热饮下，大痛即止。④芙蓉叶1两2钱，紫荆皮1两2钱，白芷8钱，当归8钱，碎补8钱，独活8钱，何首乌8钱，生南星8钱，橘叶6钱，赤芍6钱，石菖蒲6钱，肉桂2钱，共研细末，用糯米饭棰成烂糊后，放末药再棰，以酒调匀煮滚敷，用布包住，敷药于患处，以布带捆之。若动筋折骨，加山樟子叶1两2钱，毛银藤皮及叶1两2钱，同前为末，敷法同前，外加杉树壳夹定，再以索扎之。

(2)按摩疗法：按足底相应发射区部位。

(3)运动恢复疗法：以指、腕关节肌肉的力量恢复为主，主要有腕关节的屈曲和伸展尺屈及桡曲。

八、肘关节骨折

(一)原因

肘关节的骨折是在牵拉手臂、肘被扭曲摔倒、受到直接撞击时发生的。手被拉伸摔倒时肱骨也会发生骨折。前臂及腕关节的骨头也会发生像骨折一样的损伤。

（二）症状

淤血、肿胀、肌肉痉挛，关节活动异常等。

（三）处理及恢复性疗法

1. 处理

止血、绑缚绷带。如很严重立即送往医院进行手术。

2. 恢复性疗法

(1)中药外治法。①干地龙粉。干地龙粉 50 克，白糖 10 克，冰片 1 克，醋 100 毫升，将醋、糖热融后与其他药物及少许凡士林拌成糊外敷，10 天换药 1 次，50 天为 1 个疗程。主治骨折早期。②铁末热敷法。铁末、食醋，取温水适量与食醋混匀(水，醋 1：1)，再与铁末浸混拌匀，装入布袋，外裹棉垫，热敷患处，每次 10～30 分钟，每日 1 次，10 次 1 个疗程，适用于骨折后期。③红花 3 钱、归尾 3 钱、桃仁 6 钱、赤芍 2 钱、上力 3 钱，北细辛、猪牙皂、枳壳、川乌、大茴、小茴、三棱、川牛膝、制香附、活血、郁金、木香、土鳖、沉香、上桂、白蜡、草乌、马钱子、元寸、田七、檀香、虎骨、桂枝共研细末，酒冲服。若是大人者则用 1 钱，小人者用 3 分。

(2)按摩疗法：按足底相应反射区部位。

九、大腿肌肉拉伤

（一）原因

肌肉拉伤是由于过多地使用肌肉及给予了肌肉超负荷的压力所造成的损伤。肌肉拉伤按其受伤程度不同分为连接在肌肉上的多数肌纤维由于过度伸展被拉伤（轻度）、一部分发生断裂（中度）、完全断裂和筋断裂（重度）。大腿肌肉在做跑、跳等急性动作时最易拉伤。

（二）症状

症状轻者，停止运动后不疼痛，如果继续运动将会加重症状。严重时走路都会很困难，甚至出现皮下淤斑，大腿迅速肿胀，肌肉出现收缩肌形。

（三）处理及恢复性疗法

1. 处理原则

大腿肌肉损伤后，应立即冷敷，加压包扎，抬高患肢，患部充分休息，肌肉完全断裂或合并严重血肿者，应进行手术治疗。

2. 恢复性疗法

(1)中药外治法。①敷药。将姜黄与少许水混合，制成糊状，敷于患部，用纱布包住。此方法对淤伤有效，也帮助消肿。用新鲜毛蕊叶制成的糊药也有益。②鹤筋草 1 两，透骨草 1 两，紫丁香 1 两，当归 1 两，自然铜 1 两，血竭 1 两，乳没 1 两，川芎 8 钱，赤芍 2 钱，半两钱 1 文，红花 1 两 5 钱，加皮 5 钱，川皮膝 5

钱，石菖蒲5钱，茅山术5钱，肉桂3钱，木香3钱，附子3钱，半夏3钱，石斛3钱，鹿茸3钱，虎骨3钱，麝香2钱，上除血竭、乳没、麝香三味各研末另包外，共21味，先将香油10斤，微火煨浸3天，然后将群药入油内熬黑为度，去滓，加黄丹5斤，熬至滴水成珠，离火后少许，将血竭、乳没、麝香下入搅匀，取起出火气。③当归2钱，白芷2钱，木瓜2钱，穿山甲2钱，羌活1钱5分，独活1钱5分，草乌1钱5分，川芎1钱，肉桂1钱，小茴1钱，甘草1钱，麝香1分，共为细末，姜酒调服。此散强壮者可服二三钱，若作一服，恐内有草乌，药毒太猛，非所宜也，谨慎用之。

(2)按摩疗法：四指并拢，拇指分开，手成钳形。将全掌及各指紧贴在皮肤上，拇指与其余四指相对用力，将肌肉略往上提起，沿着向心方向做旋转式移动。在前进过程中，手指与手掌都不能离开皮肤，手指不能弯曲，用力均匀柔和，切勿用指尖着力。根据不同的需要，可用单手或双手(并列或加压)操作，做到揉中有捏，捏中有揉，但拇指做圆形揉的动作明显，其余四指做捏的动作明显，揉与捏同时进行。能促进肌肉的血液循环和新陈代谢，能增强肌力和防止肌肉萎缩，也有消除肌肉疲劳，缓解肌肉痉挛和活血散淤的作用。揉捏是按摩肌肉的主要手法，多用于大块肌肉，肌群或肌肉肥厚部位，如小腿、大腿和臀部等。

(3)运动恢复疗法：主要以强化肌肉及恢复肌肉的柔韧性为主，进行伸展操训练，如果肌肉能获得一定程度的恢复，可以进行双腿髋关节和踝关节的训练。

本 章 小 结

　　运动过程中发生的各种损伤称为运动损伤，其损伤部位与运动项目及专项技术特点有关。运动损伤产生的原因很多，主要由于训练水平不够，身体素质差，动作不正确，缺乏自我保护能力；运动前不做准备活动或准备活动不充分，身体状态不佳，缺乏适应环境的训练，以及教学、竞赛工作组织不当等诸多因素。运动损伤中的急性多于慢性，若急性损伤治疗不当，不及时或过早参加训练等都可能转化为慢性损伤。

　　篮球是一项同场竞技运动项目，由于激烈的对抗很容易导致受伤，而受伤之后又忽视了有效的治疗和采用各种方法进行积极恢复，更为严重的是，有些队员的伤势很重，却还要缠着绷带继续上场，这些做法都是不可取的。

　　本章介绍了许多关于篮球运动中常见损伤的急救处理方法及其恢复，如果遵循它的发展规律加以治疗，可以起到事半功倍的效果。

练习与思考

1. 导致篮球运动损伤的原因有哪些?

2. 常见篮球运动损伤有哪些预防原则?

3. 膝关节和踝关节损伤的急救及恢复疗法有哪些?

4. 骨折的急救及恢复该怎样做?

第六章 ＼ 篮球运动中常见的运动损伤

225

第七章 中学篮球教学及文件设计

本章根据体育教育专业培养目标的要求和基础教育的需要，运用现代体育科学方法，对中学篮球教学进行指导，重点阐述中学篮球教学的目的、任务，教材的内容和特点，教学的方法，文件的制定，以及篮球教学课的组织管理工作。

学习目标：

(1)了解中学篮球教学的内容和特点。

(2)中学篮球教学的任务、要求与方法。

学习重点：

(1)注重教学的循序渐进，课时的合理分配。

(2)培养学生技、战术的能力。

第一节 中学篮球教学的内容和特点

一、中学篮球教材的教学时数和比例

按照国家教委 1987 年制定(1992 年 5 月第 4 次印刷)的《全日制中学体育教学大纲的规定》及 1988 年颁发的《九年制义务教育全日制初级中学体育教学大纲的规定》，中学篮球教材内容：全日制中学初中为 24～30 学时，占各类实践教材内容的 13.3％～16％。高中男生为 21～28 学时，女生为 19～25 学时，分别占 14％～15％和 12.6％～13.4％。初、高中篮球教材内容总学时男生为 45～58 学时，女生为 43～55 学时，占中学实践部分教材的 13％～14％。全日制初级中学篮球教材内容的教学时数为 34～40 学时，占身体锻炼教材内容的 16.2％～19.1％，比全日制中学初中的时数略微多些。由于我国地域辽阔，气候、环境差异颇大，各地在执行大纲时有地域等方面的差异，因此教学总时数可以在规定的范围内略做调整。

二、中学篮球教学的内容与特点

（一）初中篮球教学的内容

《九年义务教育全日制初级中学体育教学大纲》内容（表 7-1）

表 7-1　《九年义务教育全日制初级中学体育教学大纲》内容

	一年级	二年级	三年级
基本技术	(1)基本站立姿势 (2)持球 (3)起动急停 (4)侧身距 (5)变向变速跑 (6)后退跑 (7)滑步 (8)原地双手胸前传接球 (9)原地、行进间运球 (10)原地双手胸前投篮 (11)变向运球 (12)已学技术综合练习	(1)移动(跨步、转身) (2)后撤步 (3)抢、打球 (4)原地单手肩上投篮 (5)运球急停急起 (6)行进间高手投篮 (7)行进间双手胸前传球 (8)原地双手头上传球、胸前传接球(介绍) (9)原地双手头上投篮(介绍) (10)已学技术综合练习	(1)复习一、二年级已学过的防守技术 (2)改进和提高 (3)原地单手肩上传球 (4)行进间双手低手投篮 (5)原地反弹传接球 (6)已学技术综合练习
简单战术		(1)人盯人防守战术 (2)传切配合	(1)2 攻 1，1 防 2 配合 (2)3 攻 2，2 防 3 配合
教学比赛	(1)应用已学过的技术及简化规则进行比赛 (2)游戏：角篮球 (3)游戏：端线篮球	(1)运用已学过的技术比赛 (2)游戏：地圈球	(1)运用半场人盯人攻防技术和传切配合进行比赛 (2)运用已学过的技术和简单配合进行比赛 (3)全场 5 对 5 比赛

初中篮球教学内容分为基本技术、简单战术和教学比赛三个部分。基本技术部分既有进攻技术，又有防守技术，要充分考虑到篮球运动最基本的规律、特点、要求与趣味性。

由于初中篮球教学时数非常有限，学习内容比较丰富，而学生人数又相对较多，因此选择一些最基本的技术教学，通过对这些技术的学习和掌握，学生在增强体质的同时，产生对篮球的兴趣。技术学习的目的是掌握规范的动作方法。综合技术练习的目的在于把单个技术动作有机地联系起来，避免重复练习单一技术而出现枯燥和厌烦感。要抓典型技术动作为切入点，举一反三、以点带面，带动其他技术的学习，这时采用逆向思维方式进行教学效果更好。例如，篮球移动技术学习可以"基本站立姿势"为切入点技术，在掌握此技术的同时完成对起动、急停、侧身距、变向变速跑、滑步和后撤步的教学，也可运用理解教学法等。

简单战术部分内容的教学是篮球趣味性、娱乐性的延伸，同时进一步把组合技术运用于实战，而且从初二开始进行简单战术教学有利于引导学生逐渐懂得如何欣赏篮球比赛，为培养"终身体育"观念打下基础。初三时安排"以多打少"和"以少防多"的简单战术教学，逐渐使学生具备利用优势和摆脱劣势的意识，提高他们对篮球运动更深层次的认识。

比赛是篮球趣味性、娱乐性和竞争性的最高表现形式，其目的是使学生将已学过的基本技术和战术用于比赛实践，同时有效地锻炼身体和进行思想品德教育。篮球技、战术教学也可以通过比赛形式来进行，比赛情形下的技、战术教学更有利于学生了解各种技术与技术之间、技术与战术之间、战术与战术之间的逻辑联系和内在关系。"比赛教学法"的特点是通过比赛中的竞争激发学生的自学欲望，从而使学生不仅能获得技战术知识，懂得在何时何种情况下运用何种技战术，而且还能举一反三，把篮球教学中学到的知识迁移到其他项目中去。初中阶段主要是运用简单规则进行教学比赛，如采取缩小场地、减少人数、缩短时间、降低比赛难度等方法。如以游戏形式进行更好。

(二)初中篮球教学的特点

从初中各年级的篮球教学内容分布及各年级相互之间的教学内容安排来看，初中篮球教学内容具有以下几个特点：

1. 教学时数少，基础内容多，教学有伸缩性

初中处于基础教育这一阶段，所安排的基础教育内容多，就初中体育教学内容而言，几乎所有的体育运动项目都处于基础教育过程，因而必然造成了教学内容广而分散各项教学内容偏少的现实状况。所以在初中体育教学大纲中所安排的篮球教学内容都是篮球运动中最基础、最简单、最常用的实用型和应用型内容。由于教学时数非常有限，对此教师应将课堂实践教学课与课外活动、业余训练相结合，有条件的甚至可以开办业余篮球俱乐部，以弥补课堂教学时数的不足。还可以根据场地、器材、天气等具体情况精心地组织各种形式的篮球教学内容，借以培养兴趣，完成教学任务，同时也进行"终身体育"观念的教育。尤其是对初三学生，可通过增加简单战术和教学比赛内容，使学生更加喜爱篮球并经常在课外自觉参与篮球活动。

2. 教学内容的安排系统、全面、精练、连贯性强

作为教学内容的安排紧扣篮球运动的各个重要环节，技术动作的选择力求系统、全面、具有连贯性，所选内容也较精练，它能在教学时数受极大限制的情况下，保持教育的完整性，突出重点内容，强化基础练习，为学生不断提高篮球运动水平，打下良好基础提供了保障。篮球技术、战术内容种类繁多，要在仅有的学时中选出适合中学生特点而且能达到教学目的、完成教学任务的内容，教师必须对篮球运动和中学体育有深刻的理解。初一年级，教学内容重点是移动、传接球、投篮和运球四项，并以此能举一反三，初步掌握篮球基本技术；初二年级，

着重把单个技术与实战逐步结合，提高行进间和在游戏或比赛中完成技术的能力，战术教学应从人盯人着手，对学生进行战术的启蒙教育；初三年级，应注意基本技、战术在实战中运用能力的培养。

3. 教学内容的安排循序渐进，具有针对性

教学内容从初一年级到初三年级，从初中阶段到高中阶段都充分体现了循序渐进的教育原则，并能根据不同年级学生的年龄特征、接受能力以及求知欲望和感兴趣的程度，科学合理地安排教学内容，具有较强的针对性。初中阶段虽然内容精练，但内容之间连贯性强，要注意攻守技术、战术教学的合理安排，使教师能充分利用迁移规律，提高教学效率，达到事半功倍的效果；有针对性地适当增加不同形式的有球练习也有利于增加课堂教学的趣味性和娱乐性。

4. 强调教学内容的教育性和锻炼效果

教学内容的安排，不仅反映了积极向上、勇于进取、团结协作、集体意识观念等品德行为的修炼过程，也培养锻炼了学生勇敢顽强、机智果断、敢于面对竞争、勇于战胜困难、胜不骄、败不馁的意志品质。同时通过篮球运动技术、战术教学，使学生逐步掌握并不断应用篮球这一锻炼手段，达到身心全面发展，增强体质，促进健康的锻炼效果。

(三)高中篮球教学的内容

高中阶段的篮球教学应以复习和巩固初中已学过的技术和简单战术为主要内容，适当地增加难度稍大的技术(抢篮板球、跳投等)和其他一些简单战术配合。可以适当地增加比赛课的内容，以使学生通过教学比赛了解篮球竞争规则和竞赛方法，巩固和提高技术动作质量和运用能力。同时要继续重视全面发展体能素质，培养学生团结协作的集体主义精神，勇敢顽强的意志品质，逐步养成终身自觉锻炼的习惯。高中篮球教学内容见表 7-2。

表 7-2　高中篮球教学内容

高一	高二	高三
(1)复习、提高初中阶段已学技术动作 (2)原地双手胸前传接球，原地单手肩上传接球 (3)行进间单手高手投篮 (4)抢球、打球 (5)复习基本技术的综合练习	(1)复习、提高已学动作 (2)行进间反弹传接球，跳起空中接球、传球 (3)行进间单手低手投篮 (4)抢篮板球 (5)复习基本技术的综合练习	运用基本技术，巩固、改进、提高
(1)2 攻 1，1 攻 2 (2)半场人盯人防守	(1)3 攻 2，2 攻 3 (2)全场紧逼人盯人防守	简单战术传切配合，掩护配合
结合已学过的基本技术进行简单规则的教学比赛	同高一	教学比赛

(四)高中篮球教学的特点

1. 高中一年级

在初中的教学基础上，通过教学复习，巩固初中已学过的技术，学习半场人盯人攻守技、战术与培养积极的攻防意识，进一步发展体能素质和进行品德教育。

2. 高中二年级

在学习掌握单个技术动作的基础上，进行较复杂的组合技术的教学，提高动作的难度和强度以及技术的运用能力。进一步提高学生的整体攻防意识和配合意识，发展速度、力量、弹跳、耐力等专项体能素质。初步掌握以篮球动作为手段进行自练、自学和自我评价的方法。

3. 高中三年级

在以前学习的基础上，应按毕业前的实际情况安排教学内容，主要是复习、提高已学过的基本技术和简单战术，适当增加某些难度较大的技术练习，如原地跳投、运球急停、跳投与攻防等动作，增加教学比赛。通过篮球实践活动，逐步加深理解篮球运动的对抗规律，提高技、战术的运用能力，培养比赛对抗意识，注意保持体能锻炼，养成自觉锻炼的习惯。

第二节　中学篮球教学的任务和要求

中学篮球教学是培养学生"终身体育"观念的手段之一，也是贯彻"健康第一"的学校教育指导思想和培养篮球爱好者的主要手段。目前，我国《全日制中学体育教学大纲》中规定篮球运动属基本教材内容，在《九年义务教育全日制初级中学体育教学大纲》中篮球教材也是必选内容。

一、中学篮球教学的目的

根据学校体育教育的总任务，中学篮球教学的目的是：以贯彻"健康第一"的思想做指导，运用篮球这一特殊的身体活动形式来增强中学生的体质，促进身心发展，提高健康水平，培养"终身体育"观念，使他们在德、智、体、美、劳等方面全面发展，成为社会主义事业未来的合格建设者与保卫者。

二、中学篮球教学的任务

中学篮球教学必须完成下列几项教学任务。

(一)培养和建立"终身体育"的观念

篮球教学是以各种形式的篮球技、战术等内容作为增强学生体质、培养终身体育意识的一种特殊教学手段。而"终身体育"观念的形成过程是"兴趣—喜欢—爱好—参与—终身从事"。篮球运动本身具有趣味性、集体性、多变性、综合性等特点，这就有助于通过篮球教学，培养中学生进行体育锻炼的兴趣，从而逐步树立

"终身体育"观念。因此，在中学篮球教学过程中必须注意把技战术、身体素质等内容的教学与培养"终身体育"的观念结合起来，使中学生从喜欢篮球运动，了解篮球运动对提高自身全面素质的积极作用，逐渐达到爱好和自觉参与篮球活动或其他体育活动，并养成终身参与体育活动的习惯。

(二)提高基本活动能力和增强体质

通过篮球实践教学课，提高中学生的走、跑、投、跳等基本活动能力，促使其速度、力量、耐力、柔韧性、灵敏性等体能素质不断提高，从而增强其体质，提高其人体对外界环境变化的适应和抵御疾病侵袭的能力，为学生顺利完成学业提供有力的保证。

(三)学习和掌握篮球基本技术、简单战术配合

通过学习篮球的基本技术，如移动技术、进攻技术、防守技术、攻守转化技术及建立在技术基础上的一些简单战术，使学生初步学会如何打篮球，体验到篮球运动的乐趣和魅力，从而养成通过篮球活动来培养自觉锻炼身体的习惯和自我锻炼的能力，为"终身体育"观念的建立创造条件。

(四)培养团队精神和提高社会交往能力

团队精神和社会交往是现代社会对人类活动的最基本的要求。篮球实践课不仅要教会学生通过身体活动发展人的自然属性，而且还要通过全队配合活动发展人的社会属性，增强个人与社会交往的能力，同时形成"个人是社会大家庭的一个微小的组成部分，任何事业的成功除了个人努力之外，必须发扬团队精神和奉献精神，善于与社会其他成员合作"的观念。

另外，篮球教学还有利于培养学生勇敢顽强、机智果断、胜不骄、败不馁等优良品质。

三、中学篮球教学的要求

(一)运用"理解教学法"

传统的篮球教学观念和方法通常侧重于技术传授，因此教师教学很自然地从技术动作开始，遵循体育教学的一般规律和篮球运动的自身规律进行教学。这种方法是以教师、以技术为中心的，但对培养"终身体育"的意识是不利的。"理解教学法"提出以"游戏性比赛"代替以单纯技术为重点的教学方法，这样，整个篮球教学过程便自始至终充满乐趣。学生在游戏性比赛中既可了解简单战术，同时也知道了为何要改进技术和如何运用技术。当然，"理解

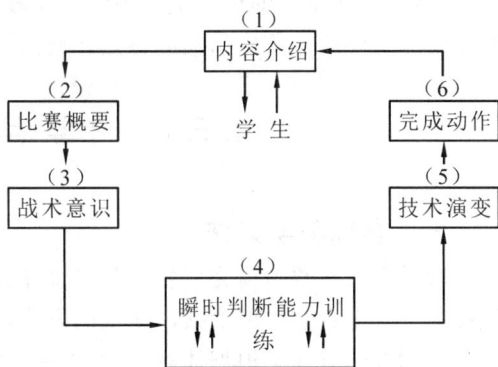

图 7-1　理解教学法

教学法"的掌握需要较长的时间，教师要保持良好的敬业精神与职业道德。

篮球"理解教学法"的原理见图7-1。

（二）从实际出发

中学篮球教学受学校客观条件的影响较大，如：学生人数较多，场地器材较少，学生篮球技术基础差异性大等情况。教师应该根据实际情况安排好课，积极改变教学观念，探索改革教学方法，大胆运用理解教学法，使学生在比赛中学会技、战术。

若男女生混合编班，应根据年龄、性别和心理特点有针对性地进行分班或分组；无法进行室外实践课教学时，无论选择哪些内容作为理论课教材时，都要结合篮球特点，发挥主观能动性，有针对性地组织教学。

从实际出发的另一个重要含义是：根据不同类型的学生安排好教学进度和活动形式，使每一个学生都能有活动机会。因此，教师是根据性别、体质、体形、体能分组，还是根据技术水平、兴趣爱好分组，是混合分组还是按性别分组，身体有残疾者如何分组等，都要统筹兼顾。

（三）课内与课外结合

教师组织教学时要重视课内、课外相结合，充分利用课外体育活动的时间和各种可能的社会篮球活动机会，增多学生接触篮球的时间，才能在提高篮球水平的同时不断增强他们的"终身体育"观念。课内与课外相结合，积极开展课外篮球活动，是完成篮球教学任务的重要保证。课外活动具有较大的灵活性和选择性，可以满足不同学生的兴趣和要求，可以发挥他们各自的特长和弥补课内教学的不足，真正地使体育课面向每一个人。

（四）处理好各种教育、教学关系

中学篮球教学课的任务决定了体育教师必须在工作中处理好诸如培养"终身体育"的观念和贯彻"健康第一"的思想与掌握技术、技能，增强体质、趣味娱乐，课内课外、教学竞赛等方面的关系，其中首先要把增强学生体质和培养学生"终身体育"的观念放在重要的位置上。中学篮球教学中，技术、技能的传授，既要强调增强体质，也要注意篮球运动的特点，使两者在练习过程中相统一。

第三节　中学篮球教学的方法

一、篮球教学方法

教学方法是教师为完成教学任务而采用的具体手段，是教师引导学生掌握知识技能、获得身心发展的共同活动的方法，也是教学原则的具体运用和体现。

篮球教学方法是根据体育教学的一般方法，依据篮球教学原则，结合篮球运动的特点，为完成篮球的教学任务而采用的方式、途径和手段。由于篮球运动具有集体性、对抗性和综合性的特点，技术与战术的教学步骤和它们所运用的教学方法是不同的。

（一）篮球技术的教学方法

篮球技术的教学主要有四个环节，即讲解、示范、组织练习和纠正错误。根据篮球教学的目的和教学原则，技术教学通常按照以下三个步骤有序进行。

1. 建立正确的技术动作概念

（1）讲解。

讲解的内容包括技术动作的名称、概念、作用、技术结构、技术要领、技术关键等。讲解要简要、生动、形象化。讲解要突出重点，既要注意技术原理的分析，又要启发学生的思维，语言要生动形象，使学生易懂、易记。

（2）示范。

示范的目的是为了让学生建立正确的技术动作表象。示范动作要正确、规范。一般可先做一次完整技术的示范，然后根据技术动作的结构和要求，再做重点示范，让学生的注意力集中在技术动作的主要环节上。为了达到示范的目的，增强示范的效果，示范时要根据学生的人数、队形、技术动作的特点来确定示范的位置和方向。篮球技术教学中，多采用正面和侧面示范。为了达到最佳效果，也可利用图片、幻灯、电影、录像等手段进行技术动作的演示，有利于学生形成正确的技术动作表象，建立完整的技术概念。

示范和讲解往往结合运用，可以先讲解后示范；也可以先示范后讲解，然后再示范；也可以边讲解边示范。采取何种形式，应根据教学内容和教学对象的实际情况来决定。

（3）试做。

试做是在讲解和示范的基础上，让学生在降低要求的条件下尝试体会动作。试做不必是完整的技术，但必须是技术关键，有时是徒手做，有时是简单的模仿，使学生的视觉、听觉和本体感觉一起发挥作用，以便获得所学技术的运动感觉，初步掌握技术。

讲解、示范和试做的过程，是学生动作技能形成的认知定向阶段，起主要作用的是视觉、听觉等外导系统，尤其是视觉在学生形成清晰正确的动作表象中起着重要作用。因此，教师应适时做出正确的示范动作，把讲解、示范和试做结合起来，使学生更好地理解动作要领，加速形成正确而完整的技术动作概念。

2. 形成正确的技术动力定型

（1）在简单条件下练习技术动作。

根据技术动作的难易程度，可适当降低练习难度，或采用分解与完整练习相结合的方法，或在慢速或无对抗的情况下练习。如：学习原地单手肩上投篮技术，可采用两人对面互投的方法练习投篮的基本姿势和投篮手法，把注意力集中在关键技术上，避免投篮命中带来的干扰。在掌握了原地单手肩上投篮的身体姿势和投篮手法后，可对着球篮练习，与球篮的距离可由近到远，保证投篮时动作不变形，并逐步加大难度。

(2)掌握组合技术，巩固技术动作。

在学生掌握两个或两个以上技术的基础上，要进行组合技术练习，以进一步巩固技术动作的动力定型，为技术的运用奠定基础。

篮球技术在实际运用中大多都表现为综合技术，既综合又连贯，前一个动作的结束就是后一个动作的准备和开始，如：接球与传球、停步与投篮、接球与突破、投篮与突破等。因此，要适时地进行组合技术练习。组合技术的衔接要合理，动作要有节奏，讲究协调。在组合技术的练习中，可先在慢速中进行，然后加快移动速度和动作速度，并逐渐增加动作组合的数量和变化，以便进一步巩固技术动作，使之更加熟练。

(3)掌握假动作，提高应变能力。

在学生较好地完成组合技术的基础上，可结合假动作的教学，学会运用瞄篮虚晃、跨步等动作迷惑对手，掌握投篮与突破和左右突破结合。假动作要做得逼真、灵活、实用，不断提高应变能力。

3. 在攻守对抗的条件下提高运用技术的能力

(1)在规定的攻守条件下进行练习。

为了给练习设置一定的条件，练习时可以对攻守双方提出一定的要求。学生在这种特定的条件下进行练习，便于掌握技术的运用时机，提高技术的运用能力，如：练习原地投篮技术时，防守者仅高举手臂而不封盖；持球突破时，防守者在被突破后不继续防守移动；运球时，防守者仅封堵路线而不打球等。

(2)在消极对抗条件下进行练习。

根据练习的重点，可以对攻守双方提出一定的要求，如：在练习进攻技术时，要求防守消极些；练习防守技术时，要求进攻消极些。这样，便于学生体会和掌握攻防技术动作，更好地选择运用时机，提高技术的运用能力。

(3)在积极对抗条件下进行练习。

当学生已基本掌握了技术动作并逐步达到熟练的程度后，应逐步过渡到在积极对抗条件下练习，提高攻守难度，增加运动负荷，使学生在接近比赛或在正式比赛的攻守状态下完成技术动作。

在篮球技术教学中，对初学者宜采用简单条件下的练习方法。当他们的技术动作掌握得比较牢固、熟练后，可以逐步增加练习的难度和强度，通过积极对抗，进一步提高技术的运用能力。此外，还要注意弱手弱脚的练习，注意在篮球场左右侧的练习轮换进行。这样，有利于技术动作的迁移，有利于学生全面掌握技术，也有利于学生左右大脑的均衡发展。

（二）篮球战术的教学方法

篮球战术的教学任务，是使学生掌握战术方法并在比赛中运用。由于篮球战术是以篮球技术为基础的，因此，战术教学应与技术教学相结合。战术内容丰富，在教学中应按以下步骤进行。

1. 建立战术概念，掌握战术方法

（1）建立完整的战术概念。

教师首先要对具体战术的概念、特点、运用目的、攻守战术之间的矛盾关系等进行讲解，使学生对该战术有初步的概念。然后对该战术的落位阵形、移动路线、主要配合方法、配合顺序、队员职责、同伴协同行动，以及该战术的变化规律进行讲解和演示，使学生对所学战术的组织形式和战术方法有基本的了解和认识，以建立完整的战术概念。讲解和演示时，可使用图片、光盘、电影、录像等进行直观教学，也可在球场上假设攻守的方式试做，让学生实际体会战术阵形、位置分工、移动路线和配合方法，启发学生的战术思维，培养战术意识。

（2）掌握局部战术配合方法。

全队战术是由局部战术构成的。掌握局部战术是学会全队战术的前提。教学中要根据全队战术发展的一般规律，把全队战术分解为几个阶段或几个部分，有序地进行重点教学，如：学习快攻战术，把短传快攻分为发动与接应、推进和结束三个阶段，分别进行局部战术教学。这样，既保证了战术的连续性，又解决了战术中的局部问题，为掌握全队战术打下了基础。局部战术练习时，要注意局部与局部之间的衔接，也要注意适时地进行攻守对抗条件下的练习。

（3）掌握全队战术方法。

全队战术方法是在局部战术配合的基础上进行的。教学中可按照全队战术的要求进行，从消极的攻守对抗到积极的攻守对抗，熟练掌握全队战术的配合方法。全队战术对学生的个人技术、局部配合能力和战术意识的要求较高，学习中发现问题要及时地有针对性地解决，以提高全队战术的质量。

2. 提高攻守转换和综合运用战术的能力

在篮球战术教学中，当掌握两个或两个以上的全队攻守战术方法后，应结合攻守转换进行战术组合练习，提高攻守转换和综合运用战术的能力。

（1）提高攻守转换能力。

在练习中，当进攻结束时，无论对方抢到篮板球或掷界外球，应立即封堵与退守，落位并调整防守阵式，迅速转入全场或半场防守。当防守结束时，获球后应立即转入反击，首先发动快攻，如果快攻受阻则再转入阵地进攻。

攻守转换要迅速、流畅。进行攻守转换练习时，可先组织二攻二守、三攻三守、四攻四守，然后进行全队攻防练习。可采用多种方法，培养学生攻守转换意识，提高攻守转换的速度。

（2）提高综合运用战术的能力。

根据学生掌握战术方法的数量和质量，以及攻守转换能力的高低，可逐步要求学生有策略地运用多种战术，如：在一个防守回合中，在前场采用全场紧逼，后场改为半场盯人或区域联防；在半场防守时，区域联防可变为对位联防或半场盯人防守。攻守双方根据对方的战术变化相应地改变战术打法，可以提高综合运用战术的能力。

3. 提高战术运用和应变的能力

在篮球战术教学中，应通过教学比赛或课外比赛，让学生在竞赛实践中进一步掌握战术方法，使他们能根据对手情况选择和运用战术，并能在比赛中根据战局变化改变战术打法，提高应变能力。教师应在比赛前提出要求，进行引而不发的指导，帮助其进行赛后总结，理论联系实际，提高学生的战术水平和战术意识。

在篮球战术教学中，要注意战术教学与技术教学的结合。在各个战术环节中，应对技术的运用提出具体要求，以保证战术的质量。此外，还要处理好攻守平衡关系，尤其要克服重攻轻守的倾向。在战术教学的过程中，始终要注意战术意识、应变能力、竞争、拼搏、协作精神的培养。

一般来说，普修课的战术教学，重点应放在建立战术概念和掌握战术方法上，并结合教学比赛，提高攻守转换和综合运用战术的能力。

（三）发现与纠正错误

在篮球教学中，由于教学内容、教学方法、学生水平、教师经验、教学环境等多方面因素的相互作用，学生在学习过程中产生这样或那样的错误是不可避免的，也是正常的。如果学生的错误不能被及时地发现并得到纠正，任其发展下去，就会形成错误的动力定型，影响正确技、战术的掌握，甚至可能导致伤害事故的发生。所以，教师发现与纠正错误是教学中的重要任务，也是教学中不可缺少的重要环节。因此，有必要对发现与纠正错误进行专门阐述。

1. 及时发现错误

发现错误是纠正错误的前提。这就要求教师要有对错误的观察和判断能力。这种观察和判断能力来自对篮球技、战术的深入研究，来自多学科理论的积累，来自长期教学经验的总结，来自对教学工作的敬业精神。

教师应该准确地把握正确技、战术的结构和表现形式，把握技术和战术的关键，对技、战术的细节要了如指掌。这样，当学生一旦出现错误就会立即发现。

2. 分析产生错误的原因

当教师发现了学生的错误时，不一定能立即判断出产生错误的原因。学生的个体差异较大，同样的错误可能是由不同的原因造成的。分析产生错误的原因是纠正错误的基础。因此，教师必须运用自己的知识和经验，细致准确地分析，找出错误发生的原因。

一般来说，技术学习中产生错误的原因大致为：讲解示范不清楚；学生对技术的概念模糊，对技术动作的内部结构不了解；所学技术的难度过大；身体素质达不到完成某项技术的要求；身体疲劳；受旧技能的影响；学习时无信心；学习时兴奋性过高或过低；恐惧心理；教学环境、教学条件、气候不适宜；教学方法不当等。

一般来说，战术教学中产生错误的原因大致为：对战术的概念不清楚，对战术的特点、阵形、配合方法和战术的规律认识理解不准确；对完成战术的技术掌握不好，运用不恰当；战术意识不强，配合的时机、路线、节奏掌握得不好；没处理好个人行为与全队战术的关系，战术运用和应变能力不强；教师讲解、示范、组织教法不当，或教学进度过快等。

产生上述错误的原因不可能包含全部情况，教师要对具体情况进行具体分析，对难以找出原因的错误要采用录像分析、生物力学分析等手段。只有正确地分析产生错误的原因，纠正错误，才能更有针对性，效果才更显著。

3. 纠正错误

纠正错误的方法很多。这些方法可以单独使用，也可以结合使用，但必须具有针对性，达到"药到病除"的效果。

(1)讲解示范法。

讲解示范法主要用于纠正因概念不清，没有建立正确技、战术表象而产生的错误。讲解要生动形象，启发学生的思维。示范可以用完整、分解、慢动作、正误对比等方法，示范的位置可采用正面、侧面、背面、镜面等。

(2)诱导法。

采用动作结构与正确技术相似但较为简单的练习手段，帮助建立正确技术的运动感觉。诱导法包括语言诱导、模仿诱导、外力诱导等。

(3)限制法。

采用限制性手段，迫使学生按照教师的意图去完成技术或战术配合，达到纠正错误的目的。可以设置标志，限制学生的行动路线或动作幅度；规定学生完成技、战术的时间；限制练习时运用技、战术的种类或方式；用特殊的教具限制学生的动作等。

(4)变换法。

对一些难度大的技术或战术，可以改变练习方法，降低练习难度，分解技术动作或改变练习环境，使错误动作得到纠正。

(5)暂停练习法。

对某些学生的错误动力定型难以纠正的，可以停止他对某个动作的练习，使他对某个错误动作"忘却"一段时间，以达到纠正错误的目的。

（6）鼓励法。

鼓励法主要用于纠正由恐惧心理而产生的错误。鼓励法可以与变换法同时使用，降低练习难度，在学生完成难度较小的动作后予以鼓励和表扬，使他建立完成正确技术的信心，然后逐渐加大难度，使其完成技术或战术。

纠正错误时，要以正面教育为主，要有耐心，要满腔热情地帮助他们，不允许讽刺挖苦学生。学生在完成某项技术时，可能同时产生多种错误，这时要抓住主要矛盾，即主要错误进行纠正，直到这个主要错误被纠正以后再纠正其余错误，避免让学生感到错误百出，无所适从，失去纠正错误的信心。在课堂教学中，要分析错误是普遍性错误还是个别学生的错误。普遍性错误采取集体纠正的办法，个别学生的错误采取单独纠正的办法。还要教会学生发现错误，分析产生错误的原因，纠正错误的方法，使学生学会在老师不在场的情况下，自己或互相纠正错误，提高他们分析和解决问题的能力。

二、中学篮球教学的方法

篮球教学方法是完成教学任务的重要手段。教师在选择教学方法时，首先要重视时代性和篮球学科的前沿知识以及学校拥有的设备、条件，乃至自身学习掌握体育教学方法的特点及其教学效果，从中优选具体教学方法。应根据教学大纲和教学进度安排的内容及其主次地位和教学原则，并考虑到不同年级、不同性别的学生及其身体素质、技术基础的差异性以及学校的场地、器材与设备等因素来选择教学方法，因地制宜、因材施教，最大限度地调动学生的积极性。中学篮球教学的方法如下。

（一）讲解与示范法

讲解与示范法是篮球教学采用的最基本的方法，也是体育教学中使用最多的教学方法之一。讲解示范法由讲解法和示范法组成。

1. 讲解法

讲解法属于语言法的一种。中学篮球教学中常用的讲解法有：直陈法、分段法、概要法、侧重法、对比法、提问法和联系法。讲解法在中学篮球教学中是指教师用形象、生动、精练的语言讲述篮球的技术动作，技术、战术配合方法，使学生对其有初步的了解，通过实践逐步形成技术、战术概念。要求讲解层次清晰，重点突出，通俗易懂。对中学生可运用教学口诀来精练语言，如：进行接球教学时，用口诀"伸臂去迎球，手形如漏斗，指腕肘后收，握球肩放松"；双手胸前传球教学时，用"双臂前伸手腕翻，手指弹拨把球传"的口诀可以收到良好的效果。教师清晰的讲解有助于学生对技术动作和动作过程留下深刻的印象，若与运动表象相结合，学生技术动作的形成时间会大大地缩短。

2. 示范法

示范法主要是教师（或指定的学生）以自身的动作作为教学动作范例，用以指导学生进行训练的方法，它可使学生了解所学动作的形象、结构、技术要领和完成方法，便于建立正确的动作表象。在中学篮球教学过程中，用正确、轻快、优美、清晰的动作向中学生展示将要学习的部分篮球技术动作或全部篮球技术动作，能启发学生学习的兴趣。示范与讲解相结合，有助于学生理解动作的特点和结构，建立完整的动作概念。

篮球教学示范要注意以下几点：

（1）示范要有明确的目的。示范要突出教学的重点和难点，对中学生示范还要注意适度。尤其是对中学低年级学生，过多的示范反而会影响他们对动作的识记、辨别和记忆，其结果是提取信息失败。因此，教师在教学的开始阶段应抓住关键动作进行示范，给学生留下清晰的动作表象和动作记忆，例如：进行单手肩上投篮技术教学时，在学生初步掌握了正确的握球、持球以后，示范的重点应放在最后出手的指拨动作上，使学生能在较短的时间内掌握关键动作。

（2）示范要正确、熟练。中学生模仿力、好奇心强、接受快，因此教师做示范时应严格按动作技术的规格要求完成，对动作的起始、行进方向以及结束时间的把握等都应保证准确无误。只有保证示范的正确性，才能使学生建立起正确的动作表象和概念。正确的动作示范，不仅便于学生正确的掌握动作，而且可给学生以轻快的感受，引起学生的兴趣，避免产生畏难情绪，例如，进行单手肩上投篮教学，教师示范时必须注意持球时肘关节不外展，否则会影响投篮动作的掌握和最后出手以及投篮的命中率。肘关节外展是投篮教学、学习、示范时易犯的错误，教师必须加以重视。示范是显示教师对技术动作掌握娴熟和完成动作流畅的程度，也是教师自信心的流露和体现，对学生形成整个动作的概念和表象有着极大的推动和促进作用。

（3）示范要有利于学生观察。为了便于学生观察动作示范，教师要注意选用合适的示范面、示范速度以及学生观察示范动作的距离和视角。示范面要根据需要确定，可采用正面、背面、侧面或镜面。进行单手肩上投篮、双手胸前传球教学时，示范宜采用侧面，而进行滑步和后撤步的教学时则宜采用镜面或正面示范。示范与讲解时教师还可运用正误对比的方法，采用各种直观教具，通过演示和提示，启发学生观察、对比、分析，明辨正确与错误动作，以便更好地掌握正确的技术动作和战术方法。为建立完整正确的动作表象，最初的示范应按完成动作的常规速度进行；为突出动作结构的某些环节，则应采用慢速示范。无法慢速完成的动作，可辅之以其他的直观教具进行，如看图片、录像等。学生观察动作示范的距离，可根据示范动作的活动范围、学生人数和安全需要而定。示范距离不论远近，均应以学生能看清楚为准。

（4）示范、讲解与启发学生思维相结合。在学习技术动作过程中，只有视觉和听觉器官同时起作用效果才会好。示范是通过视觉器官作用于人体，而讲解则是通过听觉器官起作用，两者的结合可使技术动作的内在联系得以准确揭示，学生获得的感知效果比单独运用一种方法要好。因此，教师示范时应根据教学需要，及时、恰当地结合讲解进行，同时要善于启发学生的积极思维，否则，无论动作示范或是讲解，对学生来说都难以达到最佳的效果。

（二）表象训练法

表象训练法又称念动训练或意象训练，指用语词唤起表象，并借助表象进行动作练习的方法。运动表象主要有运动视觉表象和运动动作表象，前者主要反映客体的运动视觉形象，如学生在篮球教学课上观看教师单手肩上投篮的示范后，头脑中存留或呈现出该动作的形象。后者主要反映学生自身的动觉形象，如：学生虽然身体并未做单手肩上投篮，头脑却"体会"到了单手肩上投篮时的持球动作、投篮用力顺序以及最后出手时手腕、手指的拨球等一系列用力的动觉形象。学生既观看过又亲自做过的动作形象在头脑中重新呈现出来，称为"视—动联合表象"。学生在练习和教学比赛中表现出来的所学习过的动作，是根据头脑中形成的表象完成的。如果学生对已学习过的动作表象唤起失败，他就不易再做好该动作。

因此，教师在做完示范动作以后，可根据实际情况，首先要求学生先进行对示范动作的想象，然后再开始模仿练习，以后每示范一次新动作后都以想象2～3秒钟开始动作的学习过程，让学生形成正确而清晰的运动表象以及通过再造想象，使动作得以巩固、熟练而达到自动化。表象训练法不仅可以用在单个或组合动作的学习中，而且还可以结合理解教学法运用于技术教学中，甚至还可以用于培养学生的创造能力。为保证表象训练的有效性，教师必须注意讲解示范的准确和清晰。

（三）重复练习法

重复练习法是指通过身体和思维活动对动作进行反复练习的方法，也是中学篮球教学中采用的最基本、最有效的方法，它的特点是练习中有机体要承受一定的运动负荷并消耗一定的体力，产生一定的疲劳。

传统的篮球教学练习法仅从单个技术练习开始，然后是组合技术练习和对抗练习。但篮球的对抗性特点要求练习时充分考虑把单个、组合以及综合技术练习放在对抗条件下进行。采用"理解教学法"既要考虑中学生的特点，又要从有对抗的比赛条件下入手，进行单个、多个和综合技术的练习，同时又结合战术教学以达到更好的效果。然而，无论何种教学法的运用都离不开实际操作练习这一基本教学环节。练习是提高篮球水平最主要、最基本的手段。因此，中学篮球应从对抗性练习入手，启发思维，使学生理解篮球运动中各种技术、战术之间的逻辑关系和必然联系，培养学生浓厚的兴趣。

（四）游戏教学法

游戏教学法是指在游戏中学习技术、技能、知识的一种教学方法。面对传统教学法中存在的问题，游戏教学法充分发挥了球类项目的特征，加强了技、战术运用以及能力培养方面的比重，学生在游戏中体会和学习技术、技能，大大提高了学生的学习兴趣和教学效果。

游戏教学法的特点是在教学时，以从易到难的游戏主线安排内容，而不是传统教法中以单个技术为主线安排内容。在每个游戏中，安排学习基本的技术、战术，完全取消单个动作的枯燥练习，在游戏中启发和诱导学生主动钻研技术动作和战术配合，教师再因势利导和加以辅导，逐渐提高学生的篮球比赛水平。

（五）竞赛激励法

争强好胜是中学生的特点。竞赛激励法是充分利用中学生争强好胜的特点，在篮球教学中培养与激励学生学习的积极性，是以竞赛为形式的教学方法。中学篮球教学中竞赛激励法的一般形式有速度竞赛，如运球比快、传球比快等；次数竞赛，如投篮比多、传球比多等；准确性竞赛，如传球比准、投篮比准等；成功率竞赛，如在一定时间内比投篮命中率等。

教学竞赛是中学篮球教学大纲中规定的内容之一，也是篮球教学的主要形式。按照中学教学大纲的规定，篮球教学竞赛有三种形式：复习提高已学过的基本技术的教学竞赛；结合已学过的基本技术进行简单规则的教学竞赛；运用简单战术进行的教学比赛。这三种形式，可根据不同年级的教学要求，组织不同形式、不同要求的半场或全场教学竞赛。

（六）变化规则法

变化规则法是指在中学篮球教学中根据实际情况，为提高学生兴趣，增强学习积极性，有意识地对篮球规则进行临时性的变化以适应教学需要的方法。

例如，"三人制"篮球比赛目前在国内外开展得非常广泛，尤其为中学生所喜欢。"三人制"比赛实质上是一种变化规则的比赛。其比赛规则主要有以下变化。

（1）比赛时间可根据实际情况而定，也可分成上下两个半时。比赛开始和投篮命中后，均在发球区（中圈弧线后）掷球入场。

（2）每次投篮命中后，由对方发球。所有犯规、违例及界外球均在发球区发球。发球队员必须将球传给队友，不能直接投篮或运球。

（3）守方断或抢到篮板球后，必须迅速地将球运或传出3分线外，才能组织进攻，否则视为违例。进攻方抢获篮板后可直接进攻。

（4）比赛中，每个队员可有4次犯规，全队场上队员不足2人时，比赛终止并判该队失败。任何队员被判夺权犯规，该队员所属球队的继续比赛权即被剥夺。

（5）每队累计犯规达5次后，以后的每一次犯规都必须罚球（控制球队犯规除外）。双方只能在死球时换人，被替换的队员不能重新替换上场（队员受伤或4次犯规时除外）。

总之，教师在篮球教学过程中如能合理地运用规则变化法，常常能达到良好的效果。

（七）电化教学法

电化教学法是指将现代教育媒体运用于中学篮球教学过程之中，并与传统教育媒体恰当结合传递教育信息，以实现教学最优化的方法。

21世纪的中学体育教师在进行篮球教学时不仅要能熟练地运用传统的教学设备，如教科书、粉笔、黑板、篮球、球场、障碍架等，还必须能自如地使用各种现代化的视听教学设备，如照片、图表、模型、仪器、幻灯、电影、电视、录音、录像等进行教学和教育活动，更要能驾轻就熟地将现代电子计算机多媒体技术运用于篮球的理论与实践教学。21世纪的中学体育教育和教学是由现代体育教育观念、先进的教育教学设施、高知识层次的体育教师队伍与现代体育教育技术四个因素共同支撑的立体化体系。在中学篮球教学中运用多媒体和电化教育手段，可以诱导并影响人们的思维方式，从而推动篮球教学改革进一步向现代化、科学化的方向发展。

（八）技能迁移法

迁移是一种学习对另一种学习的影响，这种影响既包括积极的促进作用（正迁移），也包括消极的干扰作用（负迁移）。在学习过程中，如能有效利用和控制这种影响，就能减少学习过程中的探索时间，可以少走弯路，提高学习的效率。迁移理论中比较流行的是转化理论、学习定势理论、认知迁移理论等。运动技能学习的迁移有两侧性迁移、语言—动作迁移、动作—动作迁移。运用迁移学习法可以从以下几方面入手。

(1)应有意识地把某一项目中学到的知识运用到其他项目中去，也可以说，在学习一项内容时可回忆一下学习过的相关其他项目的经验，借鉴这些经验并将其运用到新项目的学习过程中。这是所谓的横向迁移，例如：篮球与足球传球意识之间的迁移，篮球中助跑起跳与跳高中的助跑起跳等。

(2)注意简单的知识技能与复杂的知识技能、新与旧的知识技能之间的联系。在学习新的、较复杂的知识技能时，回忆以前学习较简单的相关知识技能时的体会。这是所谓的纵向迁移，例如：在学习双手胸前投篮时，回忆和借鉴双手胸前传球动作的体会。

(3)注重学习原理、原则和范例等方面的内容，并把它们运用到学习实践中去，例如：在学习进攻联防的各种阵形时，应首先掌握好进攻联防的原理和原则，那样，在学习各种进攻阵形时就能容易得多。

(4)注意身体的两侧迁移，如：左手投篮借鉴右手投篮的动作；注意语言—动作迁移，把听过、看过的一些经验运用到动作学习上；注意动作—动作之间的迁移，以及单个技术学习时共性的联系。

（九）观察模仿法

无论是学一项技术还是一项战术，一种练习方法还是一种组织形式，首先要知道正确的方法是什么，这主要来源于自己的观察和理解。最初观察要有"点"有"面"。"点"是重点(如投篮动作中的出手动作)，"面"是轮廓，如投篮动作的全过程，也可以说"点"是"意"，"面"是"形"。"形"主要靠观察，"意"要靠教师讲解和辅助文字，"形"要模仿，"意"要理解。知道目标后，就可以试着去模仿。模仿时要从慢到快，从分解到完整，要边模仿边思考，体会正确做法的关键是什么，要逐渐从"形"似到"意"似。在这个过程中，遇到问题要多观察，这时的观察要有针对性，将观察到的正确动作与自身的动作做比较，并加以调整。在练习时，如动作基本正确，则应逐渐增大难度；如练习中出现错误，调整时应放慢练习速度，或分解动作进行练习，逐渐达到要求。

（十）研究性学习法

研究性学习法是指学生在教师指导下，从学习生活和社会生活中选择并确定研究专题，用类似科学研究的方式，主动地获取知识、应用知识、解决问题的学习活动。

1. 围绕问题组织学生学习

在研究性学习中，学校首先要组织学生从学习生活和社会生活中选择和确定他们感兴趣的研究专题，去发现问题和提出问题。这些问题可以是教师提供的，也可以完全是学生自己选择和确定的；可以作为课堂内教材内容的拓展延伸，也可以是对校外各种自然和社会现象的探究；可以是纯思辨性的，也可以是实践操作类的；可以是已经证明的结论，也可以是未知的知识领域。教材是课程实施的基本依据和载体，学生学习的知识局限在某一个学科领域，这些知识的排列是纵向的、线性的，相互之间完全靠逻辑关系加以联系；而在研究性学习中，"问题"就是学生学习的重要载体。学生在解决问题的过程中，会涉及多种知识。这些知识的选择、积累和运用完全以问题为中心，呈现横向的、相互交叉的状态。

2. 呈开放学习的态势

由于要研究的问题(或专题、课题)多数来自于学生的生活和现实世界，课程的实施大量地依赖教材、教师和校园以外的资源，学生学习的途径、方法不一，最后研究结果的内容和形式各异，因此研究性学习必然会突破原有学科教学的封闭状态，把学生置于一种动态、开放、主动、多元的学习环境上。这种开放性学习，改变的不仅是学生学习的地点和内容，更重要的是它给学生提供更多的获取知识的方式和渠道，推动他们去关心现实、了解社会、体验人生、积累感性知识和实践经验。

3. 研究性学习主要由学生自己完成

研究性学习强调以学生的自主性、探究性学习为基础。学生按自己的兴趣选择和确定研究学习的内容后，通常采用学生个人或小组合作的方式进行。整个课程的内容、方式、进度、实施地点、最后的表现形态等都要取决于学生个人或学生小组的努力。学生在教师的指导下，成为某一个研究的实施者，他对课程目标的实现负有主要的责任，学生真正被置于学习的主体地位。研究性学习既赋予了学生选择学习内容的权利，也要求学生承担实现课程目标的义务。当学生感到肩负一种责任时，他的主观积极性便可得到极大的调动，自主学习就有了积极的内在动力。

4. 重视结果，更注重学习过程

与学科教学中只重视学生学习结果的可量化、可操作性的预期结果目标不同，研究性学习是将整个课程实施的过程看得比结果更为重要。学生经过一段时间的研究，可能他们最后的研究结果稚嫩可笑，不足称道。但这并不重要，因为学生通过诸如设计课题、查找资料、动手实验、社会调查等亲身实践，可以获得对社会的直接感受，了解科研的一般流程和方法，尝试着与他人交往和合作，知道除了教材以外还有很多获取信息的渠道，可以综合已有的知识来解决正在研究的课题等，能够让学生获得上述的感受和体验，正是开设研究性学习课程的主要目的。因此从这个意义上说，研究性学习过程本身恰恰是它要追求的结果。

总之，与现有的课程相比，研究性学习突出的是实践性、开放性、自主性和过程性。研究性学习在教学过程中以问题为载体，创设一种类似科学研究的情境和途径，让学生通过自己收集、分析和处理信息来实际感受并体验知识的积累过程，进而了解社会，学会学习，培养分析问题、解决问题的能力和创造能力。这种课程模式的核心是要改变学生的学习方式，强调一种主动探究式的学习，是培养学生创新精神和创新能力的一种新的尝试和实践。

三、教学方法选择

随着教学方法研究的深入与发展，呈现在我们面前的教学方法越来越多。究竟应该选择哪一种教学方法呢？专家认为：没有一种教学方法是"放之四海而皆准"的。应根据不同的情况选择不同的教学方法。下面介绍的是教学过程中，教师选择教学方法的基本依据。

(一)根据目标选择教学法

体育教学目标体系包括身体发展目标、技能发展目标、知识发展目标、社会发展目标和情感发展目标。不同的教学目标要选择不同的教学方法，在体育教学中任何一个教学目标都不是孤立的，而是综合的，但每一堂课目标的侧重点是不同的。根据某一堂课目标的重点来注重发展某一方面的教学方法，例如：篮球教学中技术的掌握与运用是不同类型的目标，强调技术动作掌握时，用传统的教学方法，强调技术运用时可以选择领会法、游戏法等，社会发展目标和情感发展目标一般是综合在其他目标中共同实现的。

(二)根据教材内容选择教学法

篮球教材中的内容，一般分为实践技能和理论知识两部分。在这些部分中对学生的知识掌握、技能训练、能力要求是有差异的，而每一种教学方法为实现一定的目标而运用某一项教材内容时，教学效果和结果也是不同的。所以，教学方法的选择也应有多样性和灵活性。例如：学习原地双手胸前传接球的技术动作，可以采用传统的完整与分解法或练习法；但如学习传切战术基础配合，如完全用上述方法，则学生学会的将是在无人防守下机械的传接球练习；如选择游戏法和领会法，则会使学生对整体的配合及实战的运用有更准确的掌握，还可穿插采用学导式教学法或自学辅导法，提高学生主动思维和探索、认识事物的能力。

（三）根据学生特点选择教学法

教学中考虑的学生特点一般包括学生现有的运动水平、智力水平、动机状态、年龄、心理特征、学习习惯等因素。同一种方法，不同层次的学生练习时会产生不同的反映，同一个篮球游戏，在一个年级可能玩得很开心，在另一个年级可能感到无趣。这种差别有时受年龄的影响，有时受运动水平的影响，也可能受认知习惯的影响。所以需要教师了解和把握学生的各种情况，有针对性地选择教学方法。例如：过去学生习惯了传统教法中的循序渐进、层次分明的教学方式，若突然用自学辅导教学法，学生就会无所适从。反之，过去学生习惯了生动活泼的情景式教学法，若突然用传统的教学方法，学生学习的积极性就会降低。因此，教学应在适应学生特点的基础上，逐渐用相应的方法引导学生向积极、主动、健康的方向发展。

（四）根据教学环境选择教学法

教学环境包括场地、器材、授课时数、班级人数、社区风气等因素。教学环境必然会对教学方法产生制约作用。但教师要善于利用教学环境，尽可能地创造条件，利用条件。很多学校上篮球课时，一块球场、几个篮球，能不能把每一块场地、每一个球都利用起来，增加学生练习的密度，要看选择什么样的教学方法，最大限度地利用现有的场地、器材条件。

（五）根据教师自身素质选择教学法

教师的自身素质直接关系到选用的教学方法能否发挥其应有的作用。教师应对自身素质实事求是地进行分析，根据其特点和条件选用适宜的教学方法。同时，教师应在教学过程中不断发展与探索，提高自身素质水平和条件，逐渐发展成具有个人风格的高水平的教学能手。

第四节　中学篮球教学文件的设计

教学活动是教师有目的、有计划、有步骤地进行工作的过程。教学质量在某种程度上决定于教学活动的目的是否明确，计划是否科学周密。因此，在教学活动实施之前，必须设计教学文件。篮球教学文件包括教学大纲、教学进度表和教案。科学地设计教学文件是完成教学任务的决定条件之一，是顺利进行教学工作的保证，也是检查教学工作的重要依据。

一、教学大纲

篮球教学大纲是根据课程方案，以纲要的形式制订的教学指导性文件，也是检查教学工作的和评定教学质量的重要依据。

(一)制订教学大纲的基本要求

(1)从实际出发，体现教学计划中规定的培养目标和要求，准确地订出篮球教学的总目标和总任务。

(2)根据教学任务合理地精选教材，把主要的、基础的和先进的知识内容列入教学大纲。要主次分明，注意科学性、系统性和实用性。

(3)合理地分配教学时数，注意理论教学与实践教学的适当比例，以确保教学任务的完成。

(4)重视考核的内容与方法，合理地确定理论知识与技术实践考核成绩在总成绩中所占的比例，使考核结果能够有效地衡量学生学习的水平。

(二)教学大纲的主要内容

教学大纲的主要内容包括：教学目标、教学时数分配、教学基本内容、考核办法、教学基本条件和教学参考书目。

1. 教学目标

教学目标是指教育目标、知识和能力目标。教育目标指结合篮球运动的特点，对学生进行思想品德教育和专业思想教育，培养学生的爱国主义、集体主义、勇猛顽强和遵守法纪的品质和作风。知识和能力目标指使学生掌握篮球运动的基本理论知识、基本技术战术和基本技能，培养学生具有从事篮球教学活动的组织管理和教学能力。

2. 教学时数分配

篮球教学总时数是由国家教育行政部门颁发的课程方案确定的。具体教学内容的时数分配应根据具体情况确定，分配要突出重点，保证主要教学内容有足够的时数，使知识和能力培养所分配的时数形成合理的比例关系。

3. 教学基本内容

篮球普修课的教学基本内容在教育部下达的《普通高等学校本科体育教育专业九门主干课程教学指导纲要》中已有明确规定。根据篮球运动的发展，可以适当介绍一些新的技、战术和教学训练方法等。

4. 考核办法

考核内容应包括理论知识、技术、技能。理论知识考核一般采用笔试方式，技术考核采用达标和技评的方式，技能考核采用实习和实际操演的方式。技术、技能的考核项目、办法和评分标准应在大纲中详细规定。

总成绩的评定应根据学生在学习过程中的思想品德、学习态度、基本理论知识、基本技术和基本技能，以及平时考核的情况综合评分。

5. 教学基本条件

为了保证篮球教学活动的正常进行，必须具备教学的基本条件，如场地、器材的数量和规格及比赛的设施用品等都要详细列出。

6. 教学参考书目

教师应以篮球教材为基础，不断扩大知识范围，选择权威的先进的篮球书籍或其他书籍以供参考，这对于丰富教学内容、提高教学质量是必要的。

二、教学进度表

教学进度表是根据教学大纲的教学目标、内容和时数分配，把教学内容具体落实到每一节课的教学文件中。

（一）编制教学进度表的基本要求

（1）教学进度表要遵循教学规律和教学原则来编制。教学进度不是教材内容的简单分配，而是教学规律和教学原则的体现，它应达到科学、合理、可操作性强的要求。

（2）编制教学进度表也是教师业务能力和教学水平的体现。教师应深入研究和掌握篮球运动的基本规律，掌握篮球教学的基本理论，正确处理理论与实践、进攻与防守、重点与一般的关系，安排好理论课与实践课的比例、进攻和防守技术战术教学的顺序，突出重点内容，带动一般内容，把能力培养贯彻到教学进度的全过程。

（3）篮球基本理论知识、基本技术与战术、基本技能是篮球教学的重点内容，在编制教学进度时应把它们放在突出的位置上，在教学时数上予以保证，在安排上反复出现，确保重点内容的掌握和提高。有些教学任务，如竞赛的组织管理、裁判能力的培养等，单靠课堂教学无法圆满完成，需与课外教学活动结合，这一点应在教学进度表中加以说明。

（二）单元式程序教学进度表的编制方法

单元式程序教学是根据篮球运动本身的特点和规律，遵循一定的教学原则，将所有的教学内容科学地分成若干较小的分量（即步子），把每个教学内容按照一定的序列，合理地进行编排组合，使每个单元、每次课均有预先的教学任务和要求。单元式程序教学的特点是教材内容的安排由点到面、由浅入深，纵横关系衔接紧密而突出内容的重点；教学过程能明显地体现由易到难、由简单到复杂、由非对抗到对抗的原则。

单元式程序教学进度表的编制程序如下：

程序一：将篮球技、战术分别分成四个不同难度的级别，然后根据其纵横关系组成彼此相互联系的教材内容系列。限于篇幅，仅以投篮、运球和个人防守三项技术列表说明(表 7-3)。

表 7-3　篮球教学内容难度分级表

难度等级	投篮技术	运球技术	个人防守技术
一级内容	(1)原地单手肩上投篮 (2)原地双手胸前投篮 (3)行进间单手肩上投篮 (4)行进间单手低手投篮	(1)高运球 (2)低运球	(1)防守的正确姿势 (2)防守的正确站位 (3)防守动作(滑步、上步、撤步、攻击步等)
二级内容	(5)原地跳起投篮 (6)急停跳起投篮 (7)转身跳起投篮	(3)体前变向换手运球 (4)急停急起运球	(4)防守无球队员(防摆脱、防纵切、防横切等)
三级内容	(8)行进间反手投篮 (9)勾手投篮 (10)双手补篮	(5)体前变向不换手运球 (6)运球转身	(5)防守有球队员(防投篮、防突破、防运球、防传球)
四级内容	(11)在对抗中与各种技术相结合的投篮	(7)在对抗中与各种技术相结合的运球	(6)在对抗中与各种技术相结合的防守技术

程序二：将同一难度级别的内容串联起来，组成整个教学单元(图 7-2)。

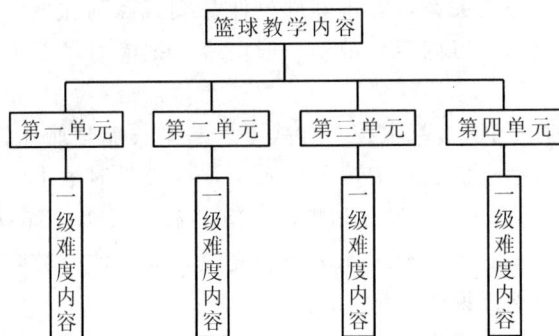

图 7-2　篮球教学内容单元组合

程序三：根据教学大纲规定的教学内容和时数分配，将各单元的技、战术按要求和顺序做适当的调整，然后分别排列在单元式程序进度表中(表 7-4)。

表 7-4　单元式程序进度表

单元	课次	教学内容			
		一般	重点	复习	作业
第一单元	1				
	...				

程序四：对基本理论知识和能力培养进行技术处理，将其穿插在各单元中进行，形成一份完整的教学进度表。

执行单元式程序教学进度时，第一，要明确各单元的教学目的。每单元开始教学前，要把本单元的教学任务、教学要求向学生交待清楚，使学生对学什么、练什么、掌握什么，做到心中有数，以提高学生的兴趣和自觉性。

第二，每一单元教学结束后，教师要进行检查性的小结，肯定成绩，指出不足，明确继续努力的方向。

第三，要把握住各单元之间的有机联系。在后一单元的教学中必须用一定的时间，采取适当的方法复习前一单元的教学内容。

第四，根据教学的进展，各单元教学中均可组织一定形式的教学比赛，特别是在第四单元中要重点突出对抗教学的特点。教学比赛的具体方法应先简单，后复杂；先半场，后全场；人数由少到多，直至按规则要求进行正规教学竞赛。

（三）渐进式教学进度表的编制程序

程序一：如表7-5所示，把教学内容按一般教学顺序列出，并列出计划教学时数、出现次数。然后以打"√"的方式把教学内容暂时安排到每次课中，形成教学进度草表。

表7-5　渐进式教学进度草表

编号　教学内容　教学时数　出现次数	1	2	3	4	5	6	7	8	9	10	...
1	√	√	√								
2	√	√	√	√							
3				√	√	√					
4				√	√	√	√	√			
5							√	√	√		
...											

然后，根据教学原则和学生的实际水平，以及编制教学进度的基本要求等，对草表进行调整，使之更科学合理，更具可操作性。

程序二：把草表转换为教学进度表（表7-6）。把表7-5中每次课的内容依次填入表7-6中，在组织教法栏内简要填写该课的重点内容、教法意见，备注栏内可注明该课的类型等。经过这两个步骤，一份教学进度表就编制完成了。

表 7-6　渐进式教学进度表

课次	教学内容	组织教法	备注
1			
2			
3			
4			
5			
…			

三、教案

教案是教师课堂教学的具体工作计划，是根据教学进度所规定的教学内容、教学对象和教学基本条件设计的，是经过教师或教研室集体备课后形成的教学文件。

新课程标准下的教案是以学生发展为中心来进行设计的。因此，教案应突出以下几点指导：第一，要确立本次课的明确而又具体的学习目标；第二，内容的选择和组织教学能有效地促进学生达成本次课的学习目标；第三，重视通过多种手段和方法激发学生对体育学习和活动的兴趣，活跃课堂气氛，从而使学生在愉快的体验中获得知识和技能；第四，各项活动的时间不要安排得过死，要有一定的灵活性；第五，教案力求简单明了，使教师有更多的时间考虑创造性教学；第六，要给学生布置课外体育活动的作业，促进学生逐步养成坚持体育锻炼的习惯；第七，教案可以采用电脑备课的方式，这不仅便于修改，更便于网上交流。总之，教案应该具备开放性、灵活性、个性化。教案的好坏主要不是体现在格式上，而是体现在学生的学习效果上。

（一）教案设计的基本要求

（1）应根据教学进度的安排，规定本次课的重点内容、一般内容和复习内容，并明确提出本课的任务，以便检查和总结。

（2）根据教学进度和课的任务，确定该课的基本类型，并设计学生的运动负荷安排。

（3）根据教学原则，使教学内容之间有机联系，使教学方法和练习形式具有连续性，还要考虑前后课次的联系和影响等因素。

（4）根据学生数量，计算出所需场地、器材、教学辅助用具的种类和数量。

（二）教案的格式

教案的格式有多种。篮球实践课的教案大多采用的是表格式，表 7-7 是其中的一种，表 7-8 是另一种。这两种表格是经过缩略的，使用时根据情况可以把准备部分、基本部分和结束部分予以扩展。

表 7-7　教案的格式(一)

班级			人数		课次		上课日期	
教材内容								
课的任务						课的类型		
课的部分	时间分配							
准备部分								
基本部分								
结束部分								
器材与设备						运动负荷曲线		
课后小结								

表 7-8　教案的格式(二)

授课班级		课次		上课日期	
基本教材			任务		
课的部分	时间	课的内容	组织工作	教学步骤	常犯错误及纠正方法

篮球课的类型虽然有理论与实践、新授与复习、教学与训练、技术与战术之分，但无论是何种类型的实践课，在课的结构上都采用准备、基本和结束三个部分。

教学内容和教学措施是教案的重要内容，一般应按课的上述三个顺序设计，精确地计划各部分的所需时间、练习形式、运动负荷大小等。教学内容前后连续、教法措施科学合理，是教师教学艺术水平的反映。（篮球课各部分的目的、任务、内容和方法将在中学篮球课的组织与管理一节中阐述。）

教学大纲和教学进度需在教育行政部门和教研室主任批准后方能执行。教学大纲、教学进度和教案需整理存档，以备教学检查评估和教师总结使用。

第五节　中学篮球课的组织与管理

篮球教学是根据课的任务，向学生传授篮球的基本理论知识，使学生掌握基本技术与战术，提高学生的能力，进行思想教育的过程。因此，教师不仅要具有较高的思想水平、一定的专业知识和教学技巧，而且必须具备组织教学和管理学生的能力。这样，教学活动才能按计划有序地进行，圆满完成教学任务，取得理想的教学效果。

一、教学管理的基本要求和手段

（一）基本要求

篮球课的教学由教师、学生、教材和教法手段四个要素构成。教师处于教学的主导地位，是课堂教学的主要管理者，因此教师必须掌握课程教学的基本要求。

（1）教师是管理者、教育者，教书育人工作应贯彻到课堂的始终。篮球运动具有集体性、对抗性强的特点，篮球实践课中经常出现个人与个人、个人与集体的矛盾，经常出现技、战术方面的激烈对抗，可能会引发意外的矛盾和冲突，教师要善于做思想工作，化解矛盾，把阻力转化为学习的动力，使课堂教学在团结友爱、奋发向上的氛围中进行。

（2）严格管理，严而不死、活而不乱。一般来说，篮球课容易形成活跃的课堂气氛，容易激发学生的学习兴趣，这是有利于管理的一面。但教师必须把学生置于自己的管理之下，不可放任自流，要维护教学秩序和课堂常规，使学生自觉积极地在良好的教学环境中学习。

（3）教师要认真备课，深入钻研教材，选择科学合理的教学方法和手段，严密组织教法，充分发挥教法手段在教学中的管理作用。

（4）教师必须为人师表、以身作则。教师具有热爱学生、敬业、治学严谨、诲人不倦等优良职业素养，本身就为学生做出了榜样，更使教师具有权威性，有利于做好教学管理工作。

（二）基本手段

课堂教学的管理主要是通过课堂常规、课的结构、发挥班级组织作用等手段实现的。

（1）课堂常规是课堂管理的主要依据。健全完善的课堂常规，是使教学有条不紊进行的保证。教师应高度重视课堂常规的管理功能，对学生的考勤、语言行为规范、着装、安全等方面的要求，必须按规定严格执行，并贯彻始终。教师也要严格遵守课堂常规对教师的规定和要求。

（2）遵循课堂教学的规律。在课的准备部分、基本部分和结束部分提出不同的管理方面的要求，按课的结构顺序采取不同的管理措施，不可前后顺序颠倒，以免造成课堂混乱。对突发事件要采取果断有效的措施妥善处理。

（3）充分发挥班干部和技术骨干的作用。班干部和技术骨干是教师进行课堂管理的得力助手，应精心培养他们，创造条件和机会来提高他们的组织管理能力，树立他们的威信，使其真正起到教师助手的作用。

二、篮球教学的组织形式

篮球教学的组织形式主要是课堂教学，包括实践课、理论课、观摩讨论课和实习课等。

实践课的基本手段是实际操作，即通过不同的练习去完成篮球技术、战术的学习；理论课是通过讲授，向学生传授篮球运动的基本理论和方法；观摩讨论课是通过对技术、战术或教学训练课的观察，然后进行讨论来提高学生分析问题和解决问题的能力，一般用于教法、技战术和规则裁判法分析等；实习课的目的是提高学生的教学训练能力、裁判能力，往往和讨论相结合。

（一）实践课

实践课的结构由三部分构成，即准备部分、基本部分和结束部分，这三部分又是一个紧密联系的整体。实践课的各部分都有其各自的目的、任务、内容和组织教法要求。因此，教师必须根据课的任务和学生的实际情况，选择适宜的练习手段，提出明确的要求。

1. 准备部分

目的：使学生尽快从生理上、心理上进入教学过程，为顺利地完成基本部分和全课的任务做好准备。

任务：组织学生，使学生明确课的具体任务，集中注意力，使学生的神经系统、内脏器官和各肌肉群迅速进入工作状态，适当兼顾身体素质和机能的发展。

内容：整队，班长或值日生向老师报告出席人数，教师考勤，讲解本课的内容、任务和要求，检查服装，布置见习学生的任务；要求学生集中注意力练习，走跑，做徒手体操和活动性游戏，进行篮球的专门性练习等。

组织方法：一般采用集体作业形式，教师要善于引导和鼓动。准备部分练习应全面、具有针对性。准备活动的时间一般是 $15\sim20$ 分钟，根据学生的身体情况、气候条件等，可略做增减。

2. 基本部分

目的：使学生形成、改进和巩固篮球技、战术能力，发展其身体素质，培养其优秀的道德品质。

任务：根据教学进度安排，使学生掌握和改进规定的篮球技术或战术，提高理论水平和篮球意识，发展身体素质，进行意志品质培养。

内容：根据教学进度，围绕本课教学内容和任务，选择适宜的练习方法，提高学生的技术、战术水平和实战能力等。

组织方法：集体或分组作业。一般来讲，先学习新教材，然后再复习旧教材。也可以根据教学进度，先安排复习内容，然后引入新教材。教学比赛或发展身体的练习应安排在基本部分的结束之前。组织教法要注意课与课、练习与练习之间的联系，循序渐进，由简到繁，逐渐增加完成技术动作或战术行动的数量、速度、难度和对抗条件等。教师要善于观察，用改变练习形式、增减练习次数、讲解示范与练习结合等，来提高或降低练习的密度和强度，从而调整学生的运动负荷。基本部分是课的主要部分，活动时间应在 $75\sim80$ 分钟之间。

3. 结束部分

目的：有组织地结束教学活动。

任务：使学生逐渐地恢复到相对安静状态，简要地进行课的小结，布置课外作业等。

内容：根据最后一个教材的内容，选择一些逐步降低运动负荷的练习，如放松跑、简单轻松的投篮练习、按摩肌肉等，然后进行课的小结与评价，布置课外作业，预告下次课的内容等。

组织方法：一般采用集体形式。评讲时要求队伍整齐，表扬与批评相结合，恰当地评价课堂学习情况，激发学生学习的积极性，也可以重点指出练习中普遍存在的错误及纠正方法，以利于学生课后练习。结束部分的时间应在 5 分钟左右。

(二)理论课

理论课一般在教室里进行。在篮球教学中，理论课的比例虽然小于实践课，但是系统的理论讲授可以使学生在实践中获得的感性认识迅速上升到理论，促进学生技、战术水平和实际能力的提高。理论课要根据课的内容，除了传授基本理论知识外，还要对学生进行素质教育，如爱国主义教育、遵纪守法教育、集体主义教育、艰苦奋斗教育等，促进学生全面素质的发展。

教师要认真编写、讲授提纲和讲稿，安排好每一个讲课步骤，利用讲授、提问、讨论、答疑等形式，使理论课上得生动活泼。

(三)观摩讨论课

观摩讨论课多在进行篮球教法、技战术分析、规则裁判法等教学时采用。这种形式比较自由，可以发展学生的观察、分析能力，激发学生的创造性思维，提高学生的表达能力。

观摩讨论课前，教师要对学生宣布观摩的内容、观察的重点、要解决的问题，以及纪律等方面的要求等。观摩对象可以是某次篮球课或篮球比赛，也可以是篮球技、战术电影或录像片等。观摩中要求学生做好笔记，及时记下自己的感想、体会、疑问等。

观摩结束后，要及时组织讨论，一般先由教师做引导性发言，然后学生围绕议题进行发言。讨论应在民主气氛中进行，鼓励不同意见的发表，甚至可以展开争论。教师应在讨论结束时做总结性发言，对讨论的问题和学生的讨论情况进行评述。未能得出结论的问题可以留待课后继续探讨。

（四）实习课

实习课的目的是为了提高学生的教学训练能力、裁判水平和组织竞赛能力等。课前要确定实习学生人数，并指导学生做好充分的准备工作。对实习过程要做好观察记录，实习结束时要及时进行讲评，尤其要鼓励其他学生参与讲评和讨论。实习生要写出实习总结，这样有利于学生能力的提高。

三、学习成绩的考核

学习成绩考核是教学工作的组成部分，也是教学管理的重要内容。根据教学大纲所规定的考核内容和办法，在教学结束时要进行考核。

（一）考核的内容

篮球学习成绩的考核内容，主要根据教学大纲所规定的考核范围和方式，参照对不同年级不同教学阶段的要求，选择那些最基本的理论知识、基本技术和基本战术作为考核内容。除此之外，还要分别考核组织教学训练、组织竞赛和裁判等方面的能力。

（二）考核的方法

1. 技术、战术考核的方法

（1）达标测试。根据学生完成技术动作的速度、准确性，运用统计学原理制定评分标准，可以采用10分制或百分制。如对投篮技术的考核，以投中数量打分，投中次数多者则得分高；对行进间运球投篮等综合技术的考核，可以用完成技术的时间长短评分，时间越短分值越高。达标测试可以用于单个技术动作的考核，也可用于组合技术的考核。下表列出的是半场运球往返投篮技术测试的达标评分（表7-9）。

（2）技术评定。根据学生完成技术动作的质量进行评分。考核前把所考核的技、战术按动作结构、配合过程分为若干个环节，根据各环节的完成情况予以评分。评分标准可以用10分制或百分制，也可用等级制，最后转为具体分数。下表列出的是对原地跳起投篮技术的评定（表7-10）。

表 7-9　半场运球往返投篮技术测试达标评分参考表

成绩/s		得分
男生	女生	
29	34	10
30	35	9
31	36	8
32	37	7
33	38	6
34	40	5
37	42	4
39	45	3
41	47	2
43	49	1

表 7-10　原地跳起投篮评分表

动作完成情况	等级	得分
动作正确，连贯、协调，用力精确，起跳有力	优	13~15
动作正确，比较连贯、协调，用力较精确	良	11~12
动作基本正确，不够连贯，不够协调	中	8~10
动作不正确，协调性差	差	7分以下

（3）比赛评定。主要通过比赛的方法考核学生技、战术的运用能力。比赛可在全场或半场进行，可全队比赛，也可以采用半场二对二、三对三的形式进行比赛。为了客观地反映学生的实践能力和技、战术水平，可以进行常规技术统计，根据统计数据加以评定。

考核可采用上述三种方法中的一种方法，也可采用达标和技评相结合的方法，或同时采用上述三种方法评定成绩。采用何种方法，要根据考核对象、考核目的的不同而有所区别。

2. 理论考核的方法

（1）笔试。笔试可分为闭卷和开卷两种。闭卷主要用于考核需记忆的基本理论知识，适用于低年级；开卷主要用于考核学生分析和解决问题的能力，适用于高年级。

（2）口试。通过专题答辩的形式进行，以考查学生对理论知识掌握的深度和广度，考查学生分析问题和解决问题的能力，以及学生的语言表达能力等。

3. 基本技能的考核方法

学生基本技能的考核主要通过实践来进行，如通过教学实习考核学生的组织

篮
·
球

教学能力，通过训练实习考核学生的训练能力，通过组织篮球竞赛考核学生的组织竞赛、编排和裁判能力。根据学生的实际工作表现来评定成绩，可以采用百分制或等级制。

练习与思考

1. 试述中学篮球教学的特点和内容。
2. 试述中学篮球教学课的目的、任务与要求。
3. 简述篮球技术教学的步骤和顺序。
4. 简述篮球战术教学的步骤和顺序。
5. 在篮球教学中如何发现和纠正错误？
6. 中学篮球教学的基本教学方法有哪些？
7. 如何编制教学大纲？
8. 如何编写篮球教案？

第八章 篮球运动的科学研究方法

内 容 提 要

介绍篮球运动科学研究工作的意义、内容、种类和方法，阐述撰写科研论文和答辩的方法和注意事项，详细论述科研论文写作前后的准备及修改。

学习目标：
(1)了解篮球科学研究工作的意义、内容、种类和方法。
(2)掌握撰写科研论文及答辩的方法。
(3)了解和掌握篮球运动的前沿知识。

学习重点：
(1)篮球科学研究工作的内容、方法。
(2)了解和掌握篮球运动的前沿知识。

第一节 篮球运动科学研究工作的意义、内容、种类和方法

篮球科学研究是在篮球运动这个领域中探索未知的活动，也是对已有的篮球运动学说和原理进行检验的思维活动，它的任务是以科学的方法不断揭示篮球运动的现象和内部各因素之间的必然联系和规律，并探讨运用这些规律的可能途径。

一、篮球运动科学研究工作的意义

（一）增强人民体质

篮球运动是体育事业发展的支撑点，具有很高的普及率。因此篮球运动的科学化、正规化，对于创造一个良好的体育社会气氛，促进全民加入到体育运动中来，提高国民素质具有重要的作用。

（二）提高篮球运动技术水平

篮球运动技术水平的提高是一个科学问题。科学认识训练和竞赛，采用科学手段和方法改进训练，是提高运动水平的关键。

（三）为社会主义精神文明建设服务

篮球运动的科学研究使篮球运动和竞赛科学化、正规化、法制化，从而稳定竞赛秩序，端正职业道德，激发运动员和民众的集体责任感、荣誉感、道德感，激励运动员顽强拼搏的精神，进而影响和带动广大民众，促进社会主义精神文明建设的发展。

二、篮球运动科学研究工作的内容

篮球运动科学研究的范围很广，根据篮球运动的规律和特点可概括地分为三种。

（一）基础理论研究

基础理论研究是以认识和探索篮球运动的自然规律和有关原理、原则为主要目的的，属于理论性的研究。

（二）应用研究

应用研究是依据篮球运动的基本规律和有关原理、原则，研究篮球运动教学、训练和竞赛中的关键问题，并从理论的高度，提出解决的办法。

（三）开发研究

开发研究是将研究成果应用到篮球运动的教学训练和组织竞赛等方面，并将应用研究再扩大，发展到各个运动项目的教学训练和竞赛组织中去。

篮球运动科学研究工作的范围是很广泛的，要从长期研究着眼，从短期需要解决的问题着手，两者兼顾。研究内容主要有以下几个问题（供参考）。

（1）篮球运动攻守战术分析。

（2）篮球运动攻守技术分析。

（3）篮球运动的技术教学和训练方法。

（4）篮球运动的战术教学和训练方法。

（5）篮球运动员战术意识的培养问题。

（6）青少年篮球运动员的心理训练特点。

（7）篮球的竞赛规则和裁判法研究。

（8）青少年篮球运动员的选材问题。

（9）如何预防运动员怯场。

（10）中、小学篮球运动队的训练特点。

（11）篮球运动员早期专门化训练的手段和方法。

（12）青少年篮球运动员的基本功训练问题。

（13）中学篮球运动的教学与训练问题。

（14）中学篮球运动的组织竞赛问题。

（15）中学篮球运动的组织与管理。

（16）篮球教学和训练中如何运用完整教学法与分解教学法。

(17)篮球裁判和篮球运动技术发展的相互关系。

(18)开展群众性篮球运动的经验总结。

(19)篮球教练员心理稳定性的研究。

(20)如何开展篮球游戏教学。

(21)青少年篮球运动员训练运动量的安排。

(22)中、小学篮球队训练计划的探讨。

(23)篮球教学中讲解与示范的因果关系。

(24)篮球运动员的生理测定和医务监督。

(25)篮球运动教学训练器材和设备的研制和改进。

(26)世界篮球运动发展趋势。

三、篮球运动科学研究工作的种类

（一）调查研究性质的研究

调查研究性质的研究是利用体育社会经济学，技、战术统计或身体素质等情况，采用对比的方法进行研究，如《我国女篮防守与篮板球问题》、《我国女篮中锋问题临场统计》（包括投篮命中率、失误、快攻成功率、篮板球）。

（二）实验观察性质的研究

实验观察性质的研究是运用基础学科，如力学、解剖学、生化学等，利用对比及模拟的方法等对不同年龄的运动员身体训练指标变化的研究，如篮球运动员有哪些素质，篮球运动员的节奏与心理研究，速度变化、节奏变化、抓住战机，充分发挥技、战术水平的研究，以及心率，即平时训练中应有目的地超越比赛时的心率的研究等。

（三）历史资料的研究

研究历史和分析资料，进行对比，找出客观规律，如《篮球运动发展史》、《篮球运动史话》、《篮球运动规则开始发展与研究》。

（四）文献资料的分析研究

文献资料的分析研究是根据科研成果，借鉴、整理、加工、分析《现代篮球发展及特点研究》，《现代篮球战术特点与发展趋势的研究》，以及快攻、人盯人、联防、篮球实况录像的研究。

（五）篮球运动技、战术的分析研究

篮球运动技、战术的分析研究是结合不同基础理论（生化、解剖）和投篮过程中身体的运动规律，发力点及力集中的位置，篮球运动员脚步动作，以及罚球过程中心理训练的研究（受场地、气候条件影响的心理训练）学以致用。

（六）经验总结与体会研究

针对自己如何提高篮球技术水平，对新技术进行应用总结。

第二节　如何撰写科研论文及答辩

　　毕业论文是高等院校毕业生在教师的指导下，综合运用所学专业的基础理论、基本知识和基本技能，针对某一现象或问题进行独立的分析和研究后所形成的具有一定学术价值的文章。撰写毕业论文，既可以全面检验学生对所学知识的理解水平和运用能力，也可以使学生得到进行从事科学研究基本技能的训练。高等教育的层次愈高，撰写毕业论文在教学活动中所占的地位和作用愈重要。

　　毕业论文就其内容来讲，大致可以分为三类：一种是解决学科中某一问题的，用自己的研究成果加以回答；一种是只提出学科中的某一问题，综合别人已有的结论，指明进一步探讨的方向；再一种是对所提出的学科中的某一问题，用自己的研究成果，给予部分回答。毕业论文注重对客观事物做理性分析，指出其本质，提出个人的学术见解和解决某一问题的方法和意见。

　　大学生撰写毕业论文的目的，主要有两个方面：一是对学生的知识和能力进行一次全面的考核；二是对学生进行科学研究基本功的训练，培养学生综合运用所学知识独立地分析问题和解决问题的能力，为以后撰写专业学术论文打下良好的基础。

　　毕业论文写作的意义：

　　毕业论文的写作具有较强的实践性与目的性，对学校和学生来说，都具有十分重要的意义。就学校方面而言，它是高等学校教育必不可少的教学环节，从中可以显现一个学校教育实践的得失和水平的高低，同时也关系到学校的社会影响力和发展大计。所以，毕业论文的质量间接地反映出学校综合实力的强弱。

　　对学生而言，毕业论文的写作尤为重要，主要表现为以下几个方面。

　　首先，毕业论文是高等学校学生学业的重要组成部分。在高等学校里，学生都要分系、分专业进行学习。在校学习期间，要求学生熟悉并掌握本专业及相关专业的基础知识，具备一定的理论素养并掌握一些基本技能，而这一切最终都将以"论文"的形式来表现，尤其是到了高年级，许多学术成果都是通过论文反映出来的。而且，在学生毕业进入社会工作领域后，不论是从事教学，还是从事科学研究等其他工作，写作论文都是必不可少的。

　　其次，毕业论文的写作是对高等学校学生各方面能力的综合性考核。写作毕业论文，不仅需要写作方面的知识，还需要扎实、系统的专业知识，同时更需要正确的世界观和方法论。因此，毕业论文的写作是对高等学校学生的基础知识、基本理论和基本技能的掌握与提高程度的一次总测试，也可以说是一次全面性的业务考核。

　　最后，毕业论文不仅是对学生以往学习成果的总结和检阅，而且也是从事科学研究的有益尝试，是对大学生的一次初步训练。在毕业论文的写作过程中，学生们在老师的指导下，运用相关的知识和技能，发挥自己的主动性与创造性，进行创作。通过这种训练与实践，学生可以了解并掌握毕业论文甚至其他形式的论文(如科研论文)撰写的基本环节、程序和方法，同时可以培养一定的科研兴趣，初步确定科研方向，为今后从事科学研究打好基础。

大学生在毕业前都必须完成毕业论文的撰写任务。申请学位必须提交相应的学位论文，经答辩通过后，方可取得学位。可以这么说，毕业论文是结束大学学习生活，走向社会的一个中介和桥梁。

撰写毕业论文的过程，同时也是专业知识的学习过程，而且是更生动、更切实、更深入的专业知识的学习。首先，撰写论文是结合科研课题，把学过的专业知识运用于实际，在理论和实际相结合的过程中进一步消化、加深和巩固所学的专业知识，并把所学的专业知识转化为分析和解决问题的能力。其次，在搜集材料、调查研究、接触实际的过程中，既可以印证学过的书本知识，又可以学到许多课堂和书本里学不到的活生生的新知识。

写作是以语言文字为信号传达信息的重要方式。信息的来源、收集、储存、整理、传播等都离不开写作。在社会主义精神文明建设中，一方面，要宣传马克思主义，宣传社会主义的新人新事，宣传共产主义理想，用"三个代表"的重要思想武装全国人民。另一方面，要批评和抵制剥削阶级的腐朽思想，更新陈腐的观念和陈旧的思维方式，揭露新形势下出现的各种阻碍改革开放的不正之风和腐败丑恶现象，还要大力发展社会主义的科学文化教育事业，提高全民族的科学文化水平。因此就要求大学生写好毕业论文，努力提高自己的写作水平，让写作这一社会主义物质文明和精神文明建设的重要工具在今后的工作中发挥出更大的作用。

文字的清楚和确切在很大程度上是互有关系的。清楚是指有层次有条理，上下文衔接，前后意思贯穿；确切是指用字措辞恰当，词能达意，使人一读即懂，不致引起误解。论文不清楚，不确切，可能有以下几个原因：研究的目的、材料、内容、关系不清，以及语言基础不足。

在科研论文中，应该避免使用俗语、土语、口语、行话。在论文里，为了使更多同行看得懂，必须使用公认的、合乎规范的专业术语。如果有必要使用或创造一个新词，应该先给它一个定义或加以解释；对于一些不常见的专业名词，在文中第一次出现时，也需要加注解。在科技论文里，对于凡是能够肯定的事实或结论，就不要用"可能"、"也许"、"假若"等或类似的词句。

科研论文要求立论正确，运用的知识准确，论述实事求是，有充分的事实为依据，而不是自己的主观臆测，更不能凭感情的好恶判断事物。因此，在科研论文中，要求使用论据准确、充足，研究结论的推理具有严密的逻辑性，文章的结构完整，措辞严谨。

另外，在科研论文的风格体式上，应该反映作者对于自己所研究的问题和结果的客观态度。一般来说，科研论文的语气应该比文学作品的较为正式，不带有个人情感，也不需要使用一些华丽的或是带情感的词句。为了体现客观性，一般应使用第三人称，写作时也常用被动式语气，这是科技文章的常用方法。

在科研论文中，由于作者是从自己所观察事物的角度讨论问题，因此在对别人的研究工作进行评论时，如果认为别人的研究结果不正确、结论不恰当、建议不妥善，应该就事实和文字进行讨论，切不可有推测别人的动机的口气。

应尽力使文字简练，尽可能用最少的字句把意思表达清楚。预期愈直接，就愈容易把意思表达清楚。相反，语句愈长，愈绕弯子，就愈难使人看懂。字句繁杂，会冲淡读者的注意力。同时，在研究的论述过程中，要求注意内容之间的深入浅出，结构清晰。

一、论文题目

1. 选题的重要性

怎样选题？选什么样的题？不仅关系论文写作的成败，也涉及我们能否顺利地走进科学研究之门。

选题，即确定自己研究的课题，解决"研究什么"的问题，明确研究的目标和范围。选题是进行学术论文写作的第一步，而且是十分关键的一步。没有研究的对象、目标和范围，论文的写作就无从谈起。同时，题目选得如何？有没有价值？有多大价值？自己能否在规定的时限内完成？都涉及论文的成功与否。选好题目，是论文成功的一半。

正确而又合适的选题，对撰写毕业论文具有重要的意义。通过选题，可以大体看出作者的研究方向和学术水平。在科学面前，"提出问题往往比解决问题更重要"。提出问题是解决问题的第一步，选准了论题，就等于完成了论文写作的一半，题目选得好，可以起到事半功倍的作用。可以说，选题本身就是一种研究、一门学问、一种才识的展现。

其次，选题可以确定文章的论述角度、方向和规模。在大学里，学生所学的专业是繁多的。而且，任何一个学科领域都有众多的问题需要解决和探索。因此，对于刚接触科学研究的大学毕业生来说，要明确地提出一个对学科理论和生产实践有重要价值和深远影响研究论题，难度是相当大的。我们在对各种客观资料的研究过程中，会产生各种各样的想法和见解，这些想法和见解是宝贵的，同时又是零乱的，不能把它们统统拿过来，写入文章，因为它们尚处于分散状态，必须有一个选择、鉴别、归拢、集中的过程。随着对资料有选择地分析和研究，我们的认识会逐渐深入，从对个性事物的个别认识上升到对一般事物的共性认识，从对象的具体分析中寻找到彼此间的差异和联系，从所获得的大量信息中选择、提炼，形成自己的观点，并使其明确下来。

我们在研究客观资料的过程中，随着资料的积累，思维的渐进深入，会有各种各样的想法纷至沓来，这期间所产生的思想火花和各种看法，对我们都是十分宝贵的。但它们尚处于分散的状态，还难以确定它们对论文主题是否有用和用处的大小。正是通过从个别到一般，分析与综合，归纳与演绎相结合的逻辑思维过程，使写作方向在作者的头脑中产生并逐渐明晰起来，毕业论文的着眼点、论证的角度以及大体的规模也初步有了一个轮廓。选题的注意事项有以下两个方面。

第一，弥补知识储备不足的缺陷，保证论文质量。

选题还有利于弥补知识储备不足的缺陷，能有针对性地、高效率地获取知识，早出成果，快出成果。撰写毕业论文，是先打基础后搞科研，大学生在打基础阶段，学习知识需要广博一些，在搞研究阶段，钻研资料应当集中一些，而选题则是广博和集中的有机结合。在选题的过程中，研究方向逐渐明确，研究目标越来越集中，最后要紧紧抓住论题开展研究工作。对于初写论文的人来说，在知识不够齐备的情况下，对准研究目标，直接进入研究过程，就可以根据研究的需要来补充、收集有关资料，有针对性地弥补知识储备的不足。这样一来，选题的过程，也成了学习新知识、拓宽知识面、加深对问题理解的过程。

在毕业论文的选题过程中，有些论题范围过大，有些与自己的兴趣相去甚远，诸如此类的论题，往往因学生知识积累得不足，难以驾驭，在研究中无法深入，最终难以完成作任务，即使勉为其难地把论文写完，也是生拉硬扯，论文质量不高；也有的学生论题选得过小，过于简单，写作中观点得不到很好的展开，造成内容空泛，论述肤浅，文章显得狭小，缺少宏观气魄，最终也会影响论文的质量。只有恰当、适中地选题，才能够有效地调动作者的知识储备，将相关知识检索出来，逐渐形成大致的写作思路，调动作者的写作兴趣，激发学生的积极性、主动性和创造性。思维一旦活跃起来，研究中遇到的问题也就会得到一一解决，写作思路也就有了柳暗花明、豁然开朗之势，从而保证写作的顺利进行。

第二，增强论文价值，提高科研能力。

选题不仅仅是给文章确定一个题目和规定写作范围，同时，选题的过程也是一个创造性思维的过程。在此过程中，作者需要经过多方思索、互相比较、反复推敲、精心策划的一番努力。题目确定之后，就表明作者头脑里已经大致形成了论文的轮廓。论文的选题有意义，写出来的论文才有价值，如果选定的题目毫无意义，即使花了很多工夫，文章的结构和语言也不错，也不会有什么积极的效果和作用。

选题有利于提高研究能力。通过选题，能对所研究的问题由感性认识上升到理性认识，加以条理性使其初步系统化；通过对这一问题的历史和现状的研究，找出症结与关键，不仅可以对问题的认识比较清楚，而且对研究工作也更有信心。科学研究要以专业知识为基础，但专业知识丰富并不一定表明该人研究能力很强。

有的人书读得不少，可却忽视研究能力的培养，结果仍然写不出一篇像样的论文来。可见，知识并不等于能力，研究能力不会自发产生，必须在使用知识的实践中，即科学研究的实践中，自觉地加以培养和锻炼才能获得和提高。选题是研究工作实践的第一步，选题需要积极思考，需要具备一定的研究能力，在开始选题到确定题目的过程中，从事学术研究的各种能力都可以得到初步的锻炼、提高。选题前，需要对某一学科的专业知识下一番钻研的工夫，需要学会收集、整理、查阅资料等研究工作的方法。要对已学的专业知识反复认真地思考，并从一个角度、一个侧面深化对问题的认识，从而使自己的归纳和演绎、分析和综合、判断和推理、联想和发挥等方面的思维能力和研究能力得到锻炼和提高。同时若撰写毕业论文不经过选题这一具有重要意义的研究过程，文章的观点、论据、论证方法"胸中无数"，材料的准备更显不足，这样勉强提笔来写，就会感到困难重重，有时甚至一筹莫展，可致推倒重来。

2. 选题的途径和方法

一些学生由于没有掌握科学的方法，面对一大堆毕业论文参考论题，有的踌躇不决，有的反复思考终无收获，有的甚至茫然无所适从，不知道自己究竟应该选择什么样的论题，更别谈获得合适的论题了。事实上从毕业论文题目的性质来看，基本上可以分为两大类：一类是社会主义现代化建设实践中提出的理论和实际问题；另一类是专业学科的本身发展中存在的基本范畴和基本理论问题。大学生根据自己的志趣和爱好，尽快从上述两大类中确定一个方向。

这里介绍一个简单而又实用的方法——比较寻疑法。

比较寻疑法，就是对自己所占有的文献材料进行广泛阅读，认真筛选，经过咀嚼消化，在比较鉴别中，寻找到具有研究探讨价值的"疑点"，进而确定选题的方法。科学研究必须有"疑点"。当我们在对文献材料阅读、接受、分析、比较的过程中遇到了疑问时，紧紧抓住这些问题深入探究下去，就会形成自己的选题。

采用比较寻疑的选题方法，首先应广泛浏览文献资料。在浏览过程中，随时记下资料的纲目和其中对自己影响较深刻的观点、论据、论证方法等，记下自己脑子中涌出的点滴体会。其次是回味咀嚼。在广泛浏览文献资料之后，对自己从大量资料中所获取的有价值的内容以及自己的点滴体会，分别进行简单梳理，认真思考，反复咀嚼，体味到其中的异同交叉、深浅远近。最后是比较鉴别，求"疑"选题。在完成了上述工作之后，我们可以把自己的体会与资料分别加以比较，进行分析鉴别，寻找出在同一研究对象中尚存的"疑点"，由此进一步推演思考，选题的目标就自然会明确了。

二、论文写作前的准备

由于毕业论文具有较高的学术价值，是检验学生数年学习中掌握知识的程度、运用所学知识分析和解决问题的能力水平的一份综合性答卷，所以毕业论文撰写前的理论准备就显得十分重要。

首先，毕业论文撰写前的理论准备是毕业论文撰写的基础。选好了毕业论文的题目，必须进行理论准备，否则积累资料、形成论点和论据都会迷失方向。其次，毕业论文撰写前的理论准备是积累资料的向导。最后，毕业论文撰写前的理论准备是形成论点和论据的必要条件。确定论题只是确立了中心论点，还必须提出相应的从属论点，使中心论点得以展开，为此，必须拥有丰富的理论知识，包括政治的、经济的、社会的，乃至自然科学的知识，否则只能把文章写成就事论事式的工作报告。

选题确定之后，研究者并不是紧接着就开始写作了。一般来讲，大多数研究者还要进一步地做好撰写前的准备，即为论文写作做好充分的材料工作。因为，尽管每一位研究者选题时都占有了一定的信息资料，但真正进行写作时这些材料是远远不够的，不仅需要进一步查询、收集，而且还需要对已获得的材料进行筛选、分类、比较、鉴别和整理。所以，学术论文写作前的准备工作不可轻视，要努力做好、做充分。学术研究的实践反复证明，准备越充分，写作越顺利，资料越丰富，越有条理，写出的论文就越有说服力，逻辑性越强。

1. 材料的收集与整理

全面搜集材料是论文写作过程中继选题之后的又一重要环节。虽然在实际的写作中，经常出现这样一种情况，即先搜集一定的材料，然后确定论题，最后再围绕该论题搜集和整理材料。但是，任何一种方法都是殊途同归的，搜集材料、积累材料、整理材料都是必不可少的。王力先生在谈论文写作时说："一个小小的题目，我们就要占有很多的材料，往往几十万字，要做几千几万张卡片。"他还说："别看写出来的文章只有一万字，几千字，搜集的材料却是几十万字，这叫做充分占有材料，材料越多越好，材料不够就写不出好的文章。"由此可见，搜集材料对论文的写作，有着重要的意义。俗话说，"巧妇难为无米之炊"，同样的道理，没有丰富适宜的材料，再好的论题也会失去利用价值。因此，在写作之前，必须搜集大量的材料，并详尽地占有材料。选择材料时应注意：首先，搜集的材料与选题是互相联系、互相影响的。一方面，在选题过程中，总是要参考大量的材料，从材料中提取较有价值的论题，然后又要利用相关的材料进行论证、分析和研究，考察其是否有写作价值，在大量材料的辅助下，经过逐层筛选，最终才确定论题。另一方面，一旦明确了写作的论题，那么，就要有意识地围绕论题搜集和选择材料，而将那些与论题无关的材料排除掉。其次，材料是论文写作的基础，是论文的血肉，材料的质量高低是体现论文水平的一个重要标准。从事研究工作的基础就是最大可能地占有材料，没有研究材料或缺少研究材料，研究工作便无法深入。搜集、积累材料的过程，同时也就是深入研究并逐步取得进展的过程。就毕业论文而言，它的撰写过程其实就是在事实根据的基础上，通过作者的观察、实验、分析、综合，从中找出规律性的东西来，并上升到理论高度的过程，这便是一篇论文的构思。最后，材料是产生和表现主题的基础，是论文内容的基础，甚至关系到论文结构形式的选择等。当作者确定了自己的论题后，他就会围绕这个论题，主动地、由浅入深地搜集和整理这方面的材料，其中包括有关论题的研究动向，新的研究成果，著名学者、专家的专著等。经过对材料的分析研究，就会自然而然地形成自己的见解和看法，再经过一番思考和提炼，就形成了论文的主题，也就是平常所说的中心论点。总之，材料是文章的要素，是产生和表现主题的基础。只有充分地认识了材料的重要意义，并在搜集和选择材料上下最大的工夫，占有尽可能多的材料，写作时才能左右逢源，写出质量较高的论文。

2. 整理研究材料的方法

首先，与论题有关的经典著作和重要文章要做到读懂读通。毕业论文的作者要选择与论题密切相关的经典著作和重要文章，加以反复阅读，边读边想，直到读懂、想通与论题有关的理论问题，切忌一知半解或片面的理解。为了加深理解，最好的办法是做读书笔记，把与论题有关的理论要点、警句摘录下来，有了体会还可写读书心得，如果是自己的书或报刊则可以做眉批，或把疑点、难点做出标记注在上面，以备日后进一步研究。最后，必须在理论指导下进行创造性的思考。撰写毕业论文必须有理论的指导，但是，理论并不能为人们提供解决问题的现成答案。因此，阅读经典著作和重要文章，绝不能只是消极被动地接受其中的某些结论，而要创造性地思考，努力从前人的知识中寻求某些启发，用以指导自己探索当前面临的问题。对于前人结论中那些已经不适合现实情况的部分，要敢于提出疑问，敢于提出新的看法。这并不像有人所认为的"高不可攀"，只要我们刻苦钻研和思考问题，把所学到的前人论述一一用实践去检验它，把它一分为二，把正确的、错误的区分开来，孰是孰非，分别排队研究，就自然会产生自己的见解；对前人的观点做出补充、发挥、纠正、批驳，就自然会形成自己的新观点，产生自己的毕业论文。

作为一篇毕业论文，其论点应当在一定程度上反映某种事物的规律性，而这种规律性的认识又只能在对大量材料的分析过程中逐渐形成。只有经过这样仔细的鉴别，弄清事物的本来面目，才会有真实可靠的论据，才能从中引出正确的结论，形成正确的论点。形成正确的论点之后，就要"由此及彼、由表及里"地对掌握的材料进行分析、判断、推理，找到事物内部的联系或规律性，形成文章的论点和逻辑体系。所谓理论概括，就是从大量个别的具体材料中找出一般性或普遍性的东西。一般来说，掌握的材料越全面，从中概括出的论点越具有普遍意义。但是，对具体材料进行理论概括，并不是只停留在简单地对具体材料进行整理、归类，因为这还只是现象的罗列，还必须深入一步地进行分析、判断，找出这些现象的本质，从中得出规律性的认识。只有这样，文章的论点才能确立起来。从材料的提炼中确立论点要力求正确，并有新的见解。确立的论点，首先要能说服自己，做到有理有据。如果自己都认为不妥当，那就须赶快重新研究材料，重新提炼。论点不但要能说服自己，而且要能得到别人的肯定，这样论文撰写就有了把握。为此，毕业论文的作者，在确立论点的过程中，还要虚心地向导师请教，求得指导。除导师之外，还应得到其他有经验教师的指导，导师和有经验的教师理论基础厚、思路广、经验多，经过他们的指导可以少走弯路。

使用和安排材料还要注意以下三方面的问题。

第一，详略得当，重点突出。

毕业论文材料的使用和安排，应根据主题决定详略。主题是材料使用的重要依据，能够直接而深刻地表现主题的材料要详写，其目的是为了突出重点，使主题鲜明；与主题关系不大的材料要写得概括些、简略些。此外，新颖的、鲜为人知的材料要详写；那些尽人皆知的材料宜略写。

第二，逻辑清晰，层次分明。

作者面对众多的材料，不能全盘吸收，杂糅并存，总得把它们按照写作的要求分类、排序，然后有条不紊地展现出来。文章要做到条理清楚，使用材料就得注意先后顺序。先后顺序的决定，必须考虑材料使用的多少、时间的先后、材料间的逻辑联系等问题。如果不考虑这些因素，写进文章的材料就可能是聚沙成堆，漫然杂陈，或前后倒置，顺序不清，缺乏逻辑性。这样势必造成文章条理不清，层次不明，读来茫然不知所云。

第三，错落有致，张弛有度。

作者对全篇文章要有一个整体的概念，对文章的结构要认识清楚，格式结构要合理，让读者看起来简单明了，该突出的重点一定要详细加以论述，与中心思想关系不大的内容也要相应地减少，目的明确，主线突出。

总之，材料积累要丰富，选择要严格，使用要根据实际情况灵活多变，只有在此基础上，毕业论文的写作才能有坚实的保障。

写论文必须首先确立中心论点，这个中心论点要贯穿于论文的始终。但是，如果只有中心论点而没有若干与之相联系的从属论点，中心论点就会显得苍白无力，不能令人信服。因此，在确立文章的中心论点之后，还必须形成若干从属论点，通过这些从属论点把中心论点加以展开，使之得到充分的论证和说明。要使论点正确、深刻、能说服人，作者须使用确实有力的论据。确实有力的论据应当是真实的、典型的、新鲜的、充分的。

三、毕业论文的写作

（一）论文写作提纲

在毕业论文的写作过程中，指导教师一般要求学生编写提纲。从写作程序上讲，它是作者动笔行文前的必要准备；从提纲本身来讲，它是作者构思谋篇的具体体现。所谓构思谋篇，就是组织设计毕业论文的篇章结构。因为毕业论文的写作不像写一首短诗、一篇散文、一段札记那样随感而发，信手拈来，用一则材料、几段短语就能表达一种思想、一种感情；而是要用大量的材料、较多的层次、严密的推理来展开论述，从各个方面来阐述理由、论证自己的观点。因此，构思谋篇就显得非常重要，于是必须编制写作提纲，以便有条理地安排材料、展开论证。下面再简单阐述一下编写毕业论文提纲的方法：

(1)先拟标题。

(2)写出总论点。

(3)考虑全篇总的安排。从几个方面，以什么顺序来论述总论点，这是论文结构的骨架。

(4)大的项目安排妥当之后，再逐个考虑每个项目的分论点，直到段一级，写出段的论点句(即段旨)。

(5)依次考虑各个段的安排，把准备使用的材料按顺序编码，以便写作时使用。

(6)全面检查，做必要的增删。

在编写毕业论文提纲时还要注意以下两个方面。

第一，编写毕业论文提纲有两种写法：一是标题式写法，即用简要的文字写成标题，把这部分的内容概括出来。这种写法简明扼要，一目了然，但只有作者自己明白。毕业论文提纲一般不能采用这种方法编写。二是句子式写法，即以一个能表达完整意思的句子的形式把该部分内容概括出来。这种写法具体而明确，别人看了也能明了，但费时费力。毕业论文的提纲编写要交予指导教师阅读，所以，要求采用这种编写方法。

第二，提纲写好后，还有一项很重要的工作不可疏忽，这就是提纲的推敲和修改。这种推敲和修改要把握如下几点：一是推敲题目是否恰当，是否合适。二是推敲提纲的结构。先围绕所要阐述的中心论点或者说明的主要议题，检查划分的部分、层次和段落是否可以充分说明问题，是否合乎道理，各层次、段落之间的联系是否紧密，过渡是否自然。然后再进行客观总体布局的检查，再对每一层次中的论述秩序进行"微调"。三是毕业论文的基本结构有序论、本论、结论三大部分组成。序论、结论这两部分在提纲中都应比较简略。本论则是全文的重点，是应集中笔墨写深写透的部分，因此在提纲上也要列得较为详细。本论部分至少要有两层标题，层层深入，层层推理，以便体现总论点和分论点的有机结合，把论点讲深讲透。

(二)毕业论文的结构及写作方法

论文的结构就是文章的组织安排和布局谋篇。在体育科研论文中，要注意根据需要把研究材料有序地组织起来形成一个有机的文字表述整体，使研究论文能充分表达研究的结果。

体育科学研究大多涉及自然科学领域，要进行大量的观察、测量、调查和实验，以收集研究的数据资料，进而分析和综合，得出研究的结论，因此在科学研究结果的表述中一般采用科技论文的写作结构。体育社会科学内容的研究论文参见其他书籍。体育科研论文一般按照以下顺序、内容和要求进行写作。

1. 论文题目

科研论文题目要准确概括论文的主要内容和主题思想。一般要能够说明自变量和因变量以及它们之间的关系，说明所要研究的对象和范围。文字要求简练、明确、扼要，不宜过长，使读者觉得既长又无趣而不愿阅读，例如："微量元素对优秀运动员运动能力的作用研究"，该研究论文中主要的研究变量、研究对象都比较明确。必要时也可以附加标题题目，以便引起读者注意，但又要朴实，切忌使用笼统不明的题目。

题目的关键词应能反映研究内容，使人一看就了解该研究的领域和角度，以便引起有关人士的注意。此外，一些文摘、书刊索引也将根据题目中的这些关键词，决定收取索引的资料类别。

文章或报告的题目应在全文写完后再做最后的调整。报告的题目可能是在研究过程中，或是在写作过程中想到的，甚至在从事研究之前就已考虑好的。作者应在文章写完之后，再对原来考虑的题目细加斟酌，考察它是否能简明概述全文。

2. 作者与单位署名

论文作者的署名在题目之下占一行，写在该行的中心位置。署名时，一般应写明作者的所在单位和部门。研究论文作者的署名，是为了说明对该研究负有主要责任和做出主要贡献的人。如果只有一个作者，该作者便是研究的主要负责人，如果报告有不止一个作者，这就有一个署名排列先后次序的问题。一般而言，排列第一的作者将得到较多的注意和重视。署名的排列次序应由所涉及的人员协商决定，一般遵循的原则是：谁对该项研究负有主要责任，谁就应当是第一作者。假如报告发表后，有人对该项研究提出质疑或批评意见时，应由第一作者负责做出解释。作者单位的署名是为了告诉读者，哪个单位支持了该项研究活动，以便在有兴趣或有疑问时与作者联系。

3. 引言

引言（或称前言，或问题的提出）部分主要是说明提出问题的原因和理由，研究的目的、课题的研究现状和发展趋势以及完成研究的可能性。另外，通过引言部分还要使读者了解到研究课题的理论价值和实际意义。引言部分可按以下顺序来写。

（1）简单地说明研究该课题的原因和理由，以及研究的必要性、研究的理论价值和实际意义。

（2）文献资料综述。目的在于详细说明研究的历史、现状和发展趋势，以此引申出研究的必要性、重要性和研究的可行性。

研究报告中的文献综述，是围绕研究目的对研究问题或假设的有关的文献资料的综合性论述。报告中撰写这部分内容，能使读者了解研究背景，并能从综述中了解作者或研究者对哪些有关的研究成果已有所掌握。

文献综述部分的篇幅与具体内容，应视读者对象的不同而区别对待。如果读者对象是对背景知识不甚了解的人，文章对所引用的内容应做比较详细且通俗易懂的解释。如果读者对象是对该领域的理论与研究情况比较熟悉与了解的学者或其他研究者，则可用较抽象的概念表述，有时甚至只需提及某些重要人物的姓名及其术语，便可达到交流的目的。因此，作者应根据研究报告的读者对象，分析特定对象的特点与需求，有的放矢地提供信息。

文献综述的撰写应考虑针对性与选择性。如果引用的是某种比较高深、涉及面比较广泛的理论，则应集中在与本研究课题最密切相关的方面进行阐述。

在文献综述中引用他人的研究成果时，应在文中适宜处的括号内写明原作者的姓名及发表时间，或标明注释条号，使有兴趣的读者可在研究报告末尾的参考资料目录中，找到相应的资料来源。

文献综述部分的末尾应能清楚而自然地把读者的注意力和思路导向本次研究的问题。在论文报告中应明确阐述研究问题，并适宜地限定其范围。研究问题的提出，应与文献综述部分的内容密切相关，应客观地指出其理论上的合理性或实用性。对与研究问题有关的重要名词术语，应做适当的解释。

文献综述的末尾，有时可以自然地延伸，进而简洁地阐述当前研究的目的，以及要研究的问题与假设。

（3）对研究问题进行详细阐述，包括说明研究所要达到的具体目的；分析研究中的主要变量；说明研究的主要对象等。

（4）说明研究假设。在介绍研究的方法和步骤之前，应明确阐述研究假设，因为研究方法是为检验这些假设而选定的。研究假设一般是以文献综述中的资料作为支持性背景而提出的。此时对研究假设的阐述，可以用理论性的概念术语来表达，也可用操作定义解释的词语来表达。

研究假设的表述应十分清楚明确。如果假设比较复杂，包含多层含义，就应用多个句子分别进行表述，这比用一个累赘复杂的长句子效果会更好。在撰写报告阶段，研究假设也可以用问题的形式表达。

在研究生论文或较正式的研究报告中，假设的阐述常作为独立的部分。但在一般的杂志文章，或非学术性期刊中，作者可在文献综述部分的末尾，先阐明所要研究的问题，而后自然地展现研究假设，作为对研究问题的可能的预定解释。

4. 研究方法

研究报告的"方法"部分，应对研究中全部有关的变量（自变量、因变量、控制变量等）加以操作定义。操作定义应对如下内容做详细明确的规定：各实验组的形成，研究者或主试者的训练与培训，对被试者的指示语，控制混淆变量的措施与程序，研究过程的具体步骤，自变量的操作，因变量的测量与记分方式，各种测量的效度与信度证据等。

具体来说，在报告的"方法"部分中，首先需要对研究实施的时间、被试，以及研究环境背景做出详细的描述。

"方法"部分还应包括对研究设计模式和所用统计处理程序的简单阐述，在"方法"部分的结尾，通常可简单重述操作定义化的假设，作为该部分的总结。这样可提醒读者，强化研究假设的内容，以便在阅读论文报告"结果"部分时，更具有针对性。

5. 研究结果与讨论

这部分的目的，是呈现研究结果，供读者考察。通过阅读研究报告的前几部分，读者期望看到的结果，均应在这一部分中得到显示，尤其是与研究目的与假设有关的结果，可帮助读者自己做出是否接受研究假设决定的那些结果，应重点阐述。为了使报告效果形象直观，一目了然，报告的"结果"部分常采用图表形式说明问题。作者按文中出现的顺序，为附图或附表排定数字顺序。

研究报告中"结果"部分所占篇幅和图表数量，应视报告的学术性质，以及读者对象的不同层次而定。

讨论部分的内容是讨论研究所得的结果，讨论的焦点应围绕研究假设是否成立而展开。"讨论"可适宜地与"文献综述"中的有关问题联系起来。"讨论"部分还应表述本次研究的局限，应以科学的态度，如实地承认并指出其不足之处。

6. 结论和建议

"结论"部分应做概念性的阐述，从理论上或概念上说明结果的意义。"结论"往往以十分简明概括的文字，将研究结果或发现归纳为某种原理、规律或规则。

结论部分还应包括简短的结束语。结束语是报告全文的总结，应简洁地重述研究目的、假设，主要的研究发现，指出研究假设是否被接受。

7. 论文摘要

发表论文和参加学术会议时，一般要求写出论文的中英文摘要。摘要应是研究报告中关键性重要内容的总结与概括，常以150~200个字为限，因此摘要用词应十分简明准确。使读者用很短的时间了解报告的内容，以决定是否取舍。

8. 参考文献

在研究报告的末尾，应一一列举文中引用的主要参考资料的来源，以致谢意。既尊重别人的劳动成果，又可向读者提供进一步参考的资料来源。

9. 附录

附录一般把原始数据、实验的观察记录、数学推导公式、问卷表等不宜放入正文的资料内容，列入论文中，以资查证。

10. 引文

在撰写科学研究论文时，经常要用到引文。引文就是在论文中引用其他文章、著作中的某些内容、他人的理论或观点，以帮助说明和论证本文作者的基本观点。使用引文必须符合原文的本意，不可歪曲。一般分为直接引文和间接引文两种。

四、初稿形成后的修改

古人云："玉不琢，不成器。"写毕业论文也是如此，一般说来，好文章都是修改出来的。毕业论文是比较严肃的具有一定学术性的文章，作为大学生来说不是很容易就能写好的。毕业论文初稿写出来后，并不能算论文的完成。因为在大多数情况下，初稿是不完美的，只是一种半成品，只有在指导老师的指导下，经过反复推敲、修改，到定稿誊清后，才算是最后完成。在初稿写出后，认真地修改论文，这是大学生必须了解和掌握的一种知识和本领，也是培养严谨的治学态度和良好学风的机会。因此，修改是写好毕业论文的重要一环，要认真、严肃、不厌其烦地反复修改。

1. 修改的内容

论文中使用的材料是文章论点的来源，是论述的论据，是论文的重要组成部分。引用材料时，要符合以下基本原则：一是必要，即要引用能说明观点的材料；二是真实，即所引用的材料必须准确可靠，不能歪曲原意，为我所用；三是合适，即材料引用要恰当，恰到好处；四是典型，即从众多的材料中筛选出最能有力说明论点的带有普遍性的材料；五是新颖，即选用的材料新颖、有创意，使论文富有朝气。如果不符合这些基本要求，就需要增删、调换。

（1）修改结构，应主要抓好以下三个方面。

①层次是否清楚，思路是否通畅。一般可以先从大小标题之间的关系来看文章的思路和层次。如果论文不设小标题，则必须从内容去判断，例如：文章在内容上是否符合"提出问题—分析问题—解决问题"的逻辑联系；全文的布局、层次和段落的安排是否有条理；层次的脉络是否分明、顺畅；各段的分论点是否明确、协调；对杂乱无章的阐述要梳理通顺；删去重复和矛盾的地方，补上缺少的部分，达到全文意思上的连贯通畅。

②结构是否完整。论文要有一个完整的结构。一篇论文要有绪论、本论、结论三大部分，内容要协调一致，既要有引人入胜的开头，有材料充实、分析入理的论证，又要有鲜明、正确的观点和深刻有力的结尾。同时还要审视各个部分的主次、详略是否得当。

③结构是否严密。一篇论文必须有论点与论据，大论点与小论点之间必须有

严密的逻辑性。如果论文结构松散，要加以紧缩，删去那些多余的材料，删去添枝加叶、离题太远或无关紧要的句段。为使结构严谨和谐，对全文各部分的过渡和照应、结构的衔接、语气的连贯等方面，也要认真地考虑和修改。

(2)语言和标点的改动，如下所述。

在论文写作中，语言的合理运用是完整、恰当地表明中心论点的一个重要环节，论文的语言是否准确、精练直接影响毕业论文的质量，有时甚至决定论文的成败。由于毕业论文写作的思维方法主要是逻辑思维，即通过概念、判断、推理等思维方法揭示事物的本质规律，所以对论文语言的润色要注意以下几点：一是准确性。准确是对各种文体语言的基本要求。科学研究是一项客观、严谨的工作，毕业论文作为科学研究的成果、客观真理的书面反映，他在论点、论据和论证等各个方面都必须从客观实际出发，符合事物发展的客观规律。因此，毕业论文在总结科研问题和研究成果时，其语言表达必须准确、真实。二是简明性。为了能使毕业论文更好地总结科学研究中的问题和经验，发表科研成果，进行学术交流，充分发挥其社会效益和经济效益，要求用词简洁精练、干脆利落。做到语言简明，用词精当，删繁就简，提炼和选择最精粹的、最能表达丰富意义的词语，用最少的词语表达最多的思想内容。三是学术性。毕业论文作为学术论文的一种，是对某一学科领域中某一问题的专门探讨和总结，它的内容有很强的专业学术性，其中科学术语的广泛运用，是论文语言专业性的重要体现。在修改论文的过程中，要注意论文的语言是否符合专业学术化特征，避免在论述中使用一些生活用语来表述自己的学术观点。

标点符号是书面语言的"五官"，是表意的重要手段，直接关系到文意的通畅与连贯，因而是论文不可缺少的组成部分。在使用过程中应正确使用，不能乱点误用，错了的地方一定要改正，不然论文内容会出现令人费解的问题。标点符号要真正地标出语句、段落、层次、篇章的逻辑和区别，做到准确无误，恰当合理。

2. 修改的方法

求教修改法：所谓"求教"，是在自己没有能力再对论文进行修改的情况下，请求老师、同学的帮助，对自己的论文做全面的检查、修正。俗话说"当局者迷，旁观者清"，每个人的生活阅历、文化水平、思维方式等都存在差异。所以请求别人的帮助，集中众人的智慧，往往会收到意想不到的效果。采取这种方法修改论文，要用心体会别人的意见，从中发现新的视角、新的思路。但不一定要全盘接受，以自改为主，帮改为辅。

冷置处理法：所谓"冷置"，是在论文写好后，不急于修改，而是先将它搁置一边，过一段时间，待自己冷静下来之后，再做修改。由于此时作者跳出了初稿思路的既定套路，有可能以一种客观、清醒、开放的眼光重新审视研究自己的论文，这样容易发现一些潜在的问题。写作实践证明，冷置处理法是确保论文质量的一个行之有效的方法。但是它也有一些不足之处：冷置可能会忘掉某些临时闪现的思想火花，而且有的论文具有时效性，不可能放上一段时间。

论文初稿完成后，朗读几遍，发现问题，然后修改。这种修改方法，能修改论文中存在的一些，如语句不通、衔接不紧、缺词漏字、情感不相称等语言表达方面的问题。

论文的修改工作，一般是在原稿上进行的，因此必须尽量保持整洁，修改什么，怎样修改，应该在书面上有清楚的表现。有些学生在修改稿子时往往乱涂乱画，这样不但不整洁，修改一多，也容易造成文字混乱。正确使用修改符号，是避免这种缺点的重要方法。

正确使用修改符号，能够明白无误地标示修改的情况，避免造成文字混乱。作者在修改论文时，能正确运用这些符号，可以使修改的稿子保持整洁，理清头绪。

五、毕业论文答辩

(一)了解毕业论文答辩的功能

了解毕业论文答辩的功能是为了让同学们提高认识，端正态度，从而认真地对待这项工作。答辩的功能主要有以下几方面。

(1)考核论文质量，评定成绩，即答辩委员会在听取论文作者自我陈述及回答问题的基础上，对论文质量进行全面考查，然后经过集体审议，按照毕业论文的评定标准评定论文等级，这是举行论文答辩的最基本的功能。

毕业论文的质量考查，主要着眼于这几个方面：在总结前人研究成果的基础上，是否提出了新观点；对已有定论的学术问题，是否能以新的例证进行充分的论述，是否有新的补充；对有关学科的研究情况和发展趋势，是否进行公允的评述，能否加入自己的观点；论题是否具有积极的现实意义，是否能言之有理。其他还有：体式是否完整，结构是否均衡，论辩是否清晰，逻辑是否严密，语言是否合乎规范等。如果这些方面都符合要求，这将被视为优等论文。

(2)修补论文漏洞，完善论文，这是从有益于论文作者角度而言的答辩功能。由于大学生们初次撰写学术文章，难免会出现种种遗漏，如上文提到的体式、结构、观点、语言表达等方面的不足，有些同学在准备答辩的过程中已有察觉，并在自我陈述中已做了相应的解释、说明或更正。而对有些问题，他们在修改中未曾发现，一直到答辩时也没有意识到，但是在主辩教师的提示下，经过自己迅速的思考和分析，认识到了问题的存在，并在答辩中予以一一地修正或补充。

(3)师生相互启发，增进学术交流。在答辩过程中的辩论，可能就是师生双方在学术见解上的交锋—交流—深化的过程。首先，在某一学术领域，主辩教师有可能涉足不深或者是很肤浅(即使专家的研究，也不能遍及所有领域)，而某一位同学的论文又很富于新意，甚至有独到的创见，教师通过学生的自我陈述和答辩，会从中受到某种启发。其次，主辩教师所提的问题在很多情况下并非是辩驳，而主要是对答辩者的诱导，像指点迷津那样进一步激发学生的思考。特别是教师从该课题研究的方法论角度的指点，更能帮助学生总结、掌握科学研究的方法和技能，鼓起他们对该课题做深入研究的劲头。

（二）准备工作

毕业论文的答辩是审查论文的最后一个程序，是一种有组织、有准备、有计划、有鉴定的正规的组织形式。答辩者作为答辩的主体，为了搞好毕业论文的答辩，其答辩的准备活动至关重要，成功的答辩需要答辩者的充分准备。因此，论文作者在递交论文之后不可放松思想，而要抓紧时间积极准备答辩事宜，以下提供几点答辩准备的注意事项，供大家参考。

第一，要事先写好毕业论文的简介，其主要内容应包括论文的题目，写作该论文的动机，论文的主要论点、论据，写作体会，本议题的理论意义和社会实践意义以及指导老师的姓名。

第二，在全面熟悉自己所写论文的基础上，重点把握论文的主体部分和结论部分，明确论文的基本观点和主要论述的问题；弄懂论文中所使用的主要概念的确切内涵，所运用的基本原理的主要内容；同时还要仔细审查、反复推敲文章中是否存在自相矛盾、片面、错误或模糊的地方。如有上述问题，要及时补正，这样在答辩中才可以做到胸有成竹、临阵不慌、沉着应战。

第三，要了解和掌握与自己所写论文相关联的知识及材料，如自己所研究的课题已在学术界达到什么程度？存在哪些问题和争议？有几种代表性观点？各有哪些成果以及代表性文章、著作？对论文中重要引文的出版和版本、论证材料的来源渠道等方面都要有一个全面、清晰的把握。在准备过程中，可以做出相关的资料记录，认真、细致、扎实的记录会在答辩过程中发挥其至关重要的提醒作用。

第四，做好必要的心理准备。在对论文内容有了全面的了解、掌握的基础上，还要具备正确的答辩心理，明确答辩目的、端正答辩态度，以此树立成功的信心，防止和克服经常在论文答辩中出现的不正确、不正常的某些心态。一是紧张恐惧心理，对答辩没有把握，害怕老师提问难度过大，让自己丢人现眼、难以通过；二是漫不经心，把答辩看成是"小事一桩"，认为文章写好就万事大吉，再也不闻不问了；三是对答辩的抵触情绪，认为答辩是"多此一举"、"走过场"、"临毕业还不放过我们"等。毕业论文答辩是对自己几年学习的一次全面综合的检验和总结，是取得学位的最后审查程序，是一件严肃而光荣的事情，因此只有端正了答辩的态度，才能在答辩中取得好成绩。

（三）准备答辩报告（提纲）

对主辩教师可能提出问题的预测，主要包括下面几点。

（1）自己选择此课题的缘由，该课题的学术价值、理论意义和现实意义是什么?

(2)目前国内外学术界对该课题的研究状况,有哪些人对什么问题进行过研究,他们提出的主要观点和研究的成果如何?

(3)自己论文的选题在这一学术领域有何新的发现、发展?基本观点、立论的依据和论证的思路是什么?主要提出和解决了哪些问题?

(4)写作时自己主要参考了哪些资料?论文中重要的引本、版本和出处是否清楚?熟悉程度如何?

(5)自己论文中能感到哪些问题应该涉及或应该解决,但因力不能及尚未涉及,或论述不清楚、不周密。有哪些是最薄弱的环节?

(6)课题中有哪些尚有争议、尚待解决的问题,自己认为下一步应该如何探讨、研究?

(四)毕业论文答辩的具体要求

1. 对答辩人的具体要求

答辩开始,答辩者应向答辩委员会做简要自述,内容包括以下两个方面。

(1)自我介绍:包括姓名、专业、年级、班级。

(2)论文情况介绍:包括选题的背景、意义,论文的观点、使用材料,论证过程,得出的结论,进一步的设想、建议。

2. 对主辩教师的要求

答辩人自述完毕,主辩教师应针对答辩者的论文内容进行提问。提问要考虑到学生们的研究能力和水平,不能超出论文的范围太远。以能够大体衡量学生的知识水平和研究能力为标准。主要内容包括以下几个方面。

(1)考查文章是否为本人撰写,并通过答辩人对自己文章的理解、掌握、了解的程度,考查其治学态度。

(2)引导答辩人对自己毕业论文中具有创造性或富有新意的观点做进一步的阐述和发挥。

(3)对毕业论文中不清楚、不详细、有错误、不完善的地方进行询问。

(4)请答辩人就自己的文章做自我评价,并说出对自己所选课题的进一步研究打算。

(5)提出其他相关问题,以考查答辩人的学术水平、研究能力和语言表达能力等。

(五)注意的问题

(1)听清问题后,经过思考再做回答。主辩老师在提问题时,学员要集中注意力认真聆听,并将问题略记在本子上,仔细推敲主辩老师所提问题的要害和实质是什么。切忌未弄清题意就匆忙作答。如果对所提问题没有听清楚,可以请提问老师做些解释,或者把自己对问题的理解说出来,并问清是不是这个意思,等得到肯定的答复后再做回答。只有这样，才有可能避免答非所问，答到点子上。

(2)回答问题要简明扼要，层次分明。在弄清了主辩老师所提问题的确切含义后，要在较短的时间内做出反应，要充满自信地以流畅的语言和肯定的语气把自己的想法讲述出来，不要犹犹豫豫。回答问题，一要抓住要害，简明扼要，不要东拉西扯，使人听后不得要领；二要力求客观、全面、辩证，留有余地，切忌把话说"死"；三要条分缕析，层次分明。此外还要注意吐字清晰，声音适中等。

(3)对回答不出的问题，不可强辩。有时答辩委员会的老师对答辩人所作的回答不太满意，还会进一步提出问题，以求了解论文作者是否切实搞清和掌握了这个问题。遇到这种情况时，答辩人如果有把握讲清，就可以申明理由进行答辩；如果不太有把握，可以审慎地试着回答，能回答多少就回答多少，即使讲得不很确切也不要紧，只要是同问题有所关联，老师会引导和启发你切入正题；如果确是自己没有搞清楚的问题，就应该实事求是地讲明自己对这个问题还没有搞清楚，表示今后一定认真研究这个问题，切不可强词夺理，进行狡辩。

(4)要讲文明礼貌。论文答辩的过程也是学术思想交流的过程。答辩人应把它看成是向答辩老师和专家学习，请求指导，讨教问题的好机会。因此，在整个答辩过程中，答辩人应该尊重答辩委员会的老师，言行举止要讲文明、有礼貌，尤其是在主辩老师提出的问题难以回答，或答辩老师的观点与自己的观点相左时，更应该如此。答辩结束，无论答辩情况如何，都要从容、有礼貌地退场。

此外，在毕业论文答辩之后，作者应该认真听取答辩委员会的评判，进一步分析、思考答辩老师提出的意见，总结论文写作的经验教训。一方面，要搞清楚通过这次毕业论文写作，自己学习和掌握了哪些科学研究的方法，在提出问题、分析问题、解决问题以及科研能力上得到了提高，还存在哪些不足，作为今后研究其他课题时的借鉴。另一方面，要认真思索论文答辩会上，答辩老师提出的问题和意见，加深研究，精心修改自己的论文，求得纵深发展，取得更大的成果，使自己在知识上、能力上有所提高。

本 章 小 结

篮球科学研究是指在篮球运动这个领域中探索未知的活动，也是对已有的篮球运动学说和原理进行检验的思维活动。它的任务是以科学的方法不断提示篮球运动现象内部各因素间的必然联系和规律，并探讨运用这些规律的可能途径。它的意义在于从实践中总结经验，积累知识，然后，更好地指导实践。撰写毕业论文的过程就是一个总结经验，进行知识积累的过程。

练习与思考

1. 篮球科研工作的意义是什么？
2. 篮球科研工作的发展趋势是什么？
3. 选题的途径和方法有哪些？
4. 整理研究材料的方法有哪些？

第九章　篮球运动游戏

内 容 提 要

　　介绍体育游戏作用及分类，论述篮球游戏创编原则，列举篮球游戏组织案例。

学习目标：

(1)了解体育游戏作用及分类。

(2)熟悉掌握篮球游戏的创编原则。

(3)具备编排和组织篮球游戏的能力。

学习重点：

(1)体育游戏作用。

(2)篮球游戏创编原则。

(3)具备编排和组织篮球游戏的能力。

一、体育游戏概况

(一)健身作用

体育游戏与其他体育活动一样，是以身体运动的形式进行的，活动的内容与形式又是经过预先设计的，因而它同样具有其他体育活动所具有的健身作用。学生参加体育游戏一般都是出于他们的直接动机，为了体验有趣的游戏过程，参加游戏是他们自觉自愿的行动，这种自觉自愿的行动能发挥他们最大的能动性，因而在体育游戏中能达到最好的锻炼效果，这是任何体育手段所不能比拟的。

(二)娱乐作用

(1)在幼儿的角色游戏中，能使儿童从心理的角度体验到暂时解脱自我，将自己变成"别人"或某种可爱的"动物"的新奇与快乐。

(2)青少年都乐于自己的能力得到充分表现，让别人尤其是异性青少年了解自己的长处，从而得到别人的赞扬、尊重与爱恋。在体育游戏愉快的竞争对抗中，能很自然地表现自己的体力、技能与智慧，从而满足这种生理、心理上的需要，而得到快乐。

(3)体育游戏是一种集体活动，这种活动能满足人们相互交往、驱除寂寞的需要，并且在游戏中的这种交往是一种在欢笑中的、轻松愉快的交往。

（4）在体育游戏过程中，能使人摆脱现实生活中的忧愁烦恼；游戏练习本身的新奇、惊险、激烈、紧张也会给参加者带来愉快的欢笑；在游戏中胜利了，还会使人产生自豪感，增强自信心，在精神上获得一种满足的快感。

（5）不带功利色彩、没有任何负担的体育游戏活动，能调节人们的生活、转换精神、消除学习与工作带来的疲劳，使人得到积极性的休息，这无疑也是一种愉快的身心感受。

（三）教育作用

体育游戏除了在体育上的健身作用之外，在教育的其他方面也起着重要的作用。

（1）有利于培养学生的良好品德。第一，体育游戏都是在一定的规则约束下进行的，通过游戏可以培养学生自觉遵守规则、遵守纪律的良好习惯；第二，由于体育游戏一般都是集体进行的，在游戏中，参加者必须互相配合，才能更快更有效地完成游戏，取得胜利。第三，在体育游戏中，常采用对抗竞争的形式，有的游戏还具有一定的体力与智力难度，通过这些游戏可以激发学生的进取精神，培养学生的机智、勇敢、顽强等优良品质；此外，由于体育游戏具有趣味性，学生是在心情愉快的情况下接受教育的，因此这种教育更加有效。

（2）能发展学生的智力。体育游戏是以增强学生体质为主要目的的，但也在一定程度上具有发展学生智力的作用。在一些对抗竞赛的游戏中，个人或团队如何在规则允许范围内选用最佳合作方案，采用更加有效的动作完成游戏，以战胜对方，都需要开动脑筋，启发思维。此外，体育游戏内容复杂，游戏的动作、条件、环境经常变换，这对学生智力的发展、提高以及适应环境的能力均起到良好的作用。

（3）能培养学生身体的基本活动能力。走、跑、跳、投、攀登、爬越、搬运等都是身体的基本活动能力，体育游戏在培养儿童的基本活动能力上具有重要的作用。体育游戏又能够运用假设与虚构的方法，将走、跑、跳、投、攀、爬、搬运等身体练习赋予各种有趣的情节，这样就能使儿童在这种愉快的游戏中培养与提高身体的基本活动能力。

（4）能用于学习运动技术与战术。体育游戏对于学生学习运动技术具有积极的促进作用。运动技术是以走、跑、跳、投、攀、爬、搬运等身体的基本活动能力为基础的，体育游戏能有效地培养与提高身体的基本活动能力，无疑是为学习运动技术打下了基础。在技术动作中，很多都需要多次反复练习才能建立巩固的动力定型，学生往往在练习时感到枯燥无味，如果以这些技术动作为素材，采用竞赛的游戏形式来练习，则很容易调动学生的练习积极性，收到意想不到的好效果。

（四）社交作用

体育游戏都是集体进行的，学生通过游戏活动相互交往，能加深同学之间的了解，增进友谊；能在相互交往中增长学生社会交往的知识与经验。

体育游戏是在游戏发展过程中派生出来的一个分支，它融合体力发展、智力发展、身心娱乐为一体，既是游戏的组成部分，又与体育运动有着密切的关系。体育游戏是以体育动作为基本内容，以游戏为形式，以增强学生体质为主要目的的特殊的体育活动。体育游戏是学校体育的重要内容，尤其是在小学及初中的体育教材中，体育游戏内容的比重很大。体育游戏还是高等学校体育教育专业学生的一门必修课程，它包含传播体育游戏的基本知识、创编体育游戏的原则与方法、体育游戏的教学方法以及各类体育游戏的实践方法等。

1. 趣味性

趣味性是体育游戏的显著特征。由于体育游戏是一种参加者自由选择的活动，没有任何外来的压力，所以参加者能轻松、自由、平等地参加活动，充分发挥活跃起来的心理功能，获得自由表现的机会，把注意力集中于活动过程的乐趣上，拥有一种轻松愉快的心境。体育游戏过程中的随机性、偶然性会使游戏参加者产生浓厚的兴趣和出乎意料的愉快气氛，满足人们情绪、情感上的需求，产生愉快的情绪体验，使之情趣倍增。体育游戏的这些基本特点，使它具有很大的发展潜力，在社会生活中发挥其独特功效。

2. 自由选择性

游戏者可以自由选择玩什么，怎样玩，用什么器材，并可以商议游戏的方法及进程，可以充分发挥参与者的自主性，做自己的主人，完善个体，实现自我。

3. 竞争性

与其他体育活动一样，体育游戏也具有竞争性，而体育游戏的竞争与一般竞技体育的竞争有所区别。体育游戏由于其活动方式有较大的变通性，虽然游戏结果一般也是以获胜而告终，但体育游戏获胜的因素是多种多样的。竞争的内容可以随意变通，可以比体力、比技巧、比智力、比勇气……因此，出现的结果也是多种多样的。体育游戏的这种竞争性，可以使弱者有成功获胜的可能，给强者提出新的挑战，只要全力以赴，各显神通，参加者都有夺标的希望，在游戏中可以更好地挖掘人的潜力。

4. 变通性

体育游戏的活动方法、动作路线、主要规则可以根据参加者的实际情况有不同变化，场地器材也可以根据实际情况选用。体育游戏中的动作，可以根据参加者的具体情况和不同要求做相应变化，可以是正常的跑、跳、投、攀登、爬越，也可以是变异的跑、跳、投、攀登、爬越；可以徒手进行，也可以用各种器械；可以提出严格的动作规范，也可以淡化动作规范。体育游戏的变通性使其具有广泛的群众基础，成为老少皆宜，便于组织开展的活动。

二、体育游戏的分类

(1)按游戏进行的形式分类：有接力游戏、追逐游戏、角力游戏、攻防争夺游戏、传递抛接游戏、集体竞快游戏等。

(2)按身体素质进行分类：有奔跑速度游戏、力量游戏、灵敏游戏、耐力游戏等。

(3)按基本活动技能进行分类：有奔跑游戏、跳跃游戏、投掷游戏、攀爬游戏等。

(4)按运动项目分类：有田径游戏、体操游戏、篮球游戏、排球游戏、游泳游戏等。

(5)按游戏参加者的年龄分类：有幼儿游戏、儿童少年游戏、青年游戏、中老年游戏等。

第一节　篮球游戏原则

一、篮球游戏的创编原则

篮球运动是一项融集体性与对抗性特点为一体的体育项目，因此在创编过程中不但要体现出具体的球类游戏特点，也要体现出团队意识，且以增强身体素质为主要参考根据，也要针对练习者的年龄、性别、体质状况等特点，既要锻炼身体也要达到娱乐、教育的目的。

1. 目的性与针对性原则

创编体育游戏时，游戏的创编目的、发展目标要明确，要有目的性。创编一个游戏的目的是为了提高学生的神经兴奋性，发展学生的柔韧性、协调性、奔跑能力，还是培养集体主义精神，亦或是几方面兼有，这是体育教师在创编游戏前心中必须明确的问题。在学生各种能力发展的关键期，教师应有意识、有针对地创编一些符合其年龄特性的游戏。

2. 趣味性与全面教育性原则

"寓教于乐"是体育游戏的最大特色，也就是说游戏首先必须具有趣味性。因为只有这样才能吸引学生，调动学生的积极性。索然无味的游戏，学生不愿意参加，更不用说达到锻炼或教育的目的了。游戏创编中要避免过于高难的动作，或强度过大的运动，要让大部分学生稍经努力都能完成，让其在比较轻松、愉悦的状态下参与、完成游戏。通过游戏培养学生机智勇敢、灵敏果断、友爱活泼、生气勃勃、勇于克服困难的精神面貌，这样的结果才最能体现游戏的价值。因此，游戏的内容和形式还必须健康，符合学生的身体、心理健康发展的全面需要。

3. 丰富性与实用性原则

所谓丰富性，是指游戏的设计思想与创意是丰富的，而且创编的游戏应是容易举一反三的，即具有丰富的变化性。一个好的游戏往往不仅仅有着非凡的创意，同时还具有强大的可再生性，能够因具体游戏环境的转变而相应地衍生出大量的"子"游戏。

4. 竞争性与奖罚适度原则

在教学中绝大多数游戏应具有竞争性，因为竞争性可以增加游戏的吸引力，提高学生的参与度，同时还能培养学生的竞争意识与协作能力。因此，创编游戏时应多采用公平竞赛的形式来进行。

5. 新颖性原则

在创编体育游戏时，还应注意吸收新信息、新观点，了解新的体育活动、文化娱乐方式，掌握体育、文化、娱乐发展的新动态，采用新方法、新手段，发扬创新精神，积极思维，创造新的游戏方法，使体育游戏在社会生活中更具吸引力，使体育游戏具有更广阔的发展前景。

6. 因地制宜性原则

充分利用当地的气候条件、地理优势创编游戏，如北方可以利用冰雪运动项目改编成游戏；山区可多设计一些攀爬的游戏；靠水地区则可创编丰富多彩的水上游戏。

注意在体育教学的游戏创编过程中吸纳少数民族传统体育的精华，结合当地的风土人情、民族特点，特别是在少数民族地区，可以进行游戏的发掘和改编，形成适合学校体育的游戏形式。这不仅丰富了学校的体育教学与锻炼，更重要的是对我国民族文化起到了传承作用。此外，还必须考虑学校的具体情况。

7. 安全性原则

此外，创编游戏不能只关心游戏的新颖性和独创性，还要分析一些游戏在实施过程中的外显及潜在的不安全因素，尽量保证游戏的安全性，如用于一般教学的游戏，可尽量少编排此类内容。在基层课堂教学中学生的运动能力很难有较高水平，安全保护措施也难以跟上，危险性过大的动作很容易造成伤害事故。所以，创编游戏须尽量避免采用具有危险性的游戏内容，以确保安全。因此，游戏创编时还要从细节着手，考虑如何安全实施游戏，并且对游戏规则进行详尽说明。

8. 健康性原则

我们这里所涉及的游戏的健康性，不是指游戏内容本身的内涵，而是指通过游戏活动，来达到增进健康的目的。因此，在游戏的创编过程中，应尽量考虑游戏的内容和形式，符合学生的生理和心理健康发展的全面要求，以达到健康锻炼的目的。

二、应用原则

(1)选择游戏教材一定要符合全面发展的教育方针,通过游戏培养人们爱祖国、爱人民、爱劳动、爱科学、爱护公共财物等优良品质,培养机智、勇敢、灵敏、果断、友爱、活泼、愉快、生气勃勃、勇于克服困难的精神。

(2)选择体育游戏一定要能促进人体全面发育。通过游戏活动掌握各种生活必需的活动技能,并使初步掌握的技能得到巩固和提高,同时促进身体各部分正常协调的发展,增强体质。在实际活动中,为了达到上述目的,注意纠正各种不正确的姿势,防止身体的畸形发展。

(3)选择的游戏应符合卫生要求。首先游戏应在空气新鲜日光充足的户外进行,这能更加有效地促进身体健康。同时,游戏场地、器材设备都应尽量符合卫生要求。

(4)选择游戏要符合年龄特征。选择的游戏必须与年龄增长所引起的生理和心理发展相适应。

(5)选择的体育游戏,其运动量要适度。一方面,根据不同人群的不同需要,灵活确定游戏的距离、次数。另一方面,还应有意识地选择体育游戏来调节运动量,调节运动量是为了更有益于增进健康。

上述原则是相互联系、相互制约的统一体,因此在选择游戏时,应全面地考虑这些原则。

第二节　篮球游戏内容

1. 移动高抬腿跑,腿下交接球

目的:提高快速反应能力和上下肢配合的协调性。

准备:篮球若干,球场一块。

方法:看教练手势做向前、后、左、右的高抬腿跑,并做腿下交接球(图 9-1)。

规则:在规定时间内次数多者为胜。失败者做 2 个俯卧撑。

教学建议:次数要数清,做到公平、公正。也可以在行进间进行,看谁的速度快。

2. 坐姿篮球赛

目的:发展上肢力量、耐力、灵活方面的素质,提高内脏器官的机能,培养游戏者的运动兴趣。

图 9-1

准备:在地板或地毯上,标出 20 米长,18 米宽的场地。准备篮球、口笛、计时表、1 米高的活动篮筐 2 个。将游戏者分成 5 人一队的甲、乙两队,由队长抽签要场地之后，甲、乙队各到自己场地做试练准备。本游戏需裁判员2名，各队派服务员。

方法：由裁判员在中场开球后，抢到球的一方，可经原地运球、传球，把球投入到对方篮筐内，即得1分。然后对方在端线发球继续比赛。各队游戏者分工类似篮球赛，但身体移动方法是两手、两腿撑地向前移臀，或者单臂撑地，腿与臀向前撑地前移。每局10分钟，共两局，以得分多的队为冠军(图9-2)。

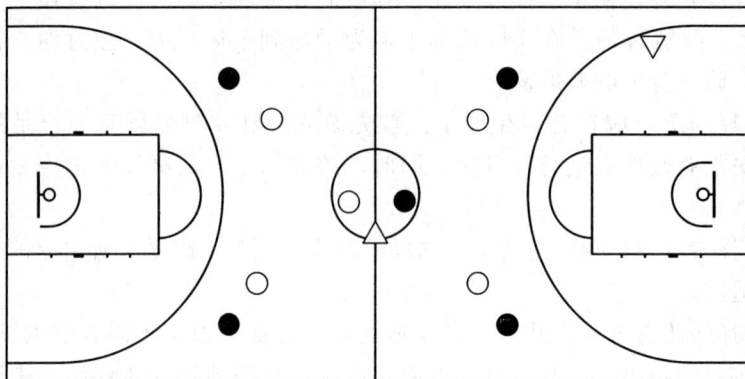

图 9-2

规则：

(1)投篮时对方打手为犯规。

(2)主动接触对方身体的任何部位判犯规。

(3)时间到与进球同步判得分。

(4)得分相等，再战一球。

(5)参照篮球比赛规则。

教学建议：

(1)因移动不便，应以传球为主。

(2)本队人员组合，上肢有力者当中锋或当后卫，坐姿投篮准者当前锋。

(3)来球即争，如给不出去则不轻易松手，争取主动权。

(4)本游戏篮筐设置可大可小。

3. 折线运球接力

目的：熟悉球性，提高运球的灵活性。

准备：篮球2个，球场一块。

方法：将学生分成人数相等的两个队，成纵队分别站在篮球场的同一端的两个角上，排头手拿一球。教师发令后，各队排头按以下路线运球：近端场角、近端罚球圈、中线与边线交叉点、远端罚球圈、远端场角，然后再按原来路线往回运，将球交给第2个人再做，直至全队做完为止，先完成的队为胜(图9-3)。

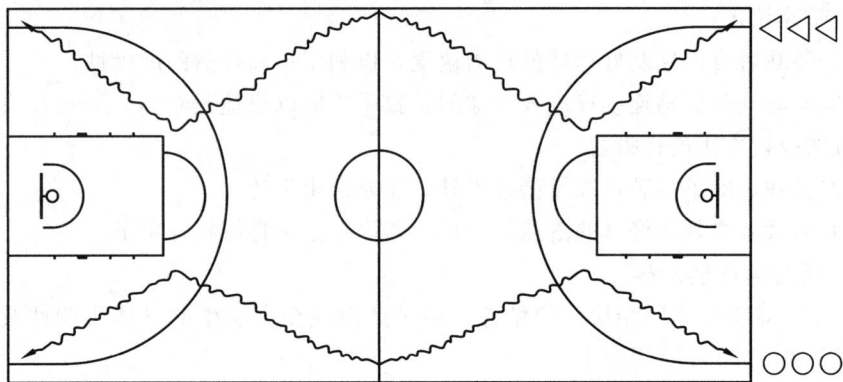

图 9-3

规则：

(1)运球变向时，必须有一只脚踏入罚球圈、踏上边线中点或场角。

(2)球运丢了，捡起来后必须回到丢球处运起。

教学建议：在实施前可以重申动作要领，强调纪律。

4.行进间运球投篮

目的：发展速度、弹跳、协调能力，提高投篮命中率。

准备：球篮 4 副、篮球 4 个。将游戏者编号，按号进行比赛。本游戏需裁判员 1 名兼记录（图 9-4）。

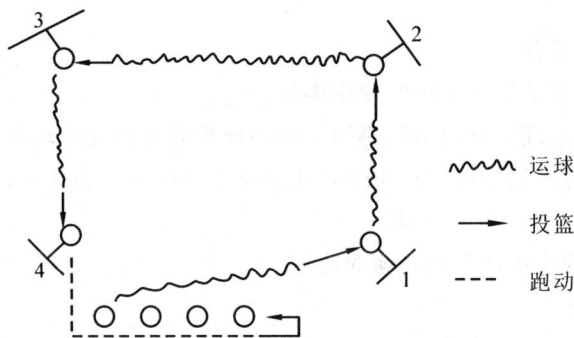

图 9-4

方法：当裁判员呼叫 1 号时，1 号游戏者单手运球跑进，先到第一个篮下进行行进间运球上篮，自投自抢篮板球。完成两轮后运球连续投进 8 个球的游戏者评为神投手。

规则：

(1)每个篮筐只有一次投篮机会。

(2)运球失误可拾球后继续运球投篮。

(3)投篮的方法不限，越精彩越好。

教学建议：

（1）游戏者自己控制好运球前进的速度，以利于提高投篮的准确性。

（2）本游戏是奖励连续投进 8 个球的神投手，所以投篮是重点，要运用自己最有把握的投篮方法进行投篮。

（3）游戏者除了熟悉运球投篮技术外，还要熟中生巧。

（4）游戏者要判断好球的落点，尽可能争取在空中将篮板球拿下。

5. 螃蟹运球接力赛

目的：培养学生团结协作的精神。通过此游戏提高学生的身体协调性及其上课的积极性。

准备：场地一个，篮球若干个；相距 15 米的两条平行线；目的地端线上放置标志物若干个（标志物的数量以分组数而定）。

方法：教师将学生分为人数相等的若干组。每组学生又以两人一组分为若干小组并依次排好。

（1）每小组的两名学生背向而立，两手反向相扣，于背部夹一球。

（2）游戏开始后，两名学生侧向目的地端线快速移动前进，到达目的地端线后绕过标志物返回，并将球交给下一小组的两名同学。依此类推进行游戏，直至游戏结束。

（3）率先完成游戏的一组为胜。

规则：

（1）学生不能抢跑。

（2）在行进途中学生必须按照规定姿势前进。

（3）在途中若出现掉球的情况必须立即将球拾起再按规定动作继续进行游戏。

教学建议：可增加游戏的新颖性，如让学生面向而立夹球进行游戏等。

6. 原地双手高低交替运两球

目的：培养双手运球和控制球的能力。

准备：篮球若干。

方法：练习时，右手先放球，当球从地面反弹时，左手再放球，两手交替运球（图 9-5）。

规则：

（1）运球时，抬头，眼睛不看球，两脚不要移动。

（2）两个篮球必须依次交替从地面反弹上来。

（3）运球中失误丢球时，拾起球继续进行。

教学建议：规则一定要严格要求。运球时不准看球。

7. 夺球防拍

目的：提高身体的反应和灵敏素质。

图 9-5

准备：每两人一个篮球。

方法：画两条相距 2 米、相互平行的安全线，将学生分成人数相等的两个队，分别站在两条安全线后，左右间隔 1 米，在面向 2 人之间的地上放一个篮球。游戏开始，2 人设法夺到放在中间的球。一人夺到球后在跑过本方的安全线前，对方可以追拍，如被追拍上，则要将球仍旧放回原处，游戏重新开始。如未被追拍到，则得 1 分。

规则：球不在对方手中时，不许拍击对方。

教学建议：注意把动作要领明确，以保证安全。

8. 接地滚球运球上篮

目的：提高在快跑中接地滚球，快速运球投篮的能力。

准备：篮球若干个。

方法：将学生分成人数相等的两队，成纵队分别斜对站在两端线处，各队从第二人起每人持一球。听到信号后，各队第二人向场地内抛地滚球，前面的队员在跑动中捡起地滚球做快速运球上篮，然后捡篮下球跑回本队排尾。当第一人投篮出手后，后面的照样依次进行，最后以投中次数多的队为胜。

规则：

(1)跑动队员必须过中线才能捡起地滚球，因此，同伴抛球时必须注意力量的运用。

(2)前一名队员的球未离手，后一名队员不能抛球，如违例，必须捡回重新开始。如果运球中违例，投中无效。

教学建议：在比赛开始之前可以提示学生尽量沿着直线进行。

9. 搬运球接力赛

目的：全面发展学生的身体素质，激发学生的兴奋性。

准备：空场地一块，篮球 6～10 个。

方法：

(1)将学生分成人数相等的偶数队，各成一路纵队站在统一的端线后，端线上各放 3～5 个篮球。

（2）根据教师的信号，从排头开始，第一人双手抱 3 个（4、5 个均可）篮球快速跑至对面规定的端线处并将球放于端线上，然后快速折返跑回，与站在端线外的队友击掌。

（3）第二人跑至对面端线将球抱回，将球交给端线外的第三人。

（4）如此往返搬运接力至全队结束，率先完成者为胜队。

规则：

（1）服从教师指导。起始点的队员必须在端线外，不能出现踏线或抢跑的情况。球放在场内。

（2）运输者中途球掉落后，必须将球捡回原地再跑，做到放球前及运输中"球不离手"。

（3）交接球时，接球者必须在端线外接住并抱好前一位队友抱回的球后才能跑。

（4）放在对面端线处的球必须摆放好。

教学建议：若因器材原因，可将篮球换为其他球类。

10. 运球往返计时赛

目的：发展灵巧性、协调性等身体素质，提高快速反应能力。

准备：在 20×10 米的平坦场地上，画两条相距 15 米的平行线，一条为起点线；另一条为往返线。备篮球 2 个，备跑表。把游戏者分为人数相等的两个队，每队 10 人，每人编排序号。两队相距 8 米面对面站成横队。两队 1 号游戏者站在起点线准备。设裁判员 1 名、计时员 2 名。

方法：当裁判员发出"预备"口令时，两队 1 号游戏者持球站在起点线后。发出"开始"口令时，计时开始，游戏者开始运球跑，直至 15 米往返线，脚踏线后运回起点线。2 号游戏者接球，按 1 号的游戏方法运球跑，直至 10 号游戏者运球返回起点线时，计时停止。按计时成绩排列各队的名次。

规则：

（1）游戏者必须连续运球，不许持球跑，违者取消全队比赛资格。

（2）游戏者在返回时，必须有一脚踏上往返线。在交接球时交球者必须踏上起点线，才能交接，违者重新踏线；不踏线者取消全队比赛资格。

（3）运球跑过程中如果球失去控制滚开，必须拾回至原位置继续运球，不判犯规。

教学建议：

（1）游戏者运球时要控制运球与跑的节奏。

（2）游戏者运球至往返线时，要制动并控制运球的方向。

（3）游戏者两人在交接球时，为了节省时间，可采用直接单手接球的方法。

11. 打"龙尾"

目的：提高快速传接球的准确性，培养其灵巧、敏捷和迅速反应的能力。

准备：篮球场1个或平整的空地1块，篮球1个。

方法：把队员分为人数相等的甲、乙两队，甲队首先围成一个直径约10～12米的圆圈，乙队在圆圈内排成纵队，后面的人抱着前面的人的腰组成"龙"，排头的队员为"龙头"，排尾的队员为"龙尾"。游戏开始，圈外的人相互传球，捕捉时机用球掷"龙尾"，"龙头"则带领全队迅速奔跑，躲闪或用手挡、打来球，以保护"龙尾"不被球击中；若"龙尾"被击中则到排头担任"龙头"，圈外的人再继续快速传球打新的"龙尾"；直到规定的时间到，计算被击中的"龙尾"数，数量少者为胜。

规则：

(1)圈外人不得缩小圆圈的直径以进入圈内打"龙尾"，否则打中无效。

(2)只准打"龙尾"腰部以下的部位，否则打中无效。

(3)圈内的"龙"必须保持纵队队形，不能断开，"龙尾"也不能缩在队伍内，否则算被对方打中。

教学建议：

(1)如参加的人数多，可把学生分为3个或更多的队轮流进行。

(2)被击中的"龙尾"也可以站到圈外帮助打"龙尾"。

(3)也可采用在规定时间内被击中的人数少的队为胜的方法。

12. 两人传两球

目的：提高快速传、接球的技巧和反应能力。

准备：篮球若干个。

方法：将学生按两人一组分成若干组，每人一球，相距约3米面对面站立。听到信号后，两人同时将球传与同伴做相互传、接球，并数出两人传球的次数。一分钟内传球次数多的一组为胜。

规则：

(1)传球方法可规定或不做限制。

(2)如遇两球在途中相碰落地时，可将球捡起继续对传。

教学建议：给学生讲明球的落点要求在胸前。

13. 传球比多

目的：提高传球准确性，培养学生的团结协作精神。

准备：篮球场和一个篮球。

方法：将学生分成若干队，每队5～7人，每次两个队在篮球场上比赛，先由两队队长在中圈跳球，得球一方进行传球，每传一次记1分，对方则设法断球，抢球后也是每传一次记1分。3分钟后吹哨停止，得分少的队下场，换一个队再做。

规则:

(1)在传球中,可以运球,但运球不记分。

(2)不能带球走,带球走一次扣1分。

(3)两人靠近传递不得分。

教学建议:如人少也可分两个队比赛,在规定时间内得分多的队为胜。

14. 直线往返运球

目的:发展手臂的力量、灵活性,提高篮球运球基本技术及控制球的能力。

准备:在地面画相距30米的两条平行线,备篮球4个,其中两球放30米处为标志球。将游戏者分成2组,按顺序进行比赛。两组的1号游戏者两手持一球在起跑线后站立准备。本游戏需裁判员1名、计时员2名(图9-6)。

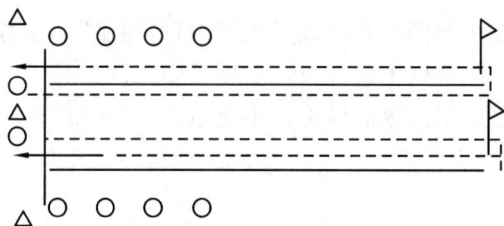

图 9-6

方法:当裁判员发出"开始"口令后,计时开始。1号游戏者立即用右手运球前进,当运至终点时绕过标志球返回起点线时,计时停止。以运球的成绩排列名次。

规则:

(1)可跑一步运一次球,或跑两步、跑三步运一次球,这要根据游戏者的水平决定。

(2)如运球失误,在失误处重新开始。

(3)往返都用正手运球。

(4)没有严格的分道,游戏者运球时应尽量避免撞人。

教学建议:

(1)运球时,球和人前进的速度要一致,把球始终控制在体前侧位置。

(2)运球时,上体前倾,运球臂用力要均匀,以便控制。

(3)运球失误后马上去追球,不要浪费时间。

(4)运球时,要走直线,要抬头向前看。

15. 迎面传球

目的:提高传球准确性及反应能力。

准备:2个篮球。

方法:画两条相距5~7米的平行线作为限制线。将学生分成人数相等的两个队,每队再分为甲、乙两组,分别面对面地站在两条限制线后,各队甲组排头手拿一个篮球。

教师发令后，甲组排头手按规定的传球方法将球传给乙组排头手，然后回到本组排尾，乙组排头手接球后，也用以上方法将球传给甲组队员，回到本组排尾。依此法直至全队每人做完一次，先完成的队为胜。

规则：必须按教师规定的方法传球。

教学建议：教师可根据学生的具体情况与教学的需要，规定传球接球的方法与距离。

16. 抛传运球进圈

目的：培养接球和运球的结合能力。

准备：篮球场一个，每人1个篮球。

方法：把队员分成两组，分别站在线外，指定两人站在队排头的左侧。发令后，各队第一人向圈跑去，边跑边接指定人抛来的球后，运球到圈内站立，当第一人接到球后，第二人马上跑出接指定人抛来的球，每次抛5或10个，5人或10人均接住球，把球运到圈内，以先完成得既好又快者为胜(图9-7)。

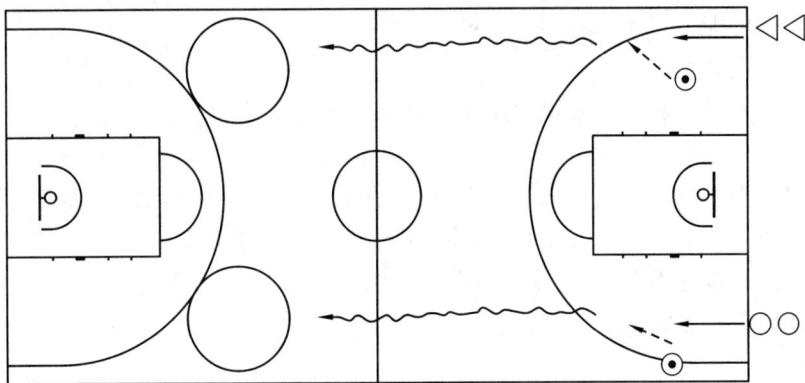

图 9-7

规则：

(1)按规定的方法抛球、接球，运球失误要重抛重接。

(2)计算胜负以最后一人进圈为准。

(3)只允许运球跑，不得持球跑。

(4)只有当前一个人接到抛球开始运球时，后一个人才可以跑出起跑线。

教学建议：此游戏适用于初学者。

17. 一心二用

目的：巩固与提高学生的低运球技术，发展其下肢力量和身体的协调性。

准备：篮球场地一块，篮球若干个。

方法：

(1)教师可将学生分成人数相等的若干队，各成纵队站在统一的一条端线后，两队排头的队员两手各持一球。

（2）教师发令后，排头队员用一只手运球，另一只手推滚一个球前进，至终点线后返回端线，将球交给本队第2人后，站到队尾。

（3）第2人用同样方法进行，直到全队结束比赛，率先完成的队为胜。

规则：

（1）起始队员必须在统一的端线后。

（2）比赛队员左、右手运球均可，但另一只手推滚球时，必须保持球在身边，不得用力将球向前推出一段距离后，再运球追上去推球。

（3）比赛队员拍、滚球必须过终线后方能返回；返回时，必须在端线后将球交给下一人。

教学建议：

（1）此游戏也可改设其他标志物，进行不同路线的拍、滚球等，以增加游戏的难度。

（2）此游戏也可规定用不灵活的一只手运球或双手运球，以提高队员的协调性和双手控球的能力。

18. 双手滚球接力

目的：发展下肢力量及灵敏素质，提高身体协调性。

准备：篮球若干个。

方法：将学生分成人数相等的若干组，每组以纵队站在端线后面，各组排头队员双手各持一球。信号发出后，各组排头队员用双手各滚一个球向前推进，从端线推进到中线，然后返回端线，把球交给下一名队员，用同样方法继续进行，直到全队做完。先完成的一组为胜。

规则：

（1）各组滚球推进时必须球在前，人不得超越球。

（2）球与人必须全部越过中线后才能返回。必须越过端线，下一名队员才能开始。

教学建议：速度可调整，灵活掌握游戏的难度。

19. 五角传接球

目的：发展传接球的灵活性、准确性，提高传接球兴趣，为进一步学习篮球传接球技术打基础。

准备：在地面上画一五角形场地，备一个篮球。游戏者15人一队，共两队。第一队游戏者分成5个小组，以纵队站在5个角准备。本游戏需裁判员1名。

方法：当裁判员发出"开始"口令后，1角排头将球传给2角排头，然后跑到2角排尾站立。2角排头接到传球后再传给3角排头，跑到3角排尾站立。依此类推。共进行3轮45次传接球。两队重复一队的游戏方法。以接球失误次数少的队为优胜队（图9-8）。

规则：

(1)接球失误者，可迅速拾球回到原位继续进行。

(2)传球者也可以加1次运球再将球传出。

(3)单、双手传、接球不限。

(4)第三轮可变成顺时针传、接。

教学建议：

(1)接球者要根据传球的方向、速度，灵活移动脚步，要准确接住来球。

(2)传球者要准确传球，有利于接球者接球。

(3)游戏者既是传球者又是接球者，所以要做到稳、准，以减少失误。

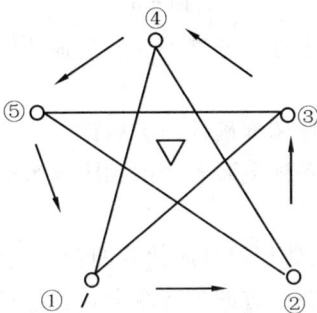

图 9-8

20. 抢先罚球

目的：提高适应比赛情况下的罚球能力。

准备：篮球场一个，篮球2个。

方法：将人数分成相等的两组，成纵队面向场内排至篮球场端线后，在后场限制区两侧用白粉画上用1、2、3、4的标志号数，号数间的距离为左右3米，前后2米。在中圈两侧置两个号来固定篮球。

如图9-9所示，当游戏开始的信号发出后，两组排头迅速起动跑至标志号数1号位，并按规定路线做上滑步—后撤滑步—上滑步—侧滑步后，接着起动跑至中场取固定球，并运球至罚球线后进行罚球。罚球投中后（不中跟进补投投中为止）将球运回放在原处，然后按相反滑步路线进行滑步移动回1号位后或直接加速跑至队伍拍下一名队员的手，第二名队员同样进行。游戏规定当一名队员拿到球运球至罚球线后投篮时，另一名队员不得影响对方投篮。

规则：

(1)不按规定要求进行游戏者，该组重做一人次。

(2)发生走步，二次运球违例者该组重做一人次。

(3)如在放固定球而球滚走时，要取回放到原处后再进行下一个动作。

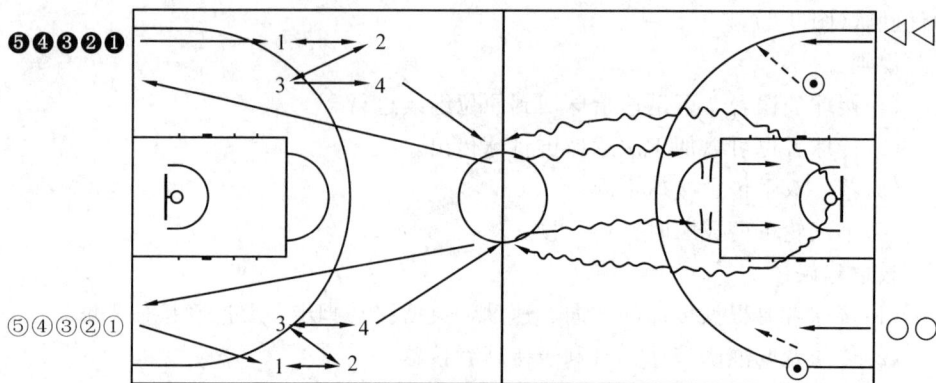

图 9-9

教学建议：罚球注意稳定性，速度不一定是最关键的。

21. 传球接龙

目的：提高学生传、接球的准确性与灵敏性。

准备：篮球若干个。在场地上画若干组相距 3 米的平行线。

方法：

(1)教师可将学生分成人数相等且成偶数的若干组(每组 8～12 人为宜)，每组学生成纵队保持适当间隔站在己方的平行线上，各组排头学生手持一球。

(2)教师发令后，排头队员按规定的传球方法按顺序传球。

(3)当球传到最后一名队员手中时，该队员立即抱球跑到排头队员的前面将球接着传递下去，依次类推。

(4)最后，以最初的排头队员抱球跑至原位置为止，先完成的队为胜。

规则：

(1)必须按规定的方法传球，传球的顺序和路线不得变更。

(2)传球失误时，必须将球拾起并跑回失误处，方能继续传球。

教学建议：

(1)此游戏的传球方法、距离可根据实际情况变换。

(2)此游戏也可改用各类球进行传球游戏。

22. 隔人传球

目的：培养判断传球时机的能力。

准备：每队一个篮球。

方法：将学生分成数个队，每队 5 人、7 人或 9 人，面向内站成圆形，间隔 2～3 米，其中的一人拿一个篮球。

教师发令后，拿球的学生按规定的方法沿逆时针方向，将球传给他右边的第二人(即隔人传球)，接球者又按同样的方法再隔人传球，直到球传回到原来拿球的学生手中为止(5 人传 10 次；7 人传 14 次；9 人传 18 次)。传得最快的队为胜。

篮
·
球

规则:

(1)每次只能隔1人传。

(2)要按规定的方法传。

(3)球掉了,捡起后,要从掉球的学生传起。

教学建议:可第一次沿逆时针方向传,第二次沿顺时针方向传。

23. 连续接球急停跳投

目的:改进传接球技术,提高接球急停跳投的命中率。

准备:篮球场一块,每人1个篮球,标志物2个。

方法:如图 9-10 所示,在半场的 3 分线内与端线相距约 2 米处放一标志物,把队员分为人数相等的甲、乙两队,各成纵队面向球篮站立于同一半场的 3 分线外的左、右两侧。排头第一人不持球,其余的队员每人持一球。游戏开始,各队排头向标志物的方向做侧身跑,跑至标志物外接同伴(即他的下一人)传来的球做急停接球跳投,无论投中与否均去抢篮板球回本队队尾。依次连续不断地进行,直至规定时间到,命中次数多的队为胜,或完成规定的命中次数,先完成的队胜(图 9-10)。

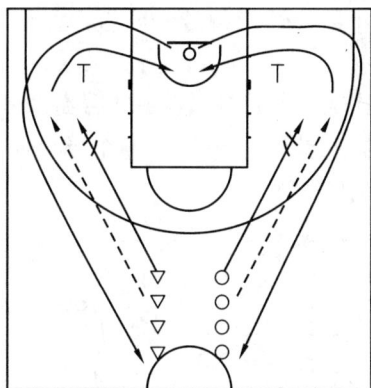

图 9-10

规则:

(1)必须依次进行传球投篮,超越顺序者投中无效。

(2)必须在标志物外做跳投,在标志物内投中无效。

(3)传接球失误,由失误者把球捡回再排到队尾,不得原地再投,否则投中无效。

教学建议:

(1)可采取三局两胜制进行比赛,每局完后,双方互换场地。

(2)可在两个半场内同时进行比赛。

24. 传球追赶

目的:提高传球准确性的同时,加快传球行进速度。

准备：2 个篮球。

方法：将学生分成人数相等的甲、乙两个队，每队 5 人、7 人或 9 人，两队的队员彼此相间站成一个圆圈，两队各一个篮球，由面对面的甲、乙两队的学生拿着。

教师发令后，各队持球人沿逆时针方向依次向本队队员传球，并互相追赶，直至一个队的球超过另一个队为止。

规则：

(1)要依次隔一人传球，不能隔数人传。

(2)球掉了，捡起后，要由掉球学生传起。

(3)不能阻碍别队学生传球，不能打掉别队的球。

教学建议：第二次可沿顺时针方向传。可采用三局两胜制进行比赛。

25. 定距单手肩上投篮

目的：发展上下肢力量，特别是上肢与下肢的协调配合力量。掌握篮球投篮最基本的投篮方法。

准备：在标准篮球场上画出不同距离的投篮标志线，投篮距离因人而异。准备多个篮球。将游戏者按年龄、性别编号、分组，每组 6 人，分组比赛。需主裁判 1 人、服务员 1 名。

方法：各组分别进行比赛。当裁判员叫到 1 号游戏者时，1 号游戏者两脚站立在投篮标志线后，用单手肩上投篮，连续投 10 个球后回到队尾。依次进行，以个人投球命中率多少排列名次(图 9-11)。

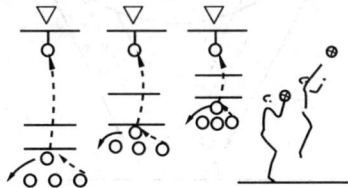

图 9-11

规则：

(1)投篮时两脚不能踏标志线，否则投中不计数。

(2)游戏者如成绩相等，则名次并列。

教学建议：

(1)注意投球时手腕要向前扣，手指要有拨球动作。

(2)投球时不要只用臂力，而要借助两腿蹬伸的力量。

26. 接长传球投篮

目的：提高抢篮板球后长传球技术及接球后快速上篮的能力。

准备：球场一块，篮球若干。

方法：将学生分成人数相等的两队，各队又分成两个组，成横队分别站在球场端线及中线处的边线外，端线组每人持一球。边线组排头进场内站立于中线附近，端线组排头进场站在篮下。听到信号后，边线组排头向前场篮下跑动；篮下队员用球碰板，然后跳起抢篮板球，立即用长传向中线跑动的队员传去，随后站到边线组队尾。跑动队员接球后运球或直接上篮，然后捡球跑回站到端线组排尾。如此依次进行到最后一人为止，以最快完成的队为胜。

规则：

(1)每次长传球必须过中线，传球队员不准越出限制区，也不准运球。

(2)投篮不中须继续投，直至投中后，下一组才能开始进行。

(3)如有违例，投中无效，在违例处重新开始。

教学建议：可以在场地外面设置两名拾球员。

27. 运球"贴膏药"

目的：提高运球技术和快速反应能力。

准备：篮球场一块，每人一球。

方法：在半场内，两人一组，前、后站立。全队成圆形，每人一球，在原地运球。开始出来一组队员做追捕练习。一名队员为追捕者，另一名队员为被追捕者。在追捕过程中，被追捕者可利用其他队员做屏障进行躲闪，也可贴在某一组内侧队员的身前，则后面的队员变为被追捕者。追捕者拍击到被追捕者队员身体的某一部位时(除头部外)即为追上。然后罚被追捕者3次俯卧撑。追捕者和被追捕者交换追捕，游戏继续开始。

规则：不可以用手拿球，否则视为违例，加罚5个俯卧撑。

教学建议：学生站位距离要求1.5米左右。前面或后面的人尽量阻挡追赶人员。

28."骑士"投篮赛

目的：发展力量、灵巧、协调素质，提高控制身体平衡的能力，培养投篮的兴趣。

准备：利用篮球场两个篮筐，画出3分线，备篮球12～16个、计分牌。按游戏者2人一对编号，分成4组，同时比赛。本游戏需裁判员4名、服务员4名。

方法：各组由裁判员叫号进行。如第一组1号的一对游戏者一人驮起另一人，上面的为骑士，下面的为马。服务员递给上面游戏者一个篮球，按图9-12在1、2、3位置依次进行投篮，每点投1次。然后两人互换角色，按3、2、1的顺序投篮。根据两人投篮命中数排列名次。

规则：

(1)游戏者投篮点要按左、中、右三点位置进行，并采用双手投篮。

(2)投篮时，骑士脚踏3分线，投进的球不计数。

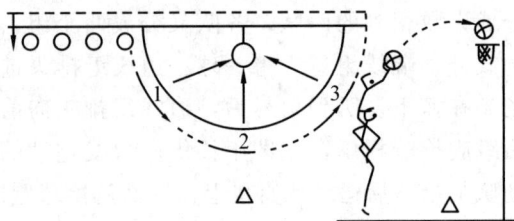

图 9-12

(3)投篮不限时。

(4)投中数相等，名次并列。

教学建议：

(1)两位搭配者身高、体重不要相差太多。

(2)骑士投篮时，待身体稳定后再进行瞄准投篮，否则易失误。

(3)扮马的游戏者，要两脚开立，两手扶住骑士，两腿站稳，以利骑士瞄准投篮。

29. 仰卧双手投篮

目的：发展上肢力量及跑动速度，提高灵巧性和协调性。

准备：在空地上间隔 2 米放体操垫 4 块，离垫 6 米处画一条投篮标志线。根据参赛者的年龄、性别，备不同大小的篮球多个。将游戏者按年龄、性别分组，2 人一对，每组 4 对，分组比赛。如第一组的 4 对游戏者中 4 名先躺在体操垫上成仰卧，两手持球，另 4 名扮篮筐，两手指交叉在胸前，两手臂成圆形，站在投篮标志线后准备。本游戏需主裁判 1 名、递球员 4 名。

方法：当主裁判宣布比赛"开始"后，仰卧的游戏者用两臂向前上方投球。扮篮筐的游戏者根据篮球的落点，用两臂搭成的大篮筐走或跑着去接球，接住一球得 10 分，然后服务员将篮球再递给投球者进行第二次投球，每人投 8 次，记命中数。然后两游戏者交换角色，也投 8 次，以一对游戏者共投进篮的次数多少排列名次（图 9-13）。

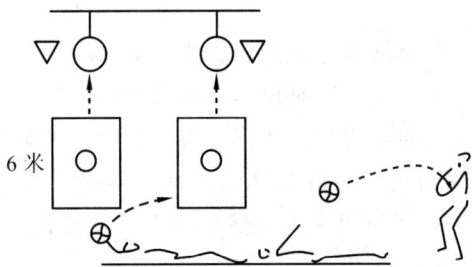

图 9-13

规则：

(1)投球游戏者只能用双臂的力量投球，不能抬体助力。

（2）"篮筐"要在白线后面接球。如果投球者将球投在 6 米线内，则不准去接球。

教学建议：

（1）在参加过程中，每对选手要及时总结经验，每人争取好成绩。

（2）注意安全。投出球的方向是向前，而不能向上，否则会砸自己；如溜手要及时翻转身体，自我保护；往回递球不要抛，要从地上滚。

30.抢运球

目的：提高运球中控球和保护球的能力。

准备：篮球若干个。

方法：将学生分成人数相等的两队，各队通过报数记住自己的号码。教师先指定一个队担任徒手"抢运球者"，另一队每人一球。听到信号后，持球的队员在场内任意运球，另一队队员则用合理的动作对对方同号数队员进行抢打球。到事先规定时间后互换角色，最后看在同样时间内哪个队打掉对方运球的次数多，多的为胜者。

规则：

（1）必须是同号码的两人进行游戏，如打到其他号数队员的球则不算。

（2）抢运球者不能用犯规动作，违者抢到球不算。

（3）如有运球出界、走步、违例等情况，则按被打掉球论处。

教学建议：在做练习之前要求学生先放球，再走步。

31.双人对坐拉力赛

目的：发展上肢肌、腰腹肌、背肌的力量及柔韧性，培养游戏者积极配合的协作精神。

准备：体育场，备间隔 1 米的体操垫 3 块。将体重大致相同的游戏者分成人数相等的 6 人一组，按组顺序比赛（图 9-14）。需裁判员 3 名。

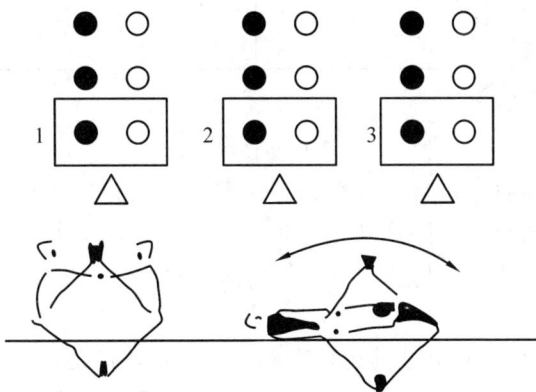

图 9-14

方法：当裁判员宣布"预备"口令后，两人相对坐到垫子上，两腿分开，两脚掌相对，两手体前相牵坐好。当裁判员发出"开始"口令后，两游戏者一人后倒体，一人前屈体，然后交替重复，直至一个人拉不起为止。以双人完成拉起次数的多少排列名次。

规则：

(1)后倒体以触垫为一次，否则不计数。

(2)交替倒体、屈体，整个过程中不能停顿，停顿视为结束。

教学建议：

(1)两脚相对要固定住，两腿分开角度大，则拉距短、省力、省时。

(2)疲劳时，两人要咬牙坚持。

32.运球突破

目的：有针对性地提高运球技术动作质量。

准备：篮球场1个，篮球2个，标志物4个。

方法：在场地的两个半场的左右两侧各放一个标志物，把队员分为人数相等的两队，面向标志物，在同一端线后成一路纵队站立，排头各手持一个篮球(图9-15)。

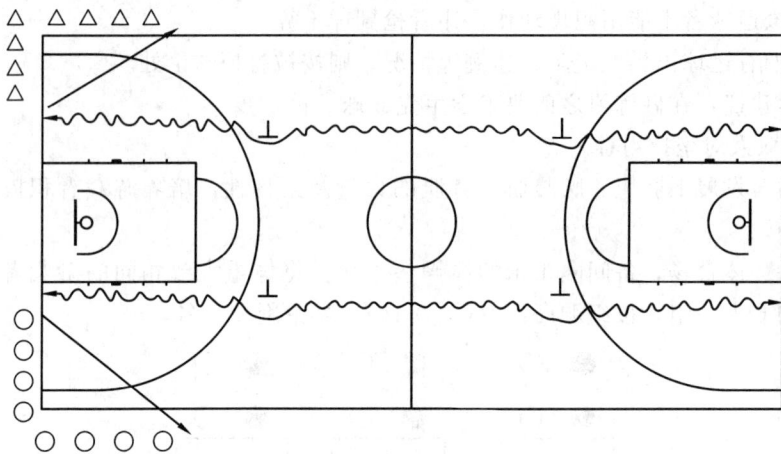

图 9-15

游戏开始后，从排头起每个队员按图中路线依次把球运至立柱，以规定动作做运球突破，返回时仍按原路线和动作进行，并以手递手方式把球交给下一个队员，直至全队每人轮1次，以轮完速度快的队为胜。

规则：

(1)必须按规定要求在立柱前运球突破，否则判为犯规。

(2)必须以手递手的方式把球交给下一个队员，否则判为犯规。

(3)运球至前场后必须有一脚踩端线才能折回，否则判为犯规。

（4）犯规者的运球被视为无效运球，必须重跑 1 次。

教学建议：

（1）可有意识地把多个运球动作综合起来，例如：去的时候用运球急停急起，返回时用体前换手、变方向等。

（2）可以把以下动作作为规定运球动作，如运球急停急起、体前换手变向运球、运球后转身、胯下运球、背后运球。

33. 投篮加罚比赛

目的：提高队员在快速移动后的罚球命中率。

准备：篮球 2 个，球场一块。

方法：将学生分成人数相等的两个队，成纵队分别站在篮球场中线两端的两侧。各队排头持球。听信号后，两队排头快速运球到前场上篮投中，再到罚球线罚中一球，然后再快速返回，将球递交给下一名队员。如此继续进行，直到每个人做完。以先完成的队为胜。

规则：

（1）每次投篮和罚球都必须投中为止。

（2）投篮方式不限。

（3）返回时必须过中线才能递交球。

教学建议：此游戏可采用计分方式（投中 2 分，罚中 1 分）。因此，每人只有一次上篮和罚球的机会，最后以得分多少决定胜负。

34. 起动比快

目的：提高起动速度。

准备：篮球若干个。

方法：将学生分成两队，每队再分成人数相等的甲、乙两组，每队的两组成纵队，分别相对站在篮球场的中线和端线外。听到信号后，各队甲组的第一人立即快速起跑，至对面乙组，用手触及乙组第一人的手；乙组第一人又照此起动，跑到对面用手触及甲组第二人。依次连续进行直至最后一人做完为止。跑得快的一队为胜。

规则：

（1）各组队员必须站在中线与端线外，不得踩线。

（2）未被击拍不得起动。

教学建议：

（1）游戏可采用队员面向侧前方或背对前方的起动。

（2）游戏人数较多时可 3 队或 4 队同时进行。

35. 端线篮球

目的：加快运球速度，提高控球能力。

准备：一个篮球。

方法：在篮球场两条端线内 2 米处，各画一条与端线平行的线，平行线与端线之间为接球区。将学生分成人数相等的两个队（每队约 6～10 人），各队派一人站在对方接球区内，作为接球员，其余队员分散在球场内。游戏开始，先在中圈跳球，然后双方队员组织进攻或防守。进攻队通过传球与运球，力求将球传给在对方接球区内的接球员，接球员接到一个球，该队就得 1 分，一队得分后，由另一队在端线外掷界外球继续比赛。防守队如截得球则转守为攻。在规定时间内，以得分多者为胜（图 9-16）。

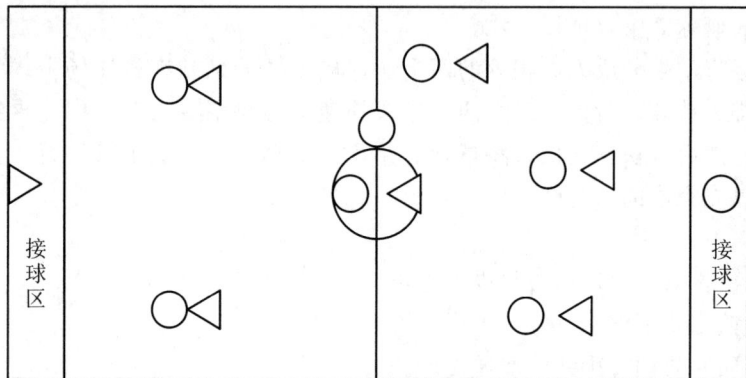

图 9-16

规则：

（1）球出界后，由对方队员在出界处掷界外球，界外球不能直接传给接球员。

（2）在端线发球时，对方接球员不得干扰或抢球。

（3）其他规则同篮球规则。

教学建议：如果学生多，40 或 50 人以上，为了节省时间可以横排一组。

36. 障碍运球

目的：提高曲线运球技术。

准备：篮球 3 个。

方法：将学生分成人数相等的 3 个组，分别围绕篮球场内 3 个圆圈线外 50 厘米处等距站立。每组有一人持球。听到信号后，持球队员在本组队员间绕着穿插运球，达到排尾后，将球传给前一名队员。下一人按上述方法继续进行，直到每人轮过一次，先完成的为胜。

规则：

（1）运球队员脚不得踩圆圈线，违者重新开始。

（2）最后一名队员运球结束后，在原来起点的位置上把球高举才算完成。

教学建议：此游戏可改用左、右手运球绕圈前进。

37. 跳投比赛

目的：提高投篮命中率，提高对篮板球的判断能力。

准备：篮球场1个，篮球2个。

方法：将队员分为两队，分别在底线零度角(45度角或弧顶也可)成纵队排好，排头队员手持一球。游戏开始后，排头队员原地跳投，投中得2分，并可在篮下再跳投一次，如投中再得1分；若原地跳投不中则扣1分，且不允许到篮下跳投。投篮后自抢篮板球传给下一名队员。如此反复进行，全队先得30分者为胜。游戏时，每队派一名队员为本队计分。

规则：在篮下的跳投，必须是在3秒区内获得篮板球才能投，3秒区外拿到篮板球不能投，只能传球给下一名队员。

教学建议：注意投篮稳定性。

38. 拦抢运球

目的：发展反应速度，提高大脑的灵活性，提高篮球的战术运用及集体配合的能力。

准备：利用篮球场地，备篮球2个。将游戏者分成人数相等的甲、乙两队，每队再分两组。如图9-17所示，甲队一、二组分别站在场地前两端，乙队一、二组分别站在场地后两端准备。本游戏需裁判员2名。

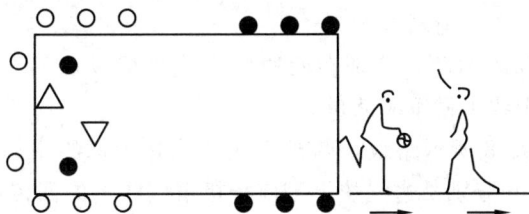

图 9-17

方法：当裁判员发出"开始"口令后，甲队的第一位运球者从端线向前运球前进，乙队第一人在中线处防守。运球者可运用各种方法运球摆脱防守，防守者也可运用各种防守步法尽力抢、打、断甲队游戏者的运球。如乙队拦抢到甲队的运球，则甲队游戏者结束比赛，裁判员再组织甲、乙队游戏者重复上述比赛。第二轮两队交换角色。按运球成功的次数排列各队名次。

规则：

(1)运球者由一端将球顺利运到另一端则胜，否则截球游戏者胜。

(2)截球员在截球中，要遵守篮球规则，如故意犯规则罚下，判运球者胜。

(3)运球者如出现运球犯规，截球者胜。

教学建议：

(1)运球者要控制好球，并根据防守者的动作灵活程度运用各种运球方法，加上闪躲、假动作、突破、各种转身来保护好球。

（2）运球者运球时尽量采用低运球，以利护球。

（3）拦抢者要积极主动地进行拦抢，并根据运球者的运球速度、方向，灵活变化防守步法，看好球路加以破坏和拦抢，努力将球截到手。

39. 拾、放球投篮接力

目的：提高在快速跑中捡地面的球运球上篮的能力。

准备：篮球若干个。

方法：将学生分成人数相等的两个队，成横队分别站在两端线处。中线两端各放一个篮球。听到信号后，各队排头快速跑到中线，捡起地上的球，快速运球上篮，投中后按原路线运球到中线，把球放在原处地面，然后跑回端线，用手触及第二人的手。下一人依次进行，直到全队做完。最后以速度快的队为胜。

规则：

（1）每次投篮必须投中才能返回。

（2）前一队员跑回端线用手触及下一名队员的手后，下一名队员才能起动。

（3）放球时球必须放稳，如有移动必须由放球队员重新放好。

教学建议：可经常调换方向，使左右手都得到锻炼。

40. 长传快下上篮

目的：提高长传的准确性及快攻时的快下上篮技术。

准备：篮球场1个，篮球2个。

方法：将队员分成两队，分别在两边的端线外成纵队站好，排头手持一球，每队派一名队员在中线上做策应队员。

发令后，如图9-18所示路线，两排头在端线外传球给中场的策应队员（同比赛时的发端线球），并分别沿边线快下至前场接策应队员的回传球上篮，命中后自抢篮板球并立即长传给本队的下一名队员，然后从边线外面跑步归队。以下队员按此法依次进行。全队做完，快者为胜。

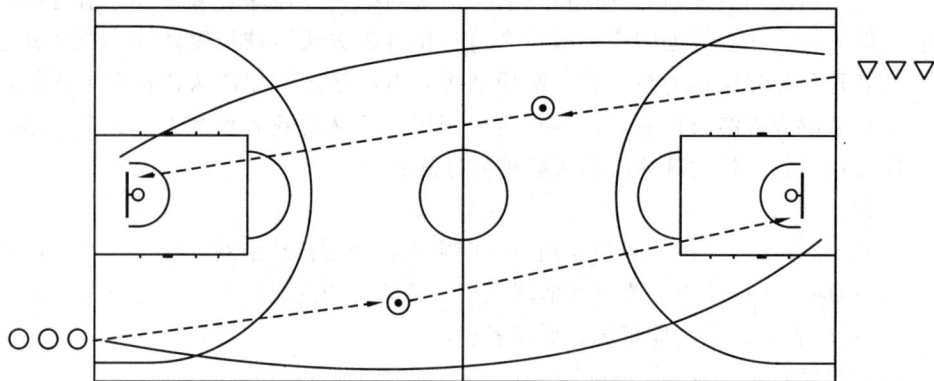

图 9-18

规则：

(1)在端线外传球给策应队员时不得踩线。

(2)上篮必须投中，不中再投，直至中篮。

(3)向回长传时，要原地传，不能运球，不得走步违例。

教学建议：场外设置专门的拾球队员。

本 章 小 结

　　体育游戏是以集体进行身体练习为内容，用游戏的形式达到健身娱乐的特殊锻炼手段。

　　篮球运动游戏既遵循体育游戏的一般规律也有其自身的特点：首先，它具有教育与娱乐的双重作用，使参加者在德、智、体、美诸方面获得全面发展；其次，它的内容丰富多彩，不受年龄、性别、职业等的限制，符合青少年心理、生理特点。篮球运动游戏，不仅具有趣味性，能体现集体意志，发挥个人特长，而且是体育教师用做准备活动的有效手段。

　　因此，篮球运动游戏在编排和应用时既要遵循其自身的原则也要体现其特点。

>>>>>>>>>>>>>>>>>>>>>>>>>> 练习与思考 <<<<<<<<<<<<<<<<<<<<<<<<<<<<

1. 体育游戏的作用有哪些？

2. 体育游戏的分类有哪几类？

3. 体育游戏的创编原则是什么？

4. 你能编排出两项篮球运动游戏吗？

第十章 篮球竞赛基本规则与编排

内 容 提 要

介绍篮球规则，包括违例、犯规等。详细阐述篮球竞赛的组织与实施，具体包括篮球竞赛的编排方法及其实施方案。

学习目标：

(1)理解和掌握篮球规则。

(2)具备一定的临场裁判能力。

(3)能够组织一般性群众篮球比赛。

学习重点：

(1)篮球规则。

(2)临场裁判。

(3)竞赛编排。

第一节 篮球竞赛规则

一、比赛

(1)篮球比赛：篮球比赛由两个队参加，每队出场 5 名队员，每队的目标是将球投进对方球篮得分，并阻止对方队得分。

篮球比赛由裁判员、记录台人员和技术代表管理。

(2)球篮：本方和对方。

被某队进攻的球篮是对方的球篮，由某队防守的球篮是本方的球篮。

(3)比赛的胜者。在比赛时间结束时得分较多的队，是比赛的胜者。

二、比赛通则

(一)比赛时间，比分相等和决胜期(加时节)

(1)比赛应由 4 节组成，每节 10 分钟。

(2)在第 1 节和第 2 节(第一半时)之间，第 3 节和第 4 节(第二半时)之间以及每一决胜期之间应有 2 分钟的比赛休息时间。

（3）第 2 节与第 3 节的半场休息时间应为 15 分钟。

（4）在比赛预定开始之前，应有 20 分钟的比赛休息期间。

（5）一次比赛休息期间开始：比赛预定的开始之前 20 分钟；当结束一节的比赛后计时钟信号响时。

（6）一次比赛休息期间结束：在第 1 节的开始，当球在跳球中被一名跳球队员合法拍击时；在所有其他节的开始，当球在掷球入界中触及一名场上队员或被场上队员合法触及时。

（7）如果在第 4 节比赛时间终了时比分相等，为打破平局，需要一个或多个 5 分钟的决胜期来继续比赛。

（8）如果结束比赛时间的比赛计时钟信号响时或恰好之前发生了犯规，在比赛时间结束之后应执行最后的罚球。

（9）如果作为此罚球的结果需要一个决胜期，那么，在比赛时间结束后发生的所有犯规应被视为在比赛休息期间发生的，在决胜期开始之前应执行罚球。

（二）比赛或节的开始和结束

（1）在跳球中，当球被一名跳球队员合法拍击时第 1 节开始。

（2）掷球入界后，当球触及一名场上队员或被场上队员合法触及时所有其他的节开始。

（3）如果某一球队在场上准备比赛的队员不足 5 名，比赛不能开始。

（4）对所有的比赛，在秩序册中命名的第一队（主队）应拥有对着比赛场地的记录台左侧的球队席和它的本方球篮。然而，如果两队同意，它们可互换球队席和球篮。

（5）在第 1 节和第 3 节之前，球队有权利在对方的球篮所在的半场做赛前准备活动。

（6）为进行第二半时的比赛，球队应交换球篮。

（7）在所有决胜期中，球队应朝向第 4 节中相同的球篮继续比赛。

（8）当结束比赛时间的比赛计时钟信号响时，一节、决胜期或比赛应结束。

（三）球的状态

1. 球可以是活球或死球

（1）球成活球。当跳球中，球被一名跳球队员合法拍击时；罚球中，罚球队员可处理球时；掷球入界中，掷球入界队员可处理球时。

（2）球成死球。当任何投篮或罚球中篮时；裁判员鸣哨时；在一次罚球中球明显不会进入球篮，且该次罚球后接着有另一（多次）罚球时；进一步的罚则（罚球和/或掷球入界）时；比赛计时钟信号响以结束每节时；某队控制球 24 秒钟装置信号响时；投篮中飞行的球在下述情况后被任一队的队员触及时，如裁判鸣哨时，比赛计时钟信号响以结束每节时，24 秒钟装置信号响时。

2. 出现下列情况,球不成死球

如中篮算得分,当:

(1)投篮的球在飞行,并且裁判员鸣哨,比赛计时钟信号响以结束每节。

(2)24秒钟装置信号响,球在空中飞行。

(3)罚球的球在飞行,裁判员因除罚球队员之外的任何规则违犯而鸣哨时。

(4)对方队员在做投篮动作并控制球时,一名队员对其他对方队员犯规,并且他在连续运动完成犯规发生前已开始的投篮。

(5)24秒装置信号响,做了一个完全新的投篮动作。

(四)队员和裁判员的位置

(1)一名队员的位置由他正接触着的地面所确定:当队员跳起在空中时,他保持当他最后接触地面时所拥有的相同位置,这包括界线、中线、3分线、罚球线和标定限制区的各线。

(2)一名裁判员的位置的确定与一名队员的位置的确定相同:当球触及裁判员时,如同触及裁判员所位于的地面一样。

(五)跳球和交替拥有

1. 定义

(1)在第1节开始时,一名裁判员在中圈,在任何两名互为对方的队员之间将球抛起,一次跳球发生。

(2)当双方球队各有一名或多名队员有一手或两手紧握在球上,以致不采用粗野动作任一队员就不能获得控制球时,一次争球发生。

2. 程序

(1)每一跳球队员的双脚应站立在靠近本方球篮的中圈半圆内,一脚靠近中线。

(2)如果一名对方队员要求占据其中一个位置,同队队员不得围绕圆圈占据相邻的位置。

(3)裁判员应在两名互为对方的队员之间将球向上(垂直地)抛起,其高度超过任一队员跳起能达到的高度。

(4)在球到达它的最高点后,球必须被一名或两名跳球队员用手拍击。

(5)在球被合法拍击前,任一跳球队员都不应离开他的位置。

(6)在球触及非跳球队员之一或地面前,任一跳球队员都不得抓住球或拍击球超过两次。

(7)如果球未被至少一名跳球队员拍击,则应重新跳球。

(8)在球已被拍击前,非跳球队员的身体部分不得在圆圈上或圆圈(圆柱体)上方。

(9)违反第(1)、(4)、(5)、(6)、(8)是违例。

3. 跳球情况

一次跳球情况发生：当宣判了一次争球；球出界，并且裁判员们对谁是最后触及球的队员拿不准或有争执；在最后一次或仅有一次不成功的罚球中，双方队员罚球违例发生；一个活球停在球篮支架上（除去罚球之间）；当任一队既没有控制球又没有球权时球成死球；在抵消了双方球队的相等罚则后，没有留下其他要执行的罚则，以及在第一次犯规或违例之前任一队既没有控制球也没有球权时；除第1节外，所有节将开始时。

4. 交替拥有

(1)交替拥有是以掷球入界而不是以跳球来使球成活球的一种方法。

(2)在所有跳球情况中，双方球队将交替拥有在最靠近发生跳球情况的地点掷球入界权。

(3)在第1节开始的跳球后未在场上获得控制活球的队应开始交替拥有。

(4)在任一节结束时对下一次交替拥有权的队应在记录台对面的中线的延长部分以掷球入界开始下一节。

(5)交替拥有开始，当掷球入界队员可处理球时开始。交替拥有结束，当球触及一名场上队员或被他合法触及时；掷球入界队发生违例时；掷球入界中活球停在球篮支架上。

(6)应由指向对方球篮的交替拥有箭号来指明对交替拥有掷球入界有权的队。当交替拥有掷球入界结束时，箭号的方向立即反转。

(7)某队在它的交替拥有掷球入界中违例，使该队失掉交替拥有掷球入界。交替拥有箭号应立即反转，指明违例队的对方在下一次跳球情况中对交替拥有掷球入界有权。于是将球判给违例队的对方，像正常的违例（即不是交替拥有掷球入界）后一样的掷球入界继续比赛。

(8)任一球队犯规：在非第1节的一节开始之前，或在交替拥有掷球入界中，不使掷球入界队失掉交替拥有掷球入界；在开始一节的最初的掷球入界中，在球已被置于掷球入界队员可处理之后，但在球触及场上队员之前，如果这样的犯规发生，那么，则被认为是发生在比赛时间内并相应地被处罚。

(六)如何打球

1. 定义

在比赛中，球只能用手来打，并且球可向任何方向传、投、拍、滚或运，但受本规则限制。

2. 规定

(1)带球跑，故意踢或用腿的任何部分阻挡球或用拳击球是违例。然而，球偶然地接触到腿的任何部分，或腿的任何部分偶然地触及球，不是违例。

(2)在一次传球或篮板球中，从下方伸手穿过球篮并触及球，是违例。

(七)控制球

(1)球队控制开始：当该队一名队员控制一个活球(因为他正持着或运着或可处理一个活球)时。

(2)球队控制继续：当该队一名队员控制一个活球时；球在同队队员之间传递时。

(3)球队控制结束：当一名对方队员获得控制时；球成死球时；在投篮或罚球中球已离开队员的手时。

(八)队员正在做投篮动作

(1)投篮或罚球时队员手中持球，然后通过空中掷向对方球篮。

拍：用手直接把球打向对方球篮。

扣：用一手或双手迫使球向下进入对方球篮。

拍和扣也被认为是投篮。

(2)投篮动作。

①投篮动作开始：当队员开始连续运动(通常先于球离手)，根据裁判员的判断，并且他把球投、拍或扣向对方的球篮已开始了得分尝试时。

②投篮动作结束：当球已离开队员的手时，如是在空中的投篮队员，并且双脚落回地面；尝试得分的队员的手臂可能被对方队员抓住，从而阻碍他得分，甚至被认为是他做了得分尝试，在这种情况下，球离开队员的手不是本质的；在跑动的合法步数和投篮动作之间没有联系。

(3)投篮动作中的连续运动：当球在队员手中停留并已开始投篮动作(通常是向上的)时开始；在投篮尝试中须包括队员的手臂或身体的运动；如果做了一个全新的投篮动作则结束。

(九)球中篮和它的得分值

1. 定义

(1)当活球从上方进入球篮并停留在球篮内或穿过球篮是球中篮。

(2)当有极少部分的球体在篮圈中并在篮圈水平面以下时，就认为球在球篮中。

2. 规定

球已进入球篮，对投篮的队按如下计得分：一次罚球中篮计 1 分；从 2 分投篮区域中篮计 2 分；从 3 分投篮区域中篮计 3 分。

(1)在最后一次或仅有一次的罚球中，在球已触及篮圈后，在球进入球篮之前被一名进攻或防守队员合法触及，中篮计 2 分。

(2)如果队员意外地将球投入该队的本方球篮，中篮计 2 分，如同对方队的场上队员得分一样地记录。

(3)如果队员故意地将球投入该队的本方球篮，这是违例，中篮不计得分。

(4)如果队员使整个球从下方进入球篮，这是违例。

（十）掷球入界

1. 定义

由界外队员将球传入场内时，掷球入界发生。

2. 程序

（1）裁判员必须将球递交给执行掷球入界的队员或置于他可处理的地方。他也可将球抛起或反弹给执行掷球入界的队员，只要裁判员距执行掷球入界的队员不超过 4 米，并且执行掷球入界的队员是在裁判员指定的正确地点。

（2）队员应在裁判员指定的最靠近违犯或比赛中止的地点执行掷球入界，正好在篮板后面的地点除外。

（3）在非第 1 节的所有节或技术犯规、违反体育道德的犯规或取消比赛资格的犯规引起的罚球之后，随后的掷球入界应在记录台对面的中线的延长部分执行，不管最后的或仅有的罚球是否成功。队员应将双脚骑跨在中线的延长部分，并有权将球传给位于比赛场地任一处的同队队员。

（4）控制活球队的队员或有掷球入界权队的队员发生侵人犯规后，随后的掷球入界应在最靠近违犯的地点执行。

（5）每当球进入球篮，但该投篮或罚球无效，则随后的掷球入界应在罚球线的延长部分执行。

（6）投篮成功或最后一次或仅有一次的罚球成功后，非得分队的任一队员应在中篮得分的端线任一地点掷球入界。这也适用于成功的投篮或罚球后的一次要登记的暂停或任一比赛的中止之后，在裁判员将球递交给执行掷球入界的队员或将球置于他可处理后，执行掷球入界的队员可横向移动或后移，球可在端线上或端线后的同队队员之间传递，但是，当界外第一位队员可处理球时，5 秒钟计算开始。

3. 规定

（1）执行掷球入界的队员不应：球离手超过 5 秒钟；球在手中时步入场内；掷球入界的球离手后，使球触及界外；在球触及另一队员前，在场上触及球；直接使球进入球篮；球离手前或离手时，从裁判员指定的地点横向移动超过 1 米或向不止一个方向移动，然而，只要情况许可，他从界线后退多远都可以。

（2）其他队员不应：在球被掷过界线前，将身体的任何部位越过界线；当界线外侧掷球入界地点的无障碍物区域少于 2 米时，靠近执行掷球入界的队员在 1 米之内。违犯规定款即是违例。

4. 罚则

将球判给对方队员在原掷球入界的地点掷球入界。

（十一）要登记的暂停

1. 定义

教练员或助理教练员请求中断比赛是要登记的暂停。

2. 规定

(1)每次要登记的暂停应持续 1 分钟。

(2)一次暂停机会开始:当球成死球,比赛计时钟停止,以及当裁判员已结束了与记录台的联系时;如果投篮得分时,对于非得分队。

(3)一次暂停机会结束:当第 1 次或仅有一次的罚球队员可处理球时;掷球入界的队员可处理球时。

(4)在第一半时的任何时间每队可准予 2 次要登记的暂停;在第二半时的任何时间可准予 3 次要登记的暂停,以及每一决胜期的任何时间可准予 1 次要登记的暂停。

(5)未用过的要登记的暂停不得遗留给下一个半时或决胜期。

(6)除了对方队员投篮得分并且没有宣判犯规后准予的暂停外,应给首先提出暂停请求的教练员的队登记暂停。

3. 程序

(1)只有教练员或助理教练员有权请求要登记的暂停。他应与记录员建立视觉联系或亲自到记录员处清楚地要求暂停,并用手做出适当的常规手势。

(2)一次要登记的暂停请求只可在记录员发出该次暂停请求的信号之前被撤销。

(3)暂停:当裁判员鸣哨并给出暂停手势时开始;当裁判员鸣哨并招呼球队回到比赛场地上时结束。

(4)暂停机会一开始,记录员就应发出他的信号,通知裁判员已提出了要登记的暂停请求。如果某队已请求了要登记的暂停,在对方队投篮得分时,计时员应立即停止比赛计时钟并发出他的信号。

(5)在暂停期间(以及第 2 节、第 4 节或每一决胜期开始之前的比赛休息期间),队员们可以离开比赛场地并坐在球队席上,被允许在球队席区域内的人员可以进入场地,只要这些球队成员留在他们的球队席区域附近。

4. 限制

(1)由一个犯规罚则带来的罚球或多次罚球之间或之后不允许要登记的暂停,直到一个比赛的钟表运行片段之后球再次成死球为止。

例外:在多次罚球之间宣判了犯规。这种情况下,多次罚球应完成,在新的犯规罚则执行之前准予暂停;在最后一次或仅有一次的罚球后,在球成活球前宣判了一起犯规,这种情况下,在执行新的犯规罚则之前准予暂停;在最后一次或仅有一次的罚球后,在球成活球前宣判了一起违例,其罚则是跳球或掷球入界;如果一个以上的犯规罚则造成连续的罚球单元或球权,每个单元分别处理。

(2)在第 4 节的最后 2 分钟或每一决胜期的最后 2 分钟内,在一次投篮成功后比赛计时钟停止时,得分的队不应被准予一次要登记的暂停,除非裁判员已中断了比赛。

（十二）替换

1. 定义

替补队员请求中断比赛是替换。

2. 规定

（1）在替换机会期间球队可以替换队员。

（2）一次替换机会开始：当球成死球，比赛计时钟停止，以及当裁判员已结束了与记录台的联系时；在第 4 节的最后 2 分钟或每一次决胜期的最后 2 分钟内，投篮得分时，对于非得分队。

（3）一次替换结束，当第 1 次或仅有一次的罚球队员可处理球时；掷球入界的队员可处理球时。

（4）队员已成为替补队员或替补队员已成为队员，分别不能重新进入比赛或离开比赛，直到一个比赛的钟表运行片段之后球再次成死球为止。

例外：某队场上队员已被减缩到少于 5 名；涉及纠正失误的队员已被合法地替换后坐在球队席上；受伤、接受治疗的队员或正在流血的队员在暂停期间恢复了。

3. 程序

（1）只有替补队员有权请求替换。他（不是教练员或助理教练员）应到记录台清楚地要求替换，用手做出适当的常规手势或坐在替换椅子上。他必须立即做好比赛的准备。

（2）一次替换请求只可在记录员发出该次替换请求的信号之前被撤销。

（3）替换机会一开始，记录员就应发出他的信号通知裁判员已提出了替换请求。

（4）替补队员应停留在界线外，直到裁判员给出替换手势或招呼他进入比赛场地。

（5）已被替换的队员不必向裁判员或记录员报告，允许直接去他的球队席。

（6）替换应尽可能快地完成。已发生第 5 次犯规或已被取消比赛资格的队员必须立即被替换（大约 30 秒钟）。根据裁判员的判断，如果有不合理的延误，应给违犯的队登记一次暂停。如果该队没有剩余的要登记的暂停，可登记教练员一次技术犯规。

（7）如果在一次要登记的暂停或比赛休息期间中请求替换，该替补队员必须在进入比赛前向记录员报告。

（8）罚球队员可被替换，只要在第 1 次或仅有一次的罚球替换机会结束之前请求替换；在最后一次或仅有一次的罚球后球成死球。如果罚球队员在最后一次或仅有一次的罚球后球成死球之后被替换，对方队也可以进行一次替换，只要该请求在最后一次或仅有一次的罚球球成活球之前提出。

(9)罚球队员必须被替换：当他受伤了；他已发生5次犯规；他已被取消比赛资格。

4. 限制

(1)由一个犯规罚则带来的罚球或多次罚球之间或之后不允许替换，直到一个比赛的钟表运行片段之后再次成死球为止。

例外：在多次罚球之间宣判了犯规。这种情况下，多次罚球应完成，在新的犯规罚则执行之前允许替换；在最后一次或仅有一次的罚球后，在球成活球前宣判了一起犯规，这种情况下，在执行新的犯规罚则之前允许替换；在最后一次或仅有一次的罚球后，在球成活球前宣判了一起违例，这种情况下，其罚则是跳球或掷球入界；如果一个以上的犯规罚则造成连续的罚球单元，每个单元分别处理。

(2)在第4节的最后2分钟或每一决胜期的最后2分钟内，在一次成功的投篮后比赛计时钟停止时，不允许得分队替换，除非裁判员中断比赛或非得分队已被准予了替换。

(十三)比赛因弃权而告负

1. 规定

球队由于弃权应判比赛告负，如果在预定的开始时间后15分钟，球队不到或不能使5名队员入场准备比赛；它的行为阻碍比赛继续进行；在主裁判员通知比赛后拒绝比赛。

2. 罚则

(1)判给对方队获胜，且比分为20∶0。此外，弃权的队在名次排列中应得0分。

(2)对于两场比赛(主和客)总比分定胜负的一组比赛和季后赛(三战定胜负)，在第一场、第二场或第三场比赛中弃权的队应使该组比赛或季后赛因"弃权"告负。这不适用于季后赛(五战定胜负)。

(十四)比赛因缺少队员而告负

1. 规定

在比赛中，如果某队在场上准备比赛的队员少于2名，该队由于缺少队员应使比赛告负。

2. 罚则

(1)如判获胜的队领先，则在比赛停止时的比分应有效。如判获胜的队不领先，则比分应记录为2∶0，对该队有利。此外，缺少队员的队在名次排列中应得1分。

(2)对于两场比赛(主和客)总分定胜负的一组比赛，在第一场或第二场比赛中缺少队员的队应使该组比赛因"缺少队员"告负。

三、犯规

（一）定义

（1）在一场篮球比赛中，10 名队员快速移动在一个有限的空间内，身体接触不可避免。

（2）犯规是对规则的违犯，含有与对方队员的非法身体接触或违反体育道德的举止。

（3）一个队可被宣判任何数量的犯规，不考虑罚则，犯规者的每一次犯规应被登记，记入记录表并相应地被处罚。

（二）接触的一般原则

1. 圆柱体原则

圆柱体原则是指一名站在地面上的队员占据一个假想的圆柱体内的空间。它包括该队员上面的空间，并受下列限定：

前面由手的双掌，后面由臀部，两侧由双臂和双腿的外侧组成。双手和双臂可以在躯干前面伸展，其肘部的双臂弯曲不超过双脚的位置，因此两前臂和双手是举起的。他的双脚间的距离应按照他的高度变化。

2. 垂直原则

在比赛中，每一队员都有权占据未被对方队员已经占据的任何场上位置（圆柱体），这个原则保护队员所占据的地面空间和当他在此空间内垂直跳起时的上方空间。

队员一离开他的垂直位置（圆柱体）并与已经建立了自己的垂直位置（圆柱体）的对方队员发生身体接触，离开他的垂直位置（圆柱体）的队员就对此接触负责；防守队员垂直地离开地面（在他的圆柱体内）或在他自己的圆柱体内把双手和双臂伸展在他的上方，则不必判罚。无论是在地面上或在空中的进攻队员不应用下列方式与处于合法防守位置的防守队员发生接触：用他的手臂为自己创造额外的空间（清除障碍）；在投篮时或刚投篮之后伸展他的双脚或双臂去造成接触。

3. 合法防守位置

一名防守队员已建立了最初的合法防守位置，当他正面对他的对手，并且他的双脚着地。合法防守位置从地面到天花板垂直地在他上方（圆柱体）伸展。他可将他的双臂和双手举过头或垂直跳起，但是他必须在假想的圆柱体内使手和臂保持垂直的姿势。

4. 掩护

掩护是试图延误或阻止一名没有球的对方队员到达希望到达的场上位置。

（1）合法的掩护：是当正在掩护对手的队员发生接触时是静止的（在他的圆柱体内）；发生接触时双脚着地。

（2）非法的掩护：是当正在掩护对手的队员发生了接触时正在移动，并且发生了接触时是在静止对手的视野之外做掩护，没有给出足够的距离。

5. 撞人

撞人是有球或无球队员推进或移动到对方队员躯干上的非法身体接触。

6. 阻挡

阻挡是阻碍有球或无球对方队员进行的非法身体接触。

7. 背后非法防守

背后非法防守是防守队员从对方队员的背后与其发生的身体接触。防守队员正试图去抢球的事实，不证明从背后与对方队员发生接触是正当的。

8. 拉人

拉人是干扰对方队员移动自由的非法身体接触。这种接触（拉人）能用身体的任何部位来发生。

9. 推人

推人是队员用身体的任何部位强行移动或试图移动控制或未控制球的对方队员时发生的非法身体接触。

（三）侵人犯规

1. 定义

侵人犯规是队员与对方队员的接触犯规，无论球是活球或是死球。队员不应通过伸展他的手、臂、肘、肩、髋、腿、膝或脚来拉、阻挡、推、撞、绊、阻止对方队员行进；以及不应将其身体弯曲成"反常的"姿势（超出他的圆柱体）；也不应放纵任何粗野或猛烈的动作。

2. 罚则

对没有做投篮动作的队员发生犯规：对方队员在最靠近违犯的地点掷球入界。如果犯规的队处于全队犯规处罚状态，则执行 2 次罚球。对做出投篮动作的队员发生犯规：如果投篮成功，应计得分并判给 1 次追加的罚球。如没进则看投篮队员所处的投篮区域相应处罚。2 分区域投篮被犯规，罚球 2 次。3 分区域投篮被犯规，罚球 3 次。

（四）双方犯规

定义：双方犯规是两名互为对方的队员大约同时相互发生侵人犯规的情况。

（五）违反体育道德的犯规

定义：根据裁判员的判断，一名队员不是在规则的精神和意图的范围内合法地试图去直接抢球，发生的接触犯规是违反体育道德的犯规。违反体育道德犯规在贯穿整场的比赛中必须解释一致。

（六）技术犯规

定义：

（1）技术犯规是包含（但不限于）行为性质的队员非接触犯规：不顾裁判员警

告；没有礼貌地触犯裁判员、技术代表、记录台人员或球队席人员；与裁判员或技术代表、记录台或对方队员的交流中没有礼貌；使用很可能冒犯或煽动观众的语言和举止；戏弄对方队员或在他的眼睛附近摇手妨碍其视觉；在球穿过球篮之后，故意地触及球以延误比赛；阻碍迅速地执行掷球入界以延误比赛；倒下以伪造一次犯规；悬吊在篮圈上，致使队员的重量由篮圈支撑，除非扣篮后，队员瞬间地抓住篮圈，或者根据裁判员的判断，如果他正试图防止自己或另一名队员受伤；在最后一次或仅有一次的罚球中由一名防守队员干涉得分或干扰，应判给进攻的队1分，随后给防守队员登记一次技术犯规罚则。

（2）教练员、助理教练员、替补队员或随队人员的技术犯规是与裁判员、技术代表、记录台人员或对方队员交流中没有礼貌或触犯他们的犯规。或是一次程序上的或管理性质的违犯。

四、违例

（一）定义

违例是违犯规则。

（二）罚则

将球判给对方队员在最靠近发生违例的地点掷球入界，正好在篮板后面的地点除外，除非本规则另有规定。

（三）队员出界和球出界

1. 定义

（1）当队员身体的任何部分接触界线上、界线上方或界线外的除队员以外的地面或任何物体时，即是队员出界。

（2）当球触及了下列物体即是球出界：在界外的队员或任何其他人员；界线上、界线上方或界线外的地面或任何物体；篮板支撑架、篮板背面或比赛场地上方的任何物体。

2. 规定

（1）在球出界甚至球触及了除队员以外的其他物体而出界之前，最后触及球或被球触及的队员是使球出界的队员。

（2）如果球出界是由于触及了界线上或界线外的队员或被他所触及，是该队员使球出界。

（3）在争球期间，如果队员移动到界外或他的后场，一次跳球情况发生。

（四）运球

1. 定义

（1）当在场上已获得控制活球的队员将球掷、拍、滚或运在地面上，并在球触及另一队员之前再次触及球为运球开始；当队员双手同时触及球或允许球在一手或双手中停留时运球结束；在运球的时候球可被掷向空中，只要掷球的队员是用手触及球之前球触及地面或另一队员；当球不与队员的手接触时，队员可行进的步数不受限制。

（2）队员偶然地失掉和随后在场上恢复控制活球，被认为是漏接球。

（3）下列情况不是运球：连续投篮；一次运球的开始或结束时漏接球；从其他队员的附近用拍击球来试图获得控制球；拍击另一队员控制的球；拦截传球并获得控制球；只要不发生带球走违例，将球在两手之间抛接并在球触及地面前允许在手中停留。

2. 规定

队员第一次运球结束后不得再次运球，除非在两次运球之间他在场上已失去了控制活球以后，由于投篮；被对方队员触及球；传球或漏接，然后触及了另一队员或被另一队员触及。

（五）带球走

1. 定义

（1）当队员在场上持着一个活球，其一脚或双脚超出本规则所述的限制向任一方向非法移动是带球走。

（2）在场上正持着一个活球的队员用同一脚向任一方向踏出一次或多次，而其另一脚（称为中枢脚）不离开与地面的接触点时为旋转（合法移动）。

2. 规定

（1）对在场上接住活球的队员确立中枢脚。

①双脚站在地面上时，一脚抬起的瞬间，另一脚成为中枢脚。

②移动或运球时，如果一脚正触及地面：a. 一旦另一脚触及地面时，原先那只脚成为中枢脚；b. 队员可以跳起那只脚并双脚同时落地，则哪只脚都不是中枢脚。

如果双脚离地并且队员：a. 双脚同时落地，则任一脚都可以是中枢脚。一脚抬起的瞬间，另一脚成为中枢脚；b. 两脚分先后落地，则先触及地面的脚是中枢脚；c. 一脚落地，队员可以跳起那只脚并双脚同时落地，那么，哪只脚都不是中枢脚。

（2）对在场上控制了活球并已确立中枢脚的队员的带球行进双脚站在地面上时：

①开始运球，在球出手之前中枢脚不得抬起；传球或投篮，队员可跳起中枢脚，但在球出手之前任一脚不得落回地面。

②移动或运球时：开始运球，在球出手之前中枢脚不得抬起；传球或投篮，队员可跳起中枢脚并一脚或双脚同时落地，但跳起中枢脚后在球出手之前任一脚不得落回地面。

③停止时哪只脚都不是中枢脚：开始运球，在球出手之前哪只脚都不得抬起；

传球或投篮，一脚或双脚可提起，但在球出手前不得落回地面。

（3）队员跌倒、躺或坐在地面上。

当一名队员持球跌倒、躺或坐在地面上获得控制球是合法的。如果此后该队员持着球滑动、滚动或试图站起来是违例。

（六）3秒钟

1. 规定

（1）当某队在前场控制活球并且比赛计时钟正在运行时，该队的队员不得停留在对方队的限制区内超过持续3秒钟。

（2）下列情况应被默许：他试图离开限制区；他或同队队员在做投篮动作。

（七）5秒钟

掷球入界时、当可处理球时，5秒钟内必须将球传出，否则违例；一名队员在场上正持着活球时、被对方队员严密防守时，必须5秒钟内传、投或运球，否则违例。

（八）8秒钟

每当一名队员在他的后场获得控制活球时，他的队必须在8秒钟内使球进入它的前场。否则违例。

（九）24秒钟

每当一名队员在场上获得控制活球时，他的队必须在24秒钟内尝试投篮，球必须触及篮圈或中篮，否则违例。

（十）球回后场

每当进攻队将球推进到前场后，当攻方的队员使球回到后场，攻方队员在后场第一时间触及球，构成球回后场违例，缺一不可。

第二节　篮球竞赛的组织和实施

篮球竞赛，无论规模大小都有众多的人在一起活动，而且带有激烈的竞争、对抗和冲突，还涉及技术、行为和标准。

在组织和管理这样广泛、复杂的社会活动中，如果没有目标、方针和协作，没有章程、规则和要求，事实上是无法正常进行的。因此，举办篮球竞赛，同从事任何一种事业、一项工作一样，其成功与失败，领导者及其策划的作用是举足轻重的。

一、篮球竞赛活动的策划和规程的制订

（一）竞赛计划

制订竞赛计划，应包括下列内容：

（1）竞赛名称；

(2)竞赛的时间和地点；

(3)竞赛的目的和方针；

(4)组织机构方案(部门设立、人员配置及开始工作的时间)；

(5)参赛单位(包括领队、教练员、运动员、裁判员、工作人员的总人数估计及财务预算方案)；

(6)录取名次和奖励(含奖品设计、制作及发奖办法)；

(7)裁判工作(含所需裁判员的数量、等级及集训办法)；

(8)场地、器材准备(含竞赛、后勤部门工作计划及进度表)；

(9)后勤保障工作(含后勤部门工作计划及进度表)；

(10)开、闭幕式方案(含秘书部门工作计划及进度)。

(二)竞赛规程

制订竞赛规程，应包括下列内容：

(1)竞赛日期和地点；

(2)参加单位；

(3)报名办法；

(4)竞赛办法；

(5)竞赛规则；

(6)录取名次与奖励；

(7)比赛服装；

(8)训练；

(9)报名与报到；

(10)裁判员、技术代表与仲裁委员会。

如果举办国际锦标赛或邀请赛，还应向参赛单位提供英文本的竞赛规程。

二、竞赛的报名注册与资格审查

球队的报名注册与资格审查是组织竞赛的重要事项。由于它关系到竞赛的编排、场地的准备和住宿的安排，主办单位需要及早地确定参赛的队数和人数。报名通常采用两次报名的办法，即：第一次报名，在规定的时间内报告队名及人数；第二次报名，在规定时间内以书面形式将详细的报名名单送交主办单位。

为了避免在比赛过程中对运动员资格产生争议，在竞赛规程中对参赛资格应做出明确的规定。在重大比赛前，必须做好资格审查工作，由组委会及技术委员会的负责审查。如发现有不符合参赛资格规定的问题，他们有权取消该运动员的参赛资格。

三、篮球竞赛的编排方法和实施方案

篮球竞赛有三种基本的竞赛制度(方法)：循环制、淘汰制和混合制。这三种竞赛制度(方法)本身都各有利弊，要根据球队多少、比赛期限长短、场地多少等因素来决定，以达到最佳效果。

（一）循环制

循环制，是每个队都能和其他队比赛一次或两次，最后按成绩计算名次。这种竞赛方法比较合理、客观和公平，有利于各队相互学习和交流经验。

循环制，包括单循环、双循环和分组循环三种方法。

1. 单循环

单循环，是所有参加比赛的队均能相遇一次，最后按各队在全部比赛中的积分、得失分率排列名次。如果参赛球队不多，而且时间和场地都有保证，通常都采用这种竞赛方法。

2. 双循环

双循环，是所有参加比赛的队均能相遇两次，最后按各队在两个循环的全部比赛中的积分、得失分率排列名次。如果参赛队少，或者为了创造更多的比赛机会，通常采用双循环的比赛方法。

3. 分组循环

分组循环，是将所有参加比赛的队先分成若干个小组进行第一阶段预赛，然后每组的优胜队之间再进行第二阶段的决赛，决定第一名和以下的名次。在分组预赛中采用单循环的比赛方法，在决赛中可采用单循环赛、同名次赛、交叉赛等，故也称这种竞赛方法为混合循环制或"两阶段制"，它适用于有较多的队参加的竞赛，可以在不长的期限内较合理、较公平地完成竞赛任务。

（二）淘汰制

淘汰制，是参加比赛的队经过一次或两次失败后即被淘汰。获胜的队继续比赛，一直到取得最后的胜利。这种竞赛方法，适用于比赛队数多、比赛期限短、对名次要求不甚严格的竞赛。

（三）混合制

每种竞赛制度(方法)都有其自身的优缺点，如果将其混合起来使用，就会扬长避短，相辅相成，取得较好的效果。混合制就是在同一竞赛中分阶段采用循环制和淘汰制的竞赛方法。

（四）篮球竞赛秩序册

篮球竞赛秩序册，顾名思义，是关于篮球竞赛的日程、轮次、规定等内容的小册子，它虽然不是法则，但由于所包含的内容重要，因此也是所有参加篮球竞赛的人员必须遵守的规定性文件。

篮球竞赛秩序册通常包括下列内容：

(1)篮球竞赛规程；

(2)组织委员会(或竞赛委员会)名单；

(3)裁判员名单；

(4)总日程表；

(5)竞赛日程；

(6)代表队名单；

(7)成绩记录表。

秩序册有时还包括开闭幕式程序、场地图、上届比赛成绩等。

秩序册的封面，除印有竞赛的时间、地点外，还应印有象征竞赛目的和意义的标记(会标)，如是国际比赛，尚需印有英文名称等。为便于携带，秩序册应以小开本为好。

第三节　裁判员、记录台人员和技术代表的职责和权力

裁判员应由一名主裁判员和一名或两名副裁判员组成。他们由记录台人员和技术代表协助工作。

记录台人员应是一名记录员，一名助理记录员，一名计时员和一名 24 秒钟计时员。一名技术代表应坐在记录员和计时员之间。比赛中，他的主要职责是监督记录台人员的工作，并协助主裁判员和副裁判员使比赛顺利进行。担任一场比赛的裁判员不应与场上任一队有任何方式的联系。裁判员的服装应由裁判员汗衫、黑色长裤、黑色袜子和黑色篮球鞋组成。裁判员和记录台人员应着装一致。

一、主裁判员：职责和权力

(1)检查和批准在比赛中使用的所有器材。

(2)指定正式比赛的计时钟、24 秒钟装置、计秒表并确认记录台人员。

(3)从主队提供的至少 2 个用过的球中挑选比赛球。如果 2 个球中没有一个适宜作为比赛用球，他可挑选最好质量的合用的球。

(4)不允许任何队员佩戴可能对其他队员造成伤害的物品。

(5)执行跳球开始第 1 节和管理掷球入界开始所有其他节。

(6)当情况需要时有权停止比赛。

(7)有权判定某队弃权。

(8)在比赛时间结束时或在任何他认为有必要的时候，仔细地审查记录表。

(9)在比赛时间结束时认可和在记录表上签字，终止裁判员对比赛的管理和联系。裁判员应在预定的比赛开始时间前 20 分钟到达球场，此时他们的权力应开始，当裁判员批准比赛时间结束时他们的权力应结束。

(10)在早于预定的比赛开始前 20 分钟或在比赛时间结束和核查及在记录表上签字之间发生了任何弃权或队员、教练员、助理教练员或随队人员违反体育道德的行为，主裁判员必须在签字之前在记录表的反面记录该事件。在这种情况下，

篮
·
球

主裁判员必须向竞赛的组织部门送交详细的报告。

二、裁判员：职责和权力

（1）裁判员有权对不论发生在界线内或界线外包括记录台、球队席以及紧靠线后的区域所发生的对规则的违犯做出宣判。

（2）当发生一起违犯规则、一节结束或裁判员发现有必要中断比赛时，裁判员应鸣哨。在一次成功的投篮、一次成功的罚球之后或当球成活球时，裁判员不应鸣哨。

（3）当判定身体接触或违例时，裁判员应在每一个实例中注重和考虑下列基本原则。

规则的精神和意图以及坚持比赛完整的需要：运用"有利或无利"概念中的一致性，裁判员不应企图靠不必要地打断比赛的流畅来处罚附带的身体接触，况且这样的接触没有给有责任的队员以利益，也未置他的对方队员于不利。在每场比赛中运用常识的一致性，要记住有关队员的能力以及他们在比赛中的态度和行为。在比赛控制和比赛流畅之间保持平衡的一致性，对于参与者们正想做什么以及宣判什么对比赛是正确的，要有一种感觉。如果其中一队提出抗议，主裁判员（技术代表如果到场）应在比赛时间结束后的 1 小时内向竞赛的组织部门报告该抗议。如果一位裁判员受伤或因任何其他原因，在事故发生的 5 分钟内还不能继续执行职责，比赛应继续。除有可能以有资格的替补裁判员更换受伤的裁判员外，另一位裁判员应单独执裁直到比赛结束。在与技术代表商议之后；另一裁判员将决定此可能的更换。对所有的国际比赛，如果有必要用口语使宣判清楚，则应使用英语处理。

（4）每一裁判员有权在他的职责范围内做出宣判，但无权不顾或质问另一裁判员做出的宣判。

三、记录员和助理记录员的职责

应给记录员提供记录表，他应登记比赛开始时上场的队员和所有参加比赛的替补队员的姓名和号码。当有关比赛开始时上场的 5 名队员、替换队员的号码违反规则时，他应尽快通知最靠近的裁判员。

记录员应记录投篮和罚球得分以及累积分，记录登记在每个队员名下的犯规。当登记任一队员第 5 次犯规时，记录员必须立即通知裁判员。他应记录登记在每一教练员名下的犯规，当教练员被取消比赛资格时，他必须立即通知裁判员。同样，他必须立即通知裁判员某队已发生了 2 次违反体育道德的犯规并应被取消比赛资格。记录员应登记暂停。当某队已提出暂停请求，在下次暂停机会时通知裁判员。当教练员在该半时或决胜期中不再有剩余暂停时，他应通过裁判员通知该教练员。操作交替拥有的箭号来指明下一次交替拥有。在第一半时结束后由于球队在第二半时将交换球篮，记录员应立即调整交替拥有箭号的方向。举牌指明每一队员发生犯规的次数，举到双方教练员看到的程度。标志牌上有该队员发生犯规的次数。在一节中，某队第 4 次全队犯规后，当球成活球时将全队犯规标志放置在记录台靠近该队球队的一端。若实现替换，仅当球成死球，并在球再次成活球之前发出他的信号。

四、计时员的职责

应给计时员提供一块比赛计时钟和一块计秒表，并应计量比赛时间、暂停和比赛休息期间；保证一节比赛时间结束时自动和非常响亮地发出信号。如果他的信号失灵或未被听到，应立即使用任何可能的办法通知裁判员。第 3 节开始前至少 3 分钟时通知球队和裁判员。

五、24 秒计时员的职责

应给 24 秒钟计时员提供一个 24 秒钟装置，并按下列要求操作该装置。

(1)每当一队在场上获得控制活球时就开动或重新开动。

(2)下列情况一出现就停止和复位到 24 秒钟并不显示图像：

裁判员因犯规或违例鸣哨；投篮或传球的球进入球篮；投篮球触及篮圈；因为涉及控制球队的行动使比赛停止，除非对方将处于不利。

(3)某队在场上一获得控制活球就复位到 24 秒钟并显示影像和重新开动。对方队员仅仅触及球，如果同一个队仍控制球，则不开始一个新的 24 秒钟周期。

(4)当原先已控制球的同一个队由于如下的结果被判给掷球入界，停止但不复位到 24 秒钟：球出界了；一名同队队员受伤了；一次跳球情况；一次双方犯规。双方球队的相等罚则抵消。

(5)在任一节中，当某队在场上获得控制活球时，比赛计时钟的剩余时间少于 24 秒钟，则停止并关机。24 秒钟装置的信号不停止比赛计时钟或比赛，也不使球成死球，除非某队控制球。

六、裁判员的手势

在本规则中阐明的手势是唯一正式的手势，它们必须被所有的裁判员在所有的比赛中使用。记录台人员也要通晓这些手势，这是很重要的。具体手势见附录 A

本章小结

　　篮球规则与篮球运动同时产生、发展，它保障篮球运动有序正常的发展。篮球规则一方面保护合法动作的正常使用；另一方面限制某些过激行为，以使比赛顺利进行。而裁判员是篮球比赛的执行者，这就要求他们熟悉精通规则，同时还要能有效地使用规则。篮球规则已经修改过多次，每次的修改都会推动技、战术的发展，而技、战术的发展又会影响着规则修改的趋势。所以规则的规范性、合理性直接影响着篮球运动的发展。篮球裁判员的职责和要求是裁判员有效执裁篮球比赛的一个重要方面。因此，本章特别提出篮球裁判员职责和权力加以讲解。

练习与思考

1. 什么是篮球通则？
2. 如何确定持球队员的中枢脚？
3. 什么是比赛弃权告负，如何判罚？
4. 技术犯规行为有哪些，如何判罚？

附录 A　裁判员的手势

一、得分

1分

2分

3分试投

3分

取消

BNUP

二、有关计时钟手势图

计时开始

犯规停表

违例停表

BNUP

二十四秒复位

三、管理

BNUP

替换

招呼入场

暂停

相互联系

14
可见的计算
（5和8秒钟）

手指显示计算

四、违例的类型

带球走

两次运球

携带球

3秒违例

五秒违例

8秒违例

24秒违例

球回后场

故意踢球

球出界和进攻方向

跳球

五、向记录台报告一起犯规

第1步——队员的号码

第2步——犯规的类型

非法用手

阻挡

过分挥肘

拉人

拉人或徒手撞人

带球撞人

控制球队犯规

双方犯规

技术犯规

违反体育道德的犯规

取消比赛资格的犯规

篮 · 球

第 3 步——判给罚球的次数

一次罚球　二次罚球　三次罚球

或比赛的方向

控制球队
犯规后

手指指向
平行连线

六、罚球管理(2 个步骤)

第 1 步——在限制区内

一次罚球　二次罚球　三次罚球

第 2 步——在限制区外

一次罚球　二次罚球　三次罚球

附录 B 篮球比赛记录表

甲队_____ 乙队_____

比赛名称：_____ 日期：_____ 时间：_____ 主裁判员：_____
比赛编号：_____ 地点：_____ 副裁判员①_____ ②_____

甲队 _____

暂停	全队规则
上 □□□	1 2 3 4　　1 2 3 4
下 □□□	1 2 3 4　　1 2 3 4
决 □□	

队员	队员姓名	号码	上场队员	个人犯规 1 2 3 4 5 6
		4		
		5		
		6		
		7		
		8		
		9		
		10		
		11		
		12		
		13		
		14		
		15		

教练员 _____
助理教练员 _____

乙队 _____

暂停	全队规则
上 □□□	1 2 3 4　　1 2 3 4
下 □□□	1 2 3 4　　1 2 3 4
决 □□	

队员	队员姓名	号码	上场队员	个人犯规 1 2 3 4 5 6
		4		
		5		
		6		
		7		
		8		
		9		
		10		
		11		
		12		
		13		
		14		
		15		

教练员 _____
助理教练员 _____

累 记 分

甲	乙	甲	乙	甲	乙	甲	乙
1	1	41	41	81	81	121	121
2	2	42	42	82	82	122	122
3	3	43	43	83	83	123	123
4	4	44	44	84	84	124	124
5	5	45	45	85	85	125	125
6	6	46	46	86	86	126	126
7	7	47	47	87	87	127	127
8	8	48	48	88	88	128	128
9	9	49	49	89	89	129	129
10	10	50	50	90	90	130	130
11	11	51	51	91	91	131	131
12	12	52	52	92	92	132	132
13	13	53	53	93	93	133	133
15	14	52	54	94	94	134	134
15	15	55	55	95	95	135	135
16	16	56	56	96	96	136	136
17	17	57	57	97	97	137	137
18	18	58	58	99	98	138	138
19	19	59	59	99	99	139	139
20	20	60	60	100	100	140	140
21	21	61	61	101	101	141	141
22	22	62	62	102	102	142	142
23	23	63	63	103	103	143	143
24	24	62	64	104	104	144	144
25	25	65	65	105	105	145	145
26	26	66	66	106	106	146	146
27	27	67	67	107	107	147	147
28	28	68	68	108	108	148	148
29	29	69	69	109	109	149	149
30	30	70	70	110	110	150	150
31	31	71	71	111	111	151	151
32	32	72	72	112	112	152	152
33	33	73	73	113	113	153	153
34	34	72	74	114	114	154	154
35	35	75	75	115	115	155	155
36	36	76	76	116	116	156	156
37	37	77	77	117	117	157	157
38	38	78	78	118	118	158	158
39	39	79	79	119	119	159	159
40	40	80	80	120	120	160	160

记录员：_____
助理记录员：_____
计时员：_____
24″计时员：_____

得分：
第一节：甲_____ 乙_____
第二节：甲_____ 乙_____
第三节：甲_____ 乙_____
第四节：甲_____ 乙_____
决胜期：甲_____ 乙_____

主裁判员：_____
副裁判员：①_____ ②_____
球队抗议队长签名栏：

最后比分：　甲队：_____　乙队：_____
优胜队：_____

参考文献

1. 孙民治. 球类运动——篮球. 北京：高等教育出版社，2001.

2. 孙民治. 现代篮球高级教程. 北京：人民体育出版社，2005 年 6 月第 2 版.

3. 王家宏. 球类运动——篮球. 北京：高等教育出版社，2005.

4. 于振峰，李国岩. 现代篮球教学. 北京：人民体育出版社，2005.

5. 全国体育院校教材编委会. 现代篮球教程. 北京：人民体育出版社，2002 年 6 月第 2 版.

6. 于文海. 篮球. 桂林：广西师范大学出版社，1995 年 6 月第 2 版.

7. 王世安. 篮球. 北京：人民教育出版社，1998 年 1 月第 1 版.

8. [美]范希尔. 篮球技术指导. 北京：人民教育出版社，2000 年 2 月第 1 版.

9. 篮球教材编写组. 成人教育. 北京：人民教育出版社，2001 年 8 月第 4 版.

10. 王家宏等. 篮球. 北京：高等教育出版社，2001 年 7 月第 1 版.

11. 高玉柱. 篮球. 北京：中国和平出版社，1998 年 9 月第 1 版.

12. 刘玉林. 现代篮球技术教学与训练. 北京：北京体育大学出版社，1992 年 10 月第 1 版.

13. 中国篮球协会审定. 篮球. 北京：人民体育出版社，2000 年第 1 版.

14. 王金灿等. 第 1 版运动选材原理与方法. 北京：人民体育出版社，2004 年第 1 版.

15. 全国体育院校教材编委会. 现代篮球教程. 北京：人民体育出版社，2002 年 6 月第 2 版.

16. 王家宏等. 篮球. 北京：高等教育出版社，2001 年 7 月第 1 版.

17. 上海体育学院《篮球理论》编写组. 篮球理论. 上海：上海教育出版社，1999 年 9 月第 1 版.

18. 全国体育学院教材委员会. 运动训练学. 北京：人民体育出版社，2000

19. 北京体育科学学会. 教练员训练指南. 北京：人民体育出版社，1992 年第 1 版.

20. 刘玉林. 现代篮球运动研究. 北京：人民体育出版社，2005 年第 1 版.

21. 陈树华，许永刚. 篮球运动训练理论与方法. 广州：广东高等教育出版社，2000 年第 1 版.

22. 孙民治. 球类运动——篮球. 北京：高等教育出版社，1988.

23. 孙义良. 篮球运动员的竞技能力体能结构. 上海：上海体院学报，2003(2).

24. 张占海. 家庭医疗保健处方百科(1). 北京：九州出版社，2004 年 4 月.

25. 张占海. 家庭医疗保健处方百科(2). 北京：九州出版社，2004 年 4 月.

26. 孙柏枫等. 体育保健学. 北京：高等教育出版社，1994 年 4 月.

27. 郑宏伟. 运动损伤和功能恢复. 北京：人民体育出版社，2001 年 5 月.

28. 姚鸿恩. 健康教育. 桂林：广西师范大学出版社，2003 年 8 月.

29. 邓平等. 体育游戏. 北京：高等教育出版社，2000 年 8 月.

30. 龚坚. 体育游戏与健康. 重庆：西南师范大学出版社，2004 年 12 月.

31. 李淑芬，蔡锡元. 体育游戏. 北京：人民体育出版社，2003 年 3 月.

32. 黄三平. 篮球. 北京：人民体育出版社，2001 年 6 月.

33. 王光华. 篮球教练员艺术. 武汉：华中师范大学出版社，1999 年 10 月.

34. 武云化，朱国权等. 体育科研实践与理论. 北京：北京体育大学出版社，2001 年 9 月.

35. 郭广. 中国大学生篮球联赛风雨十年. 成都：西南财经大学出版社，2007 年 3 月.

36. 谭红，卢祥之等．外敷偏方．西安：陕西科学技术出版社，2005 年 11 月．

37. 胡永久，徐文虎．新安骨伤科名家治法．合肥：安徽科学技术出版社，2006 年 9 月．

38. 刘柏龄，赵文海．骨折治疗手法．北京：北京科学技术出版社，2005 年 1 月．

39. 徐希国，李浴峰．药械冲和治疗软组织损伤．北京：人民军医出版社，2007 年 1 月．

40. 臧福科．按摩治疗常见病．北京：中国农业出版社，2006 年 6 月．

41. 白金申．篮球实践荟萃．北京：人民体育出版社，1997 年 10 月．

42. 黄迎兵，张振东．体育锻炼与欣赏——篮球．郑州：郑州大学出版社，2005 年 10 月．

43. 张良祥．篮球游戏大全．北京：北京体育大学出版社，2004 年 4 月．

44. 吴秀明，李友良等．文科类学生毕业论文写作指导．杭州：浙江大学出版社，2003 年 3 月．

45. 叶振东，贾恭惠．毕业论文的撰写与答辩．杭州：浙江大学出版社，2004 年 5 月．

46. 高小和．学术论文写作．南京：南京大学出版社，2004 年 8 月．

47. 孙民治，李方鹰．中国体育教练员岗位培训教材——篮球．北京：人民体育出版社，2001 年 6 月．

48. 陶景扬，李晋裕．学校体育大辞典．武汉：武汉工业大学出版社，1994 年 12 月．

篮

·

球